普通高等教育"十二五"规划教材·经济管理类核心课系列

系列教材总策划：李晓阳

政府及非营利组织会计

何跃群　汪　军　主编

科学出版社

北　京

内容简介

本书结合政府会计改革的最新进展，根据政府会计改革的总体思想，在总结编者教学经验的基础上，重新梳理政府及非营利组织会计的组成体系，着重讲解政府预算会计和政府财务会计的构成。在系统阐述政府及非营利组织会计的基本理论和方法的基础上，详细讲解我国政府及非营利组织会计的实务操作，特别是对政府财务会计与政府预算会计的核算实务分别进行系统讲解，形成完整清晰的政府及非营利组织会计的知识体系。通过本书的学习，可以更深入地了解我国政府预算管理和政府会计改革的内容和发展趋势，理解政府及非营利组织的财务活动特点和会计系统构建的原理，系统、完整地掌握政府及非营利组织会计实务操作。

本书可以作为高等院校会计学专业教学的教材，也可作为政府财政部门、行政单位、事业单位和民间非营利组织的会计人员后续学习、提高业务知识和技能的参考资料。

图书在版编目（CIP）数据

政府及非营利组织会计/何跃群，汪军主编. —北京：科学出版社，2018.3

普通高等教育"十二五"规划教材·经济管理类核心课系列
ISBN 978-7-03-055227-3

Ⅰ.①政… Ⅱ.①何… ②汪… Ⅲ.①单位预算会计-高等学校-教材 ②非营利组织-会计-高等学校-教材 Ⅳ.①F810.6 ②F235

中国版本图书馆 CIP 数据核字（2017）第 274194 号

责任编辑：兰 鹏 王丹妮／责任校对：贾娜娜
责任印制：霍 兵／封面设计：蓝正设计

科学出版社 出版
北京东黄城根北街 16 号
邮政编码：100717
http://www.sciencep.com

保定市中画美凯印刷有限公司 印刷
科学出版社发行 各地新华书店经销

*

2018 年 3 月第 一 版　开本：787×1096　1/16
2018 年 3 月第一次印刷　印张：28 1/4
字数：670000
定价：69.00 元
（如有印装质量问题，我社负责调换）

前言

作为财务会计的两大分支之一,政府及非营利组织会计与企业会计具有同等重要的地位。我国政府会计是以预算会计为基础发展起来的,目前正处于改革、完善之中。预算会计是政府预算与会计的结合,反映预算执行情况及结果,为预算管理服务,对预算管理和监督发挥了重要作用。但是,随着社会对政府综合财务信息需求的增加,现行预算会计体系已经不能满足社会发展的需要。2014年12月国务院批转财政部《权责发生制政府综合财务报告制度改革方案》,明确了权责发生制政府综合财务报告制度改革的总体目标、主要内容和实施步骤。我国政府会计体系的改革方向,是在现有政府预算会计的基础上建立政府财务会计,改革的目标是在2020年前建立具有中国特色的政府会计准则和权责发生制政府综合财务报告制度。

为了规范政府的会计核算,编制权责发生制的政府财务报告,保证会计信息质量,2015年10月23日,财政部印发了《政府会计准则——基本准则》(财政部令第78号),自2017年1月1日起施行。同时,财政部分别于2015年11月16日和12月2日发布了《政府财务报告编制办法(试行)》、《政府部门财务报告编制操作指南(试行)》和《政府综合财务报告编制操作指南(试行)》。财政部2016年7月发布了存货、投资、固定资产和无形资产四项具体会计准则,并于2017年4月和7月分别发布了公共基础设施和政府储备物资两项具体会计准则。这一系列改革举措,反映了政府会计改革如何一步一步走向双系统改革道路,标志着我国政府会计体系建设已经进入一个新的阶段。

本书的特点主要体现在以下几个方面。

(1)体现我国政府预算管理和政府会计改革的发展趋势。本书内容植根于我国现行的政府及非营利组织会计制度,并能够体现其改革新变化,着重突出了我国政府及非营利组织会计改革的最新成果。本书讲解了最新的法律法规、会计准则和会计制度的要求，与政府会计改革的进程保持一致。

（2）财政管理制度和政府会计制度的有机融合。政府会计是财政管理与会计学相互融合的学科。为了体现这一特点，本书在详细阐述对政府会计核算有重大影响的财政管理制度的基础上，讲解了财政管理制度对政府会计核算的影响。读者可在全面获知我国政府及非营利组织会计的财政制度的背景下，更好地理解政府及非营利组织会计制度核算的内容和方法。

（3）内容以实用性和可操作性为目标。本书力求理论密切联系实际，体现内容的务实性。本书根据全新的政府及非营利组织会计准则及制度，在阐述财政总预算会计、行政事业单位财务会计和行政事业单位预算会计核算内容和方法的基础上，为经济业务核算内容都配上相应的大量例题。特别是在每部分经济业务核算讲解后，详细阐述了各种财务报表的格式和编制方法，具有非常强的综合性，可使读者分别掌握财政总预算会计、行政事业单位财务会计和行政事业单位预算会计各自的会计要素确认、计量、记录和报告的全部知识内容，强化和提高自主学习和实际业务操作能力。

本书共分五篇：第一篇为政府及非营利组织会计总论，阐述政府及非营利组织会计的总体框架及基本理论和方法；第二篇为财政总预算会计，详细讲解财政总预算会计各要素的会计核算实务和会计报表编制方法；第三篇为行政事业单位财务会计，系统讲解行政事业单位财务会计各要素的会计核算实务和财务报表的编制方法；第四篇为行政事业单位预算会计，系统讲解行政事业单位预算会计各要素的会计核算实务和决算报表的编制方法；第五篇为民间非营利组织会计，阐述民间非营利组织会计各要素的会计核算实务和财务报表的编制方法。

本书由何跃群、汪军主编。参加本书编写的人员及具体分工如下：第一篇由何跃群编写；第二篇由汪军编写；第三篇由王雅军、毕茜编写；第四篇由汪军、毕茜编写；第五篇由李伶俐编写。

在本书的编写过程中，得到了会计系同仁的大力支持和帮助，也参考了部分学者编写的教材、专著和发表的论文，在此一并表示感谢。由于编者水平有限，书中难免存在一些不足之处，恳请读者不吝指正。

编　者
2018 年 1 月于缙云山

目 录

第一篇 政府及非营利组织会计总论

第一章 政府及非营利组织会计概述 ············ 3
第一节 政府及非营利组织的概念、类型及特征 ············ 3
第二节 政府及非营利组织会计的概念与特点及组成体系 ············ 6
第三节 政府及非营利组织会计规范体系 ············ 8
第四节 财政管理体制改革对政府及非营利组织会计的影响 ············ 10
本章小结 ············ 26

第二章 政府及非营利组织会计概念框架 ············ 27
第一节 会计目标 ············ 27
第二节 会计假设与财务信息质量特征 ············ 29
第三节 会计要素 ············ 31
第四节 会计确认、计量和报告 ············ 33
本章小结 ············ 36

第二篇 财政总预算会计

第三章 财政总预算会计概述 ············ 39
第一节 财政总预算会计的概念、特点及任务 ············ 39
第二节 财政总预算会计目标与确认计量 ············ 41
第三节 财政总预算会计要素与会计科目 ············ 42
本章小结 ············ 44

第四章　财政总预算会计收入与支出的核算 ... 45
第一节　财政总预算会计收入的核算 ... 45
第二节　财政总预算会计支出的核算 ... 63
本章小结 ... 78

第五章　财政总预算会计资产、负债和净资产的核算 ... 80
第一节　财政总预算会计资产的核算 ... 80
第二节　财政总预算会计负债的核算 ... 94
第三节　财政总预算会计净资产的核算 ... 109
本章小结 ... 117

第六章　政府财政的财务报告 ... 119
第一节　政府财政财务报告的含义与内容 ... 119
第二节　财政总预算会计报表及附注 ... 123
第三节　政府决算报告与政府综合财务报告 ... 135
本章小结 ... 141

第三篇　行政事业单位财务会计

第七章　行政事业单位会计概述 ... 145
第一节　行政单位会计概述 ... 145
第二节　事业单位会计概述 ... 148
第三节　行政事业单位财务会计科目 ... 151
本章小结 ... 155

第八章　行政事业单位资产的核算 ... 157
第一节　行政事业单位货币类资产的核算 ... 157
第二节　行政事业单位应收款项与存货的核算 ... 167
第三节　行政事业单位长期投资与固定资产的核算 ... 180
第四节　行政事业单位其他资产的核算 ... 205
本章小结 ... 218

第九章　行政事业单位负债的核算 ... 220
第一节　行政事业单位流动负债的核算 ... 220
第二节　行政事业单位非流动负债的核算 ... 237
本章小结 ... 241

第十章　行政事业单位收入、费用与净资产的核算 ... 242
第一节　行政事业单位收入的核算 ... 242
第二节　行政事业单位费用的核算 ... 256
第三节　行政事业单位净资产的核算 ... 267

本章小结 274

第十一章　行政事业单位财务会计报告 276
　　第一节　行政事业单位财务会计报告概述 276
　　第二节　行政事业单位财务会计报表 279
　　第三节　行政事业单位部门财务报告 296
　　本章小结 300

第四篇　行政事业单位预算会计

第十二章　行政事业单位预算会计概述 305
　　第一节　行政事业单位预算会计确认基础与会计要素 305
　　第二节　行政事业单位预算会计科目 306
　　本章小结 308

第十三章　行政事业单位预算收入的核算 309
　　第一节　行政事业单位拨款类预算收入与债务预算收入的核算 309
　　第二节　行政事业单位事业预算收入与经营预算收入的核算 314
　　第三节　事业单位上下级往来预算收入的核算 317
　　第四节　行政事业单位其他来源预算收入的核算 319
　　本章小结 324

第十四章　行政事业单位预算支出的核算 325
　　第一节　行政事业单位行政支出与事业支出的核算 325
　　第二节　行政事业单位经营支出与投资支出的核算 333
　　第三节　行政事业单位上下级往来支出与其他支出的核算 336
　　本章小结 340

第十五章　行政事业单位预算结余的核算 341
　　第一节　行政事业单位资金结存与财政拨款结转结余的核算 341
　　第二节　行政事业单位非财政拨款结转结余及结余分配的核算 352
　　第三节　行政事业单位专用结余与经营结余的核算 357
　　本章小结 360

第十六章　行政事业单位预算会计报表 362
　　第一节　行政事业单位预算会计报表概述 362
　　第二节　行政事业单位预算会计报表编制 363
　　第三节　行政事业单位部门决算报告 374
　　本章小结 376

第五篇　民间非营利组织会计

第十七章　民间非营利组织会计概述 379
 第一节　民间非营利组织会计的概念与特征 379
 第二节　民间非营利组织会计核算的目标及原则 380
 第三节　民间非营利组织的会计要素与会计科目 382
 本章小结 384

第十八章　民间非营利组织资产与负债的核算 385
 第一节　民间非营利组织资产的核算 385
 第二节　民间非营利组织负债的核算 393
 本章小结 396

第十九章　民间非营利组织收入、费用及净资产的核算 398
 第一节　民间非营利组织收入的核算 398
 第二节　民间非营利组织费用的核算 413
 第三节　民间非营利组织净资产的核算 418
 本章小结 422

第二十章　民间非营利组织的财务报告 425
 第一节　民间非营利组织财务报告概述 425
 第二节　资产负债表 426
 第三节　业务活动表 431
 第四节　现金流量表 434
 第五节　会计报表附注和财务情况说明书 439
 本章小结 440

参考文献 441

第一篇

政府及非营利组织会计总论

第一章

政府及非营利组织会计概述

【学习目标】
1. 了解政府及非营利组织的类型与特征。
2. 熟悉政府及非营利组织会计的概念及特点。
3. 掌握政府及非营利组织会计的组成体系。
4. 理解政府及非营利组织会计规范体系的构成。
5. 明确财政管理体制改革对政府及非营利组织会计的影响。

第一节 政府及非营利组织的概念、类型及特征

一、政府及非营利组织的概念与发展

(一)政府及非营利组织的概念

政府是指接受国家公民委托,利用公共资源提供公共产品或服务,不以营利为目的的管理机构,有广义和狭义之分。广义的政府是指执掌公共权力的所有国家机构,包括国家立法机关、国家行政机关、国家司法机关。狭义的政府是指多级国家行政管理机关,即国家行政机关,包括中央和地方行政机关。政府组织的基本职能是对社会公共事务进行组织和管理,向全体公民提供服务。

非营利组织(nonprofit of organizations,NOP)这一概念是从组织目标上加以界定的,是指不具有物质生产和国家事务管理职能,主要以精神产品或各种服务形式向社会

公众提供服务，不以营利为目的的各类组织机构。非营利组织涉及的领域非常广，包括艺术、慈善、教育、政治、宗教、学术、环保等。

（二）政府及非营利组织的发展

政府与非营利组织在最近的40多年中，获得了突飞猛进的发展。20世纪70年代末80年代初，一场以追求"经济、效率和效益"为目标的新公共管理运动，在英国、美国、澳大利亚和新西兰等国兴起，并逐步扩展到其他西方国家乃至全世界。这是一场重塑社会治理主体的公民社会运动，形成了由政府、营利组织和民间非营利组织共同治理的格局。自20世纪80年代以来，美国非营利组织无论是数量还是规模均呈现出总体增长趋势。截至2012年3月，美国在国税局登记的非营利组织中有近100万家公共慈善组织和近10万家私人基金会，以及40多万家其他类型的非营利组织。

从20世纪40年代末到70年代末，我国高度集中的政治体制使政府对社会组织实行全面的控制，随着十一届三中全会的召开，以及改革开放政策的逐步推行，国家权力开始从一些领域有序地撤出，国家垄断一切社会资源的局面开始改变，对社会组织的控制逐渐弱化，社会开始进入转型的阶段，这给我国的非营利组织提供了一个有利的生存和发展空间。根据民政部民间组织管理局截至2015年底的统计资料，全国共有66.2万个非营利组织，比上年增长9.2%，吸纳社会各类就业人员734.8万人，比上年增长7.7%，全年累计收入2 929.0亿元，支出2 383.8亿元，形成固定资产2 311.1亿元，接收各类社会捐赠610.3亿元。其中社会团体32.9万个；基金会达到4 783个，其中，公募基金会1 547个，非公募基金会3 198个，涉外基金会9个，境外基金会代表机构29个，非公募基金会与公募基金会数量上的差距继续拉开；民办非企业单位32.9万个，相比改革开放前几乎是爆炸性的增长。目前我国的非营利组织主要活跃在行业协会、文化教育、娱乐服务、医疗保健、学术研究、社区管理、环保等领域，特别是公益慈善领域，在推动社会进步方面发挥着重要作用。

二、政府及非营利组织的类型

（一）政府组织的类型

从公共受托责任视角看，政府组织按照受托责任的层次，可划分为政权政府组织和政府机构组织两个层次。政权政府组织是指承担着广泛的受托责任的一级政府，包括中央政府、省级政府、地市级政府、县政府、乡镇政府。政府机构组织是指承担着具体受托责任的行政单位，即行使国家行政管理职权，组织经济和文化建设，维护社会公共秩序的单位，主要包括行政机关、国家权力机关、审批机关、检察机关、党派和人民团体组织等。

（二）非营利组织的类型

非营利组织包括公立非营利组织和民间非营利组织两大类。非营利组织数量众多，分类标准多样，目前尚没有统一标准。

目前国际上比较认可的分类是由约翰·霍普金斯大学（John Hopkins University）设计的，根据经济活动领域将非营利组织划分为 12 个大类：①文化和娱乐：文化和艺术、体育、其他娱乐和社交俱乐部；②教育和研究：初等教育和中等教育、高等教育、其他教育、研究；③卫生保健：医院和康复及护理中心、心理健康和危机干预、其他卫生保健服务；④社会服务：社会服务、应急和救济、收入支持和维持；⑤环境：环境保护、动物保护；⑥发展和住宅：经济、社会和社区发展、住宅、就业和培训；⑦法律、倡导和政治：公民和倡导性组织、诉讼和法律服务、政治组织；⑧慈善中介和志愿促进；⑨国际性活动；⑩宗教；⑪商会、专业协会和工会；⑫其他组织。

财政部将纳入其管理的民间组织分为三大类别：①社会团体，即由我国公民自愿组成，为实现会员共同愿望，按照其章程开展活动的非营利性社会组织；②社会服务机构[①]，即企事业单位、社会团体和其他社会力量及公民个人利用非国有资产举办的、从事非营利性社会服务活动的社会组织；③各类公益性基金会，即利用自然人、法人或者其他组织捐赠的财产，以从事公益事业为目的而设立的非营利性法人。

三、政府及非营利组织的特征

（一）政府组织的特征

根据美国注册会计师协会（American Institute of Certified Public Accountants，AICPA）的规定，与非营利组织相比，政府组织具有下列特征：①官员由普选产生，或者由州或地方政府的一个或一个以上官员任命某个组织管理机构的具有控制权的多数成员；②政府可以单方面解散，并无偿接收其净资产；③具有征税权；④具有直接发行免除联邦税的债权。

（二）非营利组织的特征

非营利组织又称"第三部门"，它介于政府组织、营利组织之间，具有以下五个基本特征：①组织性，即这种组织有内部的规章制度，与负责人有经常性活动，而不是非正规的、临时聚集在一起的团队，它应该具有根据法律进行注册的合法身份；②民间性，即这种组织不是政府的组成部分，这并不意味着它不能接受政府的资金支持；③非营利分配性，即这种组织可以盈利，但必须将其所得用于完成组织的使命，而不得在组织成员中间进行分配；④自治性，即这种组织能够控制自己的活动，有不受外界控制的内部管理程序；⑤志愿性，即在这种组织实际开展的活动中和管理组织的事务中有显著程度的志愿参与，尤其要形成由志愿者组成的董事会，并广泛使用志愿工作人员。

---

① 2016 年 9 月 1 日起施行的《中华人民共和国慈善法》将民办非企业单位改为社会服务机构。

第二节 政府及非营利组织会计的概念与特点及组成体系

一、政府及非营利组织会计的概念与特点

（一）政府及非营利组织会计的概念

按照适用范围和核算对象的不同，会计可以分为两大类：一类是营利组织会计（即企业会计），反映和监督社会再生产过程中生产、流通领域的企业经营资金的活动，这些企业的主要特征是以营利为目的；另一类是非企业会计，即政府及非营利组织会计，反映和监督社会再生产过程中分配领域、精神生产和社会福利领域的政府财政机关、行政单位财政资金和事业单位、其他非营利组织业务资金的活动，这些单位的主要特征是不以营利为目的，而以社会效益为目的。

政府及非营利组织会计是各级政府财政和非营利组织反映和监督政府财政资金和非营利组织业务资金活动情况的会计。它是指以货币为主要计量单位，对各级政府财政资金和各类非营利组织业务资金活动的过程和结果进行完整、连续、系统的反映和监督的一种专门方法和管理活动。它是政府宏观管理的重要信息系统，也是各单位经济管理的重要组成部分。

（二）政府及非营利组织会计的特点

政府及非营利组织属于非物质生产部门，其业务目标在于谋求最广泛的社会效益。政府及非营利组织会计的特征具体表现在以下几个方面。

1. 非营利性与业绩非量化性

政府及非营利组织资源的供给者称为出资者，涉及纳税人、捐赠人、受益人等广大人群，他们提供的资金原则上称为基金。政府和非营利组织的存在是为社会公众提供服务，而这些服务的价值常常不能用货币来衡量。由于不以营利为目的，非营利组织提供服务的收费往往低于成本，所以非营利组织获得收入的能力也不足以成为衡量其业绩的有效指标和工具。

2. 公共资金收支为主要核算内容

政府和非营利组织服务对象的广泛性决定了其财务信息使用者也是无处不在的。政府及非营利组织会计中存在许多限定性财务资源，其会计核算内容主要是公共性资金的收支活动，这些公共资金收支是存在"预算控制"的，也称为预算收支，是限制性财务资源，有专门的来源和规定的用途。

3. 计量和报告法律约束下的财务资源运行

政府与非营利组织提供的产品或服务，往往出于法律的要求或其他授权，维持业务

运行所需的经费主要通过税收、向社会公众发行债券、捐赠和政府拨款等方式获取。政府与非营利组织资金的筹集、分配和使用基本是无偿的、不求回报的，政府征税、举借债务的资格、程序、规模和用途一般会受到法律的严格限制，其财务资源运动过程是预算资金的收入、支出和结余，即以当期财务资源流动作为计量重点。

4. 基于活动目标复杂性的多种业务决策

与企业单一的盈利目标相反，政府的运营目标存在天然的非营利性、多元性和非量化性的特点。政府或非营利组织在提供公共服务时，一般不能出于成本考虑，或认为公众不应该享受这类服务而拒绝提供。所以，与企业会计一般采用权责发生制确认基础不同，在政府会计中，需要根据资金运动过程选择会计确认基础。

二、政府及非营利组织会计组成体系

政府及非营利组织会计可以分为政府会计和非营利组织会计两个部分。

（一）政府会计

我国政府会计是在预算会计的基础上发展而来的，目前正处于改革、完善之中。预算会计是政府预算与政府会计的结合，是通过预算账户记录和报告预算执行情况的控制程序。我国现行政府预算会计体系是在 1997 年建立起来的，侧重反映政府年度预算执行情况和结果，对准确反映预算收支情况、加强预算管理和监督发挥了重要作用。随着我国财政预算改革的深入，以及社会对政府综合财务信息需求的日益凸显，现行预算会计体系已经不能满足社会发展的需要。

2014 年 12 月，国务院批转财务部《权责发生制政府综合财务报告制度改革方案》，明确了权责发生制政府综合财务报告制度改革的总体目标、主要内容和实施步骤。我国政府会计的改革方向，是在现有政府预算会计的基础上建立政府财务会计。根据《政府会计准则——基本准则》，我国的政府会计由政府预算会计和政府财务会计"双系统"构成，两者适度分离又相互衔接。

1. 政府预算会计

政府预算会计是指以收付实现制为基础对政府预算执行过程中发生的全部收入和全部支出进行会计核算，主要反映和监督预算收支执行情况的会计。政府预算会计编制政府预算报告，向预算会计信息使用者提供与政府预算执行情况有关的信息，综合反映政府预算收支的年度执行结果。预算会计体系由财政总预算会计、行政单位会计和事业单位会计等组成。

（1）财政总预算会计。

财政总预算会计是各级政府财政部门核算和监督政府预算执行和各项财政性资金收支活动情况及结果的专业会计。

（2）行政单位会计。

行政单位会计是我国各级行政机关和实行行政财务管理的其他机关（包括各级权力

机关、审判机关和检察机关)、政党及人民团体核算和监督本单位财务状况、预算执行情况及结果的专业会计。

(3) 事业单位会计。

事业单位会计是各类事业单位核算和监督本单位财务状况、事业成果、预算执行情况及结果的专业会计。

2. 政府财务会计

政府财务会计是指以权责发生制为基础对政府发生的各项经济业务和事项进行会计核算，反映和监督政府财务状况、运行情况、运行成本和现金流量等信息的会计。政府财务会计编制政府财务报告，提供有助于财务报告使用者做出决策或进行监督和管理的信息。

我国现行的政府会计以政府预算会计为主体，政府财务会计正在建立之中。根据财政部《权责发生制政府综合财务报告制度改革方案》和《政府会计准则——基本准则》，我国将在今后的几年中，逐步建立政府财务报告制度框架体系。现行的财政总预算会计、行政单位会计、事业单位会计将预算会计和财务会计的功能相融合，在满足预算管理要求的前提下，兼顾了政府宏观经济管理和单位财务管理的需要。

(二) 非营利组织会计

非营利组织包括公立非营利组织(事业单位)和民间非营利组织。由于我国将公立非营利组织会计纳入政府预算会计的范畴，所以我国的非营利组织会计即民间非营利组织会计。民间非营利组织会计是指以每个民办非营利组织为会计主体，以民间非营利组织的基本业务活动为管理内容的一种专业会计，包括社团会计、基金会会计和社会服务机构会计等。民间非营利组织会计有助于资源提供者、服务对象、债权人、政府和社会监督部门了解民间非营利组织财务资源的运用情况和业务的运营情况，对加强民间非营利组织管理有着重要的作用。

第三节 政府及非营利组织会计规范体系

我国政府及非营利组织现行的会计规范体系主要包括会计法律法规、会计准则和会计制度三个部分。

一、会计法律法规

会计法律法规是政府及非营利组织会计的最高层次规范，由会计法律和会计行政法规组成。在我国，规范政府及非营利组织会计的法律主要有《中华人民共和国预算法》(简称《预算法》)和《中华人民共和国会计法》(简称《会计法》)。《预算法》是规范政府与非营利组织财务活动行为的基本法律，于1995年1月1日起施行，此后，历经四次审议，在出台 20 年后，首次修改后《预算法》①于 2015 年 1 月 1 日起施行，主要包括预算编制、审查、批准、执行、调整和决算等内容。《会计法》是规范会计活动行为的基本法律，保证会计资料真实、完整，于 2017 年 11 月 4 日修订通过，自 2017 年 11 月 5 日起施行，主要包括会计核算、会计监督、会计机构和会计人员及法律责任。

会计行政法规是国务院制定并发布，或者国务院有关部门拟定并经过国务院批准发布，调整经济生活中某些方面会计关系的法律规范。国务院制定的行政法规，其权威性和法律效力仅次于由全国人民代表大会及其常务委员会制定的法律，是一种重要的法律形式。政府及非营利组织会计方面的行政法规很多，概括起来主要有三类：一是由政府或政府主管部门根据法律规章制定和颁布的法律实施细则，如国务院颁布的《中华人民共和国预算法实施条例》《中华人民共和国政府采购法实施条例》等；二是由政府主管部门根据财务会计法律制定的相关规定、方案、办法等，如《权责发生制政府综合财务报告制度改革方案》《政府财务报告编制办法（试行）》等；三是其他行政规章、规定，如《行政事业单位内部控制规范（试行）》《行政单位财务规则》《事业单位财务规则》等。

二、会计准则

会计准则是会计规范的重要组成部分，是指以条款形式对会计核算的基本原则及会计确认、计量、记录和报告方法进行规范。美国的准则制定机构为美国政府会计准则委员会（Governmental Accounting Standards Board，GASB）、美国联邦政府会计准则咨询委员会（Federal Accounting Standards Advisory Board，FASAB）、美国注册会计师协会和美国财务会计准则委员会（Financial Accounting Standards Board，FASB）。我国政府与非营利组织的会计准则体系由财政部制定并发布，由基本准则、具体准则和应用指南组成。

为了规范政府的会计核算，编制权责发生制的政府财务报告，保证会计信息质量，2015 年 10 月，财政部颁布了《政府会计准则——基本准则》，自 2017 年 1 月 1 日起施行。基本准则为整个政府会计准则体系的概念基础和框架，用于规范政府会计目标、政府会计主体、政府会计信息质量要求、政府会计核算基础、政府会计要素定义和确认及计量原则以及列报要求等原则事项。具体准则用于规范政府发生的具体经济业务或事项的会计处理，详细规定经济业务或事项引起的会计要素变动的确认、计量、记录和报告。2016 年 7 月，为了适应权责发生制政府综合财务报告制度改革需要，规范政府存货、投资、固定资产和无形资产的会计核算，提高会计信息质量，根据《政府会计准则——基本准则》，财政部制定了《政府会计准则第 1 号——存货》、《政府会计准则第 2 号——投资》、《政府会计准则第 3 号——固定资产》和《政府会计准则第 4 号——

---

① 第十二届全国人民代表大会常务委员会第十次会议在 2014 年 8 月 31 日表决通过了《全国人民代表大会常务委员会关于修改〈中华人民共和国预算法〉的决定》，并决议于 2015 年 1 月 1 日起施行。

无形资产》，自 2017 年 1 月 1 日起施行。应用指南是对具体准则的实际应用做出的操作性规定。2017 年 2 月，根据《政府会计准则——基本准则》和《政府会计准则第 3 号——固定资产》，财政部制定了《〈政府会计准则第 3 号——固定资产〉应用指南》，与《政府会计准则第 3 号——固定资产》同步实施。

三、会计制度

会计制度规范会计主体经济业务或者事项的确认、计量、记录和报告方法，为会计核算的操作提供了指引。会计制度的主要内容包括会计核算的总体要求、会计要素的确认和计量方法、会计科目的名称和编号、会计科目的使用说明、会计报表的格式与编制方法等。目前，我国政府及非营利组织会计采用"准则"加"制度"模式。

随着我国财政制度改革的大力推进，财政总预算会计制度处于不断修订完善中。2015 年 10 月，为了进一步规范各级政府财政总预算会计核算，提高会计信息质量，充分发挥总预算会计的职能作用，财政部对《财政总预算会计制度》（财预字〔1997〕287 号）进行了修订，自 2016 年 1 月 1 日起施行。

2013 年 12 月，财政部印发《行政单位会计制度》，自 2014 年 1 月 1 日起施行；2012 年发布、2013 年 1 月 1 日开始实施《行政单位财务规则》。全面修订后的《事业单位会计准则》已于 2012 年 12 月颁布，自 2013 年 1 月 1 日起施行；2012 年发布《事业单位财务规则》；同时，为了适应公共财政管理改革与发展、满足行政单位财务管理和提高行政单位会计信息质量的需要，全面修订后的新《事业单位会计制度》于 2013 年 1 月 1 日开始实施。2016 年 8 月，为了加快推进政府会计改革，建立健全政府会计核算标准体系，夯实政府财务报告和决算报告的编制基础，根据《国务院关于批转财政部权责发生制政府综合财务报告制度改革方案的通知》和《政府会计准则——基本准则》，财政部 2017 年 10 月印发了《政府会计制度——行政事业单位会计科目和报表》，自 2019 年 1 月 1 日起施行。为了规范民间非营利组织的会计行为，提高其会计信息质量，财政部 2004 年 8 月颁布《民间非营利组织会计制度》，自 2005 年 1 月 1 日起实施。

第四节　财政管理体制改革对政府及非营利组织会计的影响

一、预算管理制度

政府与非营利组织财务资源主要来源于税收或捐赠等非交换交易，必须按照国家法律法规、行政法令、合同协议或限定的用途使用，而预算是一项最基本的限定，它要求政府与非营利组织应当以预算为依据，组织财务收支活动，采用恰当的预算控制方法和手段，加强财务管理。

(一)政府预算及其内容

政府预算也称为国家预算,它是指由政府编制、立法机构批准的一个国家或政府在一定期间财政收支活动的一种计划,反映一个国家或某一级政府在财政年度内收支活动所应达到的各项收支指标与收支总额之间的平衡关系,是国家财力计划与经济管理的重要手段,也是立法机关借以了解、分析政府财政收支业绩,评价政府公共经济受托责任履行情况的依据。

预算的内容是指预算收支所包括的项目或预算收支结构。政府预算通常包括一个国家或地区在预算年度的各种收支活动。根据《预算法》的规定,我国的政府预算分为一般公共预算、政府性基金预算、国有资本经营预算、社会保险基金预算,各项预算应当保持完整、独立,政府性基金预算、国有资本经营预算、社会保险基金预算应当与一般公共预算相衔接。

1. 一般公共预算

一般公共预算简称一般预算,是指对以税收为主体的财政收入,安排用于保障和改善民生、推动经济社会发展、维护国家安全、维持国家机构正常运转等方面的收支预算。中央一般公共预算包括中央各部门(含直属单位)的预算和中央对地方的税收返还、转移支付预算。地方各级一般公共预算包括本级各部门(含直属单位)的预算和税收返还、转移支付预算。

一般公共预算是政府在年度预算中正常开支的预算,包括一般公共预算收入和一般公共预算支出。一般公共预算收入包括各项税收收入、行政事业性收费收入、国有资源(资产)有偿使用收入、转移性收入和其他收入。一般公共预算支出按照其功能分类,包括一般公共服务支出、外交支出、公共安全支出、国防支出、农业支出、环境保护支出、教育支出、科技支出、文化支出、卫生支出、体育支出、社会保障及就业支出和其他支出等;按照其经济内容分类,包括工资福利支出、商品和服务支出、资本化支出和其他支出等。

2. 政府性基金预算

政府性基金预算简称基金预算,是指对依据法律、行政法规的规定在一定期限内对特定对象征收、收取或者以其他方式筹集的资金,专项用于特定公共事业发展的收支预算。政府性基金预算应当根据基金项目收入情况和实际支出需要,按基金项目编制,做到以收定支。

基金预算包括基金预算收入和基金预算支出。基金预算收入是政府设立的政府性基金所取得的收入。基金预算支出是用基金预算收入安排的支出。我国政府目前设立的基金主要有铁路建设基金、民航发展基金、港口建设费、旅游发展基金、文化事业建设费、地方教育费附加、残疾人就业保障金、国有土地收益基金、国有土地使用权出让、彩票公益金、其他政府性基金等。

3. 国有资本经营预算

国有资本经营预算是对国有资本收益做出支出安排的收支预算,是指政府以所有者身份依法取得国有资本收益,并对所有收益进行分配而发生的各项收支预算。

国有资本经营预算由国有资本经营预算收入和国有资本经营预算支出组成。国有资本经营预算应当按照收支平衡的原则编制,不列赤字,并安排资金调入一般公共预算。

4. 社会保险基金预算

社会保险基金预算是对社会保险缴款、一般公共预算安排的其他方式筹集的资金,专项用于社会保险的收支预算。其应当按照统筹层次和社会保险项目分别编制,做到收支平衡。

(二)政府预算收支分类科目

政府收支分类是对预算收入和支出的划分,包括收入分类、支出的功能分类和支出的经济分类。政府财政部门每年均会下发当年的收支分类科目及相关软件,各部门、各单位应当按照国务院财政部门制定的《政府收支分类科目》编制预算,组织日常会计核算。收入分为类、款、项、目;支出按其功能分类分为类、款、项,按其经济性质分类分为类、款。根据《政府收支分类科目》(2018年)的规定,政府预算收支的具体分类如下。

1. 一般公共预算收支科目

1)一般公共预算收入科目

(1)税收收入。

款项包括增值税、消费税、营业税、企业所得税、企业所得税退税、个人所得税、资源税、城市维护建设税、房产税、印花税、城镇土地使用税、土地增值税、车船税、船舶吨税、车辆购置税、关税、耕地占用税、契税、烟叶税、其他税收收入。

(2)非税收入。

款项包括专项收入、行政事业性收费收入、罚没收入、国有资本经营收入、国有资源(资产)有偿使用收入、捐赠收入、政府住房基金收入、其他收入。

(3)债务收入。

款项包括中央政府债务收入、地方政府债务收入。

(4)转移性收入。

款项包括返还性收入、一般性转移支付收入、专项转移支付收入、上解收入、上年结余收入、调入资金、债务转贷收入、接受其他地区援助收入。

2)一般公共预算支出功能分类科目

(1)一般公共服务支出。

款项包括人大事务、政协事务、政府办公厅(室)及相关机构事务、发展与改革事务、统计信息事务、财政事务、税收事务、审计事务、海关事务、人力资源事务、纪检监察事务、商贸事务、知识产权事务、工商行政管理事务、质量技术监督与检验检疫事务、民族事务、宗教事务、港澳台侨事务、档案事务、民主党派及工商联事务、群众团体事务、党委办公厅(室)及相关机构事务、组织事务、宣传事务、统战事务、对外联络事务、其他共产党事务支出、其他一般公共服务支出。

（2）外交支出。

款项包括外交管理事务、驻外机构、对外援助、国际组织、对外合作与交流、对外宣传、边界勘界联检、其他外交支出。

（3）国防支出。

款项包括现役部队、国防科研事业、专项工程、国防动员、其他国防支出。

（4）公共安全支出。

款项包括武装警察、公安、国家安全、检察、法院、司法、监狱、强制隔离戒毒、国家保密、缉私警察、海警、其他公共安全支出。

（5）教育支出。

款项包括教育管理事务、普通教育、职业教育、成人教育、广播电视教育、留学教育、特殊教育、进修及培训、教育费附加安排的支出、其他教育支出。

（6）科学技术支出。

款项包括科学技术管理事务、基础研究、应用研究、技术研究与开发、科技条件与服务、社会科学、科学技术普及、科技交流与合作、科技重大项目、其他科学技术支出。

（7）文化体育与传媒支出。

款项包括文化、文物、体育、新闻出版广播影视、其他文化体育与传媒支出。

（8）社会保障和就业支出。

款项包括人力资源和社会保障管理事务、民政管理事务、补充全国社会保障基金、行政事业单位离退休、企业公共补助支出、就业补助、抚恤、退役安置、社会福利、残疾人事业、自然灾害生活救助、红十字事业、最低生活保障、临时救助、特困人员救助供养、补充道路交通事故社会救助基金、其他生活救助、财政对基本养老保险基金的补助、财政对其他社会保险基金的补助、其他社会保障和就业支出。

（9）医疗卫生与计划生育支出。

款项包括医疗卫生与计划生育事务、公立医院、基层医疗卫生机构、公共卫生、中医药、计划生育事务、食品与药品监督管理事务、行政事业单位医疗、财政对基本医疗保险基金的补助、医疗救助、优抚对象医疗、其他医疗卫生与计划生育支出。

（10）节能环保支出。

款项包括环境保护管理事务、环境监测与监察、污染防治、自然生态保护、天然林保护、退耕还林、风沙荒漠治理、退牧还草、已垦草原退耕还草、能源节约利用、污染减排、可再生能源、循环经济、能源管理事务、其他节能环保支出。

（11）城乡社区支出。

款项包括城乡社区管理事务、城乡社区规划与管理、城乡社区公共设施、城乡社区环境卫生、建设市场管理与监督、其他城乡社区支出。

（12）农林水支出。

款项包括农业、林业、水利、南水北调、扶贫、农业综合开发、农村综合改革、普惠金融发展支出、目标价格补贴、其他农林水支出。

（13）交通运输支出。

款项包括公路水路运输、铁路运输、民用航空运输、成品油价格改革对交通运输的补贴、邮政业支出、车辆购置税支出、其他交通运输支出。

（14）资源勘探信息等支出。

款项包括资源勘探开发、制造业、建筑业、工业和信息产业监管、安全生产监管、国有资产监管、支持中小企业发展和管理支出、其他资源勘探信息等支出。

（15）商业服务业等支出。

款项包括商业流通事务、旅游业管理与服务支出、涉外发展服务支出、其他商业服务业等支出。

（16）金融支出。

款项包括金融部门行政支出、金融部门监管支出、金融发展支出、金融调控支出、其他金融支出。

（17）援助其他地区支出。

款项包括一般公共服务、教育、文化体育与传媒、医疗卫生、节能环保、农业、交通运输、住房保障、其他支出。

（18）国土海洋气象等支出。

款项包括国土资源事务、海洋管理事务、测绘事务、地震事务、气象事务、其他国土海洋气象等支出。

（19）住房保障支出。

款项包括保障性安居工程支出、住房改革支出、城乡社区住宅。

（20）粮油物资储备支出。

款项包括粮油事务、物资事务、能源储备、粮油储备、重要商品储备。

（21）预备费。

无款项。

（22）其他支出。

款项包括年初预留、其他支出。

（23）转移性支出。

款项包括返还性支出、一般性转移支付、专项转移支付、上解支出、调出资金、年终结余、债务转贷支出、援助其他地区支出。

（24）债务还本支出。

款项包括中央政府国内债务还本支出、中央政府国外债务还本支出、地方政府一般债务还本支出。

（25）债务付息支出。

款项包括中央政府国内债务付息支出、中央政府国外债务付息支出、地方政府一般债务付息支出。

（26）债务发行费用支出。

款项包括中央政府国内债务发行费用支出、中央政府国外债务发行费用支出、地方政府一般债务发行费用支出。

2. 政府性基金预算收支科目

1）政府性基金预算收入科目

（1）非税收入。

款项包括政府性基金收入。

（2）债务收入。

款项包括地方政府债务收入。

（3）转移性收入。

款项包括政府性基金转移收入、上年结余收入、调入资金、债务转贷收入。

2）政府性基金预算支出功能分类科目

（1）科学技术支出。

款项包括核电站乏燃料处理处置基金支出。

（2）文化体育与传媒支出。

款项包括国家电影事业发展专项资金及对应专项债务收入安排的支出。

（3）社会保障和就业支出。

款项包括大中型水库移民后期扶持基金支出、小型水库移民扶助基金及对应专项债务收入安排的支出。

（4）节能环保支出。

款项包括可再生能源电价附加收入安排的支出、废弃电器电子产品处理基金支出。

（5）城乡社区支出。

款项包括国有土地使用权出让收入及对应专项债务收入安排的支出、城市公用事业附加及对应专项债务收入安排的支出、国有土地收益基金及对应专项债务收入安排的支出、农业土地开发资金及对应专项债务收入安排的支出、新增建设用地土地有偿使用费及对应专项债务收入安排的支出、城市基础设施配套费及对应专项债务收入安排的支出、污水处理费及对应专项债务收入安排的支出。

（6）农林水支出。

款项包括新菜地开发建设基金及对应专项债务收入安排的支出、大中型水库库区基金及对应专项债务收入安排的支出、三峡水库库区基金支出、南水北调工程基金及对应专项债务收入安排的支出、国家重大水利工程建设基金及对应专项债务收入安排的支出。

（7）交通运输支出。

款项包括海南省高等级公路车辆通行附加费及对应专项债务收入安排的支出、车辆通行费及对应专项债务收入安排的支出、港口建设费及对应专项债务收入安排的支出、铁路建设基金支出、船舶油污损害赔偿基金支出、民航发展基金支出。

（8）资源勘探信息等支出。

款项包括散装水利专项资金及对应专项债务收入安排的支出、新型墙体材料专项基金及对应专项债务收入安排的支出、农网还贷资金支出。

（9）商品服务业等支出。

款项包括旅游发展基金支出。

（10）金融支出。

款项包括金融调控支出。

（11）其他支出。

款项包括其他政府性基金及对应专项债务收入安排的支出、彩票发行销售机构业务费安排的支出、彩票公益金及对应专项债务收入安排的支出、烟草企业上缴专项收入安排的支出。

（12）转移性支出。

款项包括政府性基金转移支付、调出资金、年终结余、债务转贷支出。

（13）债务还本支出。

款项包括地方政府专项债务还本支出。

（14）债务付息支出。

款项包括地方政府专项债务付息支出。

（15）债务发行费用支出。

款项包括地方政府专项债务发行费用支出。

3. 国有资本经营预算收支科目

1）国有资本经营预算收入科目

（1）非税收入。

款项包括国有资本经营收入。

（2）转移性收入。

款项包括国有资本经营预算转移支付收入。

2）国有资本经营预算支出功能分类科目

（1）社会保障和就业支出。

款项包括补充全国社会保障基金。

（2）国有资本经营预算支出。

款项包括解决历史遗留问题及改革成本支出、国有企业资本金注入、国有企业政策性补贴、金融国有资本经营预算支出、其他国有资本经营预算支出。

（3）转移性支出。

款项包括国有资本经营预算转移支付、调出资金。

4. 社会保险基金预算收支科目

1）社会保险基金预算收入科目

（1）社会保险基金收入。

款项包括企业职工基本养老保险基金收入、失业保险基金收入、城镇职工基本医疗保险基金收入、工伤保险基金收入、生育保险基金收入、新型农村合作医疗基金收入、城镇居民基本医疗保险基金收入、城乡居民基本养老保险基金收入、机关事业单位基本养老保险基金收入、城乡居民基本医疗保险基金收入、其他社会保险基金收入。

（2）转移性收入。

款项包括上年结余收入。

2）社会保险基金预算支出功能分类科目
（1）社会保险基金支出。
款项包括企业职工基本养老保险基金支出、失业保险基金支出、城镇职工基本医疗保险基金支出、工伤保险基金支出、新型农村合作医疗基金支出、城镇居民基本医疗保险基金支出、城乡居民基本养老保险基金支出、机关事业单位基本养老保险基金支出、其他社会保险基金支出。
（2）转移性支出。
款项包括年终结余。

5. 支出经济分类科目

支出的经济分类主要反映政府支出的经济性质和具体用途，类、款两级科目设置情况如下。

（1）工资福利支出。
款项包括基本工资、津贴补贴、奖金、社会保障缴费、伙食补助费、绩效工资、其他工资福利支出。

（2）商品和服务支出。
款项包括办公费、印刷费、咨询费、手续费、水费、电费、邮电费、取暖费、物业管理费、差旅费、因公出国（境）费、维修（护）费、租赁费、会议费、培训费、公务接待费、专用材料费、装备购置费、工程建设费、作战费、军用油料费、军队其他运行维护费、被装购置费、专用燃料费、劳务费、委托业务费、工会经费、福利费、公务用车运行维护费、其他交通费用、税金及附加费用、其他商品和服务支出。

（3）对个人和家庭的补助。
款项包括离休费、退休费、退职（役）费、抚恤金、生活补助、救济费、医疗费、助学金、奖励金、生产补贴、住房公积金、提租补贴、购房补贴、其他对个人和家庭的补助支出。

（4）对企事业单位的补贴。
款项包括企业政策性补贴、事业单位补贴、财政贴息、国有资本经营预算费用性支出、其他对企事业单位的补贴支出。

（5）转移性支出。
款项包括不同级政府间转移性支出、同级政府间转移性支出。

（6）债务利息支出。
款项包括国内债务付息、向国家银行借款付息、其他国内借款付息、向外国政府借款付息、向国际组织借款付息、其他国外借款付息。

（7）债务还本支出。
款项包括国内债务还本、国外债务还本。

（8）基本建设支出。
款项包括房屋建筑物购建支出、办公设备购置支出、专用设备购置支出、基础设施建设支出、大型修缮支出、信息网络及软件购置更新支出、物资储备支出、公务用车购置支出、其他交通工具购置支出、其他基本建设支出。

（9）其他资本性支出。

款项包括房屋建筑物购建支出、办公设备购置支出、专用设备购置支出、基础设施建设支出、大型修缮支出、信息网络及软件购置更新支出、物资储备支出、土地补偿支出、安置补助支出、地上附着物和青苗补偿支出、拆迁补偿支出、公务用车购置支出、其他交通工具购置支出、其他资本性支出。

（10）其他支出。

款项包括预备费、预留、补充全国社会保障基金支出、未划分的项目支出、国有资本经营预算其他支出、其他支出。

（三）政府预算的编制、审批与执行

1. 政府预算的编制

现代政府预算的编制程序一般要经过政府行政部门编制草案、政府财政部门汇总审核、政府首长审核批准、议会审核四个阶段。在政府预算的编制中，应遵循及时性原则、平衡性原则、真实性原则和合理性原则。这是基本要求，并不排除在某些预算年度因国家整体利益的需要而出现不平衡的现象。我国政府预算的编制程序与其他国家的一般程序基本一致，但我国具体实行的是"两上两下"的程序。我国实行部门预算改革后，"两上两下"的编制办法依然不变。

2. 政府预算的审批

（1）财政部门审核阶段。

财政部门对各主管部门报来的预算进行认真审核，其审核的主要内容是年度预算收支是否有赤字、运用预算科目是否正确、预算收支预测是否准确、预算收支是否平衡、与财政部门下达的预算支出控制指标是否一致、是否按规定编写预算说明。

（2）行政首长审核阶段。

各主管部门的预算编报完成并经财政部门审核之后，财政部门应将汇总的部门预算，连同各部门报来的部门预算，送行政首长审批。经行政首长批准之后，送人民代表大会初审。

（3）人民代表大会审核阶段。

人民代表大会对政府预算的审核主要分为两个阶段：一是初审阶段，财政部门根据行政首长的指示，将政府预算草案报人民代表大会财经委员会进行初步审核。二是审议阶段，财政部门正式代表政府向人民代表大会提交预算草案，人民代表就政府预算和部门进行审议，最后通过预算草案。

（4）政府预算批复阶段。

财政部门根据人民代表大会批准的预算，在规定的时间内批复部门预算。

3. 政府预算的执行

政府预算的执行包括预算收入的执行和预算支出的执行，以及预算执行中的调整。

(1)预算收入的执行。

我国预算收入的执行由财政部门统一负责组织,并按各项预算收入的性质和征收方法,分别由财政机关、税务机关、海关负责征收和管理。国库负责预算收入资金的收纳和保管。

(2)预算支出的执行。

预算支出的执行是指在国家统一领导、统一计划下,由各支出机关具体负责执行。财政部门在组织预算支出执行中处于主导地位。

(3)预算执行中的调整。

预算调整是指在预算执行过程中,通过改变预算收入来源和支出用途,以及预算收支规模,组织新的预算平衡的方法。

(四)政府收支分类改革的影响

政府收支分类是指按照一定的原则、方法对政府收入和支出项目进行类别和层次划分,以全面、准确、清晰地反映政府收支活动。《政府收支分类科目》是编制政府预决算、组织预算执行以及预算单位进行会计明细核算的重要依据,是财政预算管理的一项重要基础性工作,直接关系到财政预算管理的透明度、科学化和规范化,是公共财政体制建设的一个重要环节。财政部于2007年1月1日起实行政府收支分类改革,这是中华人民共和国成立以来我国财政收支分类统计体系最为重大的一次调整,也是我国政府预算管理制度的又一次深刻创新。

政府收支分类改革是财政总预算会计、行政事业单位会计的收入和支出及净资产大部分明细科目设置的重要依据。收支分类改革包括两个方面的内容:一是扩大收支分类范围。原来的预算科目分类范围只包括纳入预算管理的政府收支,不包括预算外收支、社会保险基金收支。改革后,政府收支分类范围包括政府预算收支、预算外收支和社会保险基金收支。分类范围较以前完整、全面。二是调整分类办法,建立新的收支分类体系,也就是将政府预算收支、预算外收支、社会保险基金收支合并在一起,按新的标准分类,设置收入分类、支出功能分类和支出经济分类。其中,收入分类主要反映政府收入的来源性质,说明政府的钱从哪里来;支出功能分类主要反映政府的各项职能活动,说明政府究竟做了什么,是办了教育,还是搞了国防;支出经济分类主要反映政府支出的具体用途,说明政府的钱究竟是怎样花出去的,是付了人员工资,还是购置了办公设备。

二、国库收付制度

(一)政府预算收支的管理机构

1. 预算收入的征收机构

为保障预算收入的顺利实现,我国设立了专门的征收机构来负责预算收入的征收和管理工作。财政部门负责征收部分非税收入及个别税种,主要包括国有资产经营收益、行政规费收入、农业税、牧业税等。海关负责征收进出口关税及由海关代征的进口产品增值税、消费税及海关罚没等。税务部门负责征收工商企业税收及个人税收,包括增值税、所得税等。除上述机构外,行政单位、事业单位收取的各种费用也构成政府的预算收入。

2. 预算收支的出纳机构

我国预算收支的出纳机构是国库。我国实行代理国库制,国库业务由中国人民银行总行及其分支机构代理。国库是负责财政预算收入、支出及库款管理的专门机构,所有预算收入都要通过国库来收纳,所有预算支出也都要通过国库来支拨。同时,为便于财政资金的结算,财政部门也在商业银行开设账户,完成财政资金的收缴与拨付。

3. 财政国库支付执行机构

预算收入由专门的征收机构负责征收,由国库来负责收纳、划分、留解和支拨,由财政部门设立专门的机构来管理。财政国库管理机构在财政部层面称为国库司,在地方财政层面称为国库处、国库科等,负责本级财政预算资金的调度、账户管理与会计核算。为适应国库集中收付制度改革的需要,各级财政国库管理机构应当设置专门的国库支付执行机构。国库支付执行机构也称为国库支付中心或国库支付局,其职责是审核、监督财政资金,按规定办理财政资金的拨付,向财政国库管理机构报告财政资金的支付情况,与中国人民银行国库、代理银行进行资金结算。

(二)国库集中收付制度的含义与内容

1. 国库集中收付制度的含义

国库集中收付制度也称为国库单一账户制度,是指政府在国库或国库指定的代理银行开设账户,集中收纳和支付财政性资金的一种结算制度。这种制度要求政府所有的财政收入都直接缴入国库,财政支出则通过严格的预算,将预算额度下达(而不是下拨)给预算单位,预算单位需要购买货物或支付劳务费用时,由财政部门按预算控制额度向国库发出付款指令,款项由财政部门从国库开设的单一账户中直接划入商品或劳务提供者的账户。征收机关和执行机关目前设置的各种收入过渡账户,以及各部门和各单位自设的各类财政专户资金账户将随之消亡。

2. 国库单一账户制度的内容

目前,我国已经逐步建立了以国库单一账户体系为基础,资金缴拨以国库集中收付为主要形式的财政国库管理制度,将所有财政性资金都纳入国库单一账户体系管理,收入直接缴入国库或财政专户,支出通过该体系支付到商品、劳务供应者或用款单位账户。根据《财政国库管理制度改革试点方案》及其补充规定,我国的国库单一账户体系包括以下类型。

(1)国库单一账户。

各级财政部门在中国人民银行及分支机构开设国库单一账户,用于记录、核算和反映纳入预算管理的财政收入和支出活动,并用于与财政部门在商业银行开设的零余额账户（包括财政零余额账户和单位零余额账户）进行清算，实现财政资金的支付。

（2）财政零余额账户。

各级财政部门按资金使用性质在商业银行开设财政零余额账户，用于财政直接支付，以及与国库单一账户支出清算。开设财政零余额账户的商业银行也称为财政零余额代理银行，接受财政部门的委托办理财政直接支付的资金结算业务。

（3）单位零余额账户。

各预算单位经财政部门审核批准后，在商业银行开设单位零余额账户，用于财政授权支付和国库单一账户支出清算。预算单位零余额账户可以办理转账、提取现金等业务。开设单位零余额账户的商业银行也称为单位零余额代理银行，接受预算单位的委托办理财政授权支付的资金结算业务。

除上述账户外，经国务院和省级人民政府批准或授权，财政部门可以为特定部门或预算单位在商业银行开设特殊过渡性专户（简称特设专户），用于特定专项收支活动的结算，以及与国库单一账户清算。

（三）国库集中收付制度的程序

1. 收入的收缴方式

在国库集中收付制度下，财政性收入的收缴主要采用直接缴库和集中汇缴方式。

（1）直接缴库。

在这种方式下，缴库单位或缴款人按有关法律、法规的规定，直接将应缴收入缴入国库单一账户或财政资金专户，不再设立各类过渡性账户。直接缴库的税收收入，由纳税人或税务代理人申报，经征收机关审核无误后，开具缴款书，送交纳税人开户银行，纳税人的开户银行将税款缴入国库单一账户，再由国库向财政部门和征收机关出具缴库报告。非税收入的收缴程序略有不同，其基本程序是：由行政事业单位向缴款义务人下达收款通知，然后由缴款人将款项缴入财政委托的代理银行，代理银行将款项划转财政专户，或与国库单一账户进行清算，再由国库向财政部门和行政事业单位机关报告缴款情况。

（2）集中汇缴。

由征收机关（有关法定单位）按有关法律、法规的规定，将所收的应缴收入汇总缴入国库单一账户。在这种方式下，小额零散税收收入，由征收机关开具汇总缴款书缴入国库单一账户；非税收入中的现金缴款，比照集中汇缴方式缴入国库单一账户或财政资金专户。

2. 支出的拨付方式

（1）财政直接支付。

预算单位用款时向财政部门的国库支付执行机构提出支付申请，国库支付执行机构根据批复的预算、用款计划及相关要求对支付申请审核无误后，向代理银行发出支付指令，并通知中央银行国库部门，通过代理银行进入全国银行清算系统实时清算，将财政资金从国库单一账户划转到收款单位的银行账户。

财政直接支付的主要内容包括工资支出、购买支出及中央对地方的专项转移支付、拨付企业大型工程项目或大型设备采购的资金等,以及转移支出(中央对地方专项转移支出除外)。其中,关于工资支出,预算单位的人员编制、工资标准和开支数额分别由编制部门按照预算执行进度将资金从国库单一账户直接拨付到预算单位或下级财政部门账户。

(2)财政授权支付。

预算单位根据批复的部门预算和资金使用计划,向财政部门的国库支付执行机构申请授权支付的月份用款额度,国库支付执行机构将批准后的限额通知代理银行和预算单位,并通知中央银行国库部门。预算单位在月份用款额度内,自行开具支付令,通过国库支付执行机构转由代理银行向收款人付款,并与国库单一账户清算。采用财政授权支付的支出包括未实行财政直接支付的购买支出和零星支出。

(四)预算收入的收纳、划分、留解和库款支拨

1. 预算收入的收纳

预算收入的收纳是由各单位、部门、个人的收入缴库实现的,其方便了缴款人缴库并加强了预算收入管理,我国预算收入的缴库方式主要有直接缴库和集中汇缴两种方式。各缴库人或缴款单位上缴预算收入时,必须使用国家统一印制的缴款凭证,向国库缴纳。预算收入缴款凭证一般称为"缴款书"。"缴款书"是各级财政取得预算收入的唯一凭证,一般来说,缴款书应具备收款单位名称、预算级次、收款国库、缴款单位名称、账号、开户银行、预算科目、收款年度及金额等内容。

2. 预算收入的划分

各级财政预算收入的执行情况,一律以缴入基层国库的数额衡量。基层国库收到已缴纳的各项预算收入,应当根据国家财政管理体制规定的收入划分范围,在各级预算之间进行划分。

预算收入的划分是指按照国家预算管理体制的规定及财权与事权结合的原则,将预算收入划分为中央预算固定收入、地方预算固定收入和中央预算与地方预算共享收入三类。其中,中央预算固定收入全部归中央预算,地方预算不参与分成;地方预算固定收入全部归地方预算,中央预算不参与分成;中央预算与地方预算共享收入纳入总预算收入,再根据预算管理体制确定的地方分成比例划转地方预算。

3. 预算收入的留解

预算收入的留解是指在国库将预算收入在各级预算之间进行划分和分成的基础上,编制"预算收入日报表"和"分成收入计算表",并根据这些报表分别将库款留存到本级国库和上解上级财政在国库的账户中。国库内部下级国库需要向上级国库上解预算收入,同时各级国库要按照留存比例向同级财政部门报解预算收入。

4. 国库库款支拨

库款支拨,也称预算拨款,它是指各级财政部门根据批准的预算,在库款余额内支

拨预算资金，将款项拨付给政府的预算单位或建设单位。各级财政在支拨库款时应使用财政部统一制定的预算拨款凭证或划汇凭证办理；各级国库在办理库款支拨时，应严格审查拨款凭证上的各项纳入，认真核对拨款凭证上的印鉴是否与预留印鉴相符。各级国库支拨库款只办理转账，不支付现金。

（五）国库集中收付制度改革的影响

国库集中收付制度是指建立国库单一账户体系，所有财政性资金都纳入国库单一账户管理，收入直接缴入国库或财政专户，支出通过国库单一账户体系，按照不同支付类型，采用财政直接支付与授权支付的方法，支付到商品或货物供应者或用款单位。财政收入通过国库单一账户体系，直接缴入国库；财政支出通过国库单一账户体系，以财政直接支付和财政授权支付的方式，将资金支付到商品和劳务供应者或用款单位，即预算单位使用资金但见不到资金；未支用的资金均保留在国库单一账户，由财政部门代表政府进行管理运作，降低政府筹资成本，为实施宏观调控政策提供可选择的手段。它的实施有利于规范财政收支行为，加强财政收支管理监督，提高财政资金的使用效率，从制度上防范腐败现象的发生。

国库集中收付制度的核心内容是通过国库单一账户对国库资金实行集中管理，其基本特征是：①财政统一开设国库单一账户，各单位不再另设银行账户。②所有财政收入直接缴入国库，不再通过其他中间环节。③各部门、各单位根据自身需要，在预算确定的范围内，决定购买何种商品和劳务，但付款过程由国库集中处理，所有财政支出均由财政集中支付到商品和劳务的提供者。④财政设立专门的国库现金管理和支付执行机构。

国库集中支付制度对总预算会计、行政事业单位会计产生了三方面的影响：①影响核算内容，增加了集中支付的业务活动。②影响会计核算基础，为政府会计采用权责发生制提供了空间。③影响政府会计的科目设置和报表体系。政府会计系统需调整会计科目和财务报告体系，如在行政单位和事业单位会计科目中增设"零余额账户用款额度""财政应返还额度"等科目。

三、政府采购制度

（一）政府采购制度的含义及适用范围

1. 政府采购制度的含义

政府采购也称为公共采购，它是指各级政府及其所属机构为满足开展日常政务活动或提供公共服务活动的需要，在财政的监督下，以法定的方式、方法和程序，购买货物、工程或劳务的行为。

政府采购制度是指对政府采购的行为进行规范的管理制度。政府一般通过制定一系列的法律、规章、制度等，对政府采购的采购方式、采购程序、管理机构、资金拨付等进行规范。我国于2002年颁布了《中华人民共和国政府采购法》，自2003年1月1日起实施，对政府采购方式、采购制度、采购资金等进行了规范。

2. 政府采购制度的适用范围

各级国家机关、实行预算管理的事业单位和社会团体（以下统称采购机关）使用财政资金，以单独采购或批量采购、租赁、委托或雇佣等方式获取货物、工程或服务的购买行为，都适用政府采购制度。其中金额达到政府或财政部规定的限额标准以上的采购项目，应当实行公开招标或邀请招标的采购方式。

（二）政府采购的管理机构与采购方式

1. 政府采购管理机构

政府采购所涉及的相关方主要包括财政部及政府采购主管机构、采购机关、供应商和中介机构。财政部主要负责全国政府采购的管理和监督，包括拟定政府采购法律及法规草案、制定政府采购政策和规章等。

采购机关是政府采购的执行机构，负责各项政府采购活动的组织和实施。采购机关分为集中采购机关和采购单位。其中，集中采购机关是政府或财政部门为了组织实施政府采购活动而专设的机构。采购单位是集中采购机关之外的采购机构。集中采购机关的主要职责是组织实施纳入集中采购目录的政府采购项目；采购单位只采购未纳入采购目录的货物或劳务。

政府采购中介机构是指依法成立，具有法人资格和招标能力，经财政部门资格认定后，从事政府采购招标等中介业务的社会招标机构。中介机构的主要职责是接受委托，组织政府采购招标投标的功能事务。

2. 政府采购的方式

政府采购按其是否具备招标性质，可分为招标性采购和非招标性采购两大类，其划分的重要标准之一是采购的金额。招标性采购主要采用公开招标采购和邀请招标采购等方式；非招标性采购包括竞争性谈判采购、询价采购、单一来源采购等采购方式。

公开招标采购是指采购机关或其委托的政府采购业务代理机构（统称招标人）以招标公告的方式邀请非特定的供应商（统称投标人）投标，招标人根据某种事先确定并公布的标准从所有投标中评选出中标商，并与其签订合同的一种采购方式。

邀请招标采购是指招标人以投标邀请书的方式邀请 5 个以上的供应商投标，招标人根据某种事先确定并公布的标准从所有投标中评选出中标商，并与其签订合同的一种采购方式。

竞争性谈判采购是指采购机关直接邀请 3 家以上的供应商就采购事宜进行谈判的采购方式。该方式适用于紧急情况下的采购或涉及高科技应用产品或服务的采购。

询价采购是指对 3 家以上的供应商提供的报价进行比较，以确保价格具有竞争性的采购方式。该方法仅适用于采购现货或价值较小的标准规格的设备，或者小型、简单的土建工程。

单一来源采购即没有竞争的采购，它是指达到了竞争性谈判采购金额标准，但所购商品的来源渠道单一，或属专利、首次制造、合同追加等特殊情况，因此，只能由一家供应商供货。单一来源采购也称为直接采购，即采购机关向供应商直接购买。

（三）政府采购资金拨付的方式

政府采购的程序包括编制政府采购预算、汇编政府采购计划、确定并执行采购方式、订立及履行合同、验收和结算等步骤。政府采购的最后一个环节是向供应商支付货款，该货款也称为政府采购资金。它是指采购机关获取货物、工程或货物时支付的资金，包括财政性资金和与财政性资金配套的单位自筹资金。其中，单位自筹资金是指采购机关按照政府采购拼盘项目要求，按规定用单位自有资金安排的支出。政府采购资金的支付实行财政直接拨付和单位支付相结合，统一管理、统一核算、专款专用。

政府采购资金直接拨付是指财政部门按照政府采购合同约定，将采购资金通过代理银行（国有商业银行或股份制商业银行）直接拨付给中标供应商的拨款方式。选定的代理银行必须事先经过中国人民银行国库部门对其采购资金划拨业务的资格进行认证，然后由财政部门对有资格的银行通过招标形式确定代理银行。财政部门的国库管理机构应在代理银行按规定开设"政府采购资金专户"。政府采购资金直接拨付分为三种拨付方式：全额直接拨付方式、差额直接拨付方式、公务卡结算方式。项目的具体拨款方式由同级财政部门根据实际情况确定。

（1）全额直接拨付方式。在采购活动开始前，采购机关必须先将单位自筹资金汇集到政府采购资金专户。根据需要支付款项时，财政部门将预算资金和已汇集的单位自筹资金通过政府采购资金专户一起拨付给中标供应商。目前，政府采购制度已经与国库集中收付制度相结合，采购资金一般通过财政直接拨付的方式划拨到供应商的银行账户中。

（2）差额直接拨付方式。财政部门和采购机关按照政府采购拼盘项目合同中约定的各方负担金额比例，分别将预算资金和单位自筹资金支付给中标供应商。

（3）公务卡结算方式。为进一步深化国库集中支付制度改革，规范预算单位财政授权支付业务，减少现金支付结算，提高支付透明度，加强财政监督，方便预算单位用款，预算单位的公务支出实施公务卡结算制度。公务卡是指财政预算单位工作人员持有的、主要用于日常公务开支和财务报销业务的信用卡。预算单位应当选择办理国库集中支付业务的代理银行，为本单位职工申办公务卡。对于差旅、会议、购买等公务支出，使用公务卡结算的，应在公务卡信用额度内，先通过公务卡结算，并须取得发票等财务报销凭证和有关银行卡消费凭证。持卡人使用公务卡消费结算的各项公务支出，必须在发卡行规定的免息还款期内，到所在单位财务部门报销。单位财务人员经过审核确认后予以报销，签发财政授权支付指令，通知发卡行向制定的公务卡还款。代理银行根据预算单位签发的支付指令和"还款汇总表"信息，于收到支付指令的当日，将资金支付到公务卡账户。

（四）政府采购改革的影响

政府采购是指以公开招标、投标为主要方式选择供应商（厂商），从国内外市场上为政府部门或所属团体购买商品、服务或工程的一种制度。它具有公开性、公正性、竞争性，其中公平竞争是政府采购制度的基石。目前我国已形成了以政府采购法为统领、以部门规章为依托的政府采购法律制度框架，涵盖了体制机制、执行操作、基础管理及监督处罚等各个方面的内容。依据公平、公正、公开原则架构的政府采购制度，改变了传统的政府部门自由随意采购的局面，确立了依法采购的市场规制，有效规范了政府支出行为和政府采购市场交易秩序。

自 2015 年 3 月 1 日起施行的《中华人民共和国政府采购法实施条例》，充实完善政府采购制度，进一步促进政府采购的规范化、法制化。一是强化政府采购结果导向，改变现行制度"重程序、轻结果"的倾向。二是提高政府采购政策的执行力和执行效果，在程序科学和公平、公正的基础上做到"物有所值"。三是推进政府采购信息公开，主动接受社会监督。四是创新监管方式，构建规范透明、公平竞争、监督到位、严格问责的政府采购制度和统一开放、竞争有序的政府采购市场体系。该条例进一步细化了信息公开的要求，将政府采购信息公开的范围扩大到采购预算、采购过程、采购结果、采购合同及履约情况等采购活动的全过程。这就要求财政总预算会计、行政事业单位会计记录政府采购资金使用的每一个环节，对采购过程和采购结果进行全面真实的记录，反映采购合同履约情况。

本 章 小 结

社会治理结构的优化，使政府及非营利组织获得了突飞猛进的发展。区别于营利组织的运行环境，政府及非营利组织会计主要表现出非营利性、业绩非量化、主要核算法律约束下公共资金收支等特征。政府及非营利组织会计可以分为政府会计和民间非营利组织会计两大部分，我国政府会计由政府预算会计和政府财务会计"双系统"构成，政府预算会计体系包括财政总预算会计、行政单位会计和事业单位会计。随着政府收支分类、国库集中收付和政府采购等多项财政制度改革的稳步推进，作为财政资金使用信息记录载体和重要监督机制的政府及非营利组织会计的作用日益凸显，同时也推动着我国政府及非营利组织会计的整体变革。近年来，我国政府及非营利组织会计规范体系正经历大幅修订，特别是颁布了《权责发生制政府综合财务报告制度改革方案》《政府会计准则——基本准则》，以及政府存货、投资、固定资产和无形资产 4 项具体准则和固定资产准则应用指南等。

【复习思考题】

1. 结合政府及非营利组织类型，阐述政府及非营利组织会计的特征。
2. 我国政府及非营利组织会计组成体系包括哪些组成部门？
3. 说明我国政府及非营利组织会计规范体系的构成及修订。
4. 简述政府收支分类改革的内容及其对政府及非营利组织会计产生的影响。
5. 什么是国库集中收付制度？国库集中收付制度改革对政府及非营利组织会计产生了哪些影响？
6. 政府及非营利组织会计的重要性应如何理解？

第二章

政府及非营利组织会计概念框架

【学习目标】
1. 掌握政府及非营利组织会计的目标。
2. 了解政府及非营利组织会计假设。
3. 掌握我国政府及非营利组织会计信息质量特征。
4. 掌握政府及非营利组织会计确认基础。
5. 理解政府及非营利组织会计的计量方法。
6. 了解国家政府及非营利组织会计报告体系。

第一节 会计目标

一、政府及非营利组织财务信息需求方

20世纪70年代后美国会计界关于会计目标的研究,形成了受托责任观和决策有用观两个流派。根据会计是为哪些人提供哪些会计信息,以及满足财务报表使用者的哪些需要,将财务报告目标的内容归纳为三个方面:①谁是财务信息的使用者?②他们需要什么样的信息?③财务报告能够提供什么样的信息?

政府及非营利组织财务信息使用者一般包括以下几类。

(1)财务资源提供者,即"自愿资源提供者",如投资者、债权人和捐赠人等,为合理使用资财,需要政府及非营利组织财务信息及相关信息来做出是否与政府和非营利组织继续合作的经济决策。

（2）服务对象，即服务的用户和受益人，包括公民及其代表，也是"被动资源提供者"纳税人。对于公众来讲，依法纳税是其应尽的义务，而他们同时也享有知情权，即有权利知道政府提供公共服务的状况，以及政府履行社会公众所托付的各种责任和义务的履行状况。

（3）治理机关和监督机关，如立法机关和政府审计机关。它们负责制定政策，并对政府及非营利组织进行监督和考评，需要依据政府相关部门所提供的财务信息来实现监督职能并对政府使用和支配公共财务资源的效率和效果进行评价，判断政府的工作业绩。

（4）内部管理者，包括行政领导和单位职工。他们负责执行治理机关规定的政策，管理本组织的日常业务，也要利用会计信息。

二、政府及非营利组织财务信息需求分析

政府及非营利组织会计信息使用者对会计信息的需求，主要包括为预算管理服务和为经济与财务管理服务两个方面。

1. 为预算管理服务

政府及非营利组织会计的财务资源来源于社会，应纳入财政预算管理。政府及非营利组织会计应当为预算管理服务，编制以收付实现制为基础的年度决算报告，向决算报告使用者提供与预算执行情况有关的信息，反映会计主体预算收支的年度执行结果，为进行预算监督和管理及编制后续年度预算提供参考和依据。政府决算报告使用者包括各级人民代表大会及其常务委员会、各级政府及有关部门、政府会计主体自身、社会公众和其他利益相关者。

2. 为经济与财务管理服务

政府及非营利组织应当加强单位的经济管理和财务管理，合理配置公共经济资源，进行业绩评价与考核，披露公共受托责任的履行情况。政府及非营利组织会计应当为经济与财务管理服务，编制以权责发生制为基础的财务报告，向财务报告使用者提供与财务状况和运行情况等有关的信息，有助于财务报告使用者做出决策或者进行监督和管理。政府财务报告使用者包括各级人民代表大会及其常务委员会、债权人、各级政府及有关部门、政府会计主体自身和其他利益相关者。

三、政府及非营利组织会计目标

（一）国外政府及非营利组织会计目标

国外政府及非营利组织会计目标原来也注重为"内部管理"服务，注重反映"预算收支"情况，目前倾向于为"外部"服务，注重披露"受托责任"履行情况。

根据 IPSASB（International Public Sector Accounting Standards Board，即国际公共部

门会计准则理事会）的规定，政府及非营利组织财务报告的目标是为通用财务报告使用者提供有关报告主体的信息，这些信息有助于评价报告主体的受托责任，以及进行资源分配、政治和社会方面的决策。

GASB 第一号概念公告《财务报告的目的》指出：政府单位会计信息被应用于以下几个方面：①将议会通过的预算与实际执行情况进行比较；②评价政府单位当前的财务状况和过去时期的财务运营绩效；③对审议和通过有关法案、制度、规则提供帮助；④评价政府单位的效率与效果。

（二）我国政府及非营利组织会计目标

政府及非营利组织会计的总体目标，是向会计信息使用者提供有用的信息。

1. 政府会计目标

我国政府会计正处于改革之中，将建立政府预算会计和政府财务会计"双系统"，政府会计目标应当是"双目标"。政府预算会计侧重于为预算管理服务，通过编制决算报告提供预算收支执行情况的会计信息。政府财务会计侧重于为政府经济和财务管理服务，通过编制财务报告反映政府的受托责任履行情况，提供有助于做出经济决策的会计信息。《政府会计准则——基本准则》对政府预算会计的决算报告目标和政府财务会计的财务报告目标做出了具体规定。

政府决算报告的目标是向决算报告使用者提供与政府预算执行情况有关的信息，综合反映政府预算收支的年度执行结果，有助于决算报告使用者进行监督和管理，并为编制后续年度预算提供参考和依据。政府财务报告的目标是向财务报告使用者提供与政府财务状况、运行情况和现金流量等有关的信息，反映政府偿债能力和受托责任履行情况，有助于财务报告使用者做出决策和进行监督及管理。

2. 非营利组织会计目标

《民间非营利组织会计制度》第八条规定："会计核算所提供的信息应当能够满足会计信息使用者（如捐赠人、会员、监管者等）的需要。"民间非营利组织会计属于财务会计的范畴，是对外报告会计，侧重于为捐赠人、会员、监管者等外部会计信息使用者服务。民间非营利组织会计的目标，是向会计信息使用者提供有用的会计信息，反映其受托责任履行情况，满足会计信息使用者经济决策和监督管理的需要。

第二节 会计假设与财务信息质量特征

一、会计假设

（一）会计主体

美国政府及非营利组织会计采用基金会计模式，存在记录主体和报告主体双重会计主体。美国地方政府会计的记录主体是基金和账群。而美国政府会计的报告主体是基本政府、基本政府中负有财务责任的组织及其他一些紧密相关的组织,包括美国联邦政府、联邦政府机构、州县政府、州县街道政府机构及事业单位。这种报告会计主体设置有利于分清各级政府的相应受托责任。美国民间非营利组织的报告主体是整个组织,而其会计主体却是各类基金。

我国政府及非营利组织会计的记录主体与报告主体都是各级财政部门或单位组织自身。其中,对国家指定用途的资金,应当按规定的用途使用,并单独核算反映。

(二)持续经营

持续经营假设设定会计主体的运营活动会按着既定的目标存续下去,不会在可预见的将来被终止,可为会计主体按照规定用途使用资产、按照约定条件清偿债务和选择会计方法和政策提供基础。我国政府及非营利组织会计,以政府组织和非营利组织为会计核算的主体,其公共活动具有连续性。

(三)会计分期

会计分期假设将持续的运营活动分割为若干会计期间,分别会计期间提供会计信息。政府及非营利组织会计期间采用公历日期分为年度、季度和月份。

(四)货币计量

货币计量假设规定了会计的计量尺度,要求以统一的货币单位反映会计信息。政府及非营利组织会计一般以人民币为本位币,在业务活动中如果发生外币业务,需要按规定的汇率折算成本位币。对业务收支以外币为主的行政事业单位,也可以选用某种外币作为记账本位币,但在编制会计报表时,应当按照编报日的人民币外汇汇率折算为人民币反映。

二、财务信息质量特征

政府及非营利组织会计面临众多信息使用者和利益相关者,在复杂的经济环境中为了满足相关各方的信息需求,需要政府及非营利组织的财务信息具有更高的质量。根据政府会计基本准则和民间非营利组织会计制度,政府及非营利组织财务信息质量特征包括以下7个方面。

1. 可靠性

政府会计主体应当以实际发生的经济业务或者事项为依据进行会计核算,如实反映各项会计要素的情况和结果,保证会计信息真实可靠。

2. 全面性

政府会计主体应当将发生的各项经济业务或者事项统一纳入会计核算,确保会计信息能够全面反映政府会计主体预算执行情况和财务状况、运行情况、现金流量等。

3. 相关性

政府会计主体提供的会计信息，应当与反映政府会计主体公共受托责任履行情况以及报告使用者决策或者监督、管理的需要相关，有助于报告使用者对政府会计主体过去、现在或者未来的情况做出评价或者预测。

4. 及时性

政府会计主体对已经发生的经济业务或者事项，应当及时进行会计核算，不得提前或者延后。

5. 可比性

政府会计主体提供的会计信息应当具有可比性。同一政府会计主体不同时期发生的相同或者相似的经济业务或者事项，应当采用一致的会计政策，不得随意变更。确需变更的，应当将变更的内容、理由及其影响在附注中予以说明。不同政府会计主体发生的相同或者相似的经济业务或者事项，应当采用一致的会计政策，确保政府会计信息口径一致、相互可比。

6. 明晰性

政府会计主体提供的会计信息应当清晰明了，便于报告使用者理解和使用。

7. 实质重于形式

政府会计主体应当按照经济业务或者事项的经济实质进行会计核算，不限于以经济业务或者事项的法律形式为依据。

第三节 会 计 要 素

政府及非营利组织会计包括政府会计和非营利组织会计。政府会计是一个综合的范畴，包括政府财务会计和政府预算会计；非营利组织会计则是指民间非营利组织会计。政府会计要素和非营利组织会计要素就其性质而言，是有明显区别的。

一、政府财务会计要素

根据《政府会计准则——基本准则》，政府财务会计要素包括资产、负债、净资产、收入和费用。

1. 资产

资产是指政府会计主体过去的经济业务或者事项形成的，由政府会计主体控制的，预期能够产生服务潜力或者经济利益流入的经济资源。政府会计主体的资产按照流动性，分为流动资产和非流动资产。符合资产定义的经济资源，在同时满足以下条件时，确认为资产：①与该经济资源相关的服务潜力很可能实现或者经济利益很可能流入政府会计主体；②该经济资源的成本或者价值能够可靠地计量。

2. 负债

负债是指政府会计主体过去的经济业务或者事项形成的，预期会导致经济资源流出政府会计主体的现时义务。政府会计主体的负债按照流动性，分为流动负债和非流动负债。符合负债定义的业务，在同时满足以下条件时，确认为负债：①履行该义务很可能导致含有服务潜力或者经济利益的经济资源流出政府会计主体；②该义务的金额能够可靠地计量。

3. 净资产

净资产是指政府会计主体资产扣除负债后的净额。净资产金额取决于资产和负债的计量。

4. 收入

收入是指报告期内导致政府会计主体净资产增加的、含有服务潜力或者经济利益的经济资源的流入。收入的确认应当同时满足以下条件：①与收入相关的含有服务潜力或者经济利益的经济资源很可能流入政府会计主体；②含有服务潜力或者经济利益的经济资源流入会导致政府会计主体资产增加或者负债减少；③流入金额能够可靠地计量。

5. 费用

费用是指报告期内导致政府会计主体净资产减少的、含有服务潜力或者经济利益的经济资源的流出。费用的确认应当同时满足以下条件：①与费用相关的含有服务潜力或者经济利益的经济资源很可能流出政府会计主体；②含有服务潜力或者经济利益的经济资源流出会导致政府会计主体资产减少或者负债增加；③流出金额能够可靠地计量。

二、政府预算会计要素

政府预算会计和财务会计不同，财务会计致力于反映政府或政府单位的整体财务状况并提供一定程度的前瞻性的财务信息，预算会计则服务于政府预算管理，主要反映总预算单位和分预算单位的预算执行情况及结果。根据《政府会计准则——基本准则》，政府预算会计的要素包括预算收入、预算支出和预算结余。

1. 预算收入

预算收入是指政府会计主体在预算年度内依法取得的并纳入预算管理的现金流入。预算收入一般在实际收到时予以确认，以实际收到的金额计量。

2. 预算支出

预算支出是指政府会计主体在预算年度内依法发生并纳入预算管理的现金流出。预算支出一般在实际支付时予以确认，以实际支付的金额计量。

3. 预算结余

预算结余是指政府会计主体预算年度内预算收入扣除预算支出后的资金余额，以及历年滚存的资金余额。预算结余包括结余资金和结转资金。结余资金是指年度预算执行终了，预算收入实际完成数扣除预算支出和结转资金后剩余的资金。结转资金是指预算安排项目的支出年终尚未执行完毕或者因故未执行，且下年需要按原用途继续使用的资金。

三、民间非营利组织会计要素

民间非营利组织会计要素包括资产、负债、净资产、收入和费用。

1. 资产

资产是指民间非营利组织过去的经济业务或者事项形成的，由组织所有、管理、占有、使用或者控制的，预期能够提供服务潜能或带来经济利益流入的经济资源。

2. 负债

负债是指民间非营利组织过去的交易或者事项形成的现时业务，履行该义务预期会导致含有经济利益或者服务潜力的资源流出民间非营利组织。

3. 净资产

净资产是指民间非营利组织的资产减去负债后的余额。净资产应当按照其是否受到限制，分为限定性净资产和非限定性净资产。

4. 收入

收入是指民间非营利组织开展业务活动取得的，导致本期净资产增加的经济利益或者服务潜力的流入。

5. 费用

费用是指民间非营利组织为开展业务活动所发生的，导致本期净资产减少的经济利益或者服务潜力的流出。

第四节 会计确认、计量和报告

一、政府及非营利组织会计确认

（一）会计核算基础的类型

会计核算基础是指为编报财务报告而决定在何时确认交易或事项的影响，现金制基础和应计制基础是两种最基本的会计基础。修正的现金制和修正的应计制是对现金制或应计制的某种修正或偏离,是收付实现制和权责发生制的结合。在这两种确认制度下,并不采用单一的收付实现制或权责发生制,而是有些会计事项采用收付实现制,而另一些会计事项采用权责发生制。现金制确认基础可以如实地反映会计主体的现金流量,收入和支出(费用)与实际的现金收支保持一致。如果侧重反映预算收支信息,一般选择现金制(或修正)确认基础。应计制确认基础可以如实地反映归属于会计期间的收入和支出(费用),如果侧重受托责任评价,一般选择应计制(或修正)确认基础。如果兼顾预算管理和受托责任评价,一般选择修正的应计制(或现金制)确认基础。

(二)政府及非营利组织会计确认基础选择

1. 政府会计的确认基础

政府预算会计和政府财务会计适度分离并相互衔接,采用不同的确认基础核算。

(1)政府预算会计。

政府预算会计以收付实现制为确认基础。收付实现制以款项的实际收付为标志来确定本期收入和支出。

(2)政府财务会计。

政府财务会计应当采用权责发生制为确认基础,以满足政府加强财务管理、绩效考核、成本核算、债务风险防范等财务会计信息需求。权责发生制以取得收到款项的权利或支付款项的责任为标志来确定本期收入和费用。

2. 民间非营利组织会计

民间非营利组织会计是对外报告会计,需要提供反映其受托责任履行情况和有助于做出经济决策的会计信息。民间非营利组织会计核算应当以权责发生制为基础。

二、政府及非营利组织会计计量

根据《政府会计准则——基本准则》,政府会计资产的计量方法主要有历史成本、重置成本、现值、公允价值和名义金额计量;负债的计量方法主要有历史成本、现值和公允价值。

1. 资产的计量方法

(1)历史成本。历史成本计量是指资产按照取得时支付的现金或者现金等价物的金额,或者按照取得时所付出的非货币性资产的评估价值,或支付对价的公允价值计量。

(2)重置成本。重置成本计量是指资产按照现在购买相同或相似资产所需要支付的现金或者现金等价物的金额计量。

(3)现值。现值计量是指资产按照从其使用到最终处置过程中所产生的未来现金流量的折现金额计量。

（4）公允价值。公允价值计量是指资产按照市场参与者在计量日发生的有序交易中，出售一项资产所能收到的价格。

（5）名义金额计量。无法采用上述计量属性的，采用名义金额（即人民币1元）计量。

政府会计主体在对资产进行计量时，一般应采用历史成本，如果采用重置成本、现值及公允价值的计量方法，应当保证所确定的资产金额能够持续取得并可靠地计量。

2. 负债的计量方法

（1）历史成本。历史成本计量是指负债按照因承担现时义务而实际收到的款项或者资产的金额，或者承担现时义务的合同金额，或者按照日常活动中的偿还负债预期需要支付的现金或现金等价物的金额计量。

（2）现值。现值计量是指负债按照预计期限需要偿还的未来现金流出量的折现金额计量。

（3）公允价值。公允价值计量是指负债按照市场参与者在计量日发生的有序交易中，转移一项负债所需支付的价格。

政府会计主体在对负债进行计量时，一般应当采用历史成本计量。采用现值、公允价值计量的，应当保证所确定的负债金额能够持续、可靠计量。

三、政府及非营利组织会计报告

（一）财务报告主体

财务报告是提供给资源提供人用于评价管理当局履行公共受托关系的报告。美国采用"双主体"报告模式。首先，政府作为一个整体构成一个报告主体；其次，基金层面以普通基金、受托基金和企业基金作为报告主体，对那些主要的基金单独编报基金财务报告，非主要的基金则合并在一起编报基金财务报告。我国的政府及非营利组织报告主体采用的是单一组织主体模式，即一级政府、政府组成单位、事业单位均是报告主体。

（二）财务报告内容

政府会计主体采用"双报告"模式，同时编写政府决算报告与政府财务报告。政府决算报告是以收付实现制为基础编制的，反映政府年度预算收支执行结果的报告。政府财务报告是以权责发生制为基础编制的，反映政府财务状况、运行情况的报告。政府财务报告包括政府综合财务报告和政府部门财务报告，政府综合财务报告由政府财政部门负责编制，政府部门财务报告由政府部门负责编制。民间非营利组织财务报告是反映财务状况、业务活动情况和现金流量等的书面文件，由会计报表、会计报表附注和财务情况说明书组成。

本 章 小 结

基于政府及非营利组织特有的资金运动和复杂多样的组织形式,形成政府及非营利组织会计不同于营利组织的财务会计概念框架。政府及非营利组织财务信息需求包括做出非经济决策和评价受托责任两个方面,决定政府及非营利组织兼顾预算管理与受托责任双重目标。在确定会计核算主体、核算内容、核算程序和核算方法四个会计假设的基础上,我国政府及非营利组织会计准则体系对会计信息质量要求做出规定,并随着公共财政改革需要,倾向于采用"修正的权责发生制"和"权责发生制"确认基础。政府财务会计要素包括资产、负债、净资产、收入和费用;政府预算会计要素包括预算收入、预算支出和预算结余,主要采用历史成本为计量属性。财务报告是财务信息载体,我国的政府及非营利组织报告主体采用的是单一组织主体模式。

【复习思考题】

1. 结合政府及非营利组织信息需求方,说明政府及非营利组织会计的具体目标包括哪些方面。
2. 政府及非营利组织会计信息质量特征有何特殊性?
3. 会计核算基础有哪几种类型?我国政府及非营利组织会计核算基础如何选择?
4. 政府及非营利组织会计要素具体构成内容有哪些?
5. 简述政府及非营利组织会计的主要计量方法。
6. 政府及非营利组织会计为什么采用双重会计主体?

第二篇

财政总预算会计

第三章

财政总预算会计概述

【学习目标】
1. 了解财政总预算会计的含义与分级。
2. 理解财政总预算会计的特点。
3. 熟悉财政总预算会计的任务。
4. 掌握财政总预算会计的核算基础。
5. 理解财政总预算会计的信息质量要求。
6. 了解财政总预算会计科目设置原则。

第一节 财政总预算会计的概念、特点及任务

一、财政总预算会计的概念

财政总预算会计是指各级政府财政部门核算、反映、监督政府财政总预算资金以及其他财政资金活动的专业会计。财政总预算会计提供政府财政预算执行情况和财务状况的会计信息,反映政府财政受托责任履行情况,为政府的管理活动服务。其以各级人民政府为会计主体,由各级政府财政部门负责组织。

财政总预算会计以财政性资金为核算对象,包括政府财政总预算资金和其他财政资金。政府财政总预算资金是纳入总预算管理的财政资金,主要包括一般公共预算资金、政府性基金预算资金、国有资本经营预算资金和社会保险基金预算资金。社会保险基金预算资金会计核算执行《社会保险基金会计制度》,未纳入财政总预算会计的核算范围。其他财政资金是由财政部门管理的总预算资金以外的财政资金,主要包括财政专户

管理资金、专用基金和代管资金等。

财政总预算会计体系与国家预算管理体系一致,分为五个级次,即中央、省、市、县(区)、乡(镇)五级财政总预算会计,其中,省、市、县(区)和乡(镇)四级统称为地方级财政总预算会计,分别负责本级财政的会计核算工作。

二、财政总预算会计的特点

1. 政策性和计划性

国家财政预算对国民收入的分配和再分配活动是根据国家的法律、法规要求有计划地进行的,是国家意志在财政分配上的集中体现。财政总预算会计在核算、反映和监督国家财政预算执行过程中,记录和反映着贯彻国家法律、法规的情况和问题,政策性非常强,还要围绕国家财政预算这个强制性计划进行。

2. 统一性和广泛性

国家财政预算是全国统一的预算,财政总预算会计必须以国家财政预算执行为中心,组织一个全国集中统一的会计核算体系,定期、及时反映整个国家财政预算执行情况和报告年度国家决算与各级地方决算。同时,财政总预算会计分类核算体系涉及的范围广。凡是编制和执行国家财政预算的地区、部门和单位,其预算收支活动必然受到财政总预算会计核算科目分类体系的约束。

3. 宏观性和社会性

财政总预算会计是执行国家财政预算的会计,而国家财政预算收支执行情况是国民经济和社会发展计划执行情况在财政上的集中反映。财政总预算会计在执行国家财政预算的收支分配中,通过经常、大量、连续的账务核算和情况反映,对国家财政预算的执行和国民经济活动情况起着宏观监督作用,具有社会总会计的特点。

三、财政总预算会计的任务

财务总预算会计的主要职责是进行会计核算、反映预算执行、实行会计监督、参与预算管理、合理调度资金。基本任务如下。

(1)处理总预算会计的日常核算事务。办理财政各项收支、资金调拨及往来款项的会计核算工作;及时组织年度政府决算、行政事业单位决算的编审和汇总工作,进行上下级财政之间的年终结算工作。

(2)调度财政资金。根据财政收支的特点,妥善解决财政资金库存和用款单位需求的矛盾,在保证按计划及时供应资金的基础上,合理调度资金,提高资金使用效益。

(3)实行会计监督,参与预算管理。通过会计核算和反映,提出预算执行情况分析,并对总预算、部门预算和单位预算的执行实施会计监督。

(4)组织和指导本行政区域预算会计工作。省、自治区、直辖市总预算会计负责制定或审定本行政区域预算会计有关具体核算办法的补充规定;组织预算会计人员的培训活动;组织检查、辅导本单位会计和下级总预算会计工作,不断提高政策、业务水平。

(5)做好预算会计的事务管理工作。负责预算会计的基础工作管理,参与预算会计人员专业技术资格考试、评定及核发会计证工作。

第二节 财政总预算会计目标与确认计量

一、财政总预算会计目标

《财政总预算会计制度》规定,"总会计的核算目标是向会计信息使用者提供政府财政预算执行情况、财务状况等会计信息,反映政府财政受托责任履行情况"。财政总预算会计不仅要反映预算执行情况,也要反映资产负债等财务状况。财政总预算会计的会计信息使用者包括人民代表大会、政府及其有关部门、政府财政部门自身和其他会计信息使用者。财政总预算会计为"双目标":一方面,要为财政预算管理服务,向决算报告使用者提供与政府预算执行情况有关的信息;另一方面,要为政府宏观经济管理服务,向财务报告使用者提供与政府的财务状况、运行情况有关的信息,反映政府受托责任的履行情况。

财政总预算会计将预算会计和财务会计的功能相融合,采用收付实现制和权责发生制"双基础"核算。财政总预算会计引入"双分录"核算方法,对与预算收支相关的资产、负债项目的业务或事项同时进行两项分录,在反映预算收支的同时,也反映了与预算收支变动密切相关的资产负债情况。财政总预算会计应当编写财政决算报告和综合财务报告"双报告",综合反映政府的预算信息和财务信息。

二、会计信息质量要求

(1)可靠性。总会计应当以实际发生的经济业务或者事项为依据进行会计核算,如实反映各项会计要素的情况和结果,保证会计信息真实可靠,全面反映政府财政的预算执行情况和财务状况等。

(2)相关性。总会计提供的会计信息应当与政府财政受托责任履行情况的反映,以及会计信息使用者的监督、决策和管理需要相关,有助于会计信息使用者对政府财政过去、现在或者未来的情况做出评价或者预测。

(3)及时性。总会计对已经发生的经济业务或者事项,应当及时进行会计核算。

(4)可比性。总会计提供的会计信息应当具有可比性。

同一政府财政不同时期发生的相同或者相似的经济业务或者事项,应当采用一致的会计政策,不得随意变更。确需变更的,应当将变更的内容、理由和对政府财政预算执行情况、财务状况的影响在附注中予以说明。

不同政府财政发生的相同或者相似的经济业务或者事项,应当采用统一的会计政策，确保不同政府财政的会计信息口径一致、相互可比。

（5）可理解性。总会计提供的会计信息应当清晰明了，便于会计信息使用者理解和使用。

三、财政总预算会计确认基础

《财政总预算会计制度》规定，"总会计的会计核算一般采用收付实现制，部分经济业务或者事项应当按照规定采用权责发生制核算"。财政总预算会计以收付实现制为主要确认基础，适当引入了权责发生制确认基础，兼顾了预算管理与经济管理的需要。财政总预算会计是在预算会计基本职能的基础上，适当增加了财务会计的功能，既核算反映政府预算收支执行情况，也核算反映政府资产负债情况。

收付实现制与预算编制的基础相匹配，可以反映已经实际收到的收入和已经实际支付的各项支出，如实提供一定期间收入、支出及结存情况的会计信息，准确地反映预算执行情况。权责发生制基础可以全面核算政府财政占有或控制的经济资源和承担的债务，合理确认发生的收入和支出，客观反映政府运行成本，科学评价政府的运营绩效。对于采用权责发生制核算的经济业务或者事项，《财政总预算会计制度》进行了具体规定。例如，年终因国库集中支付结余形成的一般公共预算本级支出、政府性基金预算本级支出和国有资本经营预算本级支出，可以按权责发生制基础确认支出；年终上下级政府财政因体制结算形成的补助收支、上解收支，可以按权责发生制基础确认收入或支出。

四、财政总预算会计计量方法

《财政总预算会计制度》规定，"总会计核算的资产，应当按照取得或发生时实际金额进行计量""总会计核算的负债，应当按照承担的相关合同金额或实际发生金额进行计量"。因此，财政总预算会计的资产、负债以历史成本为主要计量属性。

会计计量包括初始计量和后续计量，财政总预算会计的资产、负债一般不需要后续计量。除国家另有规定外，一般不得自行调整各项资产、负债的账面价值。符合资产定义并确认的资产项目，应当在取得与其相关的权利时，按照取得或发生时的实际金额进行计量。符合负债定义并确认的负债项目，应当在对其承担偿还责任时，按照承担的相关合同金额或实际发生金额进行计量。

第三节 财政总预算会计要素与会计科目

一、财政总预算会计要素

财政总预算会计根据业务特点设置了资产、负债、净资产、收入和支出五个会计要素。财政总预算会计要素是政府预算会计和支出财务会计的融合,既包含了政府预算会计要素,也包含了政府财务会计要素。

二、财政总预算会计科目

根据《财政总预算会计制度》,财政总预算会计共设置 59 个会计科目,其中,资产类 15 个,负债类 11 个,净资产类 9 个,收入类 12 个,支出类 12 个。财政总预算会计科目表见表 3-1。

表 3-1 财政总预算会计科目表

类别	编码	科目名称	类别	编码	科目名称
一、资产类	1001	国库存款	三、净资产类	3007	专用基金结余
	1003	国库现金存款		3031	预算稳定调节基金
	1004	其他财政存款		3033	预算周转金
	1005	财政零余额账户存款		3081	资产基金
	1006	有价证券		3082	待偿债净资产
	1007	在途款	四、收入类	4001	一般公共预算本级收入
	1011	预拨经费		4002	政府性基金预算本级收入
	1021	借出款项		4003	国有资本经营预算本级收入
	1022	应收股利		4005	财政专户管理资金收入
	1031	与下级往来		4007	专用基金收入
	1036	其他应收款		4011	补助收入
	1041	应收地方政府债券转贷款		4012	上解收入
	1045	应收主权外债转贷款		4013	地区间援助收入
	1071	股权投资		4021	调入资金
	1081	待发国债		4031	动用预算稳定调节基金
二、负债类	2001	应付短期政府债券		4041	债务收入
	2011	应付国库集中支付结余		4042	债务转贷收入
	2012	与上级往来	五、支出类	5001	一般公共预算本级支出
	2015	其他应付款		5002	政府性基金预算本级支出
	2017	应付代管资金		5003	国有资本经营预算本级支出
	2021	应付长期政府债券		5005	财政专户管理资金支出
	2022	借入款项		5007	专用基金支出
	2026	应付地方政府债券转贷款		5011	补助支出
	2027	应付主权外债转贷款		5012	上解支出
	2045	其他负债		5013	地区间援助支出
	2091	已结报支出		5021	调出资金
三、净资产类	3001	一般公共预算结转结余		5031	安排预算稳定调节基金
	3002	政府性基金预算结转结余		5041	债务还本支出
	3003	国有资本经营预算结转结余		5042	债务转贷支出
	3005	财政专户管理资金结余			

各级财政总预算会计应该根据有关制度规定设置会计科目,按科目使用说明使用。不需要的可以不用,不得擅自更改科目名称。明细科目的设置,除有关制度已有规定外,各级财政总预算会计可根据需要自行设置。为便于编制会计凭证、登记账簿、查阅账目和实行会计电算化,财政总预算会计制度统一规定了会计科目编码。各级总预算会计不得随意变更或打乱科目编码。总预算会计在填制会计凭证、登记账簿时,应填列会计科目的名称或者同时填列名称和编码,不得只填编码,不填名称。

本 章 小 结

我国财政总预算会计分为中央、省、市、县(区)和乡(镇)五级,具有政策性和计划性、统一性和广泛性、宏观性和社会性等特点,反映财政预算收支执行情况,并参与预算管理。财政总预算会计的会计核算以收付实现制为主,在一定程度上引入权责发生制基础,合理确认属于当期的收入和支出。财政总预算会计包括资产、负债、净资产、收入和支出五个会计要素,设置59个会计科目。

【复习思考题】

1. 阐述财政总预算会计的特点及五级构成体系。
2. 财政总预算会计能否采用权责发生制核算?列举其适用的各种情况。
3. 相比于企业会计,财政总预算会计有哪些特有的会计核算原则?
4. 基于《财政总预算会计制度》,目前我国财政总预算会计设置了哪些会计科目?

第四章

财政总预算会计收入与支出的核算

【学习目标】
1. 理解预算收入与财政总预算会计收入、预算支出与财政总预算会计支出的区别。
2. 了解财政总预算会计收入与支出的分类、内容及其管理程序。
3. 掌握财政直接支付与财政授权支付业务流程。
4. 熟练掌握财政总预算会计收入账户的设置与核算。
5. 熟练掌握财政总预算会计支出账户的设置与核算。

第一节 财政总预算会计收入的核算

一、预算收入分类与财政总预算会计的收入

为适应建立完善公共财政体系的要求,改革后的政府收支分类体系包括"收入分类""支出功能分类""支出经济分类"三部分。政府收入分类是指将各类政府收入按其性质进行归类和层次划分,以便全面、准确、明细地反映政府收入的总量、结构及来源情况。《政府收支分类科目》将收入分为类、款、项、目四级。类级科目下设相应的款级科目;款级科目下分设相应的项级科目;项级科目下设相应的目级科目。其中,类级科目包括税收收入、社会保险基金收入、非税收入、贷款转贷回收本金收入、债务收入和转移性收入等6个。具体分类情况是:第一类为税收收入,下设增值税等20款;第二类为社会保险基金收入,下设基本养老保险基金收入等9款;第三类为非税收入,下设政府性基金收入等7款;第四类为贷款转贷回收本金收入,下设国内贷款回收本金收

入等 4 款；第五类为债务收入，分设国内债务收入、国外债务收入两款；第六类为转移性收入，分设返还性收入等 11 款。

财政总预算会计的收入包括一般公共预算本级收入、政府性基金预算本级收入、国有资本经营预算本级收入、财政专户管理资金收入、专用基金收入、债务收入、债务转贷收入、补助收入、上解收入、调入资金、债务收入和债务转贷收入等。其中，补助收入、上解收入、调入资金、债务转贷收入合称为转移性收入。我国财政总预算会计的收入涉及《政府收支分类科目》的税收收入、非税收入、债务收入和转移性收入四类收入的大部分。贷款转贷回收本金收入作为政府债权收回处理，不作为财政总预算会计的收入处理。

二、一般公共预算本级收入

（一）一般公共预算本级收入的内容

一般公共预算本级收入是指通过一定的形式和程序，有计划组织的由国家支配、纳入预算管理的资金。一般公共预算本级收入是财政收入重要组成部分，占政府财政收入的绝大比重。根据《政府收支分类科目》的规定，属于一般公共预算本级收入的主要是其中的税收收入和部分非税收入。

1. 税收收入

税收收入类级科目分设增值税、消费税等 20 个款级科目。款级科目下设项级科目，如增值税款级科目下设国内增值税等 3 个项级科目。项级科目下设目级科目，如国内增值税项级科目下设国有企业增值税等 18 个目级科目。

2. 非税收入

非税收入类级科目分设 7 个款级科目：政府性基金收入、专项收入、行政事业性收费收入、罚没收入、国有资本经营收入、国有资源（资产）有偿使用收入、其他收入。其中，政府性基金收入和国有资本经营收入分别通过总预算会计科目"基金预算收入"和"国有资本经营收入"核算，不属于"一般预算收入"核算范围。同样的，款级科目下再设项级科目，如行政事业性收费收入款级科目下设公安、法院等 57 个项级科目。项级科目下再分设目级科目，如罚没收入款级科目下设一般罚没收入项级科目，该级科目下再设公安罚没收入和检察院罚没收入等 23 个目级科目。

（二）一般公共预算本级收入的组织管理

预算收入的组织管理涉及征收、缴库、划分、报解、退库和错误更正等各个环节。

1. 征收

国家预算收入分别由各级财政机关、税务机关及海关负责管理、组织征收，这些机关通称"征收机关"。未经国家批准，不得自行增设征收机关。

税务机关负责征收的有工商税收、国有企业所得税、国家能源交通重点建设基金及国家预算调节基金和由税务机关征收的其他预算收入。

海关负责征收的有关税、进口调节税及代征的进出口产品的产品税、增值税、对台贸易调节税、工商统一税等。

财政部门是预算执行的管理机构，财政机关负责征收的有国有企业上缴利润、调节税、农牧业税、耕地占用税及其他收入等。

2. 缴库

预算收入由国库负责收纳、划分和报解。

（1）直接缴库方式。

由缴款单位或缴款人按有关法律法规规定，直接将应缴收入缴入财政国库存款账户。

（2）集中汇缴方式。

由征收机关按有关法律法规规定，将所收的应缴收入汇总缴入财政国库存款账户。

（3）自收汇缴方式。

由缴款单位直接向基层税务机关、海关缴纳税款，由征收机构先将所收的款项存入各自在商业银行开设的存款账户，再汇总转入财政国库存款账户。对农村集贸市场、个体商贩及农民缴纳的小额税款，由税务机关自收汇缴。海关对入境旅客、船员的行李物品、邮递物品及边境小额贸易征收进口税。

缴款单位或缴款人缴纳的各种预算收入缴库时，应填写相应的缴纳凭证。缴纳凭证是国库办理预算收入收纳的合法凭证，也是征收机关和缴款人核算预算收入、检查预算完成情况、进行记账和统计的重要原始资料。缴纳凭证一般分为"一般缴款书"和"税收通用缴款书"两种，一般缴款书和税收通用缴款书样式如表4-1和表4-2所示。

表4-1 非税收入一般缴款书

处罚决定书***号
年 月 日　　NO：00000000

付款人	全称		收款人	全称	
	账号			账号	
	开户银行			开户银行	
执收单位名称：			执收单位代码：		
项目编码	收入项目名称	单位	数量	收缴标准	金额
币种：		金额（大写）：		（小写）：	
此款支付给收款人　付款人盖章（预留银行印章）			上列款项已从付款人账户支付并划转收款人账户　银行盖章：	科目（借）：对方科目（贷）：复核：　记账：	

表 4-2 税收通用缴款书

隶属关系： 征收机关： 京国缴××号

经济类型： 填发日期： 年 月 日

缴款单位（人）	代码		预算科目	编码	
	全称			名称	
	开户银行			级次	
	账户		收缴国库		
税收所属时期 年 月 日			税款限缴日期 年 月 日		

品目名称	课税数量	计税金额或销售收入	税率或单位税额	已缴或扣除额	实缴金额										
					亿	千	百	十	万	千	百	十	元	角	分
金额合计：（大写）亿仟佰拾万仟佰拾元角分															

缴款单位（人）（盖章）经办人（章）	税务机关（盖章）填票人（章）	上列款项已收妥并划转收款单位账户 国库（银行）盖章 年 月 日	备注：

3. 划分

我国实行分税制财政管理体制。国库收到预算收入后，按照财政管理体制规定的预算级次和收入划分，将入库款项分别划解入各级国库。预算收入分为固定收入和共享收入。固定收入是指固定为各级财政的预算收入，由中央固定收入和地方固定收入构成；共享收入亦称分成收入，是指根据各级财政的财力情况按比例或其他方法进行分配的收入。

（1）中央固定收入。

中央固定收入包括关税及海关代征的消费税和增值税、海洋石油资源税、消费税、中央企业所得税、中央企业上缴利润，以及铁道部门、各银行总行、保险总公司等集中缴纳的营业税、所得税、利润和城市维护建设税，还有地方银行和外资银行及非银行金融企业所得税等。

（2）地方固定收入。

地方固定收入包括营业税（不含铁道部门、各银行总行及保险公司集中缴纳的营业税）、地方企业所得税（不含地方银行和外资银行及非银行金融企业所得税）、地方企业上缴利润、个人所得税、城镇土地使用税、城市维护建设税（不含铁道部门、各银行总行、各保险总公司集中缴纳的部分）、房产税、车船使用税、印花税、屠宰税、农牧业税、农业特产税、耕地占用税、契税、土地增值税、国有土地有偿使用收入等。

（3）共享收入。

共享收入是指上下级财政之间共同参与分享的预算收入，包括增值税、个人所得税、企业所得税、证券交易印花税、海洋石油资源以外的资源税等。其中，增值税中央分享 75%，地方分享 25%；资源税按品种划分中央预算与地方预算的分享份额。地方各级财政之间的划分，由上一级财政制定本级与下级之间的财政管理体制，根据各地情况按规定的划分方法执行。

4. 报解

一般公共预算收入缴库和划分后，国库就需要对一般公共预算收入进行报解。报是指国库要向各级财政机关报告一般公共预算收入的收取情况，以便各级财政机关掌握一般公共预算收入的收取进度等情况；解是指国库将已划分的财政国库款解缴到各级财政国库存款账户上。

支库是基层金库，各级预算收入款项应以缴入支库作为正式入库。支库在每日营业终了时，应先将缴款书按预算级次分开，然后分别按政府预算收支分类科目汇总，编制"预算收入日报表"和"分成收入计算日报表"，如表4-3和表4-4所示。

表 4-3 预算收入日报表

级次	年 月 日	第 号	单位：月
预算科目		本日收入	
合计			
国库盖章	复核	制表	

表 4-4 分成收入计算日报表

年 月 日　　　　　　　　　　　　　　　　　　第 号

分成项目	本日收入	本年累计
收入总额		
中央分成/%		
省级分成/%		
地（市）级分成/%		
县（市）级分成/%		
国库盖章	复核	制表

5. 退库

预算收入退库是指各级国库部门根据国家政策及有关规定，由财政部门或征收机关签发收入退库凭证，将已入库的预算收入款项退还给纳税单位或纳税人的行为。

1）退库的范围

国库收纳预算收入的退付，必须在国家规定的退库项目范围内，按照规定的审批程序办理。属于下列范围，可以办理收入退库：由于对工作疏忽，发生技术性差错需要退库的；改变企业隶属关系，办理财务结算需要退库的；企业按计划上缴税利，超过应缴数额需要退库的；按规定可以从预算收入中退库的国有企业计划亏损补贴；财政部明文规定或专项批准的其他退库项目。

凡是不符合规定的收入退库，各级财政机关、税务机关，不得办理审批手续，各级国库对不合规定的退库有权拒绝办理。

2）退库程序

办理预算收入退库，必须由申请退库的单位或个人向财政、征收机关提出书面申请，经财政或征收机关审查批准后填开收入退还书，报送国库退库。必须按照国家规定将退库款直接退给申请单位或申请个人，任何部门、单位和个人不得截留、挪用退库款项。各级预算收入的退库，原则上要通过转账办理。对个别特殊情况，需付现金时，财政、征收机关应从严审核，在收入退还书上加盖"退付现金"的戳记，由收款人持原缴款书复印件及身份证明，到原缴款国库办理退库。

收入退还书一式五联：第一联，报查联，由退款国库盖章后，退还签发退还书的机关。第二联，付款凭证，由退款国库做借方传票。第三联，收入凭证，由收款单位开户行做贷方传票。第四联，收账通知，由开户行通知收款单位收账。第五联，付款通知，由国库随收入日报表送退款的财政机关。税收收入退还书第一联样式如表4-5所示。

表4-5 税收收入退还书   国退××号

经济类型：			填发日期：年 月 日		税务机关：		
预算科目	编码		收款单位（人）	代码			
	名称			全称			
	级次			开户银行			
退库国库				账号			

退库性质	原税款征收品目名称	退库金额								
		千	百	十	万	千	百	十	元	角	分

金额合计：（大写）仟佰拾万仟佰拾元角分

税 务 机 关			上列款项已办妥退款手续并划转收款单位账户 国库（银行）盖章 年 月 日	备注：
（盖章）	负责人（章）	填票人（章）		

6. 错误更正

各级财政机关、税务机关、海关、国库和缴款单位，在办理预算收入的收纳、退还和报解时，都应认真办理，事后发现的个别错误事项，按下列方法办理更正。

（1）缴款书的预算级次、预算科目等填写错误，由征收机关填制更正通知书，送国库更正。征收机关更正缴款书的更正通知书一式三联：第一联由征收机关留存；第二联和第三联送国库审核签章更正后，第二联由国库留存，凭以更正当日收入的账表，第三联随收入日报表送同级财政机关。

（2）国库在编制收入日报表中发生的错误，由国库填制更正通知书，进行更正。国库更正收入日报表的更正通知书一式三联：一联由国库留存，凭以更正当日收入的账表；二联随收入日报表送财政机关；三联随收入日报表送征收机关。

（3）国库在办理库款分成上解工作中发生的错误，由国库另编冲正传票更正。更正错误均应及时办理，并在发现错误的当月调整账表，不再变更以前月份的账表。年终整理期内,更正上年度的错误,均在上年度决算中调整。

(三) 一般公共预算本级收入的列报基础

一般公共预算本级收入一般以本年度缴入基层国库(支金库)的数额为准。已建乡(镇)国库的地区,乡(镇)财政的本级收入以乡(镇)国库收到数为准。县(含县本级)以上各级财政的各项预算收入(含固定收入与共享收入)仍以缴入基层国库数额为准。未建乡(镇)国库的地区,乡(镇)财政的本级收入以乡(镇)总预算会计收到县级财政返回数额为准。

基层国库在年度库款报解整理期内收到经收处报来的上年度收入,记入上年度账。整理期结束后,收到上年度收入一律记入新年度账。

(四) 一般公共预算本级收入的核算

一般公共预算本级收入科目,应根据《政府收支分类科目》中的"收入分类"设置相应明细账。根据国库报来的预算收入日报表所列当日预算收入数,借记国库存款,贷记本科目;年终结账时,借记本科目,贷记一般公共预算结转结余。未设国库的乡(镇)总预算会计根据征收机关(如税务所)报来的"预算收入日报表"登记预算收入辅助账,待收到县财政返回收入时,再做收入的账务处理。

【例4-1】某市财政收到国库报来的"预算收入日报表",其中,"税收收入——增值税——国内增值税——国有企业增值税"200 000元,"税收收入——企业所得税退税——国有煤炭工业所得税退税"100 000元,"税收收入——企业所得税——国有冶金工业所得税"250 000元,"税收收入——个人所得税——储蓄存款利息所得税"50 000元,"税收收入——城市维护建设税——国有企业城市维护建设税"150 000元。

借:国库存款　　　　　　　　　　　　　　　　　550 000
　　贷:一般公共预算本级收入
　　　　——税收收入——增值税——国内增值税——国有企业增值税
　　　　　　　　　　　　　　　　　　　　　　　　200 000
　　　　——税收收入——企业所得税退税——国有煤炭工业所得税退税
　　　　　　　　　　　　　　　　　　　　　　　　-100 000
　　　　——税收收入——企业所得税——国有冶金工业所得税　250 000
　　　　——税收收入——个人所得税——储蓄存款利息所得税　 50 000
　　　　——税收收入——城市维护建设税——国有企业城市维护建设税
　　　　　　　　　　　　　　　　　　　　　　　　150 000

【例4-2】某市财政收到国库报来的预算收入日报表,其中,"非税收入——专项收入——排污费收入"800 000元,"非税收入——专项收入——教育费附加收入"200 000元,"非税收入——行政事业性收费收入——公安行政事业性收费收入——居民身份证工本费"50 000元,"非税收入——行政事业性收费收入——教育行政事业性收费收入——高等学校学费"1 000 000元。

借：国库存款 2 050 000
　　贷：一般公共预算本级收入
　　　　——非税收入——专项收入——排污费收入 800 000
　　　　——非税收入——专项收入——教育费附加收入 200 000
　　　　——非税收入——行政事业性收费收入——公安行政事业性收费收入——居民身份证工本费 50 000
　　　　——非税收入——行政事业性收费收入——教育行政事业性收费收入——高等学校学费 1 000 000

【例 4-3】 某市财政年终将"一般公共预算本级收入"科目贷方余额 20 850 000 元年终结转，并结清所有一般公共预算本级收入明细账的余额。

借：一般公共预算本级收入 20 850 000
　　贷：一般公共预算结转结余 20 850 000

三、政府性基金预算本级收入

（一）政府性基金预算本级收入的内容

政府性基金预算本级收入是指按规定收取、转入或通过当年财政安排，由财政管理并具有指定用途的政府性基金等。财政总预算会计"政府性基金预算本级收入"仅核算《政府收支分类科目》中"非税收入"类级科目中"政府性基金收入"款级科目的内容，包括农网还贷资金收入、山西省煤炭可持续发展基金收入、铁路建设基金收入、民航基础设施建设基金收入、民航机场管理建设费收入、海南省高等级公路车辆通行附加费收入、转让政府还贷道路收费权收入、港口建设费收入、散装水泥专项资金收入、新型墙体材料专项基金收入、旅游发展基金收入、文化事业建设费收入、地方教育费附加收入、国家电影事业发展专项资金收入、新菜地开发建设基金收入、新增建设用地土地有偿使用费收入、育林基金收入、森林植被恢复费、中央水利建设基金收入、地方水利建设基金收入、南水北调工程基金收入、残疾人就业保障金收入、政府住房基金收入、城市公用事业附加收入、国有土地收益基金收入、农业土地开发资金收入、国有土地使用权出让收入、大中型水库移民后期扶持基金收入、大中型水库库区基金收入、三峡水库库区基金收入、中央特别国债经营基金收入、中央特别国债经营基金财务收入、彩票公益金收入、城市基础设施配套费收入、小型水库移民扶助基金收入、国家重大水利工程建设基金收入、车辆通行费、船舶港务费、体育部门收费、司法部门的涉外、涉港澳台公证书工本费、贸促会收费等几十项内容。

（二）政府性基金预算本级收入的管理要求

政府设立基金项目的目的是保证特定项目的财政资金来源，基金预算收入要求专项核算，按规定用途使用，是一种限定性的财务资源。财政总预算会计在管理与核算基金预算收入时，应遵循如下基本要求。

1. 先收后支，自求平衡

财政总预算会计在办理基金预算支出时，必须认真审查，明确是否已有足够的基金预算数，应当在已有基金预算收入数额的范围内办理基金预算支出。基金预算收入与基金预算支出应当做到自求平衡。

2. 专款专用，分项核算

基金预算收入应当用于相应的基金预算支出，各项基金预算收入与基金预算支出之间不能相互调节。财政总预算会计应当按《政府收支分类科目》中的基金预算收支科目设置相应的明细账，分项核算各项目基金预算的收入、支出和结余情况，不能相互混淆。

（三）政府性基金预算本级收入的核算

政府性基金预算本级收入按收付实现制基础核算，一般在收入缴入国库后，收到国库报来的"收入日报表"时确认；按实际发生的数额计量，一般以缴入国库的数额为准。其应根据《政府收支分类科目》中的"基金预算收入"科目设置相应明细账。

财政总预算会计根据国库报来的"预算收入日报表"所列当日预算收入数，借记国库存款，贷记本科目；年终转账时，借记本科目，贷记政府性基金预算结转结余。对于财政部明文规定在指定银行存放的基金，应该按规定办理转存手续。

【例 4-4】某市财政收到国库"预算收入日报表"，其中，"政府性基金收入——地方水利建设基金收入——地方水利建设基金划转收入" 50 000 000 元，"政府性基金收入——港口建设费收入" 15 000 000 元。

借：国库存款　　　　　　　　　　　　　　　　　　　65 000 000
　　贷：政府性基金预算本级收入——地方水利建设基金收入——地方水利建设基金划转收入　　　　　　　　　　　　　　　　　　　50 000 000
　　　　　　　　——港口建设费收入　　　　　　　　15 000 000

【例 4-5】某市财政年终将"政府性基金预算本级收入"科目贷方余额 350 780 000 元年终结转，并结清所有政府性基金预算本级收入明细账的余额。

借：政府性基金预算本级收入　　　　　　　　　　　350 780 000
　　贷：政府性基金预算结转结余　　　　　　　　　350 780 000

四、国有资本经营预算本级收入

（一）国有资本经营预算本级收入的内容

国有资本经营预算是指政府以所有者身份依法取得国有资本收益，并对所得收益进行分配而发生的收支预算，是政府预算的重要组成部分，基本内容包括收入预算和支出预算。国有资本经营预算按年度单独编制，纳入本级政府预算，报本级人民代表大会批准。国有资本经营预算支出按照当年预算收入规模安排，不列赤字。

国有资本经营预算本级收入反映国有资本经营、转让、清算等形成的财政预算收入，包括国有企业、国有独资公司依法上缴的税后净利润，国有控股、参股企业分配的国有股利、股息以及企业国有产权转让收入和企业清算净收益中国家所得的部分。根据《政府收支分类科目》，国有资本经营预算本级收入包括"非税收入"类级科目中"国有资本经营收入"款级科目的内容，下设利润收入、股利股息收入、产权转让收入、清算收入等项级科目，项级科目下再分设目级科目。

（二）国有资本经营预算本级收入的核算

财政总预算会计总账科目"国有资本经营预算本级收入"仅核算类级科目"非税收入"中的款级科目"国有资本经营收入"的内容。国有资本经营预算本级收入应根据《政府收支分类科目》中的"国有资本经营收入科目"款级科目下的项、目级科目设置相应明细账。取得国有资本经营预算收入时，借记国库存款，贷记本科目；年终转账时，借记本科目，贷记国有资本经营预算结转结余。

【例 4-6】某市财政收到国库报来的"预算收入日报表"，其中，"利润收入——电力企业利润收入" 28 560 000 元，"股利、股息收入——国有控股公司股利、股息收入" 43 260 000 元。

借：国库存款　　　　　　　　　　　　　　　　71 820 000
　　贷：国有资本经营预算收入——利润收入——电力企业利润收入
　　　　　　　　　　　　　　　　　　　　　　　28 560 000
　　　　　　——股利、股息收入——国有控股公司股利、股息收入
　　　　　　　　　　　　　　　　　　　　　　　43 260 000

【例 4-7】某市财政年终将"国有资本经营预算本级收入"科目贷方余额 195 800 000 元全数转入"国有资本经营预算结转结余"科目。

借：国有资本经营预算本级收入　　　　　　　　195 800 000
　　贷：国有资本经营预算结转结余　　　　　　　　195 800 000

五、财政专户管理资金收入

（一）财政专户管理资金收入的含义

财政专户管理资金收入是指政府财政纳入财政专户管理的教育收费等资金收入。该收入主要包括：实行财政专户管理的高中以上学费、住宿费，高校委托培养费，函大、电大、夜大及短期培训班培训费等教育收费。

（二）财政专户管理资金收入的核算

为了核算政府财政纳入财政专户管理的教育收费等资金收入，该科目应按《政府收支分类科目》中收入分类科目的规定设置相应明细账。同时，根据管理需要，按部门进

行明细核算。财政专户管理资金收入应当按照实际收到的金额入账，该科目平时贷方余额，反映当年财政专户管理的资金收入累计数。

收到财政专户管理的资金收入时，借记"其他财政存款"科目，贷记本科目。年终转账时，将本科目贷方余额全数转入"财政专户管理资金结余"科目，借记本科目，贷记"财政专户管理资金结余"科目。

【例 4-8】某市财政专户收到教育部门缴入的教育收费 650 000 元，其中，学费 350 000 元、住宿费 300 000 元。

  借：其他财政存款   650 000
    贷：财政专户管理资金收入——教育收费——学费 350 000
               ——住宿费 300 000

【例 4-9】某市财政年终将财政专户管理资金收入贷方余额 2 150 000 元全数转入财政专户管理资金结余科目。

  借：财政专户管理资金收入   2 150 000
    贷：财政专户管理资金结余   2 150 000

六、专用基金收入

（一）专用基金收入的内容

专用基金收入是指财政部门按规定设置或从上级财政部门拨入有专门用途的资金，如粮食风险基金等。专用基金收入与基金预算收入的区别在于：基金预算收入是按规定取得并纳入预算管理的基金，而专用基金收入是由财政部门按规定设置或取得并单独管理的资金；基金预算收入要按照预算级次解缴国库，而专用基金收入则开立专户储存。

（二）专用基金收入的核算

专用基金收入科目核算总预算会计管理的各项专用基金，以总预算会计实际收到数额为准。从上级财政部门或通过本级预算支出安排取得专用基金收入时，借记其他财政存款，贷记本科目；退回专用基金收入时，做相反的会计分录。年终转账时，将本科目余额全部转入专用基金结余科目，借记本科目，贷记专用基金结余，本科目年终无余额。

【例 4-10】某市财政部门通过预算支出安排粮食风险基金 150 000 元，并将资金拨入该市农业发展银行"粮食风险基金"专户。

  借：一般公共预算本级支出   150 000
    贷：国库存款   150 000
  借：其他财政存款   150 000
    贷：专用基金收入——粮食风险基金   150 000

【例 4-11】 省财政年终将专用基金收入 3 560 000 元转入"专用基金结余"账户进行结账。

借：专用基金收入——粮食风险基金　　　　　　　　　　3 560 000
　　贷：专用基金结余——粮食风险基金　　　　　　　　　　　　3 560 000

七、转移性收入

转移性收入是指根据财政管理体制规定在各级财政之间进行资金转移，以及在本级财政各项资金之间的调剂所形成的收入。《政府收支分类科目》中的转移性收入类级科目设返还性收入、一般性转移支付收入、专项转移支付收入、政府性基金转移收入、地震灾后恢复重建补助收入、上年结余收入、调入资金和债务转贷收入等 8 个款级科目，款级科目下再分设项级科目。总预算会计转移性收入只涉及《政府收支分类科目》中的 7 个款级科目及其绝大部分内容，不包括"上年结余收入"款级科目，"上年结余收入"是财政总预算会计当年收支的结果，而不是一个单独的收入类别。

（一）补助收入

补助收入是指上级财政按财政管理体制规定或因专项需要和临时需要补助给本级财政的款项，包括税收返还收入、按财政体制规定由上级财政补助的款项、上级财政对本级的专项补助和临时性补助。为核算上级财政部门拨来的补助款，财政总预算会计应设置"补助收入"总账科目。该科目平时贷方余额反映上级补助收入累计数，年终按照资金性质分别结转结余。该科目应根据不同的资金性质设置"一般公共预算补助收入""政府性基金预算补助收入"等明细科目。

收到上级拨入的补助款时，借记国库存款，贷记本科目；与上级财政结算应得补助款时，借记"与上级往来"，贷记本科目；退还上级补助，借记本科目，贷记"国库存款"；年终结转，借记本科目，贷记"一般公共预算结转结余""政府性基金预算结转结余"等。由于转移性收入科目反映的内容不增加政府总体的财力，编制上下级政府的汇总会计报表时，下级政府的"补助收入"科目要与上级政府的"补助支出"科目抵销。

【例 4-12】 某市财政收到国库报来的预算收入日报表，收到省财政厅拨入的转移性收入情况为："转移性收入——返还性收入——增值税和消费税税收返还收入"800 000 元，"转移性收入——政府性基金转移收入——政府性基金补助收入"300 000 元。

借：国库存款　　　　　　　　　　　　　　　　　　　　1 100 000
　　贷：补助收入——一般公共预算补助收入　　　　　　　　　　800 000
　　　　　　　——政府性基金预算补助收入　　　　　　　　　　300 000

【例 4-13】 某市财政年终与省级财政结算，根据预算文件，确认尚未收到的税收返还金额 200 000 元。

借：与上级往来　　　　　　　　　　　　　　　　　　　　200 000
　　贷：补助收入——一般公共预算补助收入　　　　　　　　　　200 000

【例 4-14】某市财政"补助收入"科目的贷方余额为 900 000 元,有关明细科目贷方余额为:"一般公共预算补助收入"600 000 元、"政府性基金预算补助收入"300 000 元。

  借:补助收入——一般公共预算补助收入   600 000
      ——政府性基金预算补助收入   300 000
    贷:一般公共预算结转结余   600 000
      政府性基金预算结转结余   300 000

(二)上解收入

上解收入是指按财政体制规定由下级财政上交给本级财政的款项,包括按体制规定由国库在下级预算收入中直接划解给本级财政的款项,以及按体制结算后由下级财政补缴给本级财政的款项和各种专项上解款项。财政总预算会计应设置"上解收入"核算下级财政上缴的预算款。"上解收入"科目应按照不同资金性质设置"一般公共预算上解收入""政府性基金预算上解收入"明细账,再按上解地区设明细账。

收到下级上解款时,借记国库存款,贷记本科目;收入退还时,做相反的会计分录;年终与下级财政结算应得上解款时,借记"与下级往来",贷记本科目;年终结转,借记本科目,贷记"一般公共预算结转结余"或"政府性基金预算结转结余"。由于转移性收入科目反映的内容不增加政府总体的财力,编制上下级政府的汇总会计报表时,本级财政的"上解收入"应与所属下级财政的"上解支出"的数额抵销。

【例 4-15】某市财政收到所属某县财政直接补交的"一般性转移支付收入——体制上解收入"1 500 000 元,"政府性基金预算上解收入"800 000 元。

  借:国库存款   2 300 000
    贷:上解收入——一般公共预算上解收入(某县)   1 500 000
       ——政府性基金预算上解收入(某县)   800 000

【例 4-16】某市财政年终结算应得某县"政府性基金转移收入——政府性基金上解收入"250 000 元。市财政总预算会计编制会计分录如下。

  借:与下级往来   250 000
    贷:上解收入——政府性基金预算上解收入(某县)   250 000

【例 4-17】年终,某市财政"上解收入"科目的贷方余额为 350 000 元,有关明细科目贷方余额为:"一般公共预算上解收入"250 000 元、"政府性基金预算上解收入"100 000 元。

  借:上解收入   350 000
    贷:一般公共预算结转结余   250 000
      政府性基金预算结转结余   100 000

(三)调入资金

调入资金是指为平衡一般预算收支,从其他类型预算资金以及按规定从其他渠道调入的资金。调入资金是与调出资金相对的概念，当将预算结余资金调入基金预算，形成基金预算调入资金时，同时形成一般预算调出资金。不同性质资金之间调入调出往往是为了平衡预算。调入资金包括一般公共预算调入资金和政府性基金预算调入资金。

为核算各级财政部门调入的资金业务，财政总预算会计应设置"调入资金"总账科目。调入资金时，借记"调出资金""国库存款"等科目，贷记本科目；年终结转，借记本科目，贷记"一般公共预算结转结余""政府性基金预算结转结余"等。

【例4-18】某市财政为平衡一般预算，从政府性基金预算调入资金650 000元。

  借：调出资金——政府性基金预算调出资金   650 000
    贷：调入资金——一般公共预算调入资金   650 000

【例4-19】年终，某市财政"调入资金——一般公共预算调入资金"科目的贷方余额为800 000元。

  借：调入资金——一般公共预算调入资金   800 000
    贷：一般公共预算结转结余   800 000

（四）地区间援助收入

地区间援助收入是指受援方政府财政收到援助方政府财政转来的可统筹使用的各类捐助、捐赠等资金收入。本科目应当按照援助地区及管理需要进行相应的明细核算，本科目贷方余额反映地区间援助收入的累计数。

政府财政收到援助方政府财政转来的资金时，借记"国库存款"科目，贷记本科目。年终结账时，本科目贷方余额全数转入"一般公共预算结账结余"科目，借记本科目，贷记"一般公共预算结账结余"科目，年终转账后，本科目无余额。

【例4-20】某市政府财政收到G省政府财政转来可统筹使用的捐赠资金1 000 000元。

  借：国库存款   1 000 000
    贷：地区间援助收入——G省政府财政   1 000 000

【例4-21】年终，某市政府财政"地区间援助收入"科目的贷方余额为1 000 000元。

  借：地区间援助收入   1 000 000
    贷：一般公共预算结账结余   1 000 000

八、债务收入和债务转贷收入

（一）债务收入

债务收入是指政府财政根据法律法规等规定，通过发行债券、向外国政府和国际金融组织借款等方式筹集的纳入预算管理的资金收入。债务收入按照《政府收支分类科目》中"债务收入"科目的规定进行明细核算，并按照实际发行额或借入的金额入账。

1. 政府债券发行

省级以上政府财政收到政府债券发行收入时，按照实际收到的金额，借记"国库存款"科目，按照政府债券实际发行额，贷记本科目，按照发行收入和发行额的差额，借记或贷记有关支出科目；根据债务管理部门转来的债券发行确认文件等相关资料，按照到期应付的政府债券本金金额，借记"待偿债净资产"科目，贷记"应付短期政府债券""应付长期政府债券"等科目。年终结账时，本科目下"专项债务收入"明细科目的贷方余额应按照对应的政府性基金种类分别转入"政府性基金预算结账结余"相应明细科目；本科目下其他明细科目的贷方余额全数转入"一般公共预算结账结余"科目，结转后，本科目无余额。

【例 4-22】中央财政发行一年期国库券，发行面值金额 5 000 000 000 元、发行价格 4 900 000 000 元，国库收到款项 4 900 000 000 元。

借：国库存款　　　　　　　　　　　　　　　　4 900 000 000
　　一般公共预算本级支出　　　　　　　　　　　　100 000 000
　　贷：债务收入——中央政府债务收入——中央政府国内债务收入
　　　　　　　　　　　　　　　　　　　　　　　5 000 000 000
借：待偿债净资产——应付短期政府债券　　　　5 000 000 000
　　贷：应付短期政府债券　　　　　　　　　　　5 000 000 000

【例 4-23】某省级财政发行 5 年期政府一般债券，发行面值金额 3 000 000 000 元，票面利率 3.10%，国库收到款项 3 000 000 000 元。

借：国库存款　　　　　　　　　　　　　　　　3 000 000 000
　　贷：债务收入——地方政府债务收入——一般债务收入——一般债券收入
　　　　　　　　　　　　　　　　　　　　　　　3 000 000 000
借：待偿债净资产——应付长期政府债券　　　　3 000 000 000
　　贷：应付长期政府债券　　　　　　　　　　　3 000 000 000

【例 4-24】某省财政年终将债务收入结账，其中，地方政府一般债券收入 200 000 000 元，地方政府专项债券收入 300 000 000 元。

借：债务收入——地方政府债务收入——一般债务收入　　200 000 000
　　　　　　——地方政府债务收入——专项债务收入　　300 000 000
　　贷：一般公共预算结转　　　　　　　　　　　　　　200 000 000
　　　　政府性基金预算结转结余　　　　　　　　　　　300 000 000

2. 借入主权外债

政府财政部门以政府名义向外国政府、国际金融组织等机构借入主权外债时，由于外方可能将贷款直接支付给借款的政府财政部门或者用款单位或供应商，形成不同的账务处理方式。

（1）外方将贷款直接支付给借款的政府财政部门。政府财政部门向外国政府、国际金融组织等机构借款时,按照借入的金额,借记"国库存款""其他财政存款"等科目,贷记本科目;按照实际承担的债务金额,借记"待偿债净资产"科目,贷记"借入款项"科目。

【例 4-25】 中央财政向国际金融组织借入款项 250 000 000 元。

  借:其他财政存款   250 000 000
    贷:债务收入——中央政府债务收入——中央政府国外债务收入——中央政府向国际金融组织借款收入   250 000 000
  借:待偿债净资产——借入款项   250 000 000
    贷:借入款项   250 000 000

(2)外方将贷款资金直接支付给用款单位或供应商。本级政府财政借入主权外债,且由外方将贷款直接支付给用款单位或供应商时,应根据以下情况分别处理。

一是本级政府财政承担还款责任,贷款资金由本级政府财政同级部门使用,本级政府财政根据贷款资金支付相关资料,借记"一般公共预算本级支出"科目,贷记本科目;按照实际承担的债务金额,借记"待偿债净资产"科目,贷记"借入款项"科目。

二是本级政府财政承担还款责任,贷款资金由下级政府财政同级部门使用,本级政府财政根据贷款资金支付相关资料,借记"补助支出"科目,贷记本科目;按照实际承担的债务金额,借记"待偿债净资产"科目,贷记"借入款项"科目。

三是下级政府财政承担还款责任,贷款资金由下级政府财政同级部门使用,本级政府财政根据贷款资金支付相关资料,借记"债务转贷支出"科目,贷记本科目;按照实际承担的债务金额,借记"待偿债净资产"科目,贷记"借入款项"科目;同时,借记"应收主权外债转贷款"科目,贷记"资产基金-应收主权外债转贷款"科目。

【例 4-26】 某省财政通过财政部借入外国政府贷款 300 000 000 元,外方将贷款支付给用款单位。

(1)如果省财政承担还款责任,贷款资金由省水利厅使用。

  借:一般公共预算本级支出   300 000 000
    贷:债务收入——地方政府债务收入——一般债务收入——地方政府向外国政府借款收入   300 000 000
  借:待偿债净资产——借入款项   300 000 000
    贷:借入款项   300 000 000

(2)如果省财政承担还款责任,贷款资金由所属 A 市水利局使用。

  借:补助支出   300 000 000
    贷:债务收入——地方政府债务收入——一般债务收入——地方政府向外国政府借款收入   300 000 000
  借:待偿债净资产——借入款项   300 000 000
    贷:借入款项   300 000 000

(3)如果 A 市财政局承担还款责任,贷款资金由 A 市水利局使用。

  借:债务转贷支出   300 000 000

　　　　贷：债务收入——地方政府债务收入——一般债务收入——地方政府向外国政
府借款收入　　　　　　　　　　　　　　　　　　　　300 000 000
　　　　借：待偿债净资产——借入款项　　　　　　　300 000 000
　　　　　　贷：借入款项　　　　　　　　　　　　　　　300 000 000
　　　　借：应收主权外债转贷款　　　　　　　　　　300 000 000
　　　　　　贷：资产基金——应收主权外债转贷款　　　　300 000 000

（二）债务转贷收入

债务转贷收入是指省级以下（不含省级）政府财政部门收到上级政府财政部门转贷的债务收入。本科目应当按照实际收到的转贷金额入账，并按照《政府收支分类科目》收入分类，该科目应设置"地方政府一般债务转贷收入"和"地方政府专项债务转贷收入"明细账。年终转账时，借记本科目，贷记"一般公共预算结转结余"或"政府性基金预算结转结余"科目，结转后，本科目无余额。

1. 地方政府债券转贷收入

省级以下政府财政部门收到地方政府债券转贷收入时，按照实际收到的金额，借记"国库存款"科目，贷记本科目；按照到期应偿还的转贷款本金金额，借记"待偿债净资产"科目，贷记"应付地方政府债券转贷款"科目。

【例4-27】某市财政局收到国库报来省财政厅转贷的3年期地方政府一般债券收入50 000 000元和5年期地方政府专项债券收入100 000 000元，将以文化事业建设费收入偿还。该市财政总预算会计根据有关凭证编制会计分录如下。

　　　　借：国库存款　　　　　　　　　　　　　　　150 000 000
　　　　　　贷：债务转贷收入——地方政府一般债务转贷收入　　50 000 000
　　　　　　　　　　　　　　——地方政府专项债务转贷收入——文化事业建设费债务转
贷收入　　　　　　　　　　　　　　　　　　　　　100 000 000
　　　　借：待偿债净资产——应付地方政府债券转贷款　　150 000 000
　　　　　　贷：应付地方政府债券转贷款　　　　　　　　150 000 000

【例4-28】年终，某市财政将债务转贷收入结账，其中，地方政府一般债务收入50 000 000元，地方政府专项债券收入100 000 000元。

　　　　借：债务转贷收入——地方政府一般债务转贷收入　　50 000 000
　　　　　　　　　　　　——地方政府专项债务转贷收入　　100 000 000
　　　　　　贷：一般公共预算结转结余　　　　　　　　　50 000 000
　　　　　　　　政府性基金预算结转结余　　　　　　　　100 000 000

2. 主权外债转贷收入

省级以下政府财政收到主权外债转贷收入的账务处理如下。

（1）本级财政收到主权外债转贷资金时，借记"其他财政存款"科目，贷记本科目；按照实际承担的债务金额，借记"待偿债净资产"科目，贷记"应付主权外债转贷款"科目。

（2）从上级政府财政借入主权外债转贷款，由外方将贷款直接支付给用款单位或供应商时，应根据以下情况分别处理。

一是本级政府财政承担还款责任，贷款资金由本级政府财政同级部门使用，本级政府财政根据贷款资金支付相关资料，借记"一般公共预算本级支出"科目，贷记本科目；按照实际承担的债务金额，借记"待偿债净资产"科目，贷记"应付主权外债转贷款"科目。

二是本级政府财政承担还款责任，贷款资金由下级政府财政同级部门使用，本级政府财政根据贷款资金支付相关资料，借记"补助支出"科目，贷记本科目；按照实际承担的债务金额，借记"待偿债净资产"科目，贷记"应付主权外债转贷款"科目。

三是下级政府财政承担还款责任，贷款资金由下级政府财政同级部门使用，本级政府财政根据贷款资金支付相关资料，借记"债务转贷支出"科目，贷记本科目；按照实际承担的债务金额，借记"待偿债净资产"科目，贷记"应付主权外债转贷款"科目；同时，借记"应收主权外债转贷款"科目，贷记"资产基金——应收主权外债转贷款"科目。

【例 4-29】某市财政收到省财政转贷的外国政府贷款 150 000 000 元，该市财政总预算会计的账务处理如下。

借：其他财政存款　　　　　　　　　　　　　　　　　　150 000 000
　　贷：债务转贷收入——地方政府一般债务转贷收入——地方政府向外国政府借款转贷收入　　　　　　　　　　　　　　　　　　　　　　　　　　150 000 000
借：待偿债净资产——应付主权外债转贷款　　　　　　　150 000 000
　　贷：应付主权外债转贷款　　　　　　　　　　　　　150 000 000

【例 4-30】某市财政收到省财政转贷的外国政府贷款 200 000 000 元，外方将贷款支付给用款单位。

（1）如果市财政承担还款责任，贷款资金由市农业局使用。

借：一般公共预算本级支出　　　　　　　　　　　　　　200 000 000
　　贷：债务转贷收入——地方政府债务转贷收入——地方政府向外国政府借款转贷收入　　　　　　　　　　　　　　　　　　　　　　　　　　　200 000 000
借：待偿债净资产——应付主权外债转贷款　　　　　　　200 000 000
　　贷：应付主权外债转贷款　　　　　　　　　　　　　200 000 000

（2）如果市财政承担还款责任，贷款资金由所属 B 县农业局使用。

借：补助支出　　　　　　　　　　　　　　　　　　　　200 000 000
　　贷：债务转贷收入——地方政府债务转贷收入——地方政府向外国政府借款转贷收入　　　　　　　　　　　　　　　　　　　　　　　　　　　200 000 000
借：待偿债净资产——应付主权外债转贷款　　　　　　　200 000 000
　　贷：应付主权外债转贷款　　　　　　　　　　　　　200 000 000

（3）如果 B 县财政局承担还款责任，贷款资金由 B 县农业局使用。

借：债务转贷支出　　　　　　　　　　　　　　　　　　200 000 000

贷：债务转贷收入——地方政府债务转贷收入——地方政府向外国政府借款转贷收入　　　　　　　　　　　　　　　　　　　　　200 000 000
　借：待偿债净资产——应付主权外债转贷款　　　200 000 000
　　贷：应付主权外债转贷款　　　　　　　　　　200 000 000
　借：应收主权外债转贷款　　　　　　　　　　　200 000 000
　　贷：资产基金——应收主权外债转贷款　　　　200 000 000

第二节　财政总预算会计支出的核算

　　财政支出是指一级政府为实现其职能，对财政资金进行的再分配。目前，我国财政总预算会计支出包括一般公共预算本级支出、政府性基金预算本级支出、国有资本经营预算本级支出、财政专户管理资金支出、专用基金支出、转移性支出、债务还本支出和债务转贷支出等。

一、一般公共预算本级支出

（一）一般公共预算本级支出的含义与分类

　　一般公共预算支出是指国家对集中的预算收入有计划地分配和使用而安排的支出。一般预算支出是政府最主要的支出，是安排使用一般预算收入而发生的支出。

　　根据《政府收支分类科目》的支出功能分类，我国政府支出分为类、款、项三级。类级科目有一般公共服务、外交、国防等 26 个，类级科目下，再分设相应的款级科目。财政总预算会计预算支出涉及以下类级科目的核算。

　　（1）一般公共服务支出，反映政府提供一般公共服务的支出，包括人大事务、政协事务、政府办公厅（室）及相关机构事务、发展与改革事务、统计信息事务等支出。

　　（2）外交支出，反映政府外交事务支出，包括外交管理事务、驻外机构、对外援助、国际组织等支出。

　　（3）国防支出，反映政府用于国防方面的支出，包括现役部队、国防科研事业、专项工程、国防动员等支出。

　　（4）公共安全支出，反映政府维护社会公共安全的支出，包括武装警察、公安、检察、法院、司法、监狱等支出。

　　（5）教育支出，反映政府教育事务支出，包括教育管理事务、普通教育、职业教育、成人教育等支出。

　　（6）科学技术支出，反映用于科学技术方面的支出，包括科学技术管理事务、基础研究、应用研究、技术研究与开发等支出。

　　（7）文化体育与传媒支出，反映政府在文化、文物、体育、广播影视、新闻出版等方面的支出，包括文化、文物、体育、广播影视、新闻出版等支出。

（8）社会保障和就业支出，反映政府在社会保障与就业方面的支出，包括人力资源和社会保障管理事务、民族管理事务、财政对社会保险基金的补助、补充全国社会保障基金等支出。

（9）医疗卫生和计划生育支出，反映政府在医疗卫生和计划生育方面的支出，包括医疗卫生管理事务、公立医院、基层医疗卫生机构、公共卫生等支出。

（10）节能环保支出，反映政府节能环保支出，包括环境保护管理事务、环境监测与检察、污染防治、自然生态保护、天然林保护等支出。

（11）城乡社区支出，反映政府城乡社区事务支出，包括城乡社区管理事务、城乡社区规划与管理、城乡社区公共设施、城乡社区环境卫生等支出。

（12）农林水支出，反映政府农林水事务支出，包括农业、林业、水利、南水北调、扶贫、农业综合开发等支出。

（13）交通运输支出，反映政府在交通运输和邮政业方面的支出，包括公路和水路运输、铁路运输、民用航空运输等支出。

（14）资源勘探电力信息等支出，反映政府对资源勘探电力信息等事务的支出，包括资源勘探开发、制造业、建筑业、工业和信息产业监督等支出。

（15）商业服务业等支出，反映政府对商业服务业等事务的支出，包括商业流通事务、旅游业管理与服务、涉外发展服务等支出。

（16）金融支出，反映金融业监管等事务方面的支出，包括金融部门行政支出、金融部门监管支出、金融发展支出等。

（17）援助其他地区支出，反映政府援助其他地区支出，包括一般公共服务、教育、文化体育与传媒、医疗卫生等支出。

（18）国土海洋气象等支出，反映政府用于国土资源、海洋、测绘、地震、气象等公益服务事业方面的支出。

（19）住房保障支出，反映政府用于住房方面的支出，包括保障性安居工程、住房改革、城乡社区住宅等支出。

（20）粮油物资储备支出，反映政府用于粮油物资储备事务方面的支出，包括粮油事务、物资事务、能源储备、粮油储备、重要商品储备等支出。

（21）预备费。

（22）其他支出，包括年初预留、其他支出。

（23）转移性支出，反映返还性、一般性转移、专项转移等支出。

（24）债务还本支出，反映中央政府国内债务还本、中央政府国外债务还本、地方政府一般债务还本等支出。

（25）债务付息支出，反映中央政府国内债务付息、中央政府国外债务付息、地方政府一般债务付息等支出。

（26）债务发行费用支出，包括中央政府国内债务发行费用、中央政府国外债务发行费用、地方政府一般债务发行费用等支出。

（二）财政资金的支付方式与程序

财政资金的支付方式包括财政直接支付、财政授权支付和财政划拨资金三种方式。

1. 财政直接支付

财政直接支付是国库集中支付的一种方式，是指预算单位按照部门预算和用款计划确定的资金用途，提出支付申请，经财政国库执行机构审核后开出支付令，送代理银行，通过国库单一账户体系中的财政零余额账户，直接将财政性资金支付到收款人或收款单位账户。财政直接支付的基本流程如下。

（1）预算单位汇总、填制《财政直接支付申请书》，上报财政局国库支付中心。

（2）财政局国库支付中心审核确认后，开具《财政直接支付汇总清算额度通知单》和《财政直接支付凭证》分别送中国人民银行和代理银行。

（3）代理银行根据《财政直接支付凭证》及时将资金直接支付到收款人或用款单位，然后开具《财政直接支付入账通知书》，送预算单位。

（4）预算单位根据《财政直接支付入账通知书》作为收到和付出款项的凭证。

（5）代理银行依据财政局国库支付中心的支付指令，将当日实际支付的资金，按预算单位、预算科目汇总，分资金性质填制划款申请凭证并附实际支付清单，与国库单一账户进行清算。

（6）中国人民银行在《财政直接支付汇总清算额度通知单》确定的数额内，根据代理银行每日按实际发生的财政性资金支付金额填制的划款申请与代理银行进行资金清算。

财政直接支付类型包括工资支出、商品和服务支出及其他支出。工资支出是指纳入工资发放范围的所有工资性支出。商品和服务支出包括纳入《政府集中采购目录及标准》的物品、服务支出，以及虽未纳入《政府集中采购目录及标准》但单件物品或单项服务超过1千元或批量总额超过1万元的支出。其他支出主要包括会议费支出、国内及境外学习支出、考察支出、拨款支出（含转移支付支出）等。

2. 财政授权支付

财政授权支付是国库集中支付的另一种方式，是指预算单位按照部门预算和用款计划确定资金用途，根据财政部门授权，自行开具支付令送代理银行，通过国库单一账户体系中的单位零余额账户，将财政性资金支付到收款人或用款单位账户。财政授权支付的基本流程如下。

（1）申请和下达用款额度。预算单位按照规定时间和程序编报分月用款计划，申请财政授权支付用款额度。财政部门批准后，分别向中国人民银行和代理银行总行签发《财政授权支付汇总清算额度通知单》和《财政授权支付额度通知书》。

（2）预算单位办理支付业务。预算单位凭据《财政授权支付额度到账通知书》确定的额度，自行签发财政授权支付指令，通知代理银行办理资金支付业务。

（3）代理银行办理支付。代理银行收到预算单位提交的支付指令后，审核无误后按照有关规定办理资金支付和汇划业务。

（4）预算单位账务处理。首先是收到代理银行转来的额度到账通知书，其次是通知代理银行付款后，根据代理银行进账单记账。

（5）代理银行清算资金。营业日终了，代理银行根据已办理支付的资金填写《财政授权支付申请划款凭证》，向中国人民银行提出清算申请。

（6）中国人民银行办理清算业务。中国人民银行收到代理银行提交的《财政授权支付申请划款凭证》，审核无误后办理资金清算业务。

财政授权支付的支出范围是指除财政直接支付支出以外的零星支出，具体包括差旅费支出、交通费支出、劳务费支出、咨询费支出、奖励性支出等。

3. 财政划拨资金

划拨资金也称实拨资金，是指财政机关根据主管单位的申请，按月开出预算拨款凭证，通知国库将财政存款划转到申请单位在银行的存款户，由主管单位按规定用途办理转拨或支用，月末由用款单位编报单位预算支出报表的一种拨款办法。

划拨资金的具体程序是，由财政机关签发拨款凭证，通过国库办理库款支拨手续，将预算资金直接转入用款的主管部门在银行开立的账户，然后，由主管部门开出银行结算凭证，通过开户行，将预算资金转拨到所属用款单位在商业银行开设的账户中。

（三）预算支出的列报基础

（1）对于采用财政直接支付和授权支付方式的一般公共预算本级支出，财政总预算会计应根据国库支付执行机构每日报来的《预算支出结算清单》，在与中国人民银行报来的《财政直接支付申请划款凭证》或《财政授权支付申请划款凭证》核对无误后，列报一般公共预算本级支出。

（2）采用财政划拨资金方式支付的一般公共预算本级支出，财政总预算会计应根据国库返还的预算拨款凭证回单，按实际财政拨款数列报一般公共预算本级支出。

（四）一般公共预算本级支出的核算

一般公共预算本级支出核算各级总预算会计办理的应由预算资金支付的各项支出。该科目一般按照实际支付的金额入账，年末可采用权责发生制将国库集中支付结余列支入账。

总预算会计办理预算直接支出时，借记本科目，贷记"国库存款"等；将预拨行政事业单位经费转列支出时，借记本科目，贷记"预拨经费"科目；支出收回或冲销转账时，借记有关科目，贷记本科目。该科目平时借方余额，反映预算支出累计数。年度终了，对纳入国库集中支付管理、当年未支而需结转下一年度支付的款项（国库集中支付结余），采用权责发生制确认支出时，借记本科目，贷记"应付国库集中支付结余"科目。年终转账时，该科目借方余额应全数转入"一般公共预算结转结余"科目，借记"一般公共预算结转结余"科目，贷记本科目。年终结转后，本科目无余额。该科目应根据现行《政府收支分类科目》中的一般预算支出科目分"类""款""项"设明细账。

【例4-31】某市财政总预算会计收到财政国库支付执行机构报来的预算支出结算清单,财政国库支付执行机构以财政直接支付的方式,通过财政零余额账户支付有关预算单位属于一般预算支出的款项共计350 000元,其中:"一般公共服务——税收事务——税务办案"150 000元,"一般公共服务——审计事务——审计业务"120 000元,"外交——外交管理事务——行政运行"80 000元。市财政总预算会计编制会计分录如下。

借:一般公共预算本级支出——一般公共服务——税收事务——税务办案
150 000
——一般公共服务——审计事务——审计业务
120 000
——外交——外交管理事务——行政运行
80 000
贷:国库存款 350 000

【例4-32】某市财政总预算会计收到财政国库支付执行机构报来的预算支出结算清单,财政国库支付执行机构以财政授权支付的方式,通过预算单位零余额账户支付有关预算单位属于一般预算支出的款项共计300 000元,其中:"公共安全——武装警察——消防"120 000元,"教育——普通教育——高等教育"80 000元,"科学技术——基础研究——自然科学基金"100 000元。市财政总预算会计编制会计分录如下。

借:一般公共预算本级支出——公共安全——武装警察——消防
120 000
——教育——普通教育——高等教育
80 000
——科学技术——基础研究——自然科学基金
100 000
贷:国库存款 300 000

【例4-33】某市财政对尚未纳入国库集中支付制度的有关预算单位采用财政划拨资金支付方式,拨付属于一般公共预算本级支出的款项共计150 000元。根据经批准的预算经费请拨单和其他有关凭证,具体拨付情况如下:"文化体育与传媒——文化——群众文化"65 000元,"社会保障和就业——就业补助——职业培训补贴"50 000元,"节能环保——污染防治——水体"35 000元。市财政总预算会计编制会计分录如下。

借:一般公共预算本级支出——文化体育与传媒——文化——群众文化
65 000
——社会保障和就业——就业补助——职业培训补贴
50 000
——节能环保——污染防治——水体
35 000
贷:国库存款 150 000

【例 4-34】某市财政年终将"一般公共预算本级支出"借方余额 2 850 000 元进行结转,全数转入"一般公共预算结转结余"科目。

　　借:一般公共预算结转结余　　　　　　　　　　　　　2 850 000
　　　　贷:一般公共预算本级支出　　　　　　　　　　　　　　2 850 000

二、政府性基金预算本级支出

(一)政府性基金预算本级支出的含义与分类

　　政府性基金预算支出是指政府财政使用的纳入政府性基金预算管理的财政支出,主要包括政府性基金预算本级支出、对下级政府转移支付支出和上解上级支出等。其具体内容与政府性基金预算收入相对应,应按现行《政府收支分类科目》的功能分类科目进行分类,并按规定用途开支,做到先收后支、量入为出、专款专用。

　　根据《政府收支分类科目》的支出功能分类科目,政府性基金预算支出分设 15 类。

　　(1)科学技术支出。设 1 款:核电站乏燃料处理处置基金支出。

　　(2)文化体育与传媒支出。分设 1 款:国家电影事业发展专项资金及对应专项债务收入安排的支出。

　　(3)社会保障和就业支出。分设 2 款:大中型水库移民后期扶持基金支出、小型水库移民扶持基金及对应专项债务收入安排的支出。

　　(4)节能环保支出。分设 2 款:可再生能源电价附加收入安排的支出、废弃电器电子产品处理基金支出。

　　(5)城乡社区支出。分设 8 款:政府住房基金及对应专项债务收入安排的支出、国有土地使用权出让收入及对应专项债务收入安排的支出、城市公用事业附加及对应专项债务收入安排的支出、国有土地收益基金及对应专项债务收入安排的支出、农业土地开发资金及对应专项债务收入安排的支出、新增建设用地有偿事业费及对应专项债务收入安排的支出、城市基础设施配套费及对应专项债务收入安排的支出、污水处理费及对应专项债务收入安排的支出等。

　　(6)农林水支出。分设 6 款:新菜地开发建设基金及对应债务收入安排的支出、大中型水库库区基金及对应专项债务收入安排的支出、三峡水库库区基金支出、南水北调工程基金及对应专项债务收入安排的支出、国家重大水利工程建设基金及对应债务收入安排的支出、水土保持费安排的支出等。

　　(7)交通运输支出。分设 7 款:铁路运输、海南省高等级公路车辆通行附加费及对应专项债务收入安排的支出、车辆通行费及对应债务收入安排的支出、港口建设费及对应债务收入安排的支出、铁路建设基金支出、船舶油污损害赔偿基金支出、民航发展基金支出等。

　　(8)资源勘探电力信息等支出。分设 5 款:工业和信息产业监督、散装水泥专项资金及对应债务收入安排的支出、新型墙体材料专项基金及对应债务收入安排的支出、农网还贷资金支出、电力改革预留资产变现收入安排的支出。

（9）商业服务业等支出。设 1 款：旅游发展基金支出。

（10）金融支出。设 1 款：金融调控支出。

（11）其他支出。分设 4 款：其他政府性基金及对应专项债务收入安排的支出、彩票发行销售机构业务费安排的支出、彩票公益金及对应债务收入安排的支出、烟草企业上缴专项收入安排的支出。

（12）转移性支出。分设 4 款：政府性基金转移性支出、调出资金、年终结余、债务转贷支出。

（13）债务还本支出。设 1 款：地方政府专项债务还本支出。

（14）债务付息支出。设 1 款：地方政府专项债务付息支出。

（15）债务发行费用支出。设 1 款：地方政府专项债务发行费用支出。

（二）政府性基金预算本级支出的核算

为核算政府财政管理的由本级政府使用的列入政府性基金预算的支出，财政总预算会计应设置"政府性基金预算本级支出"总账科目，并根据现行《政府收支分类科目》的支出功能分类科目下设的类、款、项设置明细账。本科目一般应当按照实际支付的金额入账，年末可采用权责发生制将国库集中支付结余列支入账。

政府财政实际发生政府性基金预算本级支出时，借记本科目，贷记"国库存款"等科目；支出收回或冲销转账时，借记有关科目，贷记本科目。本科目平时借方余额，反映政府性基金预算支出累计数。年度终了，对纳入国库集中支付管理、当年未支而需结转下一年度支付的款项（国库集中支付结余），采用权责发生制确认支出时，借记本科目，贷记"应付国库集中支付结余"科目。年终转账时，该科目借方余额应全数转入"政府性基金预算结转结余"科目，借记"政府性基金预算结转结余"科目，贷记本科目。年终结转后，本科目无余额。

【例 4-35】某市财政总预算会计收到财政国库支付执行机构报来的预算支出结算清单，财政国库支付执行机构以财政直接支付的方式，通过财政零余额账户存款账户支付有关预算单位属于政府性基金预算本级支出的款项共计 280 000 元，其中："教育——教育费附加安排的支出——农村中小学校舍建设"110 000 元，"文化体育与传媒——文化事业建设费安排的支出——精神文明建设"30 000 元，"城乡社区事务——政府住房基金支出——廉租住房支出"140 000 元。市财政总预算会计编制会计分录如下。

借：政府性基金预算本级支出
　　——教育——教育费附加安排的支出——农村中小学校舍建设
　　　　　　　　　　　　　　　　　　　　　　　　110 000
　　——文化体育与传媒——文化事业建设费安排的支出——精神文明建设
　　　　　　　　　　　　　　　　　　　　　　　　30 000
　　——城乡社区事务——政府住房基金支出——廉租住房支出
　　　　　　　　　　　　　　　　　　　　　　　　140 000
　　贷：国库存款　　　　　　　　　　　　　　　　280 000

【例4-36】某市财政总预算会计收到财政国库支付执行机构报来的预算支出结算清单，财政国库支付执行机构以财政授权支付的方式，通过预算单位零余额账户支付有关预算单位属于政府性基金预算本级支出的款项共计850 000元，其中："农林水——地方水利建设基金——水土保持"350 000元，"交通运输——铁路建设基金——铁路建设投资"500 000元。市财政总预算会计编制会计分录如下。

借：政府性基金预算本级支出
　　——农林水——地方水利建设基金——水土保持　　350 000
　　——交通运输——铁路建设基金——铁路建设投资　　500 000
　贷：国库存款　　850 000

【例4-37】某市财政对尚未纳入国库集中支付制度的有关预算单位采用财政划拨资金支付方式，共拨付属于政府性基金预算本级支出的款项共计780 000元。根据经批准的预算经费请拨单及其他有关凭证，得出具体拨付情况如下："资源勘探信息等——新型墙体材料专项基金——技术研发和推广"450 000元，"商业服务业等事务——旅游发展基金——宣传策划"330 000元。市财政总预算会计编制会计分录如下。

借：政府性基金预算本级支出
　　——资源勘探信息等——新型墙体材料专项基金——技术研发和推广
　　　　450 000
　　——商业服务业等事务——旅游发展基金——宣传策划　　330 000
　贷：国库存款　　780 000

【例4-38】年终，某市财政"政府性基金预算本级支出"科目的借方余额为600 000元。

借：政府性基金预算结转结余　　600 000
　贷：政府性基金预算本级支出　　600 000

三、国有资本经营预算本级支出

（一）国有资本经营预算本级支出的含义与分类

国有资本经营预算支出是指将国有资本经营预算收入安排的支出，主要用于国有经济结构调整、重点项目、产业升级与发展、境外投资及对外经济技术合作、困难企业职工补助等。

国有资本经营预算支出应按《政府收支分类科目》的支出功能分类科目进行分类，分为类、款、项三级，主要分设以下三类。

（1）社会保障和就业支出。设1款：补充全国社会化保障基金。

（2）国有资本经营预算支出。分设5款：解决历史遗留问题及改革成本支出、国有企业资本金支出、国有企业政策性补贴、金融国有资本经营预算支出、其他国有资本经营预算支出。

（3）转移性支出。分设2款：国有资本经营预算转移支付、调出资金。

(二)国有资本经营预算本级支出的核算

国有资本经营预算本级支出是指国有资本经营预算收入中直接安排用于相关方面的资本性或费用性支出。例如,直接将运输企业国有资本经营预算收入用于重点项目建设。本科目根据《政府收支分类科目》中有关国有资本经营预算支出的支出功能分类科目分行业设置明细账,该科目平时借方余额,反映当年国有资本经营预算本级支出累计数。本科目一般应当按照实际支付的金额入账,年末可采用权责发生制将国库集中支付结余列支入账。

政府财政发生国有资本经营预算本级支出时,借记本科目,贷记"国库存款"科目。年度终了,对纳入国库集中支付管理、当年未支而需结转下一年度支付的款项(国库集中支付结余),采用权责发生制确认支出时,借记本科目,贷记"应付国库集中支付结余"科目。年终转账时,该科目借方余额应全数转入"国有资本经营预算结转结余"科目,借记"国有资本经营预算结转结余"科目,贷记本科目。年终结转后,本科目无余额。

【例 4-39】某市财政根据批准的国有资本经营预算直接向国有资本经营预算资金使用单位共拨付资金 450 000 元,其中补充全国社会保障基金 100 000 元、支付国有企业政策性补贴 350 000 元。

借:国有资本经营预算本级支出——社会保障和就业支出——补充全国社会保障基金——国有资本经营预算补充社保基金支出   100 000
　　——国有资本经营预算支出——国有企业政策性补贴——国有企业政府性补贴
　　　　　　　　　　　　　　　　　　　　　　　　　　　　　　　　　　350 000
　贷:国库存款   450 000

【例 4-40】某市财政年终将"国有资本经营预算本级支出"借方余额 1 150 000 元进行结转,全数转入"国有资本经营预算结转结余"科目。

借:国有资本经营预算结转结余   1 150 000
　贷:国有资本经营预算本级支出   1 150 000

四、财政专户管理资金支出

财政专户管理资金支出是指政府财政用纳入财政专户管理的教育收费等资金安排的支出。其应当按照实际支付的金额入账。本科目应按照《政府收支分类科目》中支出功能分类科目设置相应明细科目,同时,根据管理需要,按照支出经济分类科目、部门(单位)等进行明细核算。平时借方余额反映财政专户管理资金支出的累计数。

政府财政发生财政专户管理资金支出时,借记本科目,贷记"其他财政存款"等有关科目。年终转账时,本科目借方余额全数转入"财政专户管理资金结余"科目,借记"财政专户管理资金结余"科目,贷记本科目。年终转账后,本科目无余额。

【例 4-41】某市财政用纳入财政专户管理的教育收费安排支出 100 000 元。

借:财政专户管理资金支出   100 000

贷：其他财政存款　　　　　　　　　　　　　　　　　　　　　　　100 000

【例4-42】年终，某市财政"财政专户管理资金支出"科目的借方余额为500 000元。

借：财政专户管理资金结余　　　　　　　　　　　　500 000
　　贷：财政专户管理资金支出　　　　　　　　　　　　　　500 000

五、专用基金支出

专用基金支出是指政府用专用基金收入安排的支出。本科目应根据专用基金的种类设置明细科目，同时，根据管理要求，按照部门等进行明细核算。专用基金支出应当按照实际支付的金额入账，平时借方余额反映专用基金支出的累计数。专用基金支出应按规定的用途开支，并做到先收后支、量入为出。

政府财政发生专用基金支出时，借记本科目，贷记"其他财政存款"；支出收回时，做相反的会计分录。年终转账时，本科目借方余额全数转入"专用基金结余"科目，借记"专用基金结余"，贷记本科目。年终结转后，本科目无余额。

【例4-43】某市财政根据有关文件规定从其他财政存款账户向粮食部门拨付市油品储备风险基金350 000元。

借：专用基金支出——粮食风险基金　　　　　　　350 000
　　贷：其他财政存款——专用基金存款　　　　　　　　　350 000

【例4-44】某市财政年终将"专用基金支出"借方余额680 000元进行结转，全数转入"专用基金结余"科目。

借：专用基金结余　　　　　　　　　　　　　　　680 000
　　贷：专用基金支出　　　　　　　　　　　　　　　　　680 000

六、转移性支出的核算

转移性支出是指预算资金在上下级政府之间、本级政府不同性质资金之间进行转移形成的支出。它包括补助支出、上解支出、调出资金、地区间援助支出、安排预算稳定调节基金等。

（一）补助支出

1. 补助支出的含义与内容

补助支出是指本级财政按照财政管理体制规定或因专项、临时性资金需求等原因对下级财政进行补助而形成的支出，包括返还性支出、一般性转移支付、专项转移支出和政府性基金转移支付等内容。

返还性支出中补助支出包括增值税和消费税税收返还支出、所得税基数返还支出、成品油价格和税费改革税收返还支出、其他税收返还支出。

一般性转移支付中补助支出包括体制补助支出、均衡性转移支付支出、革命老区及民族和边境地区转移支付支出、县级基本财力保障机制奖补资金支出、结算补助支出、化解债务补助支出、资源枯竭型城市转移支付补助支出、企事业单位划转补助支出、成品油价格和税费改革转移支付补助支出、工商部门停征两费转移支付支出、基层公检法司转移支付支出、义务教育等转移支付支出、基本养老保险和低保等转移支付支出、新型农村合作医疗等转移支付支出、农村综合改革转移支付支出、产粮（油）大县奖励资金支出、重点生态功能区转移支付支出、固定数额补助支出和其他一般性转移支付支出等。

专项转移支出中补助支出包括一般公共服务、外交、国防、公共安全、教育、科学技术、文化体育与传媒、社会保障和就业、医疗卫生、节能环保、城乡社区、农林水、交通运输、资源勘探电力信息等、商业服务业等、金融、国土资源气象等、住房保障、粮油物资储备、其他支出等。

2. 补助支出的核算

财政总预算会计应设置"补助支出"科目核算本级财政对下级财政的补助支出。该科目应按不同资金性质设置"一般公共预算补助支出""政府性基金预算补助支出"等明细科目，同时还应当按照补助地区进行明细核算。本科目平时余额反映补助支出的累计数，本级财政的"补助支出"与所属下级财政的"补助收入"数额相等。

政府财政发生补助支出时，借记本科目，贷记"国库存款""其他财政存款"等科目。年终与下级政府财政结算时，按照尚未拨付的补助金额，借记本科目，贷记"与下级往来"科目。支出退转时，做相反的会计分录。年终转账时，本科目借方余额应根据不同资金性质分别转入对应的结转结余科目，借记"一般公共预算结转结余""政府性基金预算结转结余"等科目，贷记本科目。年终结转后，本科目无余额。

【例4-45】某市级财政向所属县财政拨付补助支出一共1 800 000元，其中A县财政"一般性转移支付—体制补助支出"900 000元，政府性基金补助支出500 000元，B县财政"一般性转移支付—义务教育等转移支付支出"400 000元。

借：补助支出——一般公共预算补助支出（A县）　　　　900 000
　　　　　　——政府性基金预算补助支出（A县）　　　　500 000
　　　　　　——一般公共预算补助支出（B县）　　　　400 000
　贷：国库存款　　　　　　　　　　　　　　　　　　1 800 000

【例4-46】年终，某市财政与所属某县财政年终结算，应对该县一般性转移支付1 200 000元，包括"农村综合改革转移支付支出"700 000元和"重点生态功能区转移支付支出"500 000元。

借：补助支出——一般公共预算补助支出——农村综合改革转移支付支出（某县）
　　　　　　　　　　　　　　　　　　　　　　　　　　700 000
　　　　　　——重点生态功能区转移支付支出（某县）
　　　　　　　　　　　　　　　　　　　　　　　　　　500 000
　贷：与下级往来　　　　　　　　　　　　　　　　　1 200 000

【例4-47】年终，某市财政"补助支出"科目的贷方余额为 3 000 000 元，有关明细科目贷方余额为："一般公共预算补助支出" 2 500 000 元、"政府性基金预算补助支出" 500 000 元。

借：一般公共预算结转结余　　　　　　　　　　　　　　2 500 000
　　政府性基金预算结转结余　　　　　　　　　　　　　　　500 000
　　贷：补助支出——一般公共预算补助支出　　　　　　　　　　2 500 000
　　　　　　　　——政府性基金预算补助支出　　　　　　　　　　　500 000

（二）上解支出

上解支出是指按财政体制规定由本级财政上缴给上级财政的支出，包括一般性转移支付、专项上解支出和政府性基金上解支出。其中，一般性转移支付包括体制上解支出、出口退税专项上解支出、成品油价格和税费改革税专项上解支出。

财政总预算会计设置"上解支出"总账科目核算解缴上级财政的款项，该科目应当按照不同资金性质设置"一般公共预算上解支出""政府性基金预算上解支出"等明细科目。本科目平时余额反映上解支出的累计数。本级财政的"上解支出"和上级财政的"上解收入"数额相等。

政府财政发生上解支出时，借记本科目，贷记"国库存款"科目。支出退转时做相反分录。年终与上级政府财政结算时，按照尚未支付的上解金额，借记本科目，贷记"与上级往来"科目。年终结转时，本科目借方余额应根据不同资金性质分别转入对应的结转结余科目，借记"一般公共预算结转结余""政府性基金预算结转结余"等科目，贷记本科目。年终结转后，本科目无余额。

【例4-48】某市级财政按财政体制规定上解省级财政一般公共预算款项 80 000 元。市财政总预算会计编制会计分录如下：

借：上解支出——一般公共预算上解支出　　　　　　　　　　80 000
　　贷：国库存款　　　　　　　　　　　　　　　　　　　　　　80 000

【例4-49】某市财政年终与省级政府财政结算，根据预算文件，确认尚未支付的体制上解金额为 100 000 元。

借：上解支出——一般公共预算上解支出　　　　　　　　　　100 000
　　贷：与上级往来　　　　　　　　　　　　　　　　　　　　　100 000

【例4-50】年终，某市财政"上解支出"科目的借方余额为 500 000 元，有关明细科目借方余额为："一般公共预算上解支出" 400 000 元，"政府性基金预算上解支出" 100 000 元。

借：一般公共预算结转结余　　　　　　　　　　　　　　　　400 000
　　政府性基金预算结转结余　　　　　　　　　　　　　　　　100 000
　　贷：上解支出——一般公共预算上解支出　　　　　　　　　　　400 000
　　　　　　　　——政府性基金预算上解支出　　　　　　　　　　　100 000

(三) 调出资金

调出资金是指政府财政为平衡预算收支，从某类资金中向其他类别预算调出的资金，具体内容包括一般公共预算调出资金、政府性基金预算调出资金和国有资本经营预算调出资金三部分。

财政总预算会计应设置"调出资金"总账科目，核算各级财政部门用于平衡预算收支的资金调出，并按照调出资金内容设置明细账。调出资金在调出时按照实际调出的数额确认，同时确认调入资金。从某类资金向其他类型预算调出资金时，按照调出的金额，借记"调出资金"科目，贷记"调入资金"科目。年终转账时，本科目借方余额分别转入相应的结转结余科目，借记"一般公共预算结转结余"、"政府性基金预算结转结余"和"国有资本经营预算结转结余"等科目，贷记本科目。年终结转后，本科目无余额。

【例 4-51】某市财政为平衡一般预算，从政府性基金预算结余中调出资金 50 000 元。

借：调出资金——政府性基金预算调出资金　　　　50 000
　　贷：调入资金——一般公共预算调入资金　　　　　　50 000

【例 4-52】年终，某市财政"调出资金"科目的借方余额为 100 000 元，有关明细科目借方余额为："一般公共预算调出资金" 30 000 元、"政府性基金预算调出资金" 50 000 元、"国有资本经营预算调出资金" 20 000 元。

借：一般公共预算结转结余　　　　　　　　　　　30 000
　　政府性基金预算结转结余　　　　　　　　　　50 000
　　国有资本经营预算调出资金　　　　　　　　　20 000
　　贷：调出资金　　　　　　　　　　　　　　　　　100 000

(四) 地区间援助支出

地区间援助支出是指援助方政府财政安排用于受援方政府财政统筹所使用的各类援助、捐赠等资金支出。本科目应按照受援地区及管理需要进行明细核算，平时借方余额反映地区间援助支出的累计数。

政府财政发生地区间援助支出时，借记本科目，贷记"国库存款"科目。年终转账时，本科目借方余额全数转入"一般公共预算结转结余"科目，借记"一般公共预算结转结余"科目，贷记本科目。年终结转后，本科目无余额。

【例 4-53】某省政府财政向 B 市政府财政支付可统筹使用的捐助资金 800 000 元，该省财政总预算会计的账务处理如下。

借：地区间援助支出——B 市　　　　　　　　　800 000
　　贷：国库存款　　　　　　　　　　　　　　　　800 000

【例 4-54】年终，某省财政"地区间援助支出"科目的借方余额为 1 000 000 元。

借：一般公共预算结转结余　　　　　　　　　1 000 000
　　贷：地区间援助支出　　　　　　　　　　　　1 000 000

(五)安排预算稳定调节基金

安排预算稳定调节基金是指核算政府财政按照有关规定安排的预算稳定调节基金。本科目平时借方余额反映安排预算稳定调节基金的累计数。

政府财政补充预算稳定调节基金时,借记本科目,贷记"预算稳定调节基金"科目。年终转账时,本科目借方余额全数转入"一般公共预算结转结余"科目,借记"一般公共预算结转结余"科目,贷记本科目。年终结转后,本科目无余额。

【例4-55】某市财政从财政超收收入中安排预算稳定调节基金100 000元。

借:安排预算稳定调节基金　　　　　　　　　　　100 000
　　贷:预算稳定调节基金　　　　　　　　　　　　　　100 000

【例4-56】年终,某市财政"安排预算稳定调节基金"科目的借方余额为150 000元。

借:一般公共预算结转结余　　　　　　　　　　　150 000
　　贷:安排预算稳定调节基金　　　　　　　　　　　　150 000

七、债务还本支出和债务转贷支出

(一)债务还本支出

债务还本支出是指政府财政偿还本级政府承担的债务本金支出。本科目应当根据《政府收支分类科目》中"债务还本支出"的有关规定设置明细科目,平时借方余额反映债务还本支出的累计数。本科目只核算政府承担的债务本金,政府承担的债务利息记入"一般公共预算本级支出"等科目。

政府财政偿还本级政府财政承担的政府债券、主权外债等纳入预算管理的债务本金时,借记本科目,贷记"国库存款""其他财政存款"等科目;根据债务管理部门转来的相关资料,按照实际偿还的本金金额,借记"应付短期政府债券""应付长期政府债券""借入款项""应付地方政府债券转贷款""应付主权外债转贷款"等科目,贷记"待偿债净资产"科目。年终转账时,本科目下"专项债务还本支出"明细科目的借方余额应按照对应的政府性基金种类分别转入"政府性基金预算结转结余"相应明细科目,借记"政府性基金预算结转结余"科目,贷记本科目(专项债务还本支出)。本科目下其他明细科目的借方余额全数转入"一般公共预算结转结余"科目,借记"一般公共预算结转结余"科目,贷记本科目(其他明细科目)。结转后,本科目无余额。

【例4-57】某省财政偿还到期的3年期地方政府一般债券本金35 000 000元。

借:债务还本支出——地方政府一般债务还本支出——地方政府一般债券还本支出
　　　　　　　　　　　　　　　　　　　　　　　　35 000 000
　　贷:国库存款　　　　　　　　　　　　　　　　　35 000 000
借:应付长期政府债券　　　　　　　　　　　　　　35 000 000
　　贷:待偿债净资产——应付长期政府债券　　　　　35 000 000

【例 4-58】年终，某省财政"债务还本支出"科目的借方余额为 50 000 000 元，有关明细科目借方余额为："一般债务还本支出" 35 000 000 元、"专项债务还本支出" 15 000 000 元。

借：一般公共预算结转结余　　　　　　　　　　　　　35 000 000
　　政府性基金预算结转结余　　　　　　　　　　　　　15 000 000
　　贷：债务还本支出　　　　　　　　　　　　　　　　　　　50 000 000

（二）债务转贷支出

债务转贷支出是指本级政府财政向下级政府财政转贷的债务支出。财政总预算会计应设置"债务转贷支出"总账科目，核算地方各级财政部门对下级财政部门进行的债务转贷业务。该科目应按照转贷资金性质设置"地方政府一般债务转贷支出""地方政府专项债务转贷支出"明细账，同时还应按照转贷地区进行明细核算。本科目借方余额反映债务转贷支出的累计数。

1. 转贷地方政府债券

本级政府财政向下级政府财政转贷地方政府债券资金时，借记本科目，贷记"国库存款"科目；根据债务管理部门转来的相关资料，按照到期应收回的转贷款本金金额，借记"应收地方政府债券转贷款"科目，贷记"资产基金——应收地方政府债券转贷款"科目。

年终转账时，本科目下"地方政府一般债务转贷支出"明细科目的借方余额全数转入"一般公共预算结转结余"科目，贷记"债务转贷支出（地方政府一般债务转贷支出）"科目。本科目下"地方政府专项债务转贷支出"明细科目的借方余额全数转入"政府性基金预算结转结余"科目，贷记"债务转贷支出（地方政府专项债务转贷支出）"科目。结转后，本科目无余额。

【例 4-59】某省财政厅将发行地方政府专项债券收入 25 000 000 元转贷给下级某市财政局，属于地方水利建设基金。省财政总预算会计根据有关凭证编制会计分录如下。

借：债务转贷支出——地方政府专项债务转贷支出——地方水利建设基金转贷支出
　　　　　　　　　　　　　　　　　　　　　　　　　　　25 000 000
　　贷：国库存款　　　　　　　　　　　　　　　　　　　　　25 000 000
借：应收地方政府债券转贷款　　　　　　　　　　　　　25 000 000
　　贷：资产基金——应收地方政府债券转贷款　　　　　　　　25 000 000

【例 4-60】年终，某省财政"债务转贷支出"账户借方余额为 35 000 000 元，有关明细科目贷方余额为："地方政府一般债务转贷支出" 25 000 000 元、"地方政府专项债务转贷支出" 10 000 000 元。

借：一般公共预算结转结余　　　　　　　　　　　　　25 000 000
　　政府性基金预算结转结余　　　　　　　　　　　　　10 000 000
　　贷：债务转贷支出　　　　　　　　　　　　　　　　　　　35 000 000

2. 转贷主权外债资金

本级政府财政向下级政府财政转贷主权外债资金，且主权外债最终还款责任由下级政府财政承担，账务处理如下。

（1）本级政府财政支付转贷资金时，根据转贷资金支付相关资料，借记"债务转贷支出"科目，贷记"其他财政存款"科目；根据债务管理部门转来的相关资料，按照实际持有的债权金额，借记"应收主权外债转贷款"科目，贷记"资产基金——应收主权外债转贷款"科目。

（2）外方将贷款资金直接支付给用款单位或供应商时，本级政府财政根据转贷资金支付相关资料，借记本科目，贷记"债务收入""债务转贷收入"科目；根据债务管理部门转来的相关资料，按照实际持有的债权金额，借记"应收主权外债转贷款"科目，贷记"资产基金——应收主权外债转贷款"科目；同时，借记"待偿债净资产"科目，贷记"借入款项""应付主权外债转贷款"等科目。

【例4-61】某省财政向所属市级财政转贷外国政府借款10 000 000元，该贷款由市级财政承担还款责任，由市农业局使用。

（1）如果外方将贷款资金支付给市财政部门，

借：债务转贷支出——地方一般债务转贷支出
　　　　　　　　——地方政府向外国政府借款转贷支出　　10 000 000
　　贷：其他财政存款　　　　　　　　　　　　　　　　　10 000 000
借：应收主权外债转贷款　　　　　　　　　　　　　　　　10 000 000
　　贷：资产基金——应收主权外债转贷款　　　　　　　　10 000 000

（2）如果外方将贷款直接支付给市农业局，

借：债务转贷支出——地方一般债务转贷支出
　　　　　　　　——地方政府向外国政府借款转贷支出　　10 000 000
　　贷：其他财政存款　　　　　　　　　　　　　　　　　10 000 000
借：应收主权外债转贷款　　　　　　　　　　　　　　　　10 000 000
　　贷：资产基金——应收主权外债转贷款　　　　　　　　10 000 000
借：待偿债净资产——应付主权外债转贷款　　　　　　　　10 000 000
　　贷：借入款项　　　　　　　　　　　　　　　　　　　10 000 000

本 章 小 结

财政总预算会计收入是指政府财政为实现政府职能，根据法律法规等所筹集的资金。财政总预算会计的收入包括本级预算收入、转移性收入、债务性收入和其他财政资金收入。政府财政收入的核算采用收付实现制，一般应当按照实际收到的金额入账。财政总预算会计应当加强各项收入的管理，严格会计核算手续。对各项收入的账务处理必须以审核无误的国库入库凭证、预算收入日报表和其他合法凭证为依据。发现错误，应当按照相关规定及时通知有关单位及时更正。

　　财政总预算会计支出是指政府财政为了实现政府职能，对财政资金的分配和使用。财政总预算会计的支出包括本级预算支出、转移性支出、债务性支出和其他财政资金支出。政府财政支出的核算一般采用收付实现制，但实行国库集中支付年终结余资金形成的财政支出则采用权责发生制。权责发生制列支只限于年末采用，平时不得采用。对收回当年已列支的款项，应冲销当年支出；对收回以前年度已列支的款项，除财政部门另有规定外，应冲销当年支出。

【复习思考题】

1. 财政总预算会计的收入包括哪些种类？设置的会计科目各是什么？
2. 财政总预算会计的支出包括哪些种类？设置的会计科目各是什么？
3. 财政总预算会计的收入和支出事项中，采用权责发生制核算的有哪些？
4. 政府财政支出的支付方式有哪几种？各自的支付流程是什么？
5. 《政府收支分类科目》中的转移性收入在财政总预算会计中通过哪些会计科目进行核算？
6. 《政府收支分类科目》中的转移性支出在财政总预算会计中通过哪些会计科目进行核算？
7. 债务收入与债务转贷收入的核算内容分别是什么？如何进行核算？
8. 债务转贷支出的核算内容分为哪些类型？如何进行账务处理？

第五章

财政总预算会计资产、负债和净资产的核算

【学习目标】
1. 熟悉财政总预算会计资产的含义与内容。
2. 掌握国库单一账户体系的构成。
3. 理解国库单一账户体系下财政性存款的收支清算方式。
4. 熟练掌握财政总预算会计资产账户的设置与核算。
5. 熟练掌握财政总预算会计负债账户的设置与核算。
6. 熟练掌握财政总预算会计净资产账户的设置与核算。

第一节 财政总预算会计资产的核算

财政总预算会计资产是指一级财政掌管或控制的能以货币计量的经济资源，按照流动性，分为流动资产和非流动资产，包括财政存款、有价证券、暂付及应收款项、在途款与预拨经费、应收转贷款和股权投资等。

一、财政存款

（一）财政存款的管理原则

财政存款是财政部门代表政府所掌管的财政资金，包括国库存款、国库现金管理存款及其他财政存款等。财政存款的支配权属于同级政府财政部门，并由总预算会计负责管理，统一收付。总预算会计在管理财政存款中，应当遵循以下原则。

（1）集中资金，统一调度。应由财政部门掌管的资金都应纳入总预算会计的存款账户，并根据事业进度和资金使用情况调度资金。

（2）严格控制存款开户。财政部门的预算资金除财政部有明确规定者外，一律由总预算会计统一在国库或指定的银行开立存款账户。

（3）转账结算。总预算会计的各种会计凭证不得用以提取现金。

（4）在存款余额内支付，不得透支。

（二）国库单一账户体系

在国库集中收支制度下，财政存款统一通过国库单一账户体系进行收付。国库单一账户体系是指实行财政国库集中支付后，用于所有财政性资金收支核算管理的账户体系，包括国库单一账户、财政部门零余额账户、预算单位零余额账户、特设专户等账户的集合，统称为国库单一账户体系。

（1）国库单一账户。财政部门在中国人民银行开设的国库存款账户，用于记录、核算和反映纳入预算管理的财政收入和支出活动，并用于同财政部门在商业银行开设的零余额账户进行清算，实现支付。

（2）财政部门零余额账户。财政部门在商业银行为本单位开设的零余额账户，用于财政直接支付和与国库单一账户进行清算。

（3）预算单位零余额账户。财政部门在商业银行为预算单位开设的零余额账户，用于财政授权支付和与国库单一账户进行清算。

（4）特设专户。经国务院批准或国务院授权财政部批准，特设置预算单位开设的特殊专户，用于记录、核算和反映预算单位的特殊专项支出活动，并与国库单一账户清算。

财政直接支付各单位的预算资金就是通过"财政零余额账户"进行核算支付的，该账户不得提取现金。财政授权支付是通过"单位零余额账户"进行核算支付的，该账户可提取现金。零余额账户与国库单一账户相互配合，构成财政资金支付过程的基本账户。为了保证财政资金在支付实际发生前不流出国库单一账户，实现了先由代理银行支付，每日终了再由代理银行向国库单一账户要款清算的方式。

（三）国库存款

国库存款核算政府财政存放在国库单一账户的款项，包括一般公共预算存款、政府性基金预算存款、国有资本经营预算存款。该科目借记国库存款增加数，贷记国库存款减少数，科目借方余额反映国库存款的结存数。

政府财政收到预算收入时，根据国库报来的预算收入日报表，借记本科目，贷记有关预算收入科目。当日收入数为负数时，以红字记入。收到上级预算补助时，根据国库转来的有关结算凭证，借记本科目，贷记"补助收入"科目。办理库款支付时，根据支付凭证回单，借记有关科目，贷记本科目。收到国库存款利息收入时，借记本科目，贷记"一般公共预算本级收入"科目。收到缴入国库来源不清的款项时，借记本科目，贷记"其他应付款"等科目。

【例 5-1】某市财政收到国库报送的收入日报表,本日各项所得税等一般公共预算本级收入合计 500 000 元,教育附加费等政府性基金预算本级收入 200 000 元,国有资本经营预算本级收入 100 000 元。

```
借:国库存款                                800 000
    贷:一般公共预算本级收入                        500 000
        政府性基金预算本级收入                      200 000
        国有资本经营预算本级收入                    100 000
```

【例 5-2】某市财政根据财政体制安排,收到省财政补助一般公共预算款 250 000 元,所属县财政上解一般公共预算款 150 000 元。

```
借:国库存款                                400 000
    贷:补助收入——一般公共预算补助收入              250 000
        上解收入——一般公共预算上解收入              150 000
```

【例 5-3】某市财政总预算会计收到财政国库支付执行机构报来的预算支出结算清单,财政国库支付执行机构以直接支付方式,通过财政零余额账户支付有关预算单位一般公共预算款 350 000 元。

```
借:一般公共预算本级支出                     350 000
    贷:国库存款                                  350 000
```

【例 5-4】某市财政总预算会计收到财政国库支付执行机构报来的预算支出结算清单,财政国库支付执行机构以授权支付方式,通过单位零余额账户支付有关预算单位政府性基金预算款 200 000 元。

```
借:政府性基金预算本级支出                   200 000
    贷:国库存款                                  200 000
```

(四)国库现金管理存款

国库现金管理存款是指政府财政为实行国库现金管理业务而存放在商业银行的预算资金。本科目期末借方余额反映政府财政实行国库现金管理业务持有的存款。国库现金管理是在确保财政国库支付需要的前提下,以实现国库现金余额最小化和投资收益最大化为目标的一系列财政管理活动。

政府财政按照国库现金管理有关规定,将库款转存商业银行时,按照存入商业银行的金额,借记本科目,贷记"国库存款"科目。国库现金管理存款收回国库时,按照实际收回的金额,借记"国库存款"科目;按照原存入商业银行的存款本金金额,贷记本科目;按照两者的差额,贷记"一般公共预算本级收入"科目。

【例 5-5】中央财政按照国库现金管理有关规定,将库款 2 000 000 元转存商业银行。

```
借:国库现金管理存款                         2 000 000
    贷:国库存款                                2 000 000
```

【例5-6】中央财政将到期的国库现金管理存款收回国库，本金为2 000 000元，利息为80 000元。

　　借：国库存款　　　　　　　　　　　　　　　　　　　2 080 000
　　　　贷：国库现金管理存款　　　　　　　　　　　　　　　　2 000 000
　　　　　　一般公共预算本级收入　　　　　　　　　　　　　　　　80 000

（五）其他财政存款的核算

其他财政存款是指政府财政未列入国库存款和国库现金管理存款的各项存款，包括财政专户管理的资金存款、未设国库的乡（镇）财政在专业银行的预算资金存款等。本科目应按照资金性质和存款银行等进行明细核算，期末借方余额反映政府财政持有的其他财政存款。

总预算会计应根据经办行报来的收入日报表或银行收款通知入账，按照实际收到的金额，借记本科目，贷记有关科目。总预算会计支付其他财政存款时，应根据有关支付凭证的回单入账，借记有关科目，贷记本科目。

【例5-7】某市财政收到上级财政拨来的粮食风险基金250 000元，存入银行专户。

　　借：其他财政存款——专业基金存款　　　　　　　　　　250 000
　　　　贷：专业基金收入　　　　　　　　　　　　　　　　　　250 000

【例5-8】某市财政用教育收费安排的支出为100 000元。

　　借：财政专户管理资金支出　　　　　　　　　　　　　　100 000
　　　　贷：其他财政存款——教育收费存款　　　　　　　　　　100 000

【例5-9】未设国库的某乡财政收到县财政返回的一般公共预算本级收入100 000元、政府性基金预算本级收入25 000元、国有资本经营预算本级收入30 000元。

　　借：其他财政存款——一般公共预算存款　　　　　　　　100 000
　　　　　　　　　　——政府性基金预算存款　　　　　　　　25 000
　　　　　　　　　　——国有资本经营预算存款　　　　　　　30 000
　　　　贷：一般公共预算本级收入　　　　　　　　　　　　　100 000
　　　　　　政府性基金预算本级收入　　　　　　　　　　　　25 000
　　　　　　国有资本经营预算本级收入　　　　　　　　　　　30 000

（六）财政零余额账户存款

财政零余额账户存款是指财政部门在商业银行开设，用于财政直接支付，与国库单一账户清算的账户，由财政国库支付执行机构负责管理。财政国库支付执行机构未单设的地区不使用本科目，本科目当日资金结算后一般应无余额。

财政国库支付执行机构为预算单位直接支付款项时，借记有关预算支出科目，贷记本科目。其每日将按部门分类、款、项汇总的预算支出结算清单等结算单与中国人民银行国库划款凭证核对无误后，送财政总预算会计结算资金，按照结算的金额，借记本科目，贷记"已结报支出"科目。

【例 5-10】某市财政国库支付中心通过财政零余额账户为水利部门支付办公设备购置费 800 000 元，水土保持费支出 300 000 元。

　　借：一般公共预算本级支出　　　　　　　　　　　800 000
　　　　政府性基金预算本级支出　　　　　　　　　　300 000
　　　贷：财政零余额账户存款　　　　　　　　　　　　　1 100 000

【例 5-11】某日汇总清算后，某市财政国库支付中心将当日按部门分类、款、项汇总的预算支出结算清单等结算单与中国人民银行国库划款凭证核对无误后，送财政总预算会计结算资金，当日的一般公共预算本级支出为 1 000 000 元，政府性基金预算本级支出为 300 000 元。其中一般公共预算本级支出中 200 000 元为财政授权支付，其他支出均为财政直接支付。

　　借：财政零余额账户存款　　　　　　　　　　　　1 100 000
　　　　一般公共预算本级支出　　　　　　　　　　　200 000
　　　贷：已结报支出　　　　　　　　　　　　　　　　　1 300 000

二、有价证券

有价证券是指政府财政按照有关规定取得的不能够持有的政府债券。政府财政购入政府债券属于债权投资。本科目应按有价证券种类和资金性质进行明细核算，期末借方余额反映政府财政持有的有价证券金额。

政府财政购入有价证券，应按取得时实际支付的价款借记本科目，贷记"国库存款""其他财政存款"等科目。政府财政转让或到期兑付有价证券时，按照实际收到的金额，借记"国库存款""其他财政存款"等科目；按照该有价证券的账面余额，贷记本科目；按其差额，贷记"一般公共预算本级收入"等科目。

【例 5-12】某市财政通过国库用一般公共预算结余 500 000 元购买 1 年期国库券。

　　借：有价证券——国库券——一般公共预算结余购入　　500 000
　　　贷：国库存款　　　　　　　　　　　　　　　　　　　500 000

【例 5-13】某市财政用政府性基金预算结余 100 000 元购入国库券，到期收回本金，并取得利息 10 000 元。

　　借：国库存款　　　　　　　　　　　　　　　　　　110 000
　　　贷：有价证券——国库券——政府性基金预算结余购入　100 000
　　　　　政府性基金预算本级收入　　　　　　　　　　　　10 000

三、暂付及应收款项

暂付及应收款项属于往来结算中形成的债权，包括在预算执行过程中上下级财政结算形成的债权，以及对用款单位借垫款形成的债权。其应按实际发生数额记账，并应及时清理结算，不得长期挂账。

（一）与下级往来

与下级往来是在预算执行过程中上下级财政结算形成的债权，主要有两种情况：一是上下级财政由于补助、上解等结算产生的往来结算关系；二是上下级财政之间的财政资金借款往来关系。

财政总预算会计应设置"与下级往来"科目核算与下级财政的往来待结算款项，并按资金性质和下级财政部门名称设置明细账。该账户为双重性质账户，既记录本级财政与下级财政的债权，又记录本级财政与下级财政的债务。该科目若产生借方余额，则反映下级财政应归还本级财政的款项；若产生贷方余额，则反映本级财政欠下级财政的款项。

本级政府财政借给下级财政款时，借记本科目，贷记"国库存款"科目。借款收回或转作补助支出时，借记国库存款或补助支出，贷记本科目。体制结算应由下级财政上解款项时，借记本科目，贷记上解收入；体制结算应补助下级财政款项时，借记补助支出，贷记本科目。"与下级往来"科目是往来性质的科目，如发生贷方余额，在编制"资产负债表"时应以负数反映。

【例5-14】某市财政局根据所属区财政申请，借给区财政一般公共预算资金100 000元。该市财政总预算会计编制的会计分录如下。

借：与下级往来——某区　　　　　　　　　　　　　　100 000
　　贷：国库存款　　　　　　　　　　　　　　　　　　　　100 000

【例5-15】某市财政经批准将所属区财政所欠100 000元款项转为对该区的补助。该市财政总预算会计编制的会计分录如下。

借：补助支出　　　　　　　　　　　　　　　　　　　100 000
　　贷：与下级往来——某区　　　　　　　　　　　　　　　100 000

【例5-16】年终财政体制结算中，某市财政应补助所属某县财政款项300 000元。该市财政总预算会计编制的会计分录如下。

借：补助支出　　　　　　　　　　　　　　　　　　　300 000
　　贷：与下级往来——某县　　　　　　　　　　　　　　　300 000

【例5-17】年终财政体制结算中，某区财政应上解款项150 000元。该市财政总预算会计编制的会计分录如下。

借：与下级往来——某区　　　　　　　　　　　　　　150 000
　　贷：上解收入　　　　　　　　　　　　　　　　　　　　150 000

（二）借出款项

借出款项是指政府财政按照对外借款管理相关规定借给预算单位应对临时急需并需

按期收回的款项。本科目应按照借款单位等进行明细核算,期末借方余额反映政府财政借给预算单位尚未收回的款项。政府财政将款项借出时,按照实际支付的金额,借记本科目,贷记"国库存款"等科目。收回借款时,按照实际收到的金额,借记"国库存款"等科目,贷记本科目。

根据国家有关规定,各级财政部门要严格按照批准的年度预算和用款计划拨款,对年度预算执行中确需新增的支出项目,应按规定通过动支预备费或调整当年预算解决,不得对外借款。各级政府财政不得将国库存款和财政专户资金借给任何部门、单位、企业或个人,当经本级政府批准临时应对重大突发事件确需出借的临时急需款项时,应严格限定借款对象、用途和期限。借款对象应限于纳入本级预算管理的一级预算单位(本级政府所属部门和直属使用单位,不含企业),不得对非预算单位及未纳入年度预算的项目给予借款和垫付财政资金,且应仅限于临时性质周转或者为应对社会影响较大的突发事件的临时急需垫款。借款期限不得超过一年。各级政府应当将财政对外借款情况向本级人民代表大会常务委员会报告。政府所属部门、直属事业单位应当按时归还借款,超期未还的,应当责令改正。

【例 5-18】经批准,某省教育厅因遇重大突发事件临时急需款项向省财政借款 500 000 元,省财政通知国库拨款。

借:借出款项——教育厅　　　　　　　　　　　500 000
　　贷:国库存款　　　　　　　　　　　　　　　　　　500 000

【例 5-19】省财政收回借给省教育厅的 500 000 元。

借:国库存款　　　　　　　　　　　　　　　　500 000
　　贷:其他应收款——教育厅　　　　　　　　　　　　500 000

(三)其他应收款

其他应收款是指政府财政临时发生的其他应收、暂付、垫付款项。项目单位拖欠外国政府和国际金融组织贷款本息和相关费用导致相关政府财政履行担保责任,代偿的贷款本息,也通过本科目核算。本科目应按资金性质、债务单位等进行明细核算,应及时清理结算,原则上年终应无余额。

政府财政发生其他应收款项时,借记本科目,贷记"国库存款""其他财政存款"等科目。收回或转作预算支出时,借记"国库存款""其他财政存款"或有关支出科目,贷记本科目。政府财政对使用外国政府和国际金融组织贷款资金的项目单位履行担保责任,代偿贷款本息费时,借记本科目,贷记"国库存款"等科目。政府财政行使追索权,收回项目单位贷款本息费时,借记"国库存款"等科目,贷记本科目。政府财政最终未收回项目单位贷款本息费,经核准列支时,借记"一般公共预算本级支出"等科目,贷记本科目。

【例 5-20】某市预算单位拟采购一批办公设备,所需资金 200 000 元。根据政府采购合同,款项由一般公共预算资金和单位自筹资金负担,其他财政部门承担 120 000 元,单位自筹资金 80 000 元。该项采购采用财政全额直接拨付方式支付政府采购资金。

（1）该市财政总预算会计根据政府采购合同等文件的规定，将预算资金 120 000 元划入政府采购资金账户时，

借：其他应收款——政府采购款　　　　　　　　　　　120 000
　　贷：国库存款　　　　　　　　　　　　　　　　　　　　120 000
借：其他财政存款　　　　　　　　　　　　　　　　　120 000
　　贷：其他应付款——政府采购款　　　　　　　　　　　　120 000

（2）该预算单位根据政府采购合同等文件的规定，将单位自筹资金 80 000 元划入政府采购资金专户时，

借：其他财政存款　　　　　　　　　　　　　　　　　80 000
　　贷：其他应付款——政府采购配套资金——某预算单位　　80 000

（3）财政总预算会计根据政府采购合同等有关文件，将政府采购资金 200 000 元划入供应商账户时，

借：其他应付款——政府采购款　　　　　　　　　　　120 000
　　　　　　——政府采购配套资金——某预算单位　　　 80 000
　　贷：其他财政存款　　　　　　　　　　　　　　　　　　200 000

（4）财政总预算会计将安排的政府采购资金 120 000 元列报支出时，

借：一般公共预算本级支出　　　　　　　　　　　　　120 000
　　贷：其他应收款——政府采购款　　　　　　　　　　　　120 000

【例 5-21】中央财政对使用国际金融组织贷款资金的 A 项目单位履行担保责任，发生代偿贷款本息 315 000 元，其中本金 300 000 元、利息 15 000 元。

借：其他应收款　　　　　　　　　　　　　　　　　　315 000
　　贷：其他财政存款　　　　　　　　　　　　　　　　　　300 000
　　　　国库存款　　　　　　　　　　　　　　　　　　　　 15 000

【例 5-22】中央财政行使追索权，收回项目单位贷款本金 300 000 元，未收回项目单位贷款利息 15 000 元，经批准列入一般公共预算支出。

借：其他财政存款　　　　　　　　　　　　　　　　　300 000
　　一般公共预算本级支出　　　　　　　　　　　　　 15 000
　　贷：其他应收款　　　　　　　　　　　　　　　　　　　315 000

（四）应收股利

应收股利是指政府因持有股权投资应当收取的现金股利或利润。本科目应当在被投资主体进行明细核算，期末借方余额反映政府尚未收回的现金股利或利润。

政府财政持有股权投资期间被投资单位宣告现金股利或利润的，应按上缴政府财政的部分，借记本科目，贷记"资产基金——应收股利"科目；按照相同的金额，借记"资产基金——股权投资"科目，贷记"股权投资（损益调整）"科目。实际收到现金股利或利润时，借记"国库存款"等科目，贷记有关收入科目；按照相同的金额，借记

"资产基金——应收股利"科目,贷记本科目。

【例 5-23】 201×年 3 月 25 日,某上市公司公布上年利润分配实施公告,公布分配上年现金股利 8 000 000 元,股利发放日为 4 月 10 日。某省政府在该公司持有的股份比例为 10%。

(1)宣告现金股利时,

借:应收股利 800 000
　　贷:资产基金——应收股利 800 000
借:资产基金——股权投资 800 000
　　贷:股权投资——损益调整 800 000

(2)实际收到现金股利时,

借:国库存款 800 000
　　贷:国有资本经营预算本级收入 800 000
借:资产基金——应收股利 800 000
　　贷:应收股利 800 000

四、在途款与预拨经费

(一)在途款

在途款核算决算清理期和库款报解整理期内发生的上下年度收入、支出业务及需要通过本科目过渡处理的待结算资金。新年度开始时的一定时期(一般为 10 天,由上级财政具体规定)内,通常设定为整理期。在整理期内,有些属于上年度的收入需要补充缴库,有些不合规的支出需要收回。这些会计事项发生在新年度,从发生时间来看,属于已达款项,但从上年度来看,这些款项却是未达款项。这些上下年度间的交接资金需要通过设置"在途款"科目进行过渡处理。

政府财政在决算清理期和库款报解整理期内收到属于上年度收入或收回属于上年度拨款或支出时,借记本科目,贷记有关收入或支出科目;冲转在途款时,在本年度账务中,借记"国库存款"科目,贷记本科目。

【例 5-24】 某市财政局在 20×8 年 1 月 5 日(决算清理期内)收到国库报来的预算收入日报表,列示收到属于上一年度的一般公共预算本级收入 150 000 元。

上年度账:借:在途款 150 000
　　　　　　贷:一般公共预算本级收入 150 000
本年度账:借:国库存款 150 000
　　　　　　贷:在途款 150 000

【例 5-25】 某市财政局在 20×8 年 1 月 3 日(库款报解整理期内)收到国库报来的预算收入日报表,列示收回上一年度已经列为政府性基金预算本级支出的拨款 50 000 元。

上年度账:借:在途款 50 000

　　　　　　　　　贷：政府性基金预算本级支出　　　　　　　　　50 000
　　本年度账：借：国库存款　　　　　　　　　　　　　　　　50 000
　　　　　　　　　贷：在途款　　　　　　　　　　　　　　　　50 000

【例 5-26】某市财政在决算整理期间收回属于上年度的预拨市农业局款项 50 000 元。
　　上年度账：借：在途款　　　　　　　　　　　　　　　　　50 000
　　　　　　　　　贷：预拨经费　　　　　　　　　　　　　　50 000
　　本年度账：借：国库存款　　　　　　　　　　　　　　　　50 000
　　　　　　　　　贷：在途款　　　　　　　　　　　　　　　　50 000

（二）预拨经费

预拨经费是用预算资金预拨给用款单位的款项。凡年度预算执行中总预算会计用预算资金预拨出应在以后各期列支的款项，以及会计年度终了前预拨给用款单位的下年度经费款，均作为预拨经费管理。各项预拨款项应按实际预拨数额记账。预拨经费（不含预拨下年度经费）应在年终前转列支出或清理收回。

财政总预算会计应设置"预拨经费"总账科目核算财政部门预拨给行政事业单位、尚未列为预算支出的经费，该科目应按预拨经费的种类、预算单位等设明细账。政府财政预拨经费时，借记本科目，贷记"国库存款"科目。预拨经费转列支出或收到用款单位交回数时，借记"一般公共预算本级支出""政府性基金预算本级支出""国库存款"等科目，贷记本科目。

【例 5-27】某县财政经批准拨付水利局下年度农田水利经费 350 000 元。
　　借：预拨经费——某预算单位　　　　　　　　　　　　　350 000
　　　　贷：国库存款　　　　　　　　　　　　　　　　　　350 000

【例 5-28】下年初，该县财政将预拨水利局的农田水利经费 350 000 元转作一般公共预算本级支出。
　　借：一般公共预算本级支出　　　　　　　　　　　　　　350 000
　　　　贷：预拨经费——某预算单位　　　　　　　　　　　350 000

五、应收转贷款

应收转贷款是指政府财政将借入资金转贷给下级政府财政的款项，包括应收地方政府债券转贷款、应收主权外债转贷款等。

（一）应收地方政府债券转贷款

应收地方政府债券转贷款是地方政府财政将地方政府债券转贷给下级政府财政形成的转贷款，包括转贷的地方政府债券本金和利息。因为转贷的是地方政府债券，所以转贷方通常为省级政府财政，被转贷方为省级以下政府财政。本科目下设置"应收本金"

和"应收利息"两个明细科目,并按照转贷对象进行明细核算,期末借方余额反映政府财政应收未收的地方政府债券转贷款本金和利息。

应收地方政府债券转贷款应采用"双分录"的核算方法,同时确认转贷所形成的支出和债权,主要账务处理包括以下几个方面。

(1) 向下级政府财政转贷地方政府债券资金时,按照转贷的金额,借记"债务转贷支出"科目,贷记"国库存款"科目;根据债务管理部门转来的相关资料,按照到期应收回的转贷本金金额,借记本科目,贷记"资产基金——应收地方政府债券转贷款"科目。

(2) 期末确认地方政府债券转贷款的应收利息时,根据债务管理部门计算出的转贷款本期应收未收利息金额,借记本科目,贷记"资产基金——应收地方政府债券转贷款"科目。

(3) 收回下级政府财政偿还的转贷款本息时,按照收回的金额,借记"国库存款"等科目,贷记"其他应付款"或"其他应收款"科目;根据债务管理部门转来的相关资料,按照收回的转贷款本金及已确认的应收利息金额,借记"资产基金——应收地方政府债券转贷款"科目,贷记本科目。

【例5-29】某省级政府财政向所属市政府财政转贷其发行地方政府一般债券所筹集的资金,该省级政府财政的会计核算如下。

(1) 20×8年7月1日向市政府财政转贷地方政府债券资金5 000 000元,期限为1年,年利率为4.2%。

借:债务转贷支出——地方政府一般债务转贷支出(××市政府财政)
　　　　　　　　　　　　　　　　　　　　　　　　　　5 000 000
　　贷:国库存款　　　　　　　　　　　　　　　　　　5 000 000
借:应收地方政府债券转贷款——应收地方政府一般债券转贷款(应收本金)
　　　　　　　　　　　　　　　　　　　　　　　　　　5 000 000
　　贷:资产基金——应收地方政府债券转贷款　　　　　5 000 000

(2) 20×8年12月31日,确认地方政府债券转贷款的应收利息105 000元。

借:应收地方政府债券转贷款——应收地方政府一般债券转贷款(应收利息)
　　　　　　　　　　　　　　　　　　　　　　　　　　105 000
　　贷:资产基金——应收地方政府债券转贷款　　　　　105 000

(3) 次年6月30日,收到市政府财政偿还的转贷款的本金5 000 000元和利息210 000元。

借:国库存款　　　　　　　　　　　　　　　　　　　　5 210 000
　　贷:其他应付款——应付下级政府财政承担的地方政府债券本息
　　　　　　　　　　　　　　　　　　　　　　　　　　5 210 000
借:资产基金——应收地方政府债券转贷款　　　　　　　5 210 000
　　贷:应收地方政府债券转贷款——应收地方政府一般债券转贷款(应收本金)
　　　　　　　　　　　　　　　　　　　　　　　　　　5 000 000

——应收地方政府一般债券转贷款（应收利息）
　　　　　　　　　　　　　　　　　　　　210 000

（二）应收主权外债转贷款

应收主权外债转贷款是指本级政府财政将取得的外国政府和国际金融组织贷款等主权外债转贷给下级政府财政而形成的应收款项，包括转贷的主权外债本金和利息。因为转贷的是主权外债，所以转贷方通常为中央政府财政，被转贷方为省级或省级以下政府财政。本科目下应当设置"应收本金"和"应收利息"两个明细科目，并按照转贷对象进行明细核算，期末借方余额反映政府财政应收未收的主权外债转贷款本金和利息。

同应收地方政府债券转贷款类似，应收主权外债转贷款也应当采用"双分录"的核算方法。

（1）发生转贷主权外债。本级政府财政向下级政府财政转贷主权外债资金，且主权外债最终还款责任由下级政府财政承担的，其账务处理为：①本级政府财政支付转贷资金时，根据转贷资金支付相关资料，借记"债务转贷支出"科目，贷记"其他财政存款"科目；根据债务管理部门转来的相关资料，按照实际持有的债权金额，借记本科目，贷记"资产基金——应收主权外债转贷款"科目。②外方将贷款资金直接支付给用款单位或供应商时，本级政府财政根据转贷资金支付相关资料，借记"债务转贷支出"科目，贷记"债务收入"或"债务转贷收入"科目；根据债务管理部门转来的相关资料，按照实际持有的债权金额，借记本科目，贷记"资产基金——应收主权外债转贷款"科目；同时，借记"待偿债净资产"科目，贷记"借入款项"或"应付主权外债转贷款"科目。

（2）期末确认应收利息。期末确认债务外债转贷款的应收利息时，根据债务管理部门计算出转贷款的本期应收未收利息金额，借记本科目，贷记"资产基金——应收主权外债转贷款"科目。

（3）收回本息。收回转贷给下级政府财政主权外债的本息时，按照收回的金额，借记"其他财政存款"科目，贷记"其他应付款"或"其他应收款"科目；根据债务管理部门转来的相关资料，按照实际收回的转贷款本金及已确认的应收利息金额，借记"资产基金——应收主权外债转贷款"科目，贷记本科目。

【例5-30】某省级政府财政向所属B市财政支付外国政府转贷资金1 000 000元，贷款期限为10年、利率为3%，到期一次还本付息。该转贷款由B市财政承担还款责任、B市水利局使用。

（1）省级财政发生转贷时，

借：债务转贷支出　　　　　　　　　　　　　　　　　　　　1 000 000
　　贷：其他财政存款　　　　　　　　　　　　　　　　　　　　　1 000 000
借：应收主权外债转贷款——应收本金——B市　　　　　　　1 000 000
　　贷：资产基金——应收主权外债转贷款　　　　　　　　　　　1 000 000

（2）如果外方将贷款资金直接支付给B市水利局，则该省财政总预算会计账务处理如下。

```
借：债务转贷支出                                    1 000 000
    贷：债务收入                                            1 000 000
借：应收主权外债转贷款——应收本金——B市           1 000 000
    贷：资产基金——应收主权外债转贷款                     1 000 000
借：待偿债净资产——借入款项                         1 000 000
    贷：借入款项                                            1 000 000
```

（3）月末确认应付利息时，

```
借：应收主权外债转贷款——应收利息——B市          2 500
    贷：资产基金——应收主权外债转贷款                     2 500
```

（4）转贷款到期，收回本金 1 000 000 元和利息 300 000 元。

```
借：其他财政存款                                    1 300 000
    贷：其他应付款                                          1 300 000
借：资产基金——应付主权外债转贷款                  1 300 000
    贷：应收主权外债转贷款——应收本金                    1 000 000
                              ——应收利息                   300 000
```

六、股权投资

股权投资是指政府持有的各类股权投资资产，包括国际金融组织股权投资、投资基金股权投资与国有企业股权投资等。股权投资一般采用权益法核算。本科目应当按照"国际金融组织股权投资""投资基金股权投资""企业股权投资"设置一级明细科目，在一级明细科目下，可根据管理需要，按照被投资主体进行明细核算。对每一投资主体还可按"投资成本""收益转增投资""损益调整""其他权益变动"进行明细核算。

1. 国际金融组织股权投资

国际金融组织股权投资是指政府财政代表国家以会员国认缴国际金融组织股本所形成的股权投资。政府财政代表政府认缴国际金融组织股本时，按照实际支付的金额，借记"一般公共预算本级支出"等科目，贷记"国库存款"科目；根据股权投资确认相关资料，按照确定的股权投资成本，借记本科目，贷记"资产基金——股权投资"科目。从国际金融组织撤出股本时，按照收回的金额，借记"国库存款"科目，贷记"一般公共预算本级支出"科目；根据股权投资清算相关资料，按照实际撤出的股本，借记"资产基金——股权投资"科目，贷记本科目。

【例5-31】中央财政代表国家认缴国际金融组织股本 100 000 000 元。

```
借：一般公共预算本级支出                            100 000 000
    贷：国库存款                                            100 000 000
借：股权投资——国际金融组织股权投资                100 000 000
```

贷：资产基金——股权投资　　　　　　　　　　　　　　　　100 000 000

2. 投资基金股权投资与国有企业股权投资

投资基金股权投资是指政府财政代表政府入股投资基金所形成的股权投资。政府投资基金是指由政府通过预算安排，单独或与社会资本共同出资设立，采用股权投资等市场化方式，引导社会各类资本投资经济社会发展的重点领域和薄弱环节，支持相关产业和领域发展的资金。其中，政府出资是指财政部门通过一般公共预算、政府性基金预算、国有资本经营预算等安排的资金。各级财政部门一般应在以下领域设立投资基金：①支持创新创业；②支持中小企业发展；③支持产业转型升级和发展；④支持基础设施和公共服务领域。设立政府投资基金，可采用公司制、有限合伙制和契约制等不同组织形式。企业股权投资是政府财政代表政府入股国有企业所形成的股权投资。企业股权投资的核算，参照投资基金股权投资的账务处理。

（1）政府财政进行投资基金股权投资。政府财政对投资基金进行股权投资时，按照实际支付的金额，借记"一般公共预算本级支出"等科目，贷记"国库存款"等科目；根据股权投资确认相关资料，按照实际支付的金额，借记本科目（投资成本），按照确定的在被投资基金中占有的权益份额与实际支付金额的差额，借记或贷记本科目（其他权益变动），按照确定的在被投资基金中占有的权益份额，贷记"资产基金——股权投资"科目。

（2）投资基金损益调整。包括以下账务处理：①年末，根据政府财政在被投资基金当期净利润或净亏损中占有的份额，借记或贷记本科目（损益调整），贷记或借记"资产基金——股权投资"科目。②政府财政将归属财政的收益留作基金滚动使用时，借记本科目（收益转增投资），贷记本科目（损益调整）。③被投资基金宣告发放现金股利或利润时，按照应上缴政府财政的部分，借记"应收股利"科目，贷记"资产基金——应收股利"科目；同时按照相同的金额，借记"资产基金——股权投资"科目，贷记本科目（损益调整）。④被投资基金发生除净损益以外的其他权益变动时，按照政府财政持股比例计算应享有的部分，借记或贷记本科目（其他权益变动），贷记或借记"资产基金——股权投资"科目。

（3）投资基金收回。投资基金存续期满、清算或政府财政从投资基金退出需收回出资时，政府出资按照实际收回的资金，借记"国库存款"等科目，按照收回的原实际出资部分，贷记"一般公共预算本级支出"等科目，按照超出原实际出资的部分，贷记"一般公共预算本级收入"等科目；根据股权投资清算相关资料，按照因收回股权投资而减少的在被投资基金中占有的权益金额，借记"资产基金——股权投资"科目，贷记本科目。

【例 5-32】某省财政使用一般公共预算资金与社会资本结合创立中小企业发展投资基金，出资 1 000 000 元，在投资基金中占有的权益金额为 980 000 元，占 2%。

（1）向中小企业投资基金拨付资金时，

　　借：一般公共预算本级支出　　　　　　　　　　　　　　　1 000 000
　　　　贷：国库存款　　　　　　　　　　　　　　　　　　　　　　1 000 000

借：股权投资——投资基金股权投资——投资成本　　　　　1 000 000
　　贷：资产基金——股权投资　　　　　　　　　　　　　　980 000
　　　　股权投资——其他权益变动　　　　　　　　　　　　20 000

（2）投资基金当年实现净利润 2 000 000 元，年末进行投资基金损益调整时，

借：股权投资——损益调整　　　　　　　　　　　　　　　40 000
　　贷：资产基金——股权调整　　　　　　　　　　　　　　40 000

（3）投资基金宣告发放现金股利，拟分配当年净利润的 20%。

借：应收股利　　　　　　　　　　　　　　　　　　　　　 8 000
　　贷：资产基金——应收股利　　　　　　　　　　　　　　 8 000
借：资产基金——股权投资　　　　　　　　　　　　　　　 8 000
　　贷：股权投资——损益调整　　　　　　　　　　　　　　 8 000

（4）投资基金存续期满，省财政实际收回资金 1 100 000 元。

借：国库存款　　　　　　　　　　　　　　　　　　　　 1 100 000
　　贷：一般公共预算本级支出　　　　　　　　　　　　 1 000 000
　　　　一般公共预算本级收入　　　　　　　　　　　　　 100 000
借：资产基金——股权投资　　　　　　　　　　　　　　　980 000
　　贷：股权投资　　　　　　　　　　　　　　　　　　　 980 000

第二节　财政总预算会计负债的核算

财政总预算会计的负债是指政府财政承担的能以货币计量、需以资产偿付的债务。财政总预算会计负债按照流动性，分为流动负债和非流动负债。财政总预算会计的各项负债应当在对其承担偿还责任，并且能够可靠地进行货币计量时确认。政府财政承担或有责任的负债，不列入资产负债表，但应当在报表附注中披露。按负债的内容，财政总预算会计负债包括应付及暂收款、应付政府债券与借入款项、应付转贷款和其他负债。

一、应付及暂收款

应付及暂收款是指政府财政在业务活动中形成的债务，如各种应付款项、暂收款项、待结算款项和代管款项等，属于流动负债，包括应付国库集中支付结余、与上级往来、其他应付款、应付代管资金和已结报支出。

（一）应付国库集中支付结余

应付国库集中支付结余是指在国库支付中，预算单位当年未支而需结转下一年度支付的款项采用权责发生制列支后形成的债务。本科目应根据管理需要，按照《政府收支分类科目》等进行相应的明细核算。

实行国库集中支付制度后,预算单位的经费通过国库单一账户统一拨付。年初,政府财政根据部门预算的安排下达各预算单位用款额度。根据财政总预算会计制度的要求,当年形成的国库集中支付结余,可按照权责发生制基础确认预算支出,与其同时确认的应付款项即为应付国库集中支付结余。

年末,对当年形成的国库集中支付结余采用权责发生制列支时,借记有关支出科目,贷记本科目。以后年度实际支付国库集中支付结余资金时,按照结转预算科目支出的,借记本科目,贷记"国库存款"科目。

【例 5-33】某预算单位当年一般公共预算用款额度为 2 000 000 元,当年通过国库集中支付的数额为 1 950 000 元。

(1)年末,政府财政需要采用权责发生制列支的数额为 50 000 元。

借:一般公共预算本级支出　　　　　　　　　　　　　50 000
　　贷:应付国库集中支付结余　　　　　　　　　　　　　50 000

(2)下年初,运用恢复的预算额度为预算单位支付相关费用 50 000 元。

借:应付国库集中支付结余　　　　　　　　　　　　　50 000
　　贷:国库存款　　　　　　　　　　　　　　　　　　50 000

(二)与上级往来

与上级往来是指财政年度期间,本级财政与上级财政的往来待结算款项,是与下级往来的对应业务,两者反映了上下级财政之间的无息债权债务关系,主要有两种情况:一是上下级政府财政之间的资金借贷关系;二是上下级政府财政由于补助、上解产生的体制结算关系。本科目应按照往来款项的类别和项目等进行明细核算。

与上级往来账户为双重性质账户,既记录本级财政与上级财政的债权,又记录本级财政与上级财政的债务。该科目贷方余额为本级财政欠上级财政的款项;借方余额为上级财政欠本级财政的款项,在资产负债表中列在负债项目中,借方余额应以负数反映。

(1)从上级政府财政借款。本级政府财政从上级财政借入款项时,借记"国库存款"科目,贷记本科目;归还借款或转作上级补助收入时,借记本科目,贷记"国库存款""补助收入"等科目。

(2)年终体制结算。按照会计制度规定,年终与上级政府财政进行体制结算时,应当以权责发生制为基础确认上解支出和补助收入。按照计算出来的尚未支付的上解数额,借记"上解支出"科目,贷记本科目;按照计算出来的尚未收到的补助数额,借记本科目,贷记"补助收入"科目。

【例 5-34】某市财政从省财政借入 500 000 元,弥补预算的不足。市财政总预算会计应编制的会计分录如下。

借:国库存款　　　　　　　　　　　　　　　　　　500 000
　　贷:与上级往来——一般公共预算资金借款　　　　500 000

【例 5-35】市财政接到省财政通知,将所欠省财政 200 000 元转为对本市的一般公共预算补助,其余归还。市财政总预算会计应编制的会计分录如下。

借:与上级往来——一般公共预算资金借款　　　　　　　　500 000
　　贷:国库存款　　　　　　　　　　　　　　　　　　　　300 000
　　　　补助收入——一般公共预算补助收入　　　　　　　　200 000

【例 5-36】在年终财政体制结算中,市财政应上解上级省级财政一般公共预算款 3 500 000 元。市财政总预算会计应编制的会计分录如下。

借:上解支出——一般公共预算上解支出　　　　　　　　3 500 000
　　贷:与上级往来——一般公共预算资金结算　　　　　　3 500 000

【例 5-37】在年终财政体制结算中,省财政对所属市级财政一般公共预算补助款为 3 250 000 元。市财政总预算会计应编制的会计分录如下。

借:与上级往来——一般公共预算资金结算　　　　　　　3 250 000
　　贷:补助收入——一般公共预算补助收入　　　　　　　3 250 000

【例 5-38】经过年终财政体制结算,"与上级往来——一般公共预算资金结算"科目存在贷方余额(债务),本级政府财政支付上级政府财政一般公共预算结算款 250 000 元。

借:与上级往来——一般公共预算资金结算　　　　　　　　250 000
　　贷:国库存款　　　　　　　　　　　　　　　　　　　　250 000

(三)其他应付款

其他应付款是指政府财政临时发生的暂收、应付和收到的不明性质的款项。税务机关代征入库的社会保险费、项目单位使用并承担还款责任的外国政府和国际金融组织贷款,也通过本科目核算。本科目应按照债权单位或资金来源等进行明细核算,期末贷方余额反映政府财政尚未结清的其他应付款项。

(1)发生暂存款。政府财政收到暂存款项时,借记"国库存款""其他财政存款"等科目,贷记本科目。将暂存款项清理退还或转作收入时,借记本科目,贷记"国库存款""其他财政存款"或有关收入科目。

【例 5-39】某市财政收到 A 单位不明性质款项 150 000 元。

借:国库存款　　　　　　　　　　　　　　　　　　　　　150 000
　　贷:其他应付款——不明性质款项——A 单位　　　　　　150 000

【例 5-40】该不明性质款项经查明属于一般公共预算本级收入。

借:其他应付款——不明性质款项——A 单位　　　　　　　150 000
　　贷:一般公共预算本级收入　　　　　　　　　　　　　　150 000

(2)发生代征社会保险费。社会保险费代征入库时,借记"国库存款"科目,贷记本科目。社会保险费国库缴存社保基金财政专户时,借记本科目,贷记"国库存款"科目。

【例 5-41】某市税务局将代征的社会保险费 200 000 元缴入国库。

借：国库存款	200 000	
贷：其他应付款——社会保险费代征入库		200 000

【例 5-42】 例[5-41]中的市级国库将税务局代征的社会保险费缴存社保基金财政专户。

借：其他应付款——社会保险费代征入库	200 000	
贷：国库存款		200 000

（3）发生项目单位承担还款责任的主权外债。收到项目单位承担还款责任的外国政府和国际金融组织贷款资金时，借记"其他财政存款"科目，贷记本科目；付给项目单位时，借记本科目，贷记"其他财政存款"科目。收到项目单位偿还贷款资金时，借记"其他财政存款"科目，贷记本科目；付给外国政府和国际金融组织项目单位还款资金时，借记本科目，贷记"其他财政存款"科目。

【例 5-43】 中央财政收到 M 项目单位承担还款责任的国际金融组织贷款资金 2 000 000 元。

（1）收到国际金融组织的贷款资金时，

借：其他财政存款	2 000 000	
贷：其他应付款——M 单位		2 000 000

（2）付给 M 单位时，

借：其他应付款——M 单位	2 000 000	
贷：其他财政存款		2 000 000

（3）收到 M 项目单位偿还贷款资金时，

借：其他财政存款	2 000 000	
贷：其他应付款——国际金融组织		2 000 000

（4）偿还给国际金融组织时，

借：其他应付款——国际金融组织	2 000 000	
贷：其他财政存款		2 000 000

（四）应付代管资金

应付代管资金是指政府财政通过开设财政代管资金专户，对预算单位自有资金实行统一管理集中支付的资金。政府财政代为管理该资金，使用权属于被代管主体。本科目应当根据管理需要进行相关明细核算，期末贷方余额反映政府财政尚未支付的代管资金。

政府财政收到代管资金时，借记"其他财政存款"等科目，贷记本科目。支付代管资金时，借记本科目，贷记"其他财政存款"等科目。代管资金产生的利息收入按照相关规定仍属于代管资金的，借记"其他财政存款"等科目，贷记本科目。

【例 5-44】 某市财政代管一项社会公益基金，现收到社会捐赠款项 300 000 元，存入财政专户。

借：其他财政存款	300 000	
贷：应付代管资金——代管公益基金		300 000

（五）已结报支出

已结报支出核算政府财政国库支付执行机构已清算的国库集中支出数额，财政国库支付执行机构未单设的地区，不使用该科目。

每日汇总清算后，财政国库支付执行机构会计根据有关划款凭证回执联和按部门分类、款、项汇总的"预算支出结算清单"。对于财政直接支付，借记"财政零余额账户存款"科目，贷记本科目；对于财政授权支付，借记"一般公共预算本级支出""政府性基金预算本级支出""国有资本经营预算本级支出"等科目，贷记本科目。年终，财政国库支付执行机构按照累计结清的支出金额，与有关方面核对一致后转账时，借记本科目，贷记"一般公共预算本级支出""政府性基金预算本级支出""国有资本经营预算本级支出"等科目。

【例 5-45】 年终，某市国库支付中心累计出已结清的一般公共预算本级支出 60 000 000 元、政府性基金预算本级支出 30 000 000 元、国有资本经营预算本级支出 10 000 000 元，与有关方面核对一致后转账。

借：已结报支出　　　　　　　　　　　　　　　100 000 000
　　贷：一般公共预算本级支出　　　　　　　　　60 000 000
　　　　政府性基金预算本级支出　　　　　　　　30 000 000
　　　　国有资本经营预算本级支出　　　　　　　10 000 000

二、应付政府债券与借入款项

应付政府债券与借入款项是指政府财政通过发行债券、借款等方式筹措资金而形成的债务，包括应付短期政府债券、应付长期政府债券和借入款项。应付短期政府债券属于流动负债，应付长期政府债券和借入款项属于非流动负债。

（一）应付短期政府债券

应付短期政府债券是指政府财政部门以政府名义发行的期限不超过1年（含1年）的债券，包括中央政府财政发行的短期国债和省级地方政府发行的短期地方政府债券。应付短期政府债券的数额，包括应付债券的本金和应付债券的利息。本科目下应当设置"应付国债""应付地方政府一般债券""应付地方政府专项债券"等一级明细科目，在一级明细科目下，再分别设置"应付本金""应付利息"明细科目，分别核算应付债券的应付本金和利息，期末贷方余额反映政府债券尚未偿还的短期政府债券本金和利息。

政府财政发行短期债券，应当采用"双分录"核算方法，同时确认举借债务所取得的收入和承担的债务，主要账务处理如下。

（1）发行短期债券时，按照实际收到的金额，借记"国库存款"科目；按照短期政府债券实际发行额，贷记"债务收入"科目；按照发行收入和发行额的差额，借记或贷记有关支出科目；同时，按照到期应付的短期政府债券本金金额，借记"待偿债净资产——应付短期政府债券"科目，贷记本科目。

（2）期末确认短期政府债券利息时，按照计算出的本期应付未付利息金额，借记"待偿债净资产——应付短期政府债券"科目，贷记本科目。

（3）实际支付短期政府债券利息时，借记"一般公共预算本级支出"或"政府性基金预算本级支出"科目，贷记"国库存款"等科目；实际支付利息金额中属于已确认的应付利息部分，还应借记本科目，贷记"待偿债净资产——应付短期政府债券"科目。

（4）偿还短期政府债券本金时，借记"债务还本支出"科目，贷记"国库存款"等科目；同时，借记本科目，贷记"待偿债净资产——应付短期政府债券"科目。

【例5-46】中央财政根据全国人民代表大会的决定在国内发行一年期国债30 000 000 000元，实际收到发行金额30 000 000 000元，票面利率2.5%，到期一次还本付息。

（1）收到发行收入时，

借：国库存款	30 000 000 000
贷：债务收入	30 000 000 000
借：待偿债净资产——应付短期政府债券	30 000 000 000
贷：应付短期政府债券——应付国债——应付本金	30 000 000 000

（2）每月末确认应付利息时，

借：待偿债净资产——应付短期政府债券	62 500 000
贷：应付短期政府债券——应付国债——应付利息	62 500 000

（3）到期还本付息时，

假定实际支付利息金额750 000 000元中含最后一个月已确认的应付利息62 500 000元。

借：待偿债净资产——应付短期政府债券	62 500 000
贷：应付短期政府债券——应付国债——应付利息	62 500 000
借：债务还本支出	30 000 000 000
一般公共预算本级支出	750 000 000
贷：国库存款	30 750 000 000
借：应付短期政府债券——应付国债——应付本金	30 000 000 000
——应付利息	750 000 000
贷：待偿债净资产——应付短期政府债券	30 750 000 000

【例5-47】某省财政发行1年期地方政府一般债券300 000 000元，实际收到发行金额300 000 000元，票面利率2.5%，到期一次还本付息；发行6个月地方政府专项债券120 000 000元，实际收到发行金额120 000 000元，票面利率2%，到期一次还本付息。

（1）收到发行收入时，

借：国库存款	420 000 000
贷：债务收入	420 000 000
借：待偿债净资产——应付短期政府债券	420 000 000
贷：应付短期政府债券——应付地方政府一般债券——应付本金	

　　　　　　　　——应付地方政府专项债券——应付本金
　　　　　　　　　　　　　　　　　　　　　　　　　　　300 000 000
　　　　　　　　　　　　　　　　　　　　　　　　　　　120 000 000

（2）每月末确认应付利息时，
　　借：待偿债净资产——应付短期政府债券　　　　　825 000
　　　　贷：应付短期政府债券——应付地方政府一般债券——应付利息
　　　　　　　　　　　　　　　　　　　　　　　　　　　625 000
　　　　　　　　——应付地方政府专项债券——应付利息
　　　　　　　　　　　　　　　　　　　　　　　　　　　200 000

（3）地方政府债券到期还本付息时，地方政府一般债券实际支付利息 7 500 000 元中含最后一个月的已确认的应付利息 625 000 元，地方政府专项债券实际支付利息 2 400 000 元中含最后一个月的已确认的应付利息 200 000 元。
　　借：待偿债净资产——应付短期政府债券　　　　　825 000
　　　　贷：应付短期政府债券——应付地方政府一般债券——应付利息
　　　　　　　　　　　　　　　　　　　　　　　　　　　625 000
　　　　　　　　——应付地方政府专项债券——应付利息
　　　　　　　　　　　　　　　　　　　　　　　　　　　200 000
　　借：债务还本支出　　　　　　　　　　　　　420 000 000
　　　　一般公共预算本级支出　　　　　　　　　　7 500 000
　　　　政府性基金预算本级支出　　　　　　　　　2 400 000
　　　　贷：国库存款　　　　　　　　　　　　　429 900 000
　　借：应付短期政府债券——应付地方政府一般债券——应付本金
　　　　　　　　　　　　　　　　　　　　　　　　　　　300 000 000
　　　　　　　　——应付利息
　　　　　　　　　　　　　　　　　　　　　　　　　　　7 500 000
　　　　　　　　——应付地方政府专项债券——应付本金
　　　　　　　　　　　　　　　　　　　　　　　　　　　120 000 000
　　　　　　　　——应付利息
　　　　　　　　　　　　　　　　　　　　　　　　　　　2 400 000
　　　　贷：待偿债净资产——应付短期政府债券　　　429 900 000

（二）应付长期政府债券

应付长期政府债券是指政府财政部门以政府名义发行的期限超过 1 年的国债和地方政府债券。本科目下应当设置"应付国债""应付地方政府一般债券""应付地方政府专项债券"等一级明细科目，在一级明细科目下，再分别设置"应付本金""应付利息"明细科目，分别核算政府债券的应付本金和利息，期末贷方余额反映政府财政尚未偿还的长期政府债券本金和利息。

（1）收到发行收入。政府财政实际收到长期政府债券发行收入时，按照实际收到的金额，借记"国库存款"科目，按照长期政府债券实际发行额，贷记"债务收入"科目，按照发行收入和发行额的差额，借记或贷记有关支出科目；根据债券发行确认文件等相关债券管理资料，按照到期应付的长期政府债券本金金额，借记"待偿债净资产——应付长期政府债券"科目，贷记本科目。

（2）确认期末应付利息。期末确认长期政府债券的应付利息时，根据债务管理部门计算出的本期应付未付利息金额，借记"待偿债净资产——应付长期政府债券"科目，贷记本科目。

（3）实际支付本息。实际支付本级政府财政承担的长期政府债券利息时，借记"一般公共预算本级支出"或"政府性基金预算本级支出"科目，贷记"国库存款"等科目；实际支付利息金额中属于已确认的应付利息部分，还应根据债券兑付确认文件等相关债券管理资料，借记本科目，贷记"待偿债净资产——应付长期政府债券"科目。实际偿还本级政府财政承担的长期政府债券本金时，借记"债务还本支出"科目，贷记"国库存款"等科目；根据债券兑付确认文件等相关债券管理资料，借记本科目，贷记"待偿债净资产——应付长期政府债券"科目。

（4）偿还下级政府财政承担的地方政府债券本息。本级政府财政偿还下级政府财政承担的地方政府债券本息时，借记"其他应付款"或"其他应收款"科目，贷记"国库存款"科目；根据债券兑付确认文件等相关债券管理资料，按照实际偿还的长期政府债券本金及已确认的应付利息金额，借记本科目，贷记"待偿债净资产——应付长期政府债券"科目。

【例5-48】中央财政发行5年期国债12 000 000 000元，实际收到发行金额12 000 000 000元，票面利率4%，分年付息，到期一次还本。

（1）收到发行收入时，

借：国库存款　　　　　　　　　　　　　　　　　12 000 000 000
　　贷：债务收入　　　　　　　　　　　　　　　　　12 000 000 000
借：待偿债净资产——应付长期政府债券　　　　　　12 000 000 000
　　贷：应付长期政府债券——应付国债——应付本金　12 000 000 000

（2）每月末确认应付利息时，

借：待偿债净资产——应付长期政府债券　　　　　　　40 000 000
　　贷：应付长期政府债券——应付国债——应付利息　　40 000 000

（3）每年实际支付利息时，

借：一般公共预算本级支出　　　　　　　　　　　　　480 000 000
　　贷：国库存款　　　　　　　　　　　　　　　　　　480 000 000
借：应付长期政府债券——应付国债——应付利息　　　480 000 000
　　贷：待偿债净资产——应付长期政府债券　　　　　　480 000 000

（4）国债到期还本付息时，实际支付的当年利息480 000 000元中含最后一个月已确认的应付利息40 000 000元。

借：待偿债净资产——应付长期政府债券　　　　　　　40 000 000

　　　　贷：应付长期政府债券——应付国债——应付利息　　　　40 000 000
　　借：债务还本支出　　　　　　　　　　　　　　　　　12 000 000 000
　　　　一般公共预算本级支出　　　　　　　　　　　　　　　480 000 000
　　　　贷：国库存款　　　　　　　　　　　　　　　　　12 480 000 000
　　借：应付长期政府债券——应付国债——应付本金　　　12 000 000 000
　　　　　　　　　　　　——应付国债——应付利息　　　　 480 000 000
　　　　贷：待偿债净资产——应付长期政府债券　　　　　12 480 000 000

【例5-49】某省财政发行10年期地方政府专项债券300 000 000元，实际收到发行金额300 000 000元，票面利率3.5%，分年付息，到期一次还本。

（1）收到发行收入时，
　　借：国库存款　　　　　　　　　　　　　　　　　　　300 000 000
　　　　贷：债务收入　　　　　　　　　　　　　　　　　　300 000 000
　　借：待偿债净资产——应付长期政府债券　　　　　　　300 000 000
　　　　贷：应付长期政府债券——应付地方政府专项债券——应付本金
　　　　　　　　　　　　　　　　　　　　　　　　　　　300 000 000

（2）每月末确认应付利息时，
　　借：待偿债净资产——应付长期政府债券　　　　　　　　　875 000
　　　　贷：应付长期政府债券——应付地方政府专项债券——应付利息
　　　　　　　　　　　　　　　　　　　　　　　　　　　　　875 000

（3）每年实际支付利息时，
　　借：政府性基金预算本级支出　　　　　　　　　　　　 10 500 000
　　　　贷：国库存款　　　　　　　　　　　　　　　　　 10 500 000
　　借：应付长期政府债券——应付地方政府专项债券——应付利息
　　　　　　　　　　　　　　　　　　　　　　　　　　　 10 500 000
　　　　贷：待偿债净资产——应付长期政府债券　　　　　 10 500 000

（4）地方政府债券到期还本付息时，

地方政府专项债券实际支付利息10 500 000元中含最后一个月已确认的应付利息875 000元。

　　借：待偿债净资产——应付长期政府债券　　　　　　　　　875 000
　　　　贷：应付长期政府债券——应付地方政府专项债券——应付利息
　　　　　　　　　　　　　　　　　　　　　　　　　　　　　875 000
　　借：债务还本支出　　　　　　　　　　　　　　　　　300 000 000
　　　　政府性基金预算本级支出　　　　　　　　　　　　 10 500 000
　　　　贷：国库存款　　　　　　　　　　　　　　　　　310 500 000
　　借：应付长期政府债券——应付地方政府专项债券——应付本金
　　　　　　　　　　　　　　　　　　　　　　　　　　　300 000 000
　　　　　　　　　　——应付地方政府专项债券——应付利息

　　　　　　　　　　　　　　　　　　　　　　　　　10 500 000
　　贷：待偿债净资产——应付长期政府债券　　　　　310 500 000

（三）借入款项

借入款项是指政府财政以政府名义向外国政府、国际金融组织等借入的款项，以及通过经国务院批准的其他方式借款形成的负债，包括借款的本金和利息。根据《预算法》的规定，中央政府一般公共预算中必需的部分资金，可以通过举借国内和国外债务等方式筹措。借入款项的纳入主要是主权外债，即政府以国家信用为担保从其他国家政府或国际金融组织取得的贷款。本科目下应当设置"应付本金""应付利息"明细科目，分别对借入款项的应付本金和利息进行明细核算，还应当按照债权人进行明细核算。债务管理部门应当设置相应的辅助账，详细记录每笔借入款项的期限、借入日期、偿还及付息情况等。本科目期末贷方余额反映本级政府财政尚未偿还的借入款项本金和利息。

政府财政借入主权外债，应当采用"双分录"的核算方法，同时确认举借债务所取得的收入和承担的债务。

1）借入主权外债

其一，本级政府财政收到借入的主权外债资金时，借记"其他财政存款"科目，贷记"债务收入"科目；按照实际承担的债务金额，借记"待偿债净资产——借入款项"科目，贷记本科目。

其二，本级政府财政借入主权外债且由外方将贷款资金直接支付给用款单位或供应商，分为三种情况。

一是本级政府财政承担还款责任，贷款资金由本级政府财政同级部门（单位）使用的，本级政府财政部门根据贷款资金支付相关资料，借记"一般公共预算本级支出"等科目，贷记"债务收入"科目；按照实际承担的债务金额，借记"待偿债净资产——借入款项"科目，贷记本科目。

二是本级政府财政承担还款责任，贷款资金由下级政府财政同级部门（单位）使用的，本级政府财政部门根据贷款资金支付相关资料及预算指标文件，借记"补助支出"科目，贷记"债务收入"科目；按照实际承担的债务金额，借记"待偿债净资产——借入款项"科目，贷记本科目。

三是下级政府财政承担还款责任，贷款资金由下级政府财政同级部门（单位）使用的，本级政府财政部门根据贷款资金支付相关资料，借记"债务转贷支出"科目，贷记"债务收入"科目；按照实际承担的债务金额，借记"待偿债净资产——借入款项"科目，贷记本科目；同时，借记"应收主权外债转贷款"科目，贷记"资产基金——应收主权外债转贷款"科目。

2）期末确认应付利息

期末确认借入主权外债的应付利息时，根据债务管理部门计算出的本期应付未付利息金额，借记"待偿债净资产——借入款项"科目，贷记本科目。

3）偿还本息

偿还本级政府财政承担的借入主权外债本金时，借记"债务还本支出"科目，贷记"国库存款""其他财政存款"等科目；按照实际偿还的本金金额，借记本科目，贷记"待偿债净资产——借入款项"科目。偿还本级政府财政承担的借入主权外债利息时，借记"一般公共预算本级支出"等科目，贷记"国库存款""其他财政存款"等科目；实际偿还利息中属于已确认的应付利息部分，还应根据债务管理部门转来的相关资料，借记本科目，贷记"待偿债净资产——借入款项"科目。偿还下级政府财政承担的借入主权外债的本息时，借记"其他应付款"或"其他应收款"科目，贷记"国库存款"等科目；按照实际偿还的本金及已确认的应付利息金额，借记本科目，贷记"待偿债净资产——借入款项"科目。

【例 5-50】某省财政通过财政部向外国政府借入款项 120 000 000 元，贷款期限为 10 年，利率为 3%，到期一次还本付息。

（1）收到外国政府借款时，

借：其他财政存款　　　　　　　　　　　　　　　120 000 000
　　贷：债务收入　　　　　　　　　　　　　　　　　　120 000 000
借：待偿债净资产——借入款项　　　　　　　　　120 000 000
　　贷：借入款项——应付本金——外国政府　　　　　120 000 000

（2）如果外方将贷款直接支付给用款单位时，分以下三种情况处理。

第一，省财政承担还款责任，贷款资金由省农业厅使用

借：一般公共预算本级支出　　　　　　　　　　　120 000 000
　　贷：债务收入　　　　　　　　　　　　　　　　　　120 000 000
借：待偿债净资产——借入款项　　　　　　　　　120 000 000
　　贷：借入款项——应付本金——外国政府　　　　　120 000 000

第二，省财政承担还款责任，贷款资金由所属 N 市农业局使用。

借：补助支出　　　　　　　　　　　　　　　　　120 000 000
　　贷：债务收入　　　　　　　　　　　　　　　　　　120 000 000
借：待偿债净资产——借入款项　　　　　　　　　120 000 000
　　贷：借入款项——应付本金——外国政府　　　　　120 000 000

第三，由 N 市财政承担还款责任，贷款资金由 N 市农业局使用。

借：债务转贷支出　　　　　　　　　　　　　　　120 000 000
　　贷：债务收入　　　　　　　　　　　　　　　　　　120 000 000
借：待偿债净资产——借入款项　　　　　　　　　120 000 000
　　贷：借入款项——应付本金——外国政府　　　　　120 000 000
借：应收主权外债转贷款　　　　　　　　　　　　120 000 000
　　贷：资产基金——应收主权外债转贷款　　　　　　120 000 000

（3）每月末确认借入款项应付利息时，

借：待偿债净资产——借入款项　　　　　　　　　　　300 000

贷：借入款项——应付利息——外国政府　　　　　　　　300 000

（4）外国政府贷款到期，偿还本金120 000 000元，支付利息36 000 000元，其中含当月应确认的利息300 000元，分以下两种情况处理。

第一，省财政承担还款责任，贷款资金由省农业厅使用。

　　借：待偿债净资产——借入款项　　　　　　　　　　　　300 000
　　　贷：借入款项——应付利息——外国政府　　　　　　　300 000
　　借：一般公共预算本级支出　　　　　　　　　　　　　36 000 000
　　　　债务还本支出　　　　　　　　　　　　　　　　120 000 000
　　　贷：国库存款　　　　　　　　　　　　　　　　　156 000 000
　　借：借入款项——应付本金——外国政府　　　　　　120 000 000
　　　　　　　　——应付利息——外国政府　　　　　　 36 000 000
　　　贷：待偿债净资产——借入款项　　　　　　　　　156 000 000

第二，N市财政已经将偿还本息缴入省财政，省财政偿还N市财政承担的本息。

　　借：其他应付款　　　　　　　　　　　　　　　　　156 000 000
　　　贷：其他财政存款　　　　　　　　　　　　　　　156 000 000
　　借：借入款项——应付本金——外国政府　　　　　　120 000 000
　　　　　　　　——应付利息——外国政府　　　　　　 36 000 000
　　　贷：待偿债净资产——借入款项　　　　　　　　　156 000 000

三、应付转贷款

应付转贷款是指地方政府财政向上级政府财政借入转贷资金而形成的负债，包括应付地方政府债券转贷款和应付主权外债转贷款等。

（一）应付地方政府债券转贷款

应付地方政府债券转贷款是指本级政府财政因借入上级政府财政发行的地方债券转贷资金而形成的应付款项，包括转贷的地方政府债券转贷本金和利息。本级政府财政作为地方政府债券的被转贷方，通常为省级以下政府财政，转贷方通常为省级政府财政。

本科目下应当设置"应付地方政府一般债券转贷款"和"应付地方政府专项债券转贷款"两个一级明细科目，在一级明细科目下再分别设置"应付本金"和"应付利息"两个二级明细科目，分别对应付本金和利息进行明细核算，期末贷方余额反映本级政府财政尚未偿还的地方政府债券转贷款的本金和利息。应付地方政府债券转贷款应当采用"双分录"核算方法，同时确认转贷所形成的收入和债务。

（1）收到转贷款。政府财政收到上级政府财政转贷的地方政府债券资金时，借记"国库存款"科目，贷记"债务转贷收入"科目；按照到期应偿还的转贷款本金金额，借记"待偿债净资产——应付地方政府债券转贷款"科目，贷记本科目。

（2）期末确认应付利息。期末确认地方政府债券转贷款的应付利息时，根据债务管理部门计算出的本期应付未付利息金额，借记"待偿债净资产——应付地方政府债券转贷款"科目，贷记本科目。

（3）偿还本息。偿还本级政府财政承担的地方政府债券转贷款本金时，借记"债务还本支出"科目，贷记"国库存款"等科目；按照实际偿还的本金金额，借记本科目，贷记"待偿债净资产——应付地方政府债券转贷款"科目。偿还本级政府财政承担的地方政府债券转贷款的利息时，借记"一般公共预算本级支出"或"政府性基金预算本级支出"科目，贷记"国库存款"等科目；实际支付利息中属于已确认的应付利息部分，还应根据债务管理部门转来的相关资料，借记本科目，贷记"待偿债净资产——应付地方政府债券转贷款"科目。偿还下级政府财政承担的地方政府债券转贷款的本息时，借记"其他应付款"或"其他应收款"科目，贷记"国库存款"等科目；按照实际偿还的本金及已确认的应付利息，借记本科目，贷记"待偿债净资产——应付地方政府债券转贷款"科目。

【例 5-51】某市财政收到省财政转贷的 3 年期地方政府一般债券 3 000 000 元，票面利率 3%，债券分年付息，到期一次还本。

（1）收到转贷的地方政府一般债券资金时，

借：国库存款　　　　　　　　　　　　　　　　　　　3 000 000
　　贷：债务转贷收入　　　　　　　　　　　　　　　　　3 000 000
借：待偿债净资产——应付地方政府债券转贷款　　　　3 000 000
　　贷：应付地方政府债券转贷款——应付地方政府一般债券转贷款——应付本金
　　　　　　　　　　　　　　　　　　　　　　　　　　3 000 000

（2）每月末确认应付利息时，

借：待偿债净资产——应付地方政府债券转贷款　　　　　　7 500
　　贷：应付地方政府债券转贷款——应付地方政府一般债券转贷款——应付利息
　　　　　　　　　　　　　　　　　　　　　　　　　　　　7 500

（3）每年支付利息时，

借：一般公共预算本级支出　　　　　　　　　　　　　　　90 000
　　贷：国库存款　　　　　　　　　　　　　　　　　　　　90 000
借：应付地方政府债券转贷款——应付地方政府一般债券转贷款——应付利息
　　　　　　　　　　　　　　　　　　　　　　　　　　　90 000
　　贷：待偿债净资产——应付地方政府债券转贷款　　　　　90 000

（4）地方政府一般债券转贷款到期，支付本金 3 000 000 元、当年利息 90 000 元（含最后一个月的已确认的应付利息 7 500 元）时，

借：待偿债净资产——应付地方政府债券转贷款　　　　　　7 500
　　贷：应付地方政府债券转贷款——应付地方政府一般债券转贷款——应付利息
　　　　　　　　　　　　　　　　　　　　　　　　　　　　7 500
借：债务还本支出　　　　　　　　　　　　　　　　　　3 000 000
　　一般公共预算本级支出　　　　　　　　　　　　　　　90 000
　　贷：国库存款　　　　　　　　　　　　　　　　　　3 090 000

借：应付地方政府债券转贷款——应付地方政府一般债券转贷款——应付本金
　　　　　　　　　　　　　　　　　　　　　　　　　　　　　3 000 000
　　　　　　——应付地方政府一般债券转贷款——应付利息
　　　　　　　　　　　　　　　　　　　　　　　　　　　　　　90 000
　　贷：待偿债净资产——应付地方政府债券转贷款　　　3 090 000

（二）应付主权外债转贷款

应付主权外债转贷款是指因借入上级政府财政的主权外债转贷资金而形成的应付款项，包括转贷的主权外债贷款本金和利息。本级政府财政作为主权外债的被转贷方，通常为省级及省级以下政府财政，转贷方通常为中央政府财政。本科目下应设置"应付本金"和"应付利息"两个明细科目，分别对应付本金和利息进行明细核算，期末贷方余额反映本级政府财政尚未偿还的主权外债转贷款本金和利息。

（1）本级政府财政收到转贷款。收到上级政府财政转贷的主权外债资金时，借记"其他财政存款"科目，贷记"债务转贷收入"科目；按照实际承担的债务金额，借记"待偿债净资产——应付主权外债转贷款"科目，贷记本科目。

（2）本级政府财政借入，但外方将贷款资金直接支付给用款单位或供应商。分为三种情况处理：①本级政府财政承担还款责任，贷款资金由本级政府财政同级部门（单位）使用的，借记"一般公共预算本级支出"等科目，贷记"债务转贷收入"科目；按照实际承担的债务金额，借记"待偿债净资产——应付主权外债转贷款"科目，贷记本科目。②本级政府财政承担还款责任，贷款资金由下级政府财政同级部门（单位）使用的，借记"补助支出"科目，贷记"债务转贷收入"科目；按照实际承担的债务金额，借记"待偿债净资产——应付主权外债转贷款"科目，贷记本科目。③下级政府财政承担还款责任，贷款资金由下级政府财政同级部门（单位）使用的，借记"债务转贷支出"科目，贷记"债务转贷收入"科目；按照实际承担的债务金额，借记"待偿债净资产——应付主权外债转贷款"科目，贷记本科目；同时，借记"应收主权外债转贷款"科目，贷记"资产基金——应收主权外债转贷款"科目。

（3）期末确认应付利息。期末确认主权外债转贷款的应付利息时，按照债务管理部门计算出的本期应付未付利息金额，借记"待偿债净资产——应付主权外债转贷款"科目，贷记本科目。

（4）偿还本级政府财政承担的借入主权外债转贷款的本金时，借记"债务还本支出"科目，贷记"其他财政存款"等科目；按照实际偿还的本金金额，借记本科目，贷记"待偿债净资产——应付主权外债转贷款"科目。

（5）偿还本息时，分为两种情况：①偿还本级政府财政承担的借入主权外债转贷款的利息时，借记"一般公共预算本级支出"等科目，贷记"其他财政存款"等科目；实际偿还利息金额中属于已确认的应付利息部分，还应根据债务管理部门转来的相关资料，借记本科目，贷记"待偿债净资产——应付主权外债转贷款"科目。②偿还下级政府财政承担的借入主权外债转贷款的本息时，借记"其他应付款"或"其他应收款"科目，贷记"其他财政存款"等科目；按照实际偿还的本金及已确认的应付利息金额，借记本科目,贷记"待偿债净资产——应付主权外债转贷款"科目。

【例5-52】 某市财政收到省财政转贷的国际金融组织贷款4 000 000元,贷款期限为5年,利率为3%,到期一次还本付息。

(1)收到转贷的国际金融组织贷款时,

借:其他财政存款	4 000 000
贷:债务转贷收入	4 000 000
借:待偿债净资产——应付主权外债转贷款	4 000 000
贷:应付主权外债转贷款——应付本金	4 000 000

(2)如果外方将贷款直接支付给市水利局时,分为以下几种情况。

第一,如果市财政承担还款责任,贷款资金由市水利局使用。

借:一般公共预算本级支出	4 000 000
贷:债务转贷收入	4 000 000
借:待偿债净资产——应付主权外债转贷款	4 000 000
贷:应付主权外债转贷款——应付本金	4 000 000

第二,如果市财政承担还款责任,贷款资金由所属县水利局使用。

借:补助支出	4 000 000
贷:债务转贷收入	4 000 000
借:待偿债净资产——应付主权外债转贷款	4 000 000
贷:应付主权外债转贷款——应付本金	4 000 000

第三,如果由所属县财政承担还款责任,贷款资金由县水利局使用。

借:债务转贷支出	4 000 000
贷:债务转贷收入	4 000 000
借:待偿债净资产——应付主权外债转贷款	4 000 000
贷:应付主权外债转贷款——应付本金	4 000 000
借:应收主权外债转贷款	4 000 000
贷:资产基金——应收主权外债转贷款	4 000 000

(3)每月末确认国际金融组织转贷款应付利息时,

借:待偿债净资产——应付主权外债转贷款	1 000
贷:应付主权外债转贷款——应付利息	1 000

(4)国际金融组织贷款到期,市财政偿还本金4 000 000元、利息600 000元(含当月应确认的利息1 000元)。

借:待偿债净资产——应付主权外债转贷款	1 000
贷:应付主权外债转贷款——应付利息	1 000
借:债务还本支出	4 000 000
一般公共预算本级支出	600 000
贷:其他财政存款	4 600 000
借:应付主权外债转贷款——应付本金	4 000 000

　　　　　　——应付利息　　　　　　　　　　　　　600 000
　　贷：待偿债净资产——应付主权外债转贷款　　　4 600 000
（5）市财政偿还县财政承担借入的国际金融组织贷款时，
　　借：其他应付款　　　　　　　　　　　　　　　4 600 000
　　　贷：其他财政存款　　　　　　　　　　　　　4 600 000
　　借：应付主权外债转贷款——应付本金　　　　　4 000 000
　　　　　　　　　　　　——应付利息　　　　　　　600 000
　　　贷：待偿债净资产——应付主权外债转贷款　　4 600 000

四、其他负债

其他负债是指政府财政因有关政策明确要求其承担支出责任的事项而形成的应付未付款项。本科目应当按照债权单位和项目等进行明细核算，贷方余额反映政府财政承担的尚未支付的其他负债余额。

有关政策已明确政府财政承担的支出责任，按照确定应承担的负债金额，借记"待偿债净资产"科目，贷记本科目。实际偿还负债时，借记有关支出等科目，贷记"国库存款"等科目，同时，按照相同的金额，借记本科目，贷记"待偿债净资产——其他负债"科目。

第三节　财政总预算会计净资产的核算

财政总预算会计净资产包括一般公共预算结转结余、政府性基金预算结转结余、国有资本经营预算结转结余、财政专户管理资金结余、专用基金结余、预算稳定调节基金、预算周转金、资产基金和待偿债净资产。

一、结转结余

结转结余是指预算年度内财政性资金收入与支出相抵后的余额及历年滚存的资金余额。按结转结余资金的性质划分，分为预算资金结转结余和其他财政资金结余。其中，预算资金结转结余是预算资金收支相抵后形成的资金余额，包括一般公共预算结转结余、政府性基金预算结转结余、国有资本经营预算结转结余；其他财政资金结余是财政管理的资金收支相抵后形成的资金余额，包括财政专户管理资金结余和专用基金结余。

为加强财政资金管理，优化财政资源配置，提高财政资金使用效益，财政预算收支相抵后的余额，应当分为结转资金和结余资金。结转资金是指当年预算已执行但未完成，或者因故未执行，下一年度需要按照原用途继续使用的资金；结余资金是指当年预算工作目标已完成，或者因故终止，当年剩余的资金。财政总预算会计的各项结转结余应每年结算一次，其与各项收入、支出类科目的对应关系见表5-1。

表5-1 财政总预算会计结转结余分类表

资金性质	结转结余账户	收入类账户	支出类账户
预算资金	一般公共预算结转结余	一般公共预算本级收入	一般公共预算本级支出
		补助收入——一般公共预算补助收入	补助支出——一般公共预算补助支出
		上解收入——一般公共预算上解收入	上解支出——一般公共预算上解支出
		地区间援助收入	地区间援助支出
		调入资金——一般公共预算调入资金	调出资金——一般公共预算调出资金
		债务收入——一般债务收入	债务还本支出——一般债务还本支出
		债务转贷收入——地方政府一般债务转贷收入	债务转贷支出——地方政府一般债务转贷支出
		动用预算稳定调节基金	安排预算稳定调节基金
	政府性基金预算结转结余	政府性基金预算本级收入	政府性基金预算本级支出
		补助收入——政府性基金预算补助收入	补助支出——政府性基金预算补助支出
		上解收入——政府性基金预算上解收入	上解支出——政府性基金预算上解支出
		调入资金——政府性基金预算调入资金	调出资金——政府性基金预算调出资金
		债务收入——专项债务收入	债务还本支出——专项债务还本支出
		债务转贷收入——地方政府专项债务转贷收入	债务转贷支出——地方政府专项债务转贷支出
	国有资本经营预算结转结余	国有资本经营预算本级收入	国有资本经营预算本级支出
			调出资金——国有资本经营预算调出资金
其他财政资金	财政专户管理资金结余	财政专户管理资金收入	财政专户管理资金支出
	专用基金结余	专用基金收入	专用基金支出

（一）一般公共预算结转结余

一般公共预算结转结余是指政府财政纳入一般公共预算管理的收入与支出相抵后形成的资金余额，反映一般公共预算收支的执行结果。纳入一般公共预算管理的收支包括本级一般公共预算收支、转移性一般公共预算收支和债务性一般公共预算收支。

本年一般公共预算结转结余=（一般公共预算本级收入+一般公共预算转移性收入+一般债务收入+一般债务转贷收入）-（一般公共预算本级支出+一般公共预算转移性支出+一般债务转贷支出+一般债务还本支出）。

年末一般公共预算结转结余=年初一般公共预算结转结余+本年一般公共预算结转结余。

"一般公共预算结转结余"科目无规定的明细科目，主要账务处理如下。

（1）年终转账时，将一般公共预算的有关收入科目的贷方余额转入本科目的贷方，将一般公共预算的有关支出科目的借方余额转入本科目的借方。

（2）设置和补充预算周转金时，借记本科目，贷记"预算周转金"科目。本科目年终贷方余额反映一般公共预算收支相抵后的滚存结转结余。

（二）政府性基金预算结转结余

政府性基金预算结转结余是指政府财政纳入政府性基金预算管理的收入与支出相抵后形成的资金余额，反映政府性基金预算收支的执行结果。纳入政府性基金预算管理的收支包括本级基金预算收支、转移性基金预算收支和债务性预算收支。

本年政府性基金预算结转结余＝（政府性基金预算本级收入＋政府性基金预算转移性收入＋专项债务收入＋专项债务转贷收入）－（政府性基金预算本级支出＋政府性基金预算转移性支出＋专项债务转贷支出＋专项债务还本支出）。

年末政府性基金预算结转结余＝年初政府性基金预算结转结余＋本年政府性基金预算结转结余。

"政府性基金预算结转结余"科目应当根据管理需要，按照政府性基金的种类进行明细核算。年终结账时，将政府性基金预算的有关收入科目的贷方余额按照政府性基金种类分别转入本科目下相应明细科目的贷方，将政府性基金预算的有关支出科目的借方余额按照政府性基金种类分别转入本科目下相应明细科目的借方，年终贷方余额反映政府性基金预算收支相抵后的滚存结转结余。

（三）国有资本经营预算结转结余

国有资本经营预算结转结余是指政府财政纳入国有资本经营预算管理的收入与支出相抵后形成的资金余额，反映国有资本经营预算收支的执行结果。纳入国有资本经营预算管理收入的主要是国有资本经营预算本级收入，纳入国有资本经营预算管理的支出包括国有资本经营预算本级支出和国有资本经营预算调出资金。

本年国有资本经营预算结转结余＝国有资本经营预算本级收入－（国有资本经营预算本级支出＋国有资本经营预算调出资金）。

年末国有资本经营预算结转结余＝年初国有资本经营预算结转结余＋本年国有资本经营预算结转结余。

"国有资本经营预算结转结余"科目无规定的明细科目。年终转账时，将国有资本经营预算管理的有关收入科目的贷方余额转入本科目贷方，将国有资本经营预算的有关支出科目的借方余额转入本科目借方。本科目年终贷方余额反映国有资本经营预算收支相抵后的滚存结转结余。

（四）财政专户管理资金结余

财政专户管理资金结余是指政府财政纳入专户管理的收入与支出相抵后形成的资金余额，反映纳入财政专户管理的教育收费等资金收支的执行结果。

本年财政专户管理资金结余＝财政专户管理资金收入－财政专户管理资金支出。

年末财政专户管理资金结余＝年初财政专户管理资金结余＋本年财政专户管理资金

结余。

"财政专户管理资金结余"科目应当根据管理要求,按照部门(单位)等进行明细核算。年终转账时,将财政专户管理资金收入科目的贷方余额转入本科目贷方,将财政专户管理资金支出科目的借方余额转入本科目借方。本科目年终贷方余额反映政府财政纳入财政专户管理的资金收支相抵后的滚存结余。

(五)专用基金结余

专用基金结余是指政府财政管理的专用基金的收入与支出相抵后形成的资金余额,反映专用基金收支的执行结果。

本年专用基金结余 = 专用基金收入 − 专用基金支出。

年末专用基金结余 = 年初专用基金结余 + 本年专用基金结余。

"专用基金结余"科目应当根据专用基金的种类进行明细核算。年终转账时,将专用基金收入科目的贷方余额转入本科目贷方,将专用基金支出科目的借方余额转入本科目借方。本科目期末贷方余额反映政府财政管理的专用基金收支相抵后的滚存结余。

【例 5-53】某市政府财政某年末结转前各项收入、支出账户的余额如表 5-2 所示。

表 5-2　某市政府财政某年末结转前收支类账户余额表　单位:万元

支出类账户	借方余额	收入类账户	贷方余额
一般公共预算本级支出	42 500	一般公共预算本级收入	47 200
政府性基金预算本级支出	14 700	政府性基金预算本级收入	15 800
国有资本经营预算本级支出	4 080	国有资本经营预算本级收入	4 140
补助支出	3 000	补助收入	4 500
一般公共预算补助支出	1 800	一般公共预算补助收入	3 000
政府性基金预算补助支出	1 200	政府性基金预算补助收入	1 500
上解支出	7 500	上解收入	2 800
一般公共预算上解支出	7 500	一般公共预算上解收入	2 800
政府性基金预算上解支出		政府性基金预算上解收入	
地区间援助支出	800	地区间援助收入	
调出资金	1 000	调入资金	1 000
一般公共预算调出资金		一般公共预算调入资金	1 000
政府性基金预算调出资金	1 000	政府性基金预算调入资金	
国有资本经营预算调出资金		国有资本经营预算调入资金	
债务还本支出	1 700	债务收入	3 200
一般债务还本支出	1 000	一般债务收入	2 000
专项债务还本支出	700	专项债务收入	1 200
债务转贷支出	1 300	债务转贷收入	
地方政府一般债务转贷支出	900	地方政府一般债务转贷收入	
地方政府专项债务转贷支出	400	地方政府专项债务转贷收入	
安排预算稳定调节基金	500	动用预算稳定调节基金	

续表

支出类账户	借方余额	收入类账户	贷方余额
财政专户管理资金支出	1 760	财政专户管理资金收入	1 810
专用基金支出	1 160	专用基金收入	1 250
合计	80 000	合计	81 700

（1）结转"一般公共预算结转结余"。

借：一般公共预算本级收入	472 000 000
补助收入——一般公共预算补助收入	30 000 000
上解收入——一般公共预算上解收入	28 000 000
调入资金——一般公共预算调入资金	10 000 000
债务收入——一般债务收入	20 000 000
贷：一般公共预算结转结余	560 000 000
借：一般公共预算结转结余	550 000 000
贷：一般公共预算本级支出	425 000 000
补助支出——一般公共预算补助支出	18 000 000
上解支出——一般公共预算上解支出	75 000 000
地区间援助支出	8 000 000
债务还本支出——一般债务还本支出	10 000 000
债务转贷支出——地方政府一般债务转贷支出	9 000 000
安排预算稳定调节基金	5 000 000

（2）结转"政府性基金预算结转结余"。

借：政府性基金预算本级收入	158 000 000
补助收入——政府性基金预算补助收入	15 000 000
债务收入——专项债务收入	12 000 000
贷：政府性基金预算结转结余	185 000 000
借：政府性基金预算结转结余	180 000 000
贷：政府性基金预算本级支出	147 000 000
补助支出——政府性基金预算补助支出	12 000 000
调出资金——政府性基金预算调出资金	10 000 000
债务还本支出——专项债务还本支出	7 000 000
债务转贷支出——地方政府专项债务转贷支出	4 000 000

（3）结转"国有资本经营预算结转结余"。

借：国有资本经营预算本级收入	41 400 000
贷：国有资本经营预算结转结余	41 400 000
借：国有资本经营预算结转结余	40 800 000
贷：国有资本经营预算本级支出	40 800 000

（4）结转"财政专户管理资金结余"。

借：财政专户管理资金收入	18 100 000

　　　　贷：财政专户管理资金结余　　　　　　　　　　　　　　18 100 000
　　借：财政专户管理资金结余　　　　　　　　　　　　　　　　17 600 000
　　　　贷：财政专户管理资金支出　　　　　　　　　　　　　　17 600 000
（5）结转"专用基金结余"。
　　借：专用基金收入　　　　　　　　　　　　　　　　　　　　12 500 000
　　　　贷：专用基金结余　　　　　　　　　　　　　　　　　　12 500 000
　　借：专用基金结余　　　　　　　　　　　　　　　　　　　　11 600 000
　　　　贷：专用基金支出　　　　　　　　　　　　　　　　　　11 600 000

政府财政部门办理年终结账前，应当进行年终清理结算。年终清理结算的主要事项包括核对年度预算、清理本年预算收支、组织征收部门和国家金库进行年度对账、清理核对当年拨款支出、核实股权债权与债务、清理往来款项和进行年终财政体制结算。经过年终清理和结算，把各项结算收支入账后，即可办理年终结账。年终结账工作一般分为年终转账、结清旧账和记入新账。

二、预算稳定调节基金与预算周转金

预算稳定调节基金与预算周转金是财政总预算会计设置的两项基金类净资产，分别用于弥补以后年度预算资金的不足和调剂预算年度内季节性收支的差额。

（一）预算稳定调节基金

预算稳定调节基金是指政府财政安排用于弥补以后年度预算资金不足的储备资金。本科目没有规定的明细科目。预算稳定调节基金有两个来源渠道：一是用超预算收入的资金安排；二是从预算周转金中调入。它是具有储备性质的基金，用于弥补短收年份预算执行的收支缺口，根据预算的平衡情况安排使用。

预算稳定调节基金的主要账务处理如下。

（1）使用超收收入或一般公共预算结余补充预算稳定调节基金时，借记"安排预算稳定调节基金"科目，贷记本科目。

（2）将预算周转金调入预算稳定调节基金时，借记"预算周转金"科目，贷记本科目。

（3）调用预算稳定调节基金时，借记本科目，贷记"动用预算稳定调节基金"科目。本科目贷方余额反映预算稳定调节基金的规模。

【例5-54】某市政府财政根据预算执行情况，决定使用超收收入补充预算稳定调节基金2 000 000元。

　　借：安排预算稳定调节基金　　　　　　　　　　　　　　　　2 000 000
　　　　贷：预算稳定调节基金　　　　　　　　　　　　　　　　　2 000 000

【例5-55】某市政府财政为弥补本年度预算资金的不足，经批准调用预算稳定调节基金1 000 000元。

借：预算稳定调节基金　　　　　　　　　　　　　　　　　　　1 000 000
　　贷：动用预算稳定调节基金　　　　　　　　　　　　　　　　　　1 000 000

（二）预算周转金

预算周转金是指政府财政为调剂预算年度内季节性收支差额，保证及时用款而设置的库款周转资金。其应根据《预算法》的要求设置，不得随意减少。预算周转金来源于一般公共预算结转结余，其数额要与年度预算收支的数额相适应，保持一个相对稳定的额度。预算周转金只能用于平衡预算，不能用于安排其他财政支出。

财政总预算会计设置"预算周转金"科目，核算政府财政设置的用于调剂预算年度内季节性收支差额周转使用的资金。本科目没有规定的明细科目，预算周转金的主要账务处理如下。

（1）设置和补充预算周转金时，借记"一般公共预算结转结余"科目，贷记本科目。

（2）将预算周转金调入预算稳定调节基金时，借记本科目，贷记"预算稳定调节基金"科目。本科目期末贷方余额反映预算周转金的规模。

【例 5-56】 某市政府财政根据《预算法》的规定，通过一般公共预算结转结余补充预算周转金 1 500 000 元。

借：一般公共预算结转结余　　　　　　　　　　　　　　　　　1 500 000
　　贷：预算周转金　　　　　　　　　　　　　　　　　　　　　　1 500 000

【例 5-57】 年终，某市政府财政将预算周转金 500 000 元调入预算稳定调节基金。

借：预算周转金　　　　　　　　　　　　　　　　　　　　　　　500 000
　　贷：预算稳定调节基金　　　　　　　　　　　　　　　　　　　　500 000

三、资产基金和待偿债净资产

资产基金和待偿债净资产是财政总预算会计设置的两项调整类净资产，分别反映与核算资金收支相关的资产、负债的变动对净资产的影响。财政总预算会计将政府预算会计和财务会计的功能相融合，既核算反映政府预算收支执行情况，也核算反映政府资产负债情况。为此，财政总预算会计对与预算资金收支相关的资产和负债采用了"双分录"会计核算方法，在净资产中设置了资产基金和待偿债净资产两个项目。"双分录"核算方法涉及的资产项目对应的净资产为资产基金，涉及的负债项目对应的净资产为待偿债净资产。

（一）资产基金

资产基金是指政府财政持有的、与纳入预算管理资金收支相关的资产在净资产中占用的金额。为兼顾反映预算收支与政府占有资产的情况，财政总预算会计对"应收地方政府债券转贷款"、"应收主权外债转贷款"、"股权投资"和"应收股利"四个资类科目采用了"双分录"核算方法。这些债权或股权投资与预算资金收支密切相关，在确认该项资产时，应当同时记录其在净资产中对应的资产基金。取得这些债权或取得股权投资时，增加其所对应的资产基金；收到债权款项或收回股权投资时，冲减其所对应的资产基金。资产基金是一种待冲基金，在其对应的债权或股权收回后方能冲减。

财政总预算会计设置"资产基金"科目，核算政府财政持有的债权和股权投资等资产（与其相关的资金收支纳入预算管理）在净资产中占用的金额。本科目应当设置"应收地方政府债券转贷款"、"应收主权外债转贷款"、"股权投资"和"应收股利"等明细科目，进行明细核算。本科目期末贷方余额，反映政府持有的、与纳入预算管理资金收支相关的资产在净资产中占用的金额。

【例 5-58】 某省政府财政经批准与社会资本共同出资设立一项投资基金，支持新能源技术产业的发展。政府出资按出资份额，享有该投资基金的股权。

（1）政府出资支付一般公共预算资金 5 000 000 元投入该投资基金。

借：一般公共预算本级支出　　　　　　　　　　5 000 000
　　贷：国库存款　　　　　　　　　　　　　　　　　5 000 000
借：股权投资——投资基金股权投资（投资成本）　5 000 000
　　贷：资产基金——股权投资　　　　　　　　　　　5 000 000

（2）该投资基金存续期满后终止，政府财政收回投资 5 200 000 元。

借：国库存款　　　　　　　　　　　　　　　　5 200 000
　　贷：一般公共预算本级支出　　　　　　　　　　　5 000 000
　　　　一般公共预算本级收入　　　　　　　　　　　　200 000
借：资产基金——股权投资　　　　　　　　　　5 000 000
　　贷：股权投资——投资基金股权投资（投资成本）　5 000 000

（二）待偿债净资产

待偿债净资产是指政府财政承担的、与纳入预算管理资金收支相关的负债而相应需在净资产中冲减的金额。为兼顾反映预算收支与政府承担负债的情况，财政总预算会计对"应付短期政府债券"、"应付长期政府债券"、"借入款项"、"应付地方政府债券转贷款"、"应付主权外债转贷款"和"其他负债"六个负债类科目采用了"双分录"核算方法。这些债务与预算资金收支密切相关，在确认该项负债时，应当同时记录其在净资产中对应的待偿债净资产。发生这些债务时，冲减其对应的待偿债净资产；偿还这些债务时，转回其所对应的待偿债净资产。待偿债净资产是一项待补基金，在其对应的债务偿付后方能补回。在资产负债表中，待偿债净资产项目应当根据其科目的期末借方余额以"—"号填列，或作为净资产的减项。

财政总预算会计设置"待偿债净资产"科目，核算政府财政因发生负债（与其相关的资金收支纳入预算管理）相应需在净资产中冲减的金额。本科目应当设置"应付短期政府债券"、"应付长期政府债券"、"借入款项"、"应付地方政府债券转贷款"、"应付主权外债转贷款"和"其他负债"等明细科目，进行明细核算。本科目期末借方余额,反映政府财政承担的、与纳入预算资金管理收支相关的负债而相应需在净资产中冲减的金额。

【例 5-59】中央政府财政发行记账式国债,本期国债发行金额 1 000 000 000 元,期限 2 年,以低于票面面值贴现发行,按面值金额偿还。

(1)经招标确定了承销商与发行价格,国债发行收入 940 000 000 元已经缴入国库指定账户。

借:国库存款　　　　　　　　　　　　　　　　　　　940 000 000
　　一般公共预算本级支出——国内债务付息　　　　　　60 000 000
　　贷:债务收入——国内债务收入　　　　　　　　　　　　1 000 000 000
借:待偿债净资产——应付长期政府债券　　　　　　　1 000 000 000
　　贷:应付长期政府债券——应付国债(应付本金)　　　　1 000 000 000

(2)国债到期兑付,偿还本金 1 000 000 000 元。

借:债务还本支出——国内债务还本　　　　　　　　1 000 000 000
　　贷:国库存款　　　　　　　　　　　　　　　　　　　1 000 000 000
借:应付长期政府债券——应付国债(应付本金)　　　1 000 000 000
　　贷:待偿债净资产——应付长期政府债券　　　　　　　1 000 000 000

本 章 小 结

财政总预算会计的资产是一级财政掌管或控制的能以货币计量的经济资源,包括财政存款、有价证券、应收股利、借出款项、暂付及应收款项、预拨经费、应收转贷款和股权投资等。政府财政资产按照流动性,分为流动资产和非流动资产。财政总预算会计的各项资产应当在取得对其相关的权利,并且能够可靠地进行货币计量时确认,按照取得或发生时的实际金额进行计量。

财政总预算会计的负债是一级财政所承担的能以货币计量、需以资产偿付的债务,包括应付国库集中支付结余、暂收及应付款项、应付政府债券、借入款项、应付转贷款、其他负债、应付代管资金等。政府财政负债按照流动性,分为流动负债和非流动负债。与下级往来和与上级往来是在预算执行过程中上下级财政结算形成的债权债务,两个账户核算对应业务。

财政总预算会计的净资产是政府财政所掌管的资产净值,是政府财政资产减去负债的差额,包括一般公共预算结转结余、政府性基金预算结转结余、国有资本经营预算结转结余、财政专户管理资金结余、专用基金结余、预算稳定调节基金、预算周转金、资产基金和待偿债净资产。各项结转结余应每年结算一次,年终,将各项收入与相应的支出冲销后,即为该项资金的本年结转结余。

【复习思考题】

1. 在国库集中收付制度下,国库单一账户体系的构成内容和各自的功能是什么?
2. 财政总预算会计的资产中,流动资产和非流动资产各包括哪些内容?
3. 什么是财政存款?其管理应遵循哪些原则?
4. 财政存款的核算应设置哪些会计账户?它们分别核算什么内容?
5. 借出款项与暂付及应收款项、借入款项与暂收及应付款项核算的内容有什么不同?
6. 财政总预算会计中的应收地方政府债券转贷款的主要账务处理是什么?
7. 财政总预算会计中,与上级往来和与下级往来的核算内容是什么?
8. 什么是股权投资?包括哪些核算内容?
9. 财政总预算会计的负债中,流动负债和非流动负债各包括哪些内容?
10. 什么是应付国库集中支付结余?该账户的主要账务处理是什么?
11. 财政总预算会计的应付短期政府债券的主要账务处理是什么?
12. 财政总预算会计的净资产包括哪些会计科目?
13. 结转一般公共预算结转结余、政府性基金预算结转结余和国有资本经营预算结转结余的收支各有哪些?
14. 什么是预算周转金和预算稳定调节基金?它们各自的资金来源和用途是什么?
15. 财政总预算会计中的资产基金对应的资产项目有哪些?
16. 财政总预算会计中的待偿债净资产对应的负债项目有哪些?

第六章

政府财政的财务报告

【学习目标】
1. 了解政府财政财务报告的含义与内容。
2. 掌握财政总预算会计报表的编制方法。
3. 熟悉财政总预算会计报表附注的内容。
4. 理解政府决算报告的含义与内容。
5. 掌握政府综合财务报告的含义与内容。
6. 了解政府综合财务报告的分析。

第一节 政府财政财务报告的含义与内容

政府财政应当根据财政总预算会计信息及其他相关资料,编制财政总预算会计报表、编写财政决算报告和综合财务报告,披露政府的预算信息和财务信息。

一、政府财政财务报告的含义与编制要求

(一) 政府财政财务报告的含义

财务报告是政府财政部门编制的,反映政府财政一定时期预算执行情况、运行情况和特定日期财务状况等信息的书面文件。财政总预算会计兼具政府预算会计和财务会计的功能,需要向决算报告使用者提供与政府预算执行情况有关的信息,综合反映政府预

算收支的年度执行结果;需要向财务报告使用者提供与政府财务状况、运行情况和现金流量情况等有关的信息,综合反映政府公共受托责任履行情况。

政府财政应当建立健全政府财务报告体系,全面、清晰地反映政府预算管理信息和财务管理信息,满足权力机关、社会公众等对政府财政会计信息全面性、准确性和及时性的需求,为制定相关宏观政策提供依据。

(二)财政总预算会计报表的编制要求

财政总预算会计应当按照下列规定编制会计报表。

(1)一般公共预算执行情况表,政府性基金预算执行情况表,国有资本经营预算执行情况表应当按旬、月度和年度编制;财政专户管理资金收支情况表和专用基金收支情况表应当按照月度和年度编制;收入支出表按月度和年度编制;资产负债表和附注应当至少按年度编制。旬报、月报的报送期限及编报内容应当根据上级政府财政具体要求和本行政区域预算管理的需要办理。

(2)财政总预算会计应当按照《财政总预算会计制度》编制并提供真实、完整的会计报表,切实做到账表一致,不得估列代编、弄虚作假。

(3)财政总预算会计要严格按照统一规定的种类、格式、内容、计算方法和编制口径编制会计报表,以保证全国统一汇总和分析。汇总报表的单位,要把所属单位的报表汇集齐全,防止漏报。

二、政府财政财务报告的内容

我国的政府财政财务报告体系正在逐步建立与完善之中。国务院批转财政部《权责发生制政府综合财务报告制度改革方案》确立了政府财务报告制度改革的指导思想。《政府会计准则——基本准则》对政府财务报告的体系、目标和编制基础等提出了总体要求。政府财政需要在编制财政总预算会计报表的基础上,编写政府决算报告与政府综合财务报告。

1. 财政总预算会计报表及附注

会计报表是财政总预算会计根据会计账簿数据编制的,以表格形式反映政府财政预算执行情况和财务状况的书面文件。财政总预算会计需要编制资产负债表、收入支出表,以及一般公共预算执行情况表、政府性基金预算执行情况表、国有资本经营预算执行情况表、财政专户管理资金收支情况表、专用基金收支情况表等会计报表。财政总预算会计还应当编写会计报表附注,对会计报表列示项目进行说明或补充。会计报表和会计报表附注构成财政总预算会计的财务报表。财政总预算会计报表以财政总预算会计核算数据为依据,是编写政府决算报告和政府综合财务报告的重要基础。

2. 政府决算报告

政府决算报告是指由政府财政部门编制的,综合反映政府年度预算收支执行结果的报告。政府决算报告以收付实现制会计核算为基础,以满足各级政府和人民代表大会及其常务委员会等加强当年预算执行管理和监督的需要。政府决算报告包括决算报表和其他应当在决算报告中反映的相关信息和资料。

3. 政府综合财务报告

政府综合财务报告是指由政府财政部门编制的，综合反映各级政府整体财务状况、运行情况和财政中长期可持续性的报告。政府财政报告制度建立后，财政部门编制政府综合财务报告，侧重反映政府整体资产负债状况和收入费用情况。政府综合财务报告以权责发生制会计核算为基础，主要为加强宏观经济调控、保障财政中长期可持续发展等决策服务。政府综合财务报告包括财务报表和其他应当在财务报告中披露的相关信息、资料。

政府会计主体采用"双报告"模式，同时编制决算报告和财务报告。政府决算报告与政府财务报告两套报告体系并行，两者互为补充、有机衔接，形成科学、完整的政府财政财务信息报告体系。

三、财政总预算会计年报编制前的准备工作

财政总预算会计年报编制前必须做好年终清理、年终财政结算和年终结账三项主要的准备工作。

（一）年终清理

年终清理是指各级政府财政部门和预算执行单位在年终前，对全年各项预算资金的收支及有关财务活动进行全面清查、结算和核对的活动。其目的在于划清年度收支、核实收支数字、结清往来款项，以便如实反映全年预算执行情况，总结预算管理的经验，检查财经纪律遵守情况。

政府财政部门应当及时进行年终清理，年终清理的主要事项包括以下几方面。

（1）核对年度预算。年终前，财政总预算会计应配合预算管理部门将本级政府财政全年预算指标与上、下级政府财政总预算和本级各部门预算进行核对，及时办理预算调整和转移支付事项。本年预算调整和对下级转移支付一般截止到11月底；各项预算拨款，一般截止到12月25日。

（2）清理本年预算收支。财政总预算会计认真清理本年预算收入，督促征收部门和国库年终前如数缴库。应在本年预算支领列报的款项，非特殊原因，应在年终前办理完毕，清理财政专户管理资金和专用基金收支。凡属应列入本年的收入，应及时催收，并缴入国库或制定财政专户。

（3）组织征收部门和国库进行年度对账。

（4）清理核对当年拨款支出。财政总预算会计对本级各单位的拨款支出应与单位的拨款收入核对无误。属于应收回的拨款，应及时收回，并按收回数相应冲减预算支出；属于预拨下年度的经费，不得列入当年预算支出。

（5）核实股权、债权和债务。财政部门内部相关资产、负债管理部门应于12月20

日前向财政总预算会计提供与股权、债权、债务等核算和反映相关的资料。财政总预算会计对股权投资、借出款项、应收股利、应收地方政府债券转贷款、应收主权外债转贷款、借入款项、应付短期政府债券、应付长期政府债券、应付地方政府债券转贷款、应付主权外债转贷款、其他负债等余额应与相关管理部门进行核对，记录不一致的要及时查明原因，按规定调整账务，做到账实相符、账账相符。

（6）清理往来款项。政府财政要认真清理其他应收款、其他应付款等各种往来款项，在年度终了前予以收回或归还。应转作收入或支出的各项款项，要及时转入本年有关收支账。

财政总预算对年终决算清理期内发生的会计事项，应当划清会计年度。属于清理上年度的会计事项，记入上年度会计账；属于新年度的会计事项，记入新年度会计账，防止错记漏记。

（二）年终财政结算

年终财政结算，又称年终体制结算，是指财政预算管理部门在年终清理的基础上，于次年 1 月底前结清上下级政府财政的转移支付收支和往来款项。财政总预算会计要按照财政管理体制的规定，根据预算结算单，与年度预算执行过程中已补助和已上解数额进行比较，结合往来款和借垫款情况，计算出全年最后应补或应退数额，填制"年终财政结算单"，经核对无误后，作为年终财政结算凭证，据以入账。

（1）财政总预算会计根据"年终财政结算单"将上级财政欠拨补助资金记账时，上级财政总预算会计借记"补助支出"科目，贷记"与下级往来"科目；下级财政总预算会计借记"与上级往来"科目，贷记"补助收入"科目。上级财政拨付年终结算欠拨下级财政补助资金时，新年度账中，上级财政总预算会计借记"与下级往来"科目，贷记"国库存款"科目；下级财政总预算会计借记"国库存款"科目，贷记"与上级往来"科目。

（2）财政总预算会计根据"年终财政结算单"将下级财政所欠上解资金记账时，上级财政总预算会计借记"与下级往来"科目，贷记"上解收入"科目；下级财政总预算会计借记"上解支出"科目，贷记"与上级往来"科目。下级财政划拨年终结算所欠上级财政的应上解资金时，在新年度账中，上级财政总预算会计借记"国库存款"科目，贷记"与下级往来"科目；下级财政总预算会计借记"与上级往来"科目，贷记"国库存款"科目。

【例 6-1】根据"年终财政结算单"，某市财政本年度应上解省财政款 8 000 000 元，而省财政实收该市财政上解款 7 500 000 元；省财政应补助该市财政款 10 000 000 元，而省财政已拨付该市补助款 9 000 000 元。

省财政欠该市财政补助款 = 10 000 000 - 9 000 000 = 1 000 000（元）

该市财政欠省财政上解款 = 8 000 000 - 7 500 000 = 500 000（元）

省财政应补该市财政补助款 = 1 000 000 - 500 000 = 500 000（元）

（1）根据"年终财政结算单"将省财政欠拨补助资金和本级财政欠上解资金记账

时，该市财政总预算会计的账务处理如下。

借：与上级往来　　　　　　　　　　　　　　　　1 000 000
　　贷：补助收入　　　　　　　　　　　　　　　　　　1 000 000
借：上解支出　　　　　　　　　　　　　　　　　　500 000
　　贷：与上级往来　　　　　　　　　　　　　　　　　500 000

"与上级往来"科目的借方余额500 000元即为该市财政应收省财政补助款。

（2）省财政总预算会计也要根据"年终财政结算单"通过"与下级往来"科目与该市财政办理结算，省财政总预算会计账务处理如下。

借：补助支出　　　　　　　　　　　　　　　　　1 000 000
　　贷：与下级往来　　　　　　　　　　　　　　　　　1 000 000
借：与下级往来　　　　　　　　　　　　　　　　　500 000
　　贷：上解收入　　　　　　　　　　　　　　　　　　500 000

"与下级往来"科目的贷方余额500 000元即为省财政应补该市财政补助款。

（三）年终结账

财政总预算会计经过年终清理和结算，把各项结算收支入账后，即可办理年终结账。年终结账工作一般分为年终转账、结清旧账和记入新账三个步骤。

（1）年终转账。计算出各科目12月份合计数和全年累计数，结出12月末余额，编制结账前的"资产负债表"，再根据收支余额编制记账凭证，将收支分别转入"一般公共预算结转结余""政府性基金预算结转结余""国有资本经营预算结转结余""专用基金结余""财政专户管理资金结余"等科目冲销。

（2）结清旧账。将各个收入和支出科目的借方、贷方结出全年总计数。对年终有余额科目，在"摘要"栏内注明"结转下年"字样，表示转入新账。

（3）记入新账。根据年终转账后的总账和明细账余额编制年终"资产负债表"和有关明细表（不需填制记账凭证），将表列各科目余额直接记入新年度有关总账和明细账年初余额栏内，并在"摘要"栏注明"上年结转"字样，以区别新年度发生额。

第二节　财政总预算会计报表及附注

根据《财政总预算会计制度》，财政总预算会计需要编制会计报表，反映政府财政预算执行结果和财务状况；编写会计报表附注，描述、说明或补充会计报表中的列示项目。

一、资产负债表

（一）资产负债表的概念及基本格式

资产负债表是反映政府财政在某一时点财务状况的报表，是财政总预算会计报表的重要组成部分，可以提供期末政府控制的资产、承担的债务和拥有的净资产情况的会计信息，主要由表首标题、编报项目、栏目及金额组成。

1. 表首标题

资产负债表的表首标题包括报表名称、编号（会财政 01 表）、编制单位、编表时间和金额单位等内容。资产负债表反映政府财政在某一时点的财务状况，属于静态报表，需要注明是某年某月某日的报表。按编报时间的不同，资产负债表分为月度资产负债表和年度资产负债表，财政总预算会计应当至少按照年度编制资产负债表。

2. 编报项目

资产负债表按照资产、负债和净资产分类、分项列示，按资产等于负债加净资产平衡。资产项目按流动性分为流动资产、非流动资产排列；负债项目按偿还期限分为流动负债、非流动负债排列；净资产项目按各结转结余、基金排列。

财政总预算会计资产负债表的格式见表 6-1。

表 6-1 财政总预算会计资产负债表

会财政 01 表

编制单位：　　　　　　　　　　年　月　日　　　　　　　　　　单位：元

资产	年初余额	期末余额	负债和净资产	年初余额	期末余额
流动资产			流动负债		
国库存款			应付短期政府债券		
国库现金管理存款			应付利息		
其他财政存款			应付国库集中支付结余		
有价证券			与上级往来		
在途款			其他应付款		
预拨经费			应付代管资金		
借出款项			一年内到期的非流动负债		
应收股利			流动负债合计		
应收利息			非流动负债		
与下级往来			应付长期政府债券		
其他应收款			借入款项		
流动资产合计			应付地方政府债券转贷款		
非流动资产			应付主权外债转贷款		
应收地方政府债券转贷款			其他负债		
应收主权外债转贷款			非流动负债合计		
股权投资			负债合计		
待发国债			一般公共预算结转结余		
非流动资产合计			政府性基金预算结转结余		
			国有资本经营预算结转结余		
			财政专户管理资金结余		
			专用基金结余		
			预算稳定调节基金		

续表

资产	年初余额	期末余额	负债和净资产	年初余额	期末余额
			预算周转金		
			资产基金		
			减：待偿债净资产		
			净资产合计		
资产总计			负债和净资产总计		

3. 栏目及金额

资产负债表由"年初余额"和"期末余额"两栏组成。"年初余额"栏与上年资产负债表的"期末余额"栏一致，但当年资产负债表项目调整，应将上年"期末余额"栏金额进行相应调整。"期末余额"栏金额一般根据相应账户期末余额填列。

（二）资产负债表的编制

资产负债表包括"年初余额"和"期末余额"两栏数字。"年初余额"栏内各项数字，应当根据上年末资产负债表"期末余额"栏内数字填列。如果本年度资产负债表规定的各个项目的名称和内容同上年度不相一致，应对上年末资产负债表各项目的名称和数字按照本年度的规定进行调整，填入本表"年初余额"栏内。"期末余额"栏内各项数字，应当根据各科目及所属明细科目的期末余额直接填列，或经过汇总、分析、计算后填列。

资产负债表中"期末余额"栏各项目的内容和具体填列方法如下。

1. 资产类项目

（1）"国库存款"项目，反映政府财政期末存放在国库单一账户的款项金额。本项目应当根据"国库存款"科目的期末余额填列。

（2）"国库现金管理存款"项目，反映政府财政期末实行国库现金管理业务持有的存款金额。本项目应当根据"国库现金管理存款"科目的期末余额填列。

（3）"其他财政存款"项目，反映政府财政期末持有的其他财政存款金额。本项目应当根据"其他财政存款"科目的期末余额填列。

（4）"有价证券"项目，反映政府财政期末持有的有价证券金额。本项目应当根据"有价证券"科目的期末余额填列。

（5）"在途款"项目，反映政府财政期末持有的在途款金额。本项目应当根据"在途款"科目的期末余额填列。

（6）"预拨经费"项目，反映政府财政期末尚未转列支出或尚待收回的预拨经费金额。本项目应当根据"预拨经费"科目的期末余额填列。

（7）"借出款项"项目，反映政府财政期末借给预算单位尚未收回的款项金额。本项目应当根据"借出款项"科目的期末余额填列。

（8）"应收股利"项目，反映政府期末尚未收回的现金股利或利润金额。本项目应当根据"应收股利"科目的期末余额填列。

（9）"应收利息"项目，反映政府财政期末尚未收回的应收利息金额。本项目应当根据"应收地方政府债券转贷款"科目和"应收主权外债转贷款"科目下"应收利息"明细科目的期末余额合计数填列。

（10）"与下级往来"项目，正数反映下级政府财政欠本级政府财政的款项金额；负数反映本级政府财政欠下级政府财政的款项金额。本项目应当根据"与下级往来"科目的期末余额填列，期末余额如为借方则以正数填列，如为贷方则以"—"号填列。

（11）"其他应收款"项目，反映政府财政期末尚未收回的其他应收款的金额。本项目应当根据"其他应收款"科目的期末余额填列。

（12）"应收地方政府债券转贷款"项目，反映政府财政期末尚未收回的地方政府债券转贷款的本金金额。本项目应当根据"应收地方政府债券转贷款"科目下"应收本金"明细科目的期末余额填列。

（13）"应收主权外债转贷款"项目，反映政府财政期末尚未收回的主权外债转贷款的本金金额。本项目应当根据"应收主权外债转贷款"科目下的"应收本金"明细科目的期末余额填列。

（14）"股权投资"项目，反映政府期末持有的股权投资的金额。本项目应当根据"股权投资"科目的期末余额填列。

（15）"待发国债"项目，反映中央政府财政期末尚未使用的国债发行额度。本项目应当根据"待发国债"科目的期末余额填列。

2. 负债类项目

（1）"应付短期政府债券"项目，反映政府财政期末尚未偿还的发行期限不超过1年（含1年）的政府债券的本金金额。本项目应当根据"应付短期政府债券"科目下的"应付本金"明细科目的期末余额填列。

（2）"应付利息"项目，反映政府财政期末尚未支付的应付利息金额。本项目应当根据"应付短期政府债券""借入款项""应付地方政府债券转贷款""应付主权外债转贷款"科目下的"应付利息"明细科目期末余额，以及属于分期付息到期还本的"应付长期政府债券"的"应付利息"明细科目期末余额计算填列。

（3）"应付国库集中支付结余"项目，反映政府财政期末尚未支付的国库集中支付结余金额。本项目应当根据"应付国库集中支付结余"科目的期末余额填列。

（4）"与上级往来"项目，正数反映本级政府财政期末欠上级政府财政的款项金额；负数反映上级政府财政欠本级政府财政的款项金额。本项目应当根据"与上级往来"科目的期末余额填列，如为借方余额则以"—"号填列。

（5）"其他应付款"项目，反映政府财政期末尚未支付的其他应付款的金额。本项目应当根据"其他应付款"科目的期末余额填列。

（6）"应付代管资金"项目，反映政府财政期末尚未支付的代管资金金额。本项目应当根据"应付代管资金"科目的期末余额填列。

（7）"一年内到期的非流动负债"项目，反映政府财政期末承担的1年以内（含1年）到偿还期的非流动负债。本项目应当根据"应付长期政府债券""借入款项""应付地方政府债券转贷款""应付主权外债转贷款""其他负债"等科目的期末余额及债务管理部门提供的资料分析填列。

（8）"应付长期政府债券"项目，反映政府财政期末承担的偿还期限超过 1 年的长期政府债券的本金金额及到期一次还本付息的长期政府债券的应付利息金额。本项目应当根据"应付长期政府债券"科目的期末余额分析填列。

（9）"借入款项"项目，反映政府财政期末承担的偿还期限超过 1 年的借入款项的本金金额。本项目应当根据"借入款项"科目下"应付本金"明细科目的期末余额分析填列。

（10）"应付地方政府债券转贷款"项目，反映政府财政期末承担的偿还期限超过 1 年的地方政府债券转贷款的本金金额。本项目应当根据"应付地方政府债券转贷款"科目下"应付本金"明细科目的期末余额分析填列。

（11）"应付主权外债转贷款"项目，反映政府财政期末承担的偿还期限超过 1 年的主权外债转贷款的本金金额。本项目应当根据"应付主权外债转贷款"科目下"应付本金"明细科目的期末余额分析填列。

（12）"其他负债"项目，反映政府财政期末承担的偿还期限超过 1 年的其他负债金额。本项目应当根据"其他负债"科目的期末余额分析填列。

3. 净资产类项目

（1）"一般公共预算结转结余"项目，反映政府财政期末滚存的一般公共预算结转金额。本项目应当根据"一般公共预算结转结余"科目的期末余额填列。

（2）"政府性基金预算结转结余"项目，反映政府财政期末滚存的政府性基金预算结转结余金额。本项目应当根据"政府性基金预算结转结余"科目的期末余额填列。

（3）"国有资本经营预算结转结余"项目，反映政府财政期末滚存的国有资本经营预算结转结余金额。本项目应当根据"国有资本经营预算结转结余"科目的期末余额填列。

（4）"财政专户管理资金结余"项目，反映政府财政期末滚存的财政专户管理资金结余金额。本项目应当根据"财政专户管理资金结余"科目的期末余额填列。

（5）"专用基金结余"项目，反映政府财政期末滚存的专用基金结余金额。本项目应当根据"专用基金结余"科目的期末余额填列。

（6）"预算稳定调节基金"项目，反映政府财政期末预算稳定调节基金的余额。本项目应当根据"预算稳定调节基金"科目的期末余额填列。

（7）"预算周转金"项目，反映政府财政期末预算周转金的余额。本项目应当根据"预算周转金"科目的期末余额填列。

（8）"资产基金"项目，反映政府财政期末持有的应收地方政府债券转贷款、应收主权外债转贷款、股权投资和应收股利等资产在净资产中占用的金额。本项目应当根据"资产基金"科目的期末余额填列。

（9）"待偿债净资产"项目，反映政府财政期末因承担应付短期政府债券、应付长期政府债券、借入款项、应付地方政府债券转贷款、应付主权外债转贷款、其他负债等负债相应需在净资产中冲减的金额。本项目应当根据"待偿债净资产"科目的期末借方余额以"—"号填列。

二、收入支出表

(一) 收入支出表的概念及基本格式

收入支出表是反映政府财政在某一会计期间各类财政资金收支余情况的报表。收入支出表可以提供一定时期财政收入、支出和结转结余情况的会计报表,反映预算执行的最终结果。收入支出表由表首标题、编报项目、栏目及金额组成。

1. 表首标题

收入支出表的表首标题包括报表名称、编号(会财政 02 表)、编制单位、编表时间和金额单位等内容。收入支出表反映特定会计期间的收入、支出情况,属于动态报表,需要注明报表所属的期间,如××年×月份或××年度。按编报时间的不同,收入支出表分为月度收入支出表和年度收入支出表。

2. 编报项目

收入支出表根据资金性质按照收入,支出,结转结余的构成分类、分项列示。按"年初结转结余+收入合计-支出合计-结余转出=年末结转结余"平衡。

3. 栏目及金额

月报的收入支出表由"本月数"和"本年累计数"两栏组成。"本月数"栏反映各项目的本月实际发生数。"本年累计数"栏反映各项目自年初起至报告期末止的累计实际发生额。年报的收入支出表由"上年数"和"本年数"两栏组成。"上年数"栏反映上年度各项目的实际发生额,"本年数"栏反映本年度各项目的实际发生额。

财政总预算会计收入支出表(月报)的格式见表 6-2,表中有"—"的部分不必填列。

表 6-2 收入支出表

编制单位: 　　　　　　　　　　　　　　　年　　月

会财政 02 表
单位:元

项目	一般公共预算		政府性基金预算		国有资本经营预算		财政专户管理资金		专用基金	
	本月数	本年累计数	本月数	本年累计数	本月数	本年累计数	本月数	本年累计数	本月数	本年累计数
年初结转结余										
收入合计										
本级收入										
来自预算安排的收入	—	—	—	—	—	—				
补助收入									—	—
上解收入									—	—
地区间援助收入									—	—
债务收入										

续表

项目	一般公共预算		政府性基金预算		国有资本经营预算		财政专户管理资金		专用基金	
	本月数	本年累计数	本月数	本年累计数	本月数	本年累计数	本月数	本年累计数	本月数	本年累计数
债务转贷收入					—	—	—	—	—	—
动用预算稳定调节基金			—	—	—	—	—	—	—	—
调入资金										
支出合计										
本级支出										
权责发生制列支							—	—	—	—
预算安排专用基金的支出			—	—	—	—	—	—		
补助支出										
上解支出										
地区间援助支出			—	—	—	—	—	—	—	—
债务还本支出										
债务转贷支出										
安排预算稳定调节基金			—	—	—	—	—	—	—	—
调出资金										
结余转出			—	—	—	—	—	—	—	—
增设预算周转金			—	—	—	—	—	—	—	—
年末结转结余										

（二）收入支出表的编制

收入支出表"本月数"栏反映各项目的本月实际发生数。其中，"年初结转结余"项目栏内各项数字，应根据各结转结余科目及所属明细科目的年初或年末的余额分别按照资金性质填列。收入项目、支出项目栏内各栏数字，应根据该项目所对应的会计科目及所属明细科目的本期发生额分别按照资金性质填列。在编制年度收入支出表时，应将本栏改为"上年数"栏，反映上年度各项目的实际发生数。如果本年度收入支出表规定的各个项目的名称和内容同上年度不一致，应对上年度收入支出表各项目的名称和数字按照本年度的规定进行调整，填入本年度收入支出表的"上年数"栏。

收入支出表"本月数"栏各项目的内容和填列方法如下。

（1）"年初结转结余"项目，反映政府财政本年初各类资金结转结余金额。其中，一般公共预算的"年初结转结余"应当根据"一般公共预算结转结余"科目的年初余额填列；政府性基金预算的"年初结转结余"应当根据"政府性基金预算结转结余"科目的年初余额填列；国有资本经营预算的"年初结转结余"应当根据"国有资本经营预算结转结余"科目的年初余额填列；财政专户管理资金的"年初结转结余"应当根据"财政专户管理资金结余"科目的年初余额填列；专用基金的"年初结转结余"应当根据"专用基金结余"科目的年初余额填列。

（2）"收入合计"项目，反映政府财政本期取得的各类资金的收入合计金额。其中，一般公共预算的"收入合计"应当根据属于一般公共预算的"本级收入"、"补助收入"、"上解收入"、"地区间援助收入"、"债务收入"、"债务转贷收入"、"动用预算稳定调节基金"和"调入资金"各行项目金额的合计填列；政府性基金预算的"收入合计"应当根据属于政府性基金预算的"本级收入"、"补助收入"、"上解收入"、"债务收入"、"债务转贷收入"和"调入资金"各行项目金额的合计填列；国有资本经营预算的"收入合计"应当根据属于国有资本经营预算的"本级收入"项目的金额填列；财政专户管理资金的"收入合计"应当根据属于财政专户管理资金的"本级收入"项目的金额填列；专用基金的"收入合计"应当根据属于专用基金的"本级收入"项目的金额填列。

（3）"本级收入"项目，反映政府财政本期取得的各类资金的本级收入金额。其中，一般公共预算的"本级收入"应当根据"一般公共预算本级收入"科目的本期发生额填列；政府性基金预算的"本级收入"应当根据"政府性基金预算本级收入"科目的本期发生额填列；国有资本经营预算的"本级收入"应当根据"国有资本经营预算本级收入"科目的本期发生额填列；财政专户管理资金的"本级收入"应当根据"财政专户管理资金收入"科目的本期发生额填列；专用基金的"本级收入"应当根据"专用基金收入"科目的本期发生额填列。

（4）"补助收入"项目，反映政府财政本期取得的各类资金的补助收入金额。其中，一般公共预算的"补助收入"应当根据"补助收入"科目下的"一般公共预算补助收入"明细科目的本期发生额填列；政府性基金预算的"补助收入"应当根据"补助收入"科目下的"政府性基金预算补助收入"明细科目的本期发生额填列。

（5）"上解收入"项目，反映政府财政本期取得的各类资金的上解收入金额。其中，一般公共预算的"上解收入"应当根据"上解收入"科目下的"一般公共预算上解收入"明细科目的本期发生额填列；政府性基金预算的"上解收入"应当根据"上解收入"科目下的"政府性基金预算上解收入"明细科目的本期发生额填列。

（6）"地区间援助收入"项目，反映政府财政本期取得的地区间援助收入金额。本项目应当根据"地区间援助收入"科目的本期发生额填列。

（7）"债务收入"项目，反映政府财政本期取得的债务收入金额。其中，一般公共预算的"债务收入"应当根据"债务收入"科目下除"专项债务收入"以外的其他明细科目的本期发生额填列；政府性基金预算的"债务收入"应当根据"债务收入"科目下的"专项债务收入"明细科目的本期发生额填列。

（8）"债务转贷收入"项目，反映政府财政本期取得的债务转贷收入金额。其中，一般公共预算的"债务转贷收入"应当根据"债务转贷收入"科目下"地方政府一般债务转贷收入"明细科目的本期发生额填列；政府性基金预算的"债务转贷收入"应当根据"债务转贷收入"科目下的"地方政府专项债务转贷收入"明细科目的本期发生额填列。

（9）"动用预算稳定调节基金"项目，反映政府财政本期调用的预算稳定调节基金金额。本项目应当根据"动用预算稳定调节基金"科目的本期发生额填列。

（10）"调入资金"项目，反映政府财政本期取得的调入资金金额。其中，一般公共预算的"调入资金"应当根据"调入资金"科目下"一般公共预算调入资金"明细科目的本期发生额填列；政府性基金预算的"调入资金"应当根据"调入资金"科目下"政府性基金预算调入资金"明细科目的本期发生额填列。

（11）"支出合计"项目，反映政府财政本期发生的各类资金的支出合计金额。其中，一般公共预算的"支出合计"应当根据属于一般公共预算的"本级支出"、"补助支出"、"上解支出"、"地区间援助支出"、"债务还本支出"、"债务转贷支出"、"安排预算稳定调节基金"和"调出资金"各行项目金额的合计填列；政府性基金预算的"支出合计"应当根据属于政府性基金预算的"本级支出"、"补助支出"、"上解支出"、"债务还本支出"、"债务转贷支出"和"调出资金"各项目金额的合计填列；国有资本经营预算的"支出合计"应当根据属于国有资本经营预算的"本级支出"和"调出资金"项目金额的合计填列；财政专户管理资金的"支出合计"应当根据属于财政专户管理资金的"本级支出"项目的金额填列；专用基金的"支出合计"应当根据属于专用基金的"本级支出"项目的金额填列。

（12）"补助支出"项目，反映政府财政本期发生的各类资金的补助支出金额。其中，一般公共预算的"补助支出"应当根据"补助支出"科目下的"一般公共预算补助支出"明细科目的本期发生额填列；政府性基金预算的"补助支出"应当根据"补助支出"科目下的"政府性基金预算补助支出"明细科目的本期发生额填列。

（13）"上解支出"项目，反映政府财政本期发生的各类资金的上解支出金额。其中，一般公共预算的"上解支出"应当根据"上解支出"科目下的"一般公共预算上解支出"明细科目的本期发生额填列；政府性基金预算的"上解支出"应当根据"上解支出"科目下的"政府性基金预算上解支出"明细科目的本期发生额填列。

（14）"地区间援助支出"项目，反映政府财政本期发生的地区间援助支出金额。本项目应当根据"地区间援助支出"科目的本期发生额填列。

（15）"债务还本支出"项目，反映政府财政本期发生的债务还本支出金额。其中，一般公共预算的"债务还本支出"应当根据"债务还本支出"科目下除"专项债务还本支出"以外的其他明细科目的本期发生额填列；政府性基金预算的"债务还本支出"应当根据"债务还本支出"科目下的"专项债务还本支出"明细科目的本期发生额填列。

（16）"债务转贷支出"项目，反映政府财政本期发生的债务转贷支出金额。其中，一般公共预算的"债务转贷支出"应当根据"债务转贷支出"科目下"地方政府一般债务转贷支出"明细科目的本期发生额填列；政府性基金预算的"债务转贷支出"应当根据"债务转贷支出"科目下的"地方政府专项债务转贷支出"明细科目的本期发生额填列。

（17）"安排预算稳定调节基金"项目，反映政府财政本期安排的预算稳定调节基金金额。本项目根据"安排预算稳定调节基金"科目的本期发生额填列。

（18）"调出资金"项目，反映政府财政本期发生的各类资金的调出资金金额。其中，一般公共预算的"调出资金"应当根据"调出资金"科目下"一般公共预算调出资金"明细科目的本期发生额填列；政府性基金预算的"调出资金"应当根据"调出资金"科目下"政府性基金预算调出资金"明细科目的本期发生额填列；国有资本经营预算的"调出资金"应当根据"调出资金"科目下"国有资本经营预算调出资金"明细科目的本期发生额填列。

（19）"结余转出"项目，反映政府财政本年将"一般公共预算结转结余"转出的金额。本项目应当根据"一般公共预算结转结余"科目的本期借方发生额填列。"增设预算周转金"项目已有，无需添加。

（20）"增设预算周转金"项目，反映政府财政本期设置和补充预算周转金的金额。本项目应当根据"预算周转金"科目的本期贷方发生额填列。

（21）"年末结转结余"项目，反映政府财政本年末的各类资金的结转结余金额。其中，一般公共预算的"年末结转结余"应当根据"一般公共预算结转结余"科目的年末余额填列；政府性基金预算的"年末结转结余"应当根据"政府性基金预算结转结余"科目的年末余额填列；国有资本经营预算的"年末结转结余"应当根据"国有资本经营预算结转结余"科目的年末余额填列；财政专户管理资金的"年末结转结余"应当根据"财政专户管理资金结余"科目的年末余额填列；专用基金的"年末结转结余"应当根据"专用基金结余"科目的年末余额填列。

三、预算执行及收支情况明细表

预算执行及收支情况明细表反映各项预算执行的明细项目情况，以及其他财政资金的收支明细情况，包括一般公共预算执行情况表、政府性基金预算执行情况表、国有资本经营预算执行情况表、财政专户管理资金收支情况表、专用基金收支情况表。

（一）一般公共预算执行情况表

一般公共预算执行情况表是反映政府财政在某一会计期间一般公共预算收支执行结果的报表，按照《政府收支分类科目》中一般公共预算收支科目列示。此表应当按旬、月度和年度编制，格式见表6-3。

表6-3　一般公共预算执行情况表

会财政03-1表

编制单位：	年　月　旬	单位：元
项目	本月（旬）数	本年（月）累计数
一般公共预算本级收入		
101　税收收入		
10101　增值税		
1010101　国内增值税		
……		
一般公共预算本级支出		
201　一般公共服务支出		
20101　人大事务		
2010101　行政运行		
……		

（1）"一般公共预算本级收入"项目及所属各明细项目，应当根据"一般公共预算本级收入"科目及所属各明细科目的本期发生额填列。

（2）"一般公共预算本级支出"项目及所属各明细项目，应当根据"一般公共预算本级支出"科目及所属各明细科目的本期发生额填列。

（二）政府性基金预算执行情况表

政府性基金预算执行情况表是反映政府财政在某一会计期间政府性基金预算收支执行结果的报表，按照《政府收支分类科目》中政府性基金预算收支科目列示。此表应当按旬、月度和年度编制，格式见表6-4。

表6-4 政府性基金预算执行情况表

会财政03-2表

编制单位：　　　　　　　　　　　年　月　旬　　　　　　　　　　　单位：元

项目	本月（旬）数	本年（月）累计数
政府性基金预算本级收入		
10301 政府性基金收入		
1030102 农网还贷资金收入		
103010201 中央农网还贷资金收入		
……		
政府性基金预算本级支出		
206 科学技术支出		
20610 核电站乏燃料处理处置基金支出		
2061001 乏燃料运输		
……		

（1）"政府性基金预算本级收入"项目及所属各明细项目，应当根据"政府性基金预算本级收入"科目及所属各明细科目的本期发生额填列。

（2）"政府性基金预算本级支出"项目及所属各明细项目，应当根据"政府性基金预算本级支出"科目及所属各明细科目的本期发生额填列。

（三）国有资本经营预算执行情况表

国有资本经营预算执行情况表是反映政府财政在某一会计期间国有资本经营预算收支执行结果的报表，按照《政府收支分类科目》中国有资本经营预算收支科目列示。此表应当按旬、月度和年度编制，格式见表6-5。

表6-5 国有资本经营预算执行情况表

会财政03-3表

编制单位：　　　　　　　　　　　年　月　旬　　　　　　　　　　　单位：元

项目	本月（旬）数	本年（月）累计数
国有资本经营预算本级收入		
10306 国有资本经营收入		
1030601 利润收入		

续表

项目	本月（旬）数	本年（月）累计数
103060103 烟草企业利润收入		
……		
国有资本经营预算本级支出		
208 社会保障和就业支出		
20804 补充全国社会保障基金		
2080451 国有资本经营预算补充社保基金支出		
……		

（1）"国有资本经营预算本级收入"项目及所属各明细项目，应当根据"国有资本经营预算本级收入"科目及所属各明细科目的本期发生额填列。

（2）"国有资本经营预算本级支出"项目及所属各明细项目，应当根据"国有资本经营预算本级支出"科目及所属各明细科目的本期发生额填列。

（四）财政专户管理资金收支情况表

财政专户管理资金收支情况表是反映政府财政在某一会计期间纳入财政专户管理的财政专户管理资金全部收支情况的报表，按照相关《政府收支分类科目》列示。此表应当按月度和年度编制，格式见表6-6。

表6-6 财政专户管理资金收支情况表

会财政04表

编制单位：	年　月	单位：元
项目	本月数	本年累计数
财政专户管理资金收入		
财政专户管理资金支出		

（1）"财政专户管理资金收入"项目及所属各明细项目，应当根据"财政专户管理资金收入"科目及所属各明细科目的本期发生额填列。

（2）"财政专户管理资金支出"项目及所属各明细项目，应当根据"财政专户管理资金支出"科目及所属各明细科目的本期发生额填列。

（五）专用基金收支情况表

专用基金收支情况表是反映政府财政在某一会计期间专用基金全部收支情况的报表，按照不同类型的专用基金分别列示。此表应当按月度和年度编制，格式见表6-7。

表 6-7　专用基金收支情况表

会财政 05 表
编制单位：　　　　　　　　　　　　　年　月　　　　　　　　　　　单位：元

项目	本月数	本年累计数
专用基金收入		
粮食风险基金		
……		
专用基金支出		
粮食风险基金		
……		

（1）"专用基金收入"项目及所属各明细项目，应当根据"专用基金收入"科目及所属各明细科目的本期发生额填列。

（2）"专用基金支出"项目及所属各明细项目，应当根据"专用基金支出"科目及所属各明细科目的本期发生额填列。

四、会计报表附注

会计报表附注是指对会计报表中列示项目的文字描述或明细资料，以及对未能在会计报表中列示项目的说明。

总会计报表附注应当至少披露下列内容。

（1）遵循《财政总预算会计制度》的声明。
（2）本级政府财政预算执行情况和财务状况的说明。
（3）会计报表中列示的重要项目的进一步说明，包括主要构成、增减变动情况等。
（4）或有负债情况的说明。
（5）有助于理解和分析会计报表的其他需要说明的事项。

第三节　政府决算报告与政府综合财务报告

一、政府决算报告

根据《政府会计准则——基本准则》，各级政府财政部门应当按照年度编制以收付实现制为基础的政府决算报告，向决算报告使用者提供与政府预算执行情况有关的信息，综合反映政府会计主体预算收支的年度执行结果。

（一）政府决算报告的含义

政府决算报告是指由政府部门编制的，综合反映政府会计主体年度预算收支执行结果的报告，使用者包括各级人民代表大会及其常务委员会、各级政府及其有关部门、政府会计主体自身、社会公众和其他利益相关者。政府编制决算报告的目的是向决算报告使用者提供与政府预算执行情况有关的信息，综合反映政府会计主体预算收支的年度执行结果，有助于决算报告使用者进行监督和管理，并为编制后续年度预算提供参考和依据。

财政总预算会计应当参与或具体负责组织决算草案编审工作，制定决算草案编审办法，设计本行政区域政府财政总决算统一表格，指导、布置下级政府财政决算草案编审工作，审核、汇总所属财政部门总决算草案，向上级政府财政部门报送本辖区汇总的财政总决算草案，编制决算说明和决算分析报告，向上级政府财政汇报决算编审工作情况。各级政府财政应将汇总编制的本级决算草案及时报本级政府审定，并提请人民代表大会审查和批准。

（二）政府决算报告的内容

政府决算报告的具体内容，应当依据《预算法》和同级财政部门的规定，包括决算报表和其他应当在决算报告中反映的相关信息和资料，通常由决算报表和决算说明与分析组成。

1. 决算报表

政府决算报表以表格形式反映政府年度预算执行情况的信息，包括一般公共预算收入决算表、政府性基金预算收入决算表、国有资本经营预算收入决算表，以及一般公共预算支出决算表、政府性基金预算支出决算表、国有资本经营预算支出决算表、债务收支决算表等。决算报表应当与预算相对应，按预算数、调整预算数、决算数分别列出。各项预算收支项目应当按照《政府收支分类科目》的要求，按其功能分类编列到项，按其经济性质分类编列到款。

政府决算表格以收付实现制会计核算为基础，与预算的编制基础一致。决算报表中的决算数，应当以预算会计核算生成的数据为基础，并按决算报表要求进行适当调整。上级政府财政应当根据本级政府决算报表和所属下级政府决算报表，编制汇总决算报表，反映一级政府财政的总体情况。在编制汇总决算报表时，绝大多数的报表项目可以直接将本级财政决算报表的数字与所属下级财政决算的数字相加，填列到汇总决算报表的相应项目中。但上下级财政之间发生的收入和支出，以及发生的债权、债务关系，应当予以冲销，不填列在汇总决算报表中，以避免重复列报。

2. 决算说明与分析

决算编制说明是以文字形式对决算报表数据所做的说明和解释，包括一般公共预算收支决算情况说明、政府性基金收支决算说明、国有资本经营收支决算情况说明、债务收支决算情况说明等。决算分析报告总结年度财政预算管理工作所取得的成绩，进行预算绩效评价，分析预算执行过程中存在的问题，提出下一年度预算管理工作的计划。

二、政府综合财务报告

根据《政府会计准则——基本准则》,各级政府财政部门应当按年度编制以权责发生制为基础的政府综合财务报告,向财务报告使用者提供与政府的财务状况和运行情况等有关的信息,综合反映政府会计主体公共受托责任履行情况。

(一)政府综合财务报告的含义

政府综合财务报告是指由政府财政部门编制的,综合反映各级政府整体财务状况、运行情况和财政中长期可持续性的报告。政府财务报告包括政府综合财务报告和综合部门财务报告。政府综合财务报告由财政部门负责编制,以权责发生制为基础,反映政府整体财务状况,将各部门和其他纳入财务报表合并范围的各主体的财务报表进行合并汇总,并以合并汇总的结果反映政府整体财务状况和运行情况。政府财务报告使用者包括各级人民代表大会常务委员会、债权人、各级政府及其有关部门、政府会计主体自身和其他利益相关者。政府编制综合财务报告的目的是向财务报告使用者提供与政府的财务状况、运行情况有关的信息,反映政府会计主体公共受托责任履行情况,有助于财务报告使用者做出决策或者进行监督和管理。

我国政府会计体系正在逐步建立、完善之中,政府综合财务报告编制处于试点准备阶段。财政部发布的《政府财务报告编制办法(试行)》和《政府综合财务报告编制操作指南(试行)》,规范政府综合财务报告制度改革试点期间的政府综合财务报告的编制工作。

(二)政府综合财务报告的内容

政府综合财务报告包括财务报表和其他应当在财务报告中披露的相关信息和资料,通常由财务报表、财政经济分析和政府财政财务管理情况说明组成。

1. 财务报表

政府财务报表包括财务会计报表和报表附注。财务会计报表由资产负债表、收入费用表和当期盈余与预算结余差异表 3 张主表和若干明细表组成。其中,资产负债表反映政府整体年末财务状况,格式见表 6-8;收入费用表反映政府整体年度运行情况,格式见表 6-9;当期盈余与预算结余差异表反映政府整体权责发生制基础当期盈余与现行会计制度下当期预算结余之间的差异,格式见表 6-10。由于与收入支出表的信息有较多重复,现金流量表并未列入政府财务会计报表的内容中。财务会计报表附注是对会计报表涵盖的主体范围、重要会计政策和会计估计、会计报表中的重要项目或有和承诺事项及未在报表中列示的重大项目等做的进一步解释说明。

表 6-8 资产负债表

表1

编制单位:		年 月 日	单位:万元
项目	附注	期初数	期末数
流动资产			

续表

项目	附注	期初数	期末数
货币资金			
应收及预付款项			
应收利息			
应收股利			
短期投资			
存货			
一年内到期的非流动资产			
非流动资产			
长期投资			
应收转贷款			
固定资产净值			
在建工程			
无形资产净值			
政府储备资产			
公共基础设施净值			
公共基础设施在建工程			
其他资产			
受托代理资产			
资产合计			
流动负债			
应付短期政府债券			
短期借款			
应付及预收款项			
应付利息			
应付职工薪酬			
应付政府补贴款			
一年内到期的非流动负债			
非流动负债			
应付长期政府债券			
应付转贷款			
长期借款			
长期应付款			
其他负债			
受托代理负债			
负债合计			
净资产			
负债及净资产合计			

表6-9 收入费用表

表2

编制单位：　　　　　　　　　　　年　　　　　　　　　　　单位：万元

项目	附注	上年数	本年数
税收收入			
非税收入			
事业收入			
经营收入			
投资收益			
政府间转移性收入			
其他收入			
收入合计			
工资福利费用			
商品和服务费用			
对个人和家庭的补助			
对企事业单位的补贴			
政府间转移性支出			
折旧费用			
摊销费用			
财务费用			
经营费用			
其他费用			
费用合计			
当期盈余			

表6-10 当期盈余与预算结余差异表

表3

编制单位：　　　　　　　　　　　年　　　　　　　　　　　单位：万元

项目	金额
当期预算结余	
日常活动产生的差异	
加：安排预算稳定调节基金	
当期预付的商品和服务金额*	
支付应付未付的商品和服务金额*	
当期购买的存货和政府储备资产金额*	
减：动用预算稳定调节基金	
当期收到已预付账款的商品和服务金额*	
当期发生的应付未付商品和服务金额*	
当期领用的存货和发出的政府储备资产金额*	
当期折旧费用*	
当期摊销费用*	
投资活动产生的差异	
加：当期应取得的政府股权投资收益	

续表

项目	金额
当期财政直接发生的资本性支出	
土地储备资金中的交付项目支出	
当期政府部门发生的资本性支出*	
减：国有资本经营预算收入	
筹资活动产生的差异	
加：债务还本支出	
债务转贷支出	
减：债务收入	
债务转贷收入	
当期盈余	

注：表中带"*"的项目从政府部门财务报告的当期盈余与预算结余差异表中直接取得

编制政府财务会计报表的数据，主要来源于财政总预算会计报表、政府部门（包括所属行政单位和事业单位）财务报表和其他需要合并主体的财务报表，以及政府持有股权的企业财务会计决算报表。政府会计由预算会计和财务会计构成，两者适度分离又相互衔接。目前政府会计中的预算会计功能较为成熟，财务会计功能正在逐步完善。政府财务报告的编制以财务会计核算生成的数据为准，因此，现阶段编制政府财务报表较为复杂，需要对有关项目按权责发生制基础进行调整，并对重复事项抵销后进行合并。

政府财务报告以权责发生制为编制基础，需要对现行预算会计制度下生成的会计报表的有关项目按权责发生制原则进行调整。政府综合财务报告编制涉及的调整事项可分为三类：一是资产调整事项。将目前财政总预算会计尚未核算，但按照权责发生制原则应确认的资产项目予以调增。二是收入调整事项。将按照权责发生制原则应确认为当期收入，但目前未记入当期收入的事项予以调增；将不应确认为当期收入，但已记为当期收入的事项予以调减。三是费用调整事项。将按照权责发生制原则不属于当期费用，但已记入当期支出的事项予以调减。

政府综合财务报告属于合并财务报告，为避免事项重复列示，应将属于政府内部各主体之间的经济业务事项进行抵销后编制，涉及的抵销事项主要有三类：一是财政和部门之间需抵销的事项，包括部门的财政拨款收入和财政总预算会计的一般公共预算本级支出、政府性基金预算本级支出等，以及往来事项；二是部门与部门之间需抵销的事项，包括部门取得的事业收入、其他收入与对方部门发生的商品和服务费用，以及往来事项等；三是财政内部不同资金主体之间需抵销的事项，如调入资金和调出资金、一般公共预算本级支出和专用基金收入等。

2. 财政经济分析

政府财政经济分析是指以财务报表为依据，结合国民经济形势，对政府财务状况、运行情况，以及财政中长期可持续性等内容进行分析，主要包括以下内容。

1) 政府财务状况分析

一是资产方面,重点分析政府资产的构成及分布,对货币资金、长期投资、政府储备资产、公共基础设施、保障性住房等重要项目,分析各项目比重、变化趋势及对政府偿债能力和公共服务能力的影响。

二是负债方面,重点分析政府负债规模、结构及变化趋势。

三是通过政府资产负债率、现金比率、流动比率等指标,分析政府当期及未来中长期财务风险及可控程度、需要采取的措施等。

2) 政府运行情况分析

一是收入方面,重点分析政府收入规模、结构及来源分布,重点收入项目的比重及变化趋势,特别是宏观经济运行、相关行业发展、税收政策、非税收入政策等对政府收入变动的影响。

二是费用方面,重点按照经济分类分析政府费用规模及构成,特别是政府投融资情况对政府费用变动的影响。

三是运用政府收入费用率、税收收入比重等指标,分析政府财政财务运行质量和效率。

3) 财政中长期可持续性分析

基于当前政府财政财务状况和运行情况,结合本地区经济形势、重点产业发展趋势、财政体制、财税政策、社会保障政策等,全面分析政府未来中长期收入支出变化趋势,预测财政收支缺口及相关负债占国内生产总值(GDP)比重等。

3. 政府财政财务管理情况说明

政府财政财务管理情况说明包括政府预算管理情况、政府资产负债管理情况和政府收支管理情况。

政府预算管理情况主要反映政府预算编制管理、预算执行管理、财政监督管理、绩效管理等方面的政策要求、主要措施和取得的成效;政府资产负债管理情况主要反映政府资产管理、负债管理等方面的政策要求,主要措施和取得的成效;政府收支管理情况主要反映政府收入管理、支出管理等方面的政策要求、主要措施和取得的成效。

本 章 小 结

政府财政财务报告是指政府财政部门编制的,反映政府财政一定时期预算执行情况、运行情况和特定日期财务状况等信息的书面文件。财政总预算会计兼具政府预算会计和政府财务会计的功能,需要向决算报告使用者提供与政府预算执行情况有关的信息,向财务报告使用者提供与政府财务状况、运行情况和现金流量等有关的信息。政府财政需要在编制财政总预算会计报表的基础上,编写政府决算报告与政府综合财务报告。

财政总预算会计报表是反映政府财政预算收支执行结果和财务状况的书面文件,由会计报表和附注构成，其中会计报表包括资产负债表、收入支出表、预算执行及收支情况明细表（一般公共预算执行情况表、政府性基金预算执行情况表、国有资本经营预算执行情况表、财政专户管理资金收支情况表、专用基金收支情况表等会计报表）。政府决算报告是由政府财政部门编制的，综合反映政府年度预算收支执行结果的报告。政府综合财务报告是由政府财政部门编制的，综合反映各级政府整体财务状况、运行情况和财政中长期可持续性的报告。

【复习思考题】

1. 财政总预算需要编制哪些会计报表？
2. 简述财政总预算会计年终清理的主要事项。
3. 财政总预算会计的年终结账有哪些环节？
4. 财政总预算会计的资产负债表的含义是什么？如何进行编制？
5. 财政总预算会计的收入支出表的含义是什么？如何进行编制？
6. 财政总预算会计的预算执行情况表包括哪些内容？
7. 财政总预算会计报表附注包括哪些内容？
8. 编制汇总财政总预算会计报表时，上下级之间相互冲销的项目有哪些？
9. 什么是政府决算报告？其内容是什么？
10. 什么是政府综合财务报告？其内容是什么？

第三篇

行政事业单位财务会计

第七章

行政事业单位会计概述

【学习目标】
1. 了解行政单位会计的概念、组织系统和特点。
2. 了解事业单位会计的概念、组织系统和特点。
3. 熟悉行政事业单位会计核算应遵循的会计制度。
4. 理解行政事业单位财务会计的会计科目及核算内容。

第一节 行政单位会计概述

一、行政单位会计的概念和特点

（一）行政单位的界定

行政单位是指以社会的公共利益为目的，行使国家权利，依法管理事务的单位。在我国，行政单位是政府办事机构、政府职能的具体实施者。行政单位一般包括国家权力（立法）机关，即各级人民代表大会及其常务委员会；国家行政机关，即国务院和地方各级人民政府及其工作机构；审判机关和检察机关；等等。行政单位的人员列入国家行政编制，所需经费全部由国家财政承担。此外，有些单位就其本身性质而言不属于行政单位，如政党组织、人民团体等，但因其经费来源主要为国家财政拨款，或财务收支与行政单位类似，也视为行政单位，实行与行政单位相类似的会计核算办法。由此，作为行政单位会计主体，行政单位有着特定的范围，是各级各类国家机关、政党组织的统称。

(1）国家机关。

国家机关是指依《中华人民共和国宪法》和有关组织法的规定设置的，行使国家行政职能，负责对国家各项行政事务进行组织、管理、监督和指挥的机关。我国的国家机关主要包括各级人民代表大会及其常务委员会机关、各级人民政府及其所属工作机构、中国人民政治协商会议各级委员会机关、各级审判机关、各级检察机关等。

（2）政党组织。

政党组织包括中国共产党各级机关、各民主党派和工商联的各级机关。其中，中国共产党为执政党，由党的中央组织、地方组织和基层组织组成。民主党派是除中国共产党以外的参政党的统称，包括中国国民党革命委员会、中国民主同盟、中国民主建国会、中国民主促进会、中国农工民主党、中国致公党、九三学社、台湾民主自治同盟。工商联是中华全国工商业联合会的简称，是面向工商界，以非公有制企业和非公有制经济人士为主体的人民团体和商会组织。

（二）行政单位会计的含义

行政单位会计是反映和监督各级各类国家机关、政党组织的财务状况、预算执行情况及结果的专业会计。行政单位会计的主体是行政单位，包括各级国家权力机关、政府机关、审判机关、检察机关及政党组织、接受预算拨款的人民团队等。行政单位会计属于政府部门会计，其核算对象是部门预算资金，纳入财政预算管理。行政单位会计需要向会计信息使用者提供财务状况、预算执行情况等有关的会计信息，反映行政单位受托责任的履行情况，为加强经济管理、监督资金的使用和做出经济决策服务。

（三）行政单位会计的特点

与其他会计相比，行政单位会计具有以下特点。

（1）会计核算目标兼顾决策有用和受托责任。行政单位会计的核算目标是向会计信息使用者提供与行政单位财务状况、预算执行情况等有关的会计信息，反映行政单位受托责任的履行情况，有助于会计信息使用者进行管理、监督和决策。

（2）财务会计核算采用权责发生制，预算会计核算采用收付实现制。

（3）收入来源渠道单一，支出用途单一，收支核算必须严格服从预算管理。

（4）不进行成本核算，但要讲求经济核算。

二、行政单位会计适用范围与组织系统

（一）行政单位会计适用范围

行政单位会计适用于各级各类国家机关、政党组织，具体要求如下。

（1）各级国家机关、政府组织执行《政府会计制度——行政事业单位会计科目和报表》。

（2）参照公务员制度管理的社会团队、事业单位来执行。

（3）行政单位独立核算的事业单位和企业不执行《政府会计制度——行政事业单位会计科目和报表》。

行政单位预算是财政预算的重要组成部分，隶属于不同级次的财政总预算。如果行政单位隶属于中央政府，由中央财政拨付经费，则该行政单位为中央行政单位；如果行政单位隶属于地方政府，由地方政府拨付经费，则该行政单位为地方行政单位。

（二）行政单位会计组织系统

按照预算管理权限，行政单位预算管理分主管会计单位、二级会计单位和基层会计单位三个级次。

（1）主管会计单位，向同级财政部门领报经费，并发生预算管理关系，下面有所属会计单位。

（2）二级会计单位，向主管会计单位或上级会计单位领报经费，并发生预算管理关系，下面有所属会计单位。

（3）基层会计单位，向上级会计单位领报经费，并发生预算管理关系，下面没有所属会计单位。向同级财政部门领报经费，并发生预算管理关系，下面没有所属会计单位的，同视为基层会计单位。

在实行国库集中支付制度之前，以上三级会计单位之间基本的财务关系是：主管会计单位的财政拨款由同级财政部门直接供给，二级会计单位的财政拨款由主管会计单位转拨，基层会计单位的财政拨款由上级会计单位转拨。而实行国库集中支付制度后，主管会计单位、二级会计单位、基层会计单位之间的资金领拨关系发生了变化，各行政单位财政拨款不再层层转拨，而是通过财政直接支付和财政授权支付方式获取。

三、行政单位会计的目标与确认基础和计量方法

（一）行政单位会计的目标

行政单位会计核算目标是向会计信息使用者提供与行政单位财务状况、预算执行情况等有关的会计信息，反映行政单位受托责任的履行情况，有助于会计信息使用者进行管理、监督和决策。行政单位会计的目标，强调了行政单位会计目标的"兼顾性"，不仅要反映行政单位预算执行情况，也要反映行政单位财务状况，兼顾预算管理与财务管理的需要。不仅要报告受托责任的履行情况，还要提供有助于做出经济决策的信息，兼顾受托责任与决策有用的需要。

行政单位会计信息使用者包括人民代表大会、政府及其有关部门、行政单位自身和其他会计信息使用者。不同的会计信息使用者对行政单位会计信息有着不同的需求。行政单位会计为"双目标"：一方面，要为部门预算管理服务，向决算报告使用者提供与单位预算执行情况有关的信息；另一方面，要为单位的财务管理服务，向财务报告使用者提供与单位的财务状况、运行情况有关的信息，反映行政单位受托责任的履行情况，为经济决策提供信息支持。

(二)行政单位会计的确认基础

行政单位财务会计核算实行权责发生制,预算会计核算实行收付实现制。行政单位会计的确认基础充分体现了行政单位会计目标兼顾预算管理与财务管理、受托责任与决策有用的要求。由于我国预算编制基础是收付实现制,实际收支也只有采用收付实现制基础确认和报告,才能与预算形成有效对比,准确反映预算执行情况。但是,加强行政单位的财务管理要求准确反映其资产、负债的价值,与其相适应的会计确认基础是权责发生制。为兼顾行政单位预算管理和财务管理的双重信息需求,在不影响准确反映预算支出的同时,行政单位会计采用双重基础确认,财务会计核算采用权责发生制确认,全面地反映行政单位的财务状况,为编制权责发生制基础的政府综合财务报告、反映行政成本信息奠定基础。

(三)行政单位会计的计量方法

行政单位的资产应当按照取得的实际成本进行计量,除国家另有规定外,行政单位不得自行调整其账面价值。行政单位会计以历史成本为主要计量属性,适当引入历史成本以外的计量属性,满足了兼顾预算关联和行政单位的财务管理需要的目标要求。以支付对价方式取得的资产,应当按照取得资产时支付的现金或者现金等价物的金额,以及所付出非货币性资产的评估价值等金额计量。取得资产时没有支付对价的,其计量金额应当按照有关凭据注明的金额加上相关税费、运输费等确定;没有相关凭据但依法经过资产评估的,其计量金额应当按照评价价值加上相关税费、运输费等确定;没有相关凭据也未经评估的,其计量金额比照同类或类似资产的市场价格加上相关税费、运输费等确定;没有相关凭据也未经评估,其同类或类似资产的市场价格无法可靠取得的,所取得的资产应当按照名义金额入账,名义金额一般为人民币1元。行政单位应当在会计报表附注中披露以名义金额计量的资产情况。

第二节 事业单位会计概述

一、事业单位会计的概念和特点

(一)事业单位的界定

事业单位是指国家为了社会公益目的,由国家机关举办或者其他组织利用国有资产举办的,从事教育、科技、文化、卫生等活动的社会服务组织。事业单位有两个属性:一是具有国有性质,二是具有社会公益性质。根据《事业单位登记管理暂行条例》的规定,事业单位经县级以上各级人民政府及有关主管部门批准成立后,应当依照规定登记或者备案。

事业单位按社会功能可以划分为行政支持类、社会公益类、经营开发服务类三种类型。行政支持类事业单位是指依据法律、法规授权，完全从事具体行政执法、监督检查的事业单位。社会公益类事业单位是指为实现社会公共利益和国家长远利益举办的、面向社会提供公益产品和公共服务的事业单位，按市场配置资源的情况分为公益一类、公益二类。经营开发服务类事业单位是指从事生产经营、技术开发和中介服务等活动的事业单位。根据国务院关于分类推进事业单位改革意见的要求，对承担行政职能的事业单位，逐步将其行政职能划归行政机构或转为行政机构；对从事生产经营活动的事业单位，逐步将其转为企业；对从事公益服务的，继续将其保留在事业单位序列，强化其公益属性。今后，不再批准设立承担行政职能的事业单位和从事生产经营活动的事业单位。

（二）事业单位会计的含义

事业单位会计是指以事业单位实际发生的各项业务活动为对象，记录、反映和监督事业单位财务状况、事业成果、预算执行情况及结果的专业会计。事业单位会计属于政府部门会计，以部门预算资金为会计核算对象，反映事业单位预算资金的收支情况和结果。同时，事业单位作为公益性社会组织，在向社会提供服务时产生业务资金运动，事业单位会计还需要反映其业务运营情况。

事业单位会计包括普通事业单位会计和行业事业单位会计。

（1）普通事业单位是不具有行业特点的事业单位。普通事业单位的公益性较强，不能或不宜由市场配置资源，以财政补助收入为主要收入来源。普通事业单位包括行政支持类事业单位、社会公益类事业单位和其他没有行业特征的事业单位。普通事业单位会计侧重于为预算管理服务，兼顾事业单位财务管理的需要。

（2）行业事业单位是具有行业特点的事业单位。事业单位分布在不同的领域，有些事业单位的行业特征显著，有着不同于普通事业单位的业务活动；有些事业单位需要通过市场配置资源，主要通过专业业务活动取得收入。行业事业单位主要包括医院、科学事业单位、高等学校、中小学校、彩票机构等。行业事业单位会计在满足预算管理要求的前提下，侧重反映单位的业务活动情况和事业成果，提供有助于经营管理决策的会计信息。

（三）事业单位会计的特点

与其他会计相比，事业单位会计具有以下特点。

（1）会计核算目标兼顾决策有用和受托责任。事业单位会计核算的目标是向会计信息使用者提供与事业单位财务状况、事业成果、预算执行等有关的会计信息，反映事业单位受托责任的履行情况，有助于会计信息使用者进行社会管理和做出经济决策。

（2）财务会计核算采用权责发生制，预算会计核算采用收付实现制。

（3）收入来源具有多渠道，支出具有多用途。

（4）可以根据实际需要采取成本核算办法。

（5）资源提供者向该组织投入资源不取得经济回报，也不存在业主权益问题。

二、事业单位会计适用范围与组织系统

（一）事业单位会计适用范围

（1）各类事业单位执行《政府会计制度——行政事业单位会计科目和报表》。

（2）实行企业化管理的事业单位，执行企业会计准则或小企业会计准则，不执行《政府会计制度——行政事业单位会计科目和报表》。我国有些事业单位，生产经营业务较多，采用企业化管理办法，并逐步向企业组织转变，这些单位虽然属于事业单位，但执行企业会计的有关规范。

（3）参照公务员法管理的事业单位执行《政府会计制度——行政事业单位会计科目和报表》。参照公务员法管理的事业单位具有法律、法规授权的公共事务管理职能，其人员使用事业编制，享受国家公务员的待遇。

（二）事业单位会计组织系统

根据机构建制和经费领报关系，事业单位会计的组织系统分为主管会计单位、二级会计单位和基层会计单位三级。

（1）主管会计单位，向同级财政部门领报经费，并发生预算管理关系，下面有所属会计单位。

（2）二级会计单位，向主管会计单位或上级会计单位领报经费，并发生预算管理关系，下面有所属会计单位。

（3）基层会计单位，向上级单位领报经费，并发生预算管理关系，下面没有所属会计单位。向同级财政部门领报经费，并发生预算管理关系，下面没有所属会计单位的，同视为基层会计单位。

事业单位会计组织体系的原理和行政单位会计相同，区别在于事业单位大多为行政单位的下属机构，大多数事业单位为二级会计单位。

在实行国库集中支付制度之前，以上三级的事业单位之间基本的财务关系是：主管会计单位的财政拨款由同级财政部门直接供给，二级会计单位的财政拨款由主管会计单位转拨，基层会计单位的财政拨款由上级会计单位转拨。而实行国库集中支付制度后，主管会计单位、二级会计单位和基层会计单位之间的资金领拨方式发生了变化，各事业单位的财政拨款不再实行层层转拨，而是通过财政直接支付和财政授权支付两种方式获取。

三、事业单位会计目标与确认计量

（一）事业单位会计目标

事业单位会计核算的目标是向会计信息使用者提供与事业单位财务状况、事业成果、预算执行等有关的会计信息，反映事业单位受托责任的履行情况，有助于会计信息使用者进行社会管理、做出经济决策。事业单位会计核算目标兼顾了事业单位预算管理

与财务管理、受托责任与决策有用的需要。

事业单位会计信息使用者包括政府及其有关部门、举办（上级）单位、债权人、事业单位自身和其他利益相关者。不同的会计信息使用者对事业单位会计信息有着不同的需求。事业单位会计为"双目标"：一方面，要为部门预算管理服务，反映与单位预算执行情况有关的信息；另一方面，要为单位的财务管理服务，满足单位资产、负债、成本等方面管理的需要，反映事业单位受托责任履行情况，提供有助于做出经济决策的信息。

（二）事业单位会计的确认基础

事业单位财务会计核算实行权责发生制，预算会计核算实行收付实现制。事业单位会计的确认基础充分体现了事业单位会计目标兼顾预算管理与财务管理、受托责任与决策有用的要求。事业单位的预算会计核算，要求准确反映当期收入和支出情况，一般采用收付实现制基础确认。事业单位的财务会计核算，要求合理配比一定期间的收入和费用，一般采用权责发生制基础确认。

（三）事业单位会计的计量方法

事业单位的资产应当按照取得的实际成本进行计量。取得支持的实际成本，应当区分支付对价和不支付对价两种方式：①以支付对价方式取得的资产，应当按照取得资产时支付的现金或者现金等价物的金额计量，或者按照取得资产时所付出非货币性资产的评估价值等金额计量。②取得资产时没有支付对价的，其计量金额应当按照有关凭据注明的金额加上相关税费、运输费等确定；没有相关凭据但依法经过资产评估的，其计量金额应当按照评价价值加上相关税费、运输费等确定；没有相关凭据也未经评估的，其计量金额比照同类或类似资产的市场价格加上相关税费、运输费等确定；没有相关凭据也未经评估，其同类或类似资产的市场价格无法可靠取得的，所取得的资产应当按照名义金额入账，名义金额一般为人民币1元。事业单位应当在会计报表附注中披露以名义金额计量的资产情况。

第三节 行政事业单位财务会计科目

一、行政事业单位财务会计科目及其核算内容

行政事业单位财务会计要素包括资产、负债、净资产、收入和费用。按照《政府会计制度——行政事业单位会计科目和报表》的规定，行政事业单位财务会计科目共有77个，其中资产类科目35个，负债类科目16个，净资产类科目7个，收入类科目11个，费用类科目8个。行政事业单位财务会计科目及其核算内容如表7-1所示。

表 7-1　行政事业单位财务会计科目及其核算内容

序号	编码	科目名称	核算内容
（一）资产类			
1	1001	库存现金	核算单位的库存现金
2	1002	银行存款	核算单位存入银行或者其他金融机构的各种存款
3	1011	零余额账户用款额度	核算实行国库集中支付的单位根据财政部门批复的用款计划收到和支用的零余额账户用款额度
4	1021	其他货币资金	核算单位的外埠存款、银行本票存款、银行汇票存款、信用卡存款等各种其他货币资金
5	1201	财政应返还额度	核算实行国库集中支付的单位可以使用的以前年度财政直接支付资金额度和财政应返还的财政授权支付资金额度
6	1101	短期投资	核算事业单位按规定取得的，持有时间不超过1年（含1年）的投资
7	1211	应收票据	核算事业单位因开展经营活动销售产品、提供有偿服务等而收到的商业汇票，包括银行承兑汇票和商业承兑汇票
8	1212	应收账款	核算事业单位因开展专业及其辅助活动、经营活动等应收取的款项；以及行政事业单位因出租资产、出售物资等应收取的款项
9	1214	预付账款	核算单位按照购货、服务合同或协议规定预付给供应单位（或个人）的款项
10	1215	应收股利	核算事业单位应收取的现金股利和应收取其他单位分配的利润
11	1216	应收利息	核算事业单位长期债券投资等应收取的利息
12	1218	其他应收款	核算单位除应收票据、应收账款、预付账款、应收股利、应收利息以外的其他各项应收及暂付款项，如职工预借的差旅费、拨付给内部有关部门的备用金、应向职工收取的各种垫付款项等
13	1219	坏账准备	核算事业单位对应收账款提取的坏账准备
14	1301	在途物品	核算单位采购材料等物资时货款已付但尚未验收入库的在途物品的采购成本
15	1302	库存物品	核算单位在开展业务活动及其他活动中为耗用或出售而储存的各种材料、产品、包装物、低值易耗品，以及达不到固定资产标准的用具、装具、动植物，以及已完成测绘、地质勘查、设计成果等的成本
16	1303	加工物品	核算单位自制或委托外单位加工的各种物资及未完成测绘、地质勘查、设计成果的实际成本
17	1401	待摊费用	核算单位已经支出，但应当由本期和以后各期分别负担的分摊期在1年以内（含1年）的各项费用，如预付航空保险费、预付租金、预付报刊订阅费等
18	1501	长期股权投资	核算事业单位按规定取得的，持有时间超过1年（不含1年）的股权性质的投资
19	1502	长期债券投资	核算事业单位按规定取得的，持有时间超过1年（不含1年）的债券投资
20	1601	固定资产	核算单位固定资产的原价
21	1602	固定资产累计折旧	核算单位计提的固定资产累计折旧
22	1611	工程物资	核算单位为在建工程准备的各种物资的成本，包括工程用材料等
23	1613	在建工程	核算单位在建的建设项目工程
24	1701	无形资产	核算单位无形资产的原价
25	1702	无形资产累计摊销	核算单位对使用年限确定的无形资产计提的累计摊销

续表

序号	编码	科目名称	核算内容
26	1703	研发支出	核算单位自行研究开发项目研究阶段和开发阶段的发生的各项费用
27	1801	公共基础设施	核算由单位控制,直接负责维护管理、供社会公众长期使用的基础设施资产,包括公路、桥梁、水利设施、水运设施、市政道路、公共照明设施、城市广场、城市绿地、公共环卫设施等
28	1802	公共基础设施累计折旧(摊销)	核算单位按规定计提的公共基础设施累计折旧和累计摊销
29	1811	政府储备物资	核算单位直接储存管理的各项政府应急或救灾储备物资等
30	1821	文物文化资产	核算单位控制的文物文化资产的价值。文物文化资产是指用于展览、教育或研究等目的的历史文物、艺术品以及其他具有文化或者历史价值并作长期或者永久保存的典藏等
31	1831	保障性住房	核算单位为满足社会公共需求而控制的保障性住房原值
32	1832	保障性住房累计折旧	核算单位计提的保障性住房的累计折旧
33	1891	受托代理资产	核算单位接受委托方委托管理的各项资产,包括受托指定转赠的物资、受托储存管理的物资等
34	1901	长期待摊费用	核算单位已经发生但应由本期和以后各期负担的分摊期限在1年以上(不含1年)的各项费用,如以经营租赁方式租入的固定资产发生的改良支出等
35	1902	待处理财产损溢	核算单位待处理资产的价值及资产处理损溢
(二)负债类			
36	2001	短期借款	核算事业单位经批准向银行或其他金融机构等借入的期限在1年内(含1年)的各种借款
37	2101	应交增值税	核算单位按照税法等规定计算应缴纳的增值税
38	2102	其他应交税费	核算单位按照税法等规定计算应缴纳的除增值税以外的各种税费,包括城市维护建设税、教育费附加、车船税、房产税、城镇土地使用税、企业所得税等
39	2103	应缴财政款	核算单位取得或应收的按规定应当上缴财政的款项,包括应缴国库的款项和应缴财政专户的款项
40	2201	应付职工薪酬	核算单位按有关规定应付给职工及为职工(含长期聘用人员)支付的各种薪酬,包括基本工资、绩效工资、国家统一规定的津贴补贴、社会保险费、住房公积金等
41	2301	应付票据	核算事业单位因购买材料、物资等而开出、承兑的商业汇票,包括银行承兑汇票和商业承兑汇票
42	2302	应付账款	核算单位因购买物资或接受服务、工程建设等而应付的偿还期限在1年以内(含1年)的款项
43	2303	应付政府补贴款	核算负责发放政府补贴的行政单位,按照规定应当支付给政府补贴接受者的各种政府补贴款
44	2304	应付利息	核算事业单位按照合同约定应支付的利息,包括短期借款、分期付息到期还本的长期借款等应支付的利息
45	2305	预收账款	核算事业单位按规定预收的款项
46	2307	其他应付款	核算单位除应缴财政款、应付政府补贴款、应付票据、应付账款、预收账款、应付职工薪酬、应交增值税、其他应交税费、应付利息以外,其他各项偿还期限在1年内(含1年)的应付及暂收款项,如收取的押金、存入保证金、已经报销但尚未偿还银行的本单位公务卡欠款等
47	2401	预提费用	核算单位预先提取的已经发生但尚未支付的费用,如预提租金费用等

续表

序号	编码	科目名称	核算内容
48	2501	长期借款	核算事业单位经批准向银行或其他金融机构借入的期限超过1年（不含1年）的各种借款
49	2502	长期应付款	核算单位发生的偿还期限超过1年（不含1年）的应付款项，如以融资租赁方式取得的固定资产的租赁费等
50	2601	预计负债	核算单位对因或有事项所产生的现时义务而确认的负债，如未决诉讼等确认的负债
51	2901	受托代理负债	核算单位接受委托，取得受托管理资产时形成的负债
(三) 净资产类			
52	3001	累计盈余	核算单位历年实现的盈余扣除盈余分配后滚存的金额，以及因无偿调入调出资产产生的净资产变动额
53	3101	专用基金	核算事业单位按照规定提取或设置的具有专门用途的净资产
54	3201	权益法调整	核算事业单位取得长期股权投资后，根据被投资单位所有者权益变动情况，按照权益法对投资的账面价值进行的调整
55	3301	本期盈余	核算单位各项收入费用相抵后的余额
56	3302	本年盈余分配	核算单位本年度盈余分配的情况和结果
57	3401	无偿调拨净资产	核算单位无偿调入或调出非现金资产所引起的净资产变动金额
58	3501	以前年度盈余调整	核算单位本年度发生的调整以前年度盈余的事项
(四) 收入类			
59	4001	财政拨款收入	核算单位从同级财政部门取得的各类财政拨款
60	4101	事业收入	核算事业单位开展的专业业务活动及其辅助活动取得的收入
61	4201	上级补助收入	核算事业单位从主管部门和上级单位取得的非财政拨款收入
62	4301	附属单位上缴收入	核算事业单位附属单位按照有关规定上缴的收入
63	4401	经营收入	核算事业单位在专业业务活动及其辅助活动之外开展非独立核算营利性活动取得的收入
64	4601	非同级财政拨款收入	核算单位从非同级财政部门取得的经费拨款
65	4602	投资收益	核算事业单位股权投资和债券投资所取得的收益或损失
66	4603	捐赠收入	核算单位接受其他单位或者个人捐赠取得的收入
67	4604	利息收入	核算单位取得的银行存款利息收入
68	4605	租金收入	核算事业单位经批准利用国有资产出租、出借取得的收入
69	4609	其他收入	核算各单位除财政拨款收入、事业收入、上级补助收入、附属单位上缴收入、经营收入、非同级财政拨款收入、投资收益、捐赠收入、利息收入、租金收入以外的各项收入，包括现金盘盈收入、无形资产处置（科技成果转化）收入、收回已核销的其他应收款、无法偿付的应付及预收款项、资产置换中的估价增值等
(五) 费用类			
70	5001	业务活动费用	核算单位为实现其职能目标，依法履职或开展专业业务活动及其辅助活动中所发生的各项费用
71	5101	单位管理费用	核算事业单位本级行政管理部门开展管理活动发生的各项费用，以及由单位统一负担的工会经费、诉讼费、中介费等

续表

序号	编码	科目名称	核算内容
72	5201	经营费用	核算事业单位在专业业务活动及其辅助活动之外开展非独立核算营利性活动发生的各项费用
73	5301	资产处置费用	核算单位经批准处置资产时发生的费用
74	5401	上缴上级费用	核算事业单位按照财政部门和主管部门的规定上缴上级单位款项发生的费用
75	5501	对附属单位补助费用	核算事业单位用财政拨款收入之外的收入对附属单位补助发生的费用
76	5801	所得税费用	核算有企业所得税缴纳义务的事业单位计算出应缴纳的企业所得税
77	5901	其他费用	核算单位发生的除业务活动费用、单位管理费用、经营费用、资产处置费用、上缴上级费用、对附属单位补助费用、所得税费用以外的各项费用，包括利息费用、坏账损失、罚没支出、现金资产捐赠支出以及相关税费、运输费等

二、行政事业单位会计科目的使用要求

（1）单位应当按照本制度的规定设置和使用会计科目。在不影响会计处理和编报财务报表和决算报表的前提下，可以根据实际情况自行增设、减少或合并某些科目。

（2）本制度统一规定会计科目的编号，以便于填制会计凭证、登记账簿、查阅账目，实行会计信息化管理。单位不得打乱重编。

（3）单位在填制会计凭证、登记会计账簿时，应当填列会计科目的名称，或者同时填列会计科目的名称和编号，不得只填列科目编号、不填列科目名称。

本 章 小 结

行政单位会计是指反映和监督各级各类国家机关、政党组织财务状况、预算执行情况及结果的专业会计，适用于各类国家机关和政党组织。事业单位会计是指以事业单位实际发生的各项业务活动为对象，记录、反映和监督事业单位财务状况、事业成果、预算执行情况及结果的专业会计。按照预算管理权限，行政事业单位预算管理分一级预算单位、二级预算单位和基层预算单位三个级次。行政事业单位会计目标的"兼顾性"，体现预算管理与财务管理的需要，不但要报告受托责任的履行情况，还要提供有助于做出经济决策的信息，兼顾受托责任与决策有用的需要。行政事业单位财务会计核算实行权责发生制，预算会计核算实行收付实现制。行政事业单位会计以历史成本为主要计量属性，适当引入历史成本以外的计量属性，满足了兼顾预算关联和行政单位的财务管理需要的目标要求。行政事业单位财务会计要素包括资产、负债、净资产、收入和费用，财务会计科目共有77个。

【复习思考题】

1. 什么是行政单位会计?其具有哪些特点?
2. 什么是事业单位会计?其特点是什么?
3. 行政事业单位会计的确认基础是什么?
4. 行政事业单位取得资产时没有支付对价的,其计量金额的确认顺序是什么?
5. 行政事业单位的财务会计科目分为几类?每类各自包括哪些会计科目?

第八章

行政事业单位资产的核算

【学习目标】
1. 明确行政事业单位资产的具体构成。
2. 熟悉行政事业单位各项资产的管理要求。
3. 掌握行政事业单位货币类资产的核算方法。
4. 掌握行政事业单位应收款项与存货的核算方法。
5. 掌握行政事业单位长期投资与固定资产的核算方法。
6. 掌握行政事业单位其他资产的核算方法。

第一节 行政事业单位货币类资产的核算

行政事业单位目前采用零余额账户用款额度、现金、银行存款、财政应返还额度等多种资金使用形式。零余额账户用款额度适用于实行国库单一账户管理的行政事业单位当年财政资金的取得和使用。现金、银行存款主要用于行政事业单位其他来源的资金的取得和使用，以及实行传统划拨资金方式的行政事业单位。行政事业单位年末拥有但尚未使用的预算额度也构成行政事业单位的一类货币资金，即财政应返还额度。

一、货币资金

行政事业单位货币资金包括库存现金、银行存款、零余额账户用款额度和其他货币资金。

（一）库存现金

1. 库存现金的管理

行政事业单位的库存现金是指存于单位内部，用于日常零星开支的货币资金。现金既可以投入流通，发挥货币流通的职能，也可以随时支用，发挥货币支付手段的职能，还可以随时存入应付，发挥货币贮藏手段的职能。现金的这一特点决定了行政事业单位必须严格遵守现金管理的各项规定，加强对现金的内部控制，确保现金的安全，防止发生不必要的损失。行政事业单位应当严格按照国家有关现金管理的规定收支现金，并按照规定核算现金的各项收支业务。现金管理的主要内容包括现金使用范围的管理、库存现金限额的管理、现金收支的日常管理、现金管理的内部控制制度等。

2. 库存现金的核算

行政事业单位设置"库存现金"科目，核算单位的库存现金的收支和结存情况。本科目下设"受托代理资产"明细科目，核算单位受托代理、代管的现金。行政事业单位应当设置"库存现金日记账"，由出纳人员根据收付款凭证，按照业务发生顺序逐笔登记。每日终了，应当计算当日的现金收入合计数、现金支出合计数和结余数，并将结余数与实际库存数核对，做到账款相符。现金收入业务繁多、单独设有收款部门的单位，收款部门的收款员应当将每天所收现金连同收款凭据一并交财务部门核收记账；或者将每天所收现金直接送存开户银行后，将收款凭据及向银行送存现金的凭证等一并交财务部门核收记账。单位有外币现金的，应当分别按照人民币、外币种类设置"库存现金日记账"进行明细核算。本科目期末借方余额，反映单位实际持有的库存现金。

库存现金的主要账务处理如下。

（1）从银行等金融机构提取现金，按照实际提取的金额，借记本科目，贷记"银行存款"科目；将现金存入银行等金融机构，借记"银行存款"科目，贷记本科目。按规定从单位零余额账户提取现金，借记本科目，贷记"零余额账户用款额度"科目。将现金退回单位零余额账户，借记"零余额账户用款额度"科目，贷记本科目。

（2）因内部职工出差等原因所借的现金，按实际支付的金额，借记"其他应收款"科目，贷记本科目。出差人员报销差旅费时，按照实际报销的金额，借记"业务活动费用""单位管理费用"等科目，按照实际借出的现金金额，贷记"其他应收款"科目，按照其差额，借记或贷记本科目。

（3）因提供服务、商品或者其他事项收到现金，按实际收到的金额，借记本科目，贷记"事业收入""应收账款"等相关科目。因购买服务、商品或者其他事项支付现金，按照实际支付的金额，借记"业务活动费用""单位管理费用""库存物品"等相关科目，贷记本科目。

（4）收到受托代理、代管的现金时，按实际收到的金额，借记本科目（受托代理资产），贷记"受托代理负债"科目；支付受托代理、代管的现金时，按实际支付的金额，借记"受托代理负债"科目，贷记本科目（受托代理资产）。

（5）每日账款核对中发现有待查明原因的现金短缺或溢余的，核对库存现金时发现有待查明原因的现金短缺或溢余,应通过"待处理财产损溢"科目核算。属于现金溢余的,应当按照实际溢余的金额,借记本科目,贷记"待处理财产损溢"科目;属于现金短缺的,应当按照实际短缺的金额,借记"待处理财产损溢"科目,贷记本科目。待查明原因后及时进行账务处理。

【例8-1】某行政单位发生下列经济业务,分别编制会计分录如下。

(1)从单位零余额账户提取现金800元备用。

借:库存现金　　　　　　　　　　　　　　　　　800
　　贷:零余额账户用款额度　　　　　　　　　　　　800

(2)职工李明因公出差预借差旅费400元,付给现金。

借:其他应收款——李明　　　　　　　　　　　　400
　　贷:库存现金　　　　　　　　　　　　　　　　　400

(3)单位以现金120元购买办公用品。

借:业务活动费用　　　　　　　　　　　　　　　120
　　贷:库存现金　　　　　　　　　　　　　　　　　120

(4)职工李明出差返回报销差旅费380元,交回现金20元。

借:业务活动费用　　　　　　　　　　　　　　　380
　　库存现金　　　　　　　　　　　　　　　　　　20
　　贷:其他应收款——李明　　　　　　　　　　　　400

【例8-2】某事业单位盘点库存现金发生如下经济业务,分别做会计分录如下。

(1)盘点库存现金,发现库存现金的实际数比账面数多出20元,暂时无法查明原因。

借:库存现金　　　　　　　　　　　　　　　　　20
　　贷:待处理财产损溢　　　　　　　　　　　　　　20

(2)经查,上项长款不属于本单位所有,也没有找到失主,经批准做无主款处理。

借:待处理财产损溢　　　　　　　　　　　　　　20
　　贷:其他收入　　　　　　　　　　　　　　　　　20

(3)盘点库存现金,实有库存现金数比账面数少18元,原因不清。

借:待处理财产损溢　　　　　　　　　　　　　　18
　　贷:库存现金　　　　　　　　　　　　　　　　　18

(4)经查明,短少的现金是工作失误造成,经领导同意并批准作为资产损失报销。

借:资产处置费用　　　　　　　　　　　　　　　18
　　贷:待处理资产损溢　　　　　　　　　　　　　　18

(二)银行存款

1. 银行存款的管理

行政事业单位应当严格按照国家有关支付结算办法的规定办理银行存款收支业务,

遵循以下管理要求。

（1）按规定开设银行账户。行政事业单位的银行存款账户，一般包括基本存款账户、专用存款账户和一般存款账户。基本存款账户只能用于办理本单位预算资金、自筹及往来资金等的日常转账结算和现金收付等业务。专用存款账户是指按规定对特定用途的资金进行专项管理和使用而开立的银行账户；专用存款账户一般不能支取现金，确需支取现金的需经中国人民银行营业管理部批准。一般存款账户是指从基本存款账户和专用存款账户以外的开户银行取得借款而开立的账户，其只能用于办理转账结算和现金缴存，不能支取现金。

（2）严格管理银行账户。行政事业单位必须按照同级财政部门和中国人民银行规定的用途使用银行账户，不得将预算收入汇缴专用存款账户资金和财政拨款转为定期存款，不得以个人名义存放单位资金，不得出租、转让银行账户，不得为个人或其他单位提供信用。

（3）按规定和实际需要选择转账结算方式。行政事业单位除了可以使用现金的资金支付外，其他资金支付必须通过银行进行转账。行政事业单位使用的转账方式包括支票、汇兑、公务卡等。

（4）设置银行存款日记账。行政事业单位应当按开户银行或其他金融机构、存款种类及币种等分别设置"银行存款日记账"，由出纳人员根据收付款凭证，按照业务的发生顺序逐笔登记，每日终了应结出余额。"银行存款日记账"应定期与"银行对账单"核对，至少每月核对一次。月度终了，单位银行存款账面余额与银行对账单余额之间如有差额，必须逐笔查明原因并进行处理，按月编制"银行存款余额调节表"，调节至相符。

2. 银行存款的核算

行政事业单位设置"银行存款"科目，核算行政事业单位存入银行或者其他金融机构的各种存款。本科目下设"受托代理资产"明细科目，核算单位受托代理、代管的银行存款。本科目期末借方余额，反映单位实际存放在银行或其他金融机构的款项。

银行存款的主要账务处理如下。

（1）将款项存入银行或者其他金融机构时，借记本科目，贷记"库存现金""事业收入""经营收入""其他收入"等相关科目。以银行存款支付相关费用时，借记"业务活动费用""单位管理费用"等相关科目，贷记本科目。

（2）收到银行存款利息，借记本科目，贷记"利息收入"等科目。支付银行手续费等时，借记"业务活动费用""单位管理费用"等科目，贷记本科目。

（3）收到受托代理、代管的银行存款时，借记本科目（受托代理资产），贷记"受托代理负债"科目；支付受托代理、代管的银行存款时，借记"受托代理负债"科目，贷记本科目（受托代理资产）。

（4）单位发生外币业务的，应当按照业务发生当日或当期期初的即期汇率，将外币金额折算为人民币金额记账，并登记外币金额和汇率。期末，各种外币账户的期末余额，应当按照期末的即期汇率折算为人民币，作为外币账户期末人民币余额。调整后的各种外币账户人民币余额与原账面余额的差额,作为汇兑损益计入当期费用,借记或贷记本科目,贷记或借记"业务活动费用""单位管理费用"等科目。

【例8-3】某行政单位将现金50 000元存入银行。
  借:银行存款   50 000
    贷:库存现金   50 000

【例8-4】某事业单位以银行存款支付职工培训费20 000元。
  借:业务活动费用   20 000
    贷:银行存款   20 000

【例8-5】某行政单位银行存款基本户收到A单位转赠贫困地区的捐款50 000元。
  借:银行存款——受托代理资产   50 000
    贷:受托代理负债   50 000

【例8-6】该行政单位将A单位转赠贫困地区的捐款50 000元通过银行汇往贫困地区。
  借:受托代理负债   50 000
    贷:银行存款——受托代理资产   50 000

【例8-7】某事业单位收到某国外公益组织的捐款50 000美元,当日美元对人民币的汇率为:1美元=6.8035元人民币。
  借:银行存款——美元户   340 175
    贷:捐赠收入   340 175

【例8-8】月末,该事业单位的"银行存款——美元户"账面余额为20 000美元,合人民币136 580元,月末美元对人民币的汇率为:1美元=6.8978元人民币。
  汇兑损益=20 000×6.897 8-136 580=1 376(元)
  借:银行存款——美元户   1 376
    贷:业务活动费用   1 376

(三)零余额账户用款额度

1. 单位零余额账户和零余额账户用款额度

行政事业单位的零余额账户是指由同级财政部门为其在商业银行开设的用于本单位财政授权支付的账户。通过该账户,行政事业单位可以办理转账、汇兑、委托收款和提取现金等支付结算业务,但单位的非财政性资金不得进入。单位零余额账户是一个过渡账户,而不是实存账户。

零余额账户用款额度是指实行国库集中支付的行政事业单位根据财政部门批复的用款计划收到和支用的财政授权支付额度,具有与银行存款相同的支付结算功能。在此额度内,行政事业单位可按审批的分月用款计划开具支付令,使用零余额账户用款额度实现日常支付。零余额账户用款额度由财政部门按《政府收支分类科目》中的类、款、项,分基本支出和项目支出分别下达,类、款、项及基本支出和项目之间的用款额度不可调剂使用。零余额账户用款额度在年度内可累加使用。该账户的代理银行在用款额度累计余额内,根据行政事业单位支付指令,办理资金支付业务,并在规定时间内与国库单一账户清算。

2. 零余额账户用款额度的核算

行政事业单位设置"零余额账户用款额度"科目,核算实行国库集中支付的单位根据财政部门批复的用款计划收到和支用的零余额账户用款额度。本科目期末借方余额,反映单位尚未支用的零余额账户用款额度。年度终了注销单位零余额账户用款额度后,本科目应无余额。

零余额账户用款额度的主要账务处理如下。

(1)在财政授权支付方式下,收到代理银行盖章的"授权支付到账通知书"时,根据通知书所列金额,借记本科目,贷记"财政拨款收入"科目。

(2)按规定支用额度,包括支付日常活动费用、购买库存物品或购建固定资产时,按照支付金额或应付金额,借记"业务活动费用""单位管理费用""库存物品""固定资产""在建工程"等科目,贷记本科目。

(3)因购货退回等发生国库授权支付额度退回的,按照退回金额,借记本科目,贷记"库存物品"等科目。

(4)年度终了,根据代理银行提供的对账单做注销额度的相关账务处理,借记"财政应返还额度——财政授权支付"科目,贷记本科目。单位本年度财政授权支付预算指标数大于零余额账户用款额度下达数的,根据未下达的用款额度,借记"财政应返还额度——财政授权支付"科目,贷记"财政拨款收入"科目。

下年初,单位根据代理银行提供的上年度注销额度恢复到账通知书做恢复额度的相关账务处理,借记本科目,贷记"财政应返还额度——财政授权支付"科目。单位收到财政部门批复的上年未下达零余额账户用款额度的,借记本科目,贷记"财政应返还额度——财政授权支付"科目。

【例8-9】某行政单位收到"财政授权支付额度到账通知书",列明本月授权支付额度为1 000 000元。

借:零余额账户用款额度　　　　　　　　　　　　　1 000 000
　　贷:财政拨款收入　　　　　　　　　　　　　　　　　　1 000 000

【例8-10】某事业单位从零余额账户中取款购买计算机一台,价款12 000元,计算机直接交付使用。

借:固定资产　　　　　　　　　　　　　　　　　　12 000
　　贷:零余额账户用款额度　　　　　　　　　　　　　　　12 000

【例8-11】某行政单位从零余额账户提取现金1 500元,并购买复印纸一批,价款1 000元。

借:库存现金　　　　　　　　　　　　　　　　　　1 500
　　贷:零余额账户用款额度　　　　　　　　　　　　　　　1 500

借：业务活动费用	1 000	
贷：库存现金		1 000

（四）其他货币资金

行政事业单位应设置"其他货币资金"科目，核算单位的外埠存款、银行本票存款、银行汇票存款、信用卡存款等各种其他货币资金。本科目应设置"外埠存款""银行本票存款""银行汇票存款""信用卡存款"等明细科目，进行明细核算。行政事业单位应加强对其他货币资金的管理，及时办理结算，对逾期尚未办理结算的银行汇票、银行本票等，应按规定及时转回，按上述规定进行相应账务处理。本科目期末借方余额，反映单位实际持有的其他货币资金。

其他货币资金的主要账务处理如下。

（1）单位到外地进行临时或零星采购并在采购地银行开立采购专户，将款项委托本地银行汇往采购地开立专户时，借记本科目，贷记"银行存款"科目。收到采购员交来供应单位发票账单等报销凭证时，借记"库存物品"等科目，贷记本科目。将多余的外埠存款转回本地银行时，根据银行的收账通知，借记"银行存款"科目，贷记本科目。

（2）将款项交存银行取得银行本票、银行汇票，按照取得的银行本票、银行汇票金额，借记本科目，贷记"银行存款"等科目。使用银行本票、银行汇票发生支付，按照实际支付金额，借记"库存物品"等科目，贷记本科目。若有余款或因本票、汇票超过付款期等原因而退回款项，按照退款金额，借记"银行存款"科目，贷记本科目。

（3）将款项交存银行取得信用卡，按照交存金额，借记本科目，贷记"银行存款"科目。用信用卡购物或支付有关费用，借记相关科目，贷记本科目。单位信用卡在使用过程中，需向其账户续存资金的，按照续存金额，借记本科目，贷记"银行存款"科目。

【例 8-12】某行政单位申请办理银行汇票，将银行存款 20 000 元转为银行汇票存款。

借：其他货币资金——银行汇票存款	20 000	
贷：银行存款		20 000

【例 8-13】收到收款单位发票等单据，采购物品付款 19 250 元，并收到多余款项退回通知，余款 750 元收妥入账。

借：库存物品	19 250	
贷：其他货币资金——银行汇票存款		19 250
借：银行存款	750	
贷：其他货币资金——银行汇票存款		750

【例 8-14】某事业单位在外埠开立临时采购账户，委托银行将 50 000 元汇往采购地。

借：其他货币资金——外埠存款	50 000	
贷：银行存款		50 000

【例 8-15】该事业单位以外埠存款购买材料，材料价款 40 000 元，增值税 6 800 元，材

料入库。

  借：库存物品   40 000
    应交增值税——进项税额   6 800
    贷：其他货币资金——外埠存款   46 800

【例 8-16】 外埠采购结束，将外埠存款清户，收到银行转来收款通知，余款 3 200 元收妥入账。

  借：银行存款   3 200
    贷：其他货币资金——外埠存款   3 200

二、财政应返还额度

（一）财政应返还额度的内容

  实行国库集中收付制度后，行政事业单位的财政经费由财政部门通过国库单一账户统一拨付。行政事业单位的年度预算指标包括财政直接支付额度和财政授权支付额度。财政直接支付额度由财政部门完成支付；财政授权支付额度下达到代理银行，由行政事业单位完成支付。年度终了，行政事业单位需要对年度未实现的用款额度进行注销，形成财政应返还额度，以待在次年得以恢复。

  行政事业单位的财政应返还额度包括财政应返还直接额度和财政应返还授权额度。

  1. 财政应返还直接额度

  财政应返还直接额度是财政直接支付额度本年预算指标与当年财政实际支付数的差额。

  2. 财政应返还授权额度

  财政应返还授权额度是财政授权支付额度本年预算指标与当年行政事业单位实际支付数的差额，包括以下两个部分。

  （1）未下达的授权额度，是指当年预算已经安排，但财政部门当年没有下达到行政事业单位代理银行的授权额度，即授权额度的本年预算指标与当年下达数之间的差额。

  （2）未使用的授权额度，是指财政部门已经将授权额度下达到代理银行，但行政事业单位当年尚未实际支付的数额，即授权额度的本年下达数与当年实际使用数之间的差额。

（二）财政应返还额度的核算

  财政应返还额度的核算实行国库集中支付的行政事业单位可以使用的以前年度财政直接支付资金额度和财政应返还的财政授权支付资金额度。本科目应当设置"财政直接支付""财政授权支付"两个明细科目进行明细核算。本科目期末借方余额，反映单位应收财政返还的资金额度。

  财政应返还额度的主要账务处理如下。

1. 财政直接支付

年度终了，单位根据本年度财政直接支付预算指标数大于当年财政直接支付实际发生数的差额，借记本科目（财政直接支付），贷记"财政拨款收入"科目。

下年度恢复财政直接支付额度后，单位以财政直接支付方式支付款项时，借记"业务活动费用""单位管理费用"等科目，贷记本科目（财政直接支付）。

【例 8-17】 某行政单位本年度公共财政预算基本经费拨款的财政直接支付额度预算指标为 3 000 000 元，当年财政已经实际完成支付 2 940 000 元，需要注销未实现的财政直接支付额度为 60 000 元。

借：财政应返还额度——财政直接支付　　　　　　　　　　60 000
　　贷：财政拨款收入　　　　　　　　　　　　　　　　　　　60 000

【例 8-18】 下年初，该行政单位收到"财政直接支付额度恢复通知书"，恢复上年底注销的财政直接支付额度 60 000 元。

恢复的财政直接支付额度 60 000 元并没有实际支付，因此不进行会计确认，只进行预算记录。

【例 8-19】 根据国库支付执行机构委托代理银行转来的"财政直接支付入账通知书"及原始凭证，财政部门使用恢复的上年度的用款额度，采用财政直接支付方式，为行政单位支付了一笔因公出国（境）费用 50 000 元。

借：业务活动费用　　　　　　　　　　　　　　　　　　　　50 000
　　贷：财政应返还额度——财政直接支付　　　　　　　　　　50 000

2. 财政授权支付

年度终了，根据代理银行提供的对账单做注销额度的相关账务处理，借记本科目（财政授权支付），贷记"零余额账户用款额度"科目。

单位本年度财政授权支付预算指标数大于零余额账户用款额度下达数的，根据未下达的用款额度，借记本科目（财政授权支付），贷记"财政拨款收入"科目。

下年初，单位根据代理银行提供的上年度注销额度恢复到账通知书做恢复额度的相关账务处理，借记"零余额账户用款额度"科目，贷记本科目（财政授权支付）。单位收到财政部门批复的上年未下达零余额账户用款额度的，借记"零余额账户用款额度"科目，贷记本科目（财政授权支付）。

【例 8-20】 某事业单位本年度公共财政预算基本经费拨款的财政授权支付额度预算指标为 800 000 元，根据代理银行提供的对账单，本年已经下达的财政授权支付额度为 780 000 元，事业单位已经实际使用了授权额度 750 000 元，需要注销未实现的授权额度 50 000 元，其中，未下达的授权额度为 20 000 元，未使用的授权额度为 30 000 元。

借：财政应返还额度——财政授权支付　　　　　　　　　　50 000
　　贷：财政拨款收入　　　　　　　　　　　　　　　　　　　20 000
　　　　零余额账户用款额度　　　　　　　　　　　　　　　　30 000

【例8-21】下年初,该事业单位收到"财政授权支付额度恢复到账通知书",上年注销的授权额度50 000元已经全额恢复,并且已经下达到代理银行。

借:零余额账户用款额度　　　　　　　　　　　　　　　　　　　50 000
　　贷:财政应返还额度——财政授权支付　　　　　　　　　　　　　　50 000

【例8-22】该事业单位使用上年度的财政授权支付额度,通过授权支付方式支付一笔培训费用40 000元,款项已经通过单位零余额账户支付。

借:业务活动费用　　　　　　　　　　　　　　　　　　　　　　40 000
　　贷:零余额账户用款额度　　　　　　　　　　　　　　　　　　　40 000

三、短期投资

事业单位设置"短期投资"科目,核算事业单位按规定取得的、持有时间不超过1年(含1年)的投资。事业单位应当严格遵守国家法律、行政法规及财政部门、主管部门关于对外投资的有关规定。事业单位的短期投资主要是国债投资,事业单位按规定可以购入国家发行的公债。本科目按照投资的种类等进行明细核算,期末借方余额,反映事业单位持有短期投资的成本。

短期投资的主要账务处理如下。

(1)短期投资在取得时,按实际支付的金额,借记本科目,贷记"银行存款"等科目。收到购买时已到付息期但尚未领取的利息时,借记"银行存款"科目,贷记"短期投资"科目。

(2)短期投资持有期间收到利息时,按实际收到的金额,借记"银行存款"科目,贷记"投资收益"科目。

(3)出售短期投资或到期收回短期国债本息,按照实际收到的金额,借记"银行存款"科目,按照出售或收回短期投资的成本,贷记本科目,按其差额,借记或贷记"投资收益"科目。

【例8-23】某事业单位购入1503期国债,以银行存款支付购入国债款项50 000元,1年期,票面年利率为3%。

借:短期投资——1503期国债　　　　　　　　　　　　　　　　　50 000
　　贷:银行存款　　　　　　　　　　　　　　　　　　　　　　　　50 000

【例8-24】该事业单位购入1503期国债到期,收回本金50 000元,利息1 500元。

借:银行存款　　　　　　　　　　　　　　　　　　　　　　　　51 500
　　贷:短期投资——1503期国债　　　　　　　　　　　　　　　　　50 000
　　　　投资收益　　　　　　　　　　　　　　　　　　　　　　　　1 500

第二节 行政事业单位应收款项与存货的核算

一、应收及预付款项

（一）应收票据

应收票据是指事业单位因开展经营活动销售产品、提供有偿服务等而收到的商业汇票，包括银行承兑汇票和商业承兑汇票。应收票据按是否计息，可分为带息票据和不带息票据。本科目应当按照开出、承兑商业汇票的单位等进行明细核算。本科目期末借方余额，反映事业单位持有的商业汇票票面金额。事业单位应当设置"应收票据备查簿"，逐笔登记每一应收票据的种类、号数、出票日期、到期日、票面金额、交易合同号和付款人、承兑人、背书人姓名或单位名称、背书转让日、贴现日期、贴现率和贴现净额、收款日期、收回金额和退票情况等资料。应收票据到期结清票款或退票后，应当在备查簿内逐笔注销。

事业单位应收票据的主要账务处理如下。

（1）因销售产品、提供服务等收到商业汇票，按照商业汇票的票面金额，借记本科目，按照确认的收入金额，贷记"事业收入""经营收入"等科目。

（2）持未到期的商业汇票向银行贴现，按照实际收到的金额（即扣除贴现息后的净额），借记"银行存款"科目，按照贴现息，借记"经营费用"科目，按照商业汇票的票面金额，贷记本科目（无追索权）或"短期借款"科目（有追索权）。

（3）将持有的商业汇票背书转让以取得所需物资时，按照取得物资的成本，借记"库存物品"等科目，按照商业汇票的票面金额，贷记本科目，如有差额，借记或贷记"银行存款"等科目。

（4）商业汇票到期时，收回票款时，按照实际收到的商业汇票票面金额，借记"银行存款"科目，贷记本科目。因付款人无力支付票款，收到银行退回的商业承兑汇票、委托收款凭证、未付票款通知书或拒付款证明等，按照商业汇票的票面金额，借记"应收账款"科目，贷记本科目。

【例8-25】某事业单位为增值税小规模纳税人，其非独立核算部门从事经营活动销售产品而收到A公司不带息的承兑期2个月的商业承兑汇票一张，该商业承兑汇票的面值为20 600元。

借：应收票据——A公司　　　　　　　　　　　　　　20 600
　　贷：经营收入　　　　　　　　　　　　　　　　　　20 000
　　　　应交增值税　　　　　　　　　　　　　　　　　　　600

【例8-26】该事业单位的商业承兑汇票到期，付款人无力支付票款20 600元。

借：应收账款——A公司　　　　　　　　　　　　　　20 600

　　　　　贷：应收票据——A 公司　　　　　　　　　　　　　　　　　20 600

【例 8-27】某事业单位持有 1 个月之前收到 A 公司 1 张 2 个月到期的商业承兑无息汇票到银行贴现。该汇票票面金额为 20 600 元，银行贴现率为 12%。

　　贴现息 = 20 600 × 12% × 1/12 = 206（元）
　　贴现净额 = 20 600 − 206 = 20 394（元）
　　借：银行存款　　　　　　　　　　　　　　　　　　　　　　　20 394
　　　　经营费用　　　　　　　　　　　　　　　　　　　　　　　　　206
　　　　贷：短期借款　　　　　　　　　　　　　　　　　　　　　20 600

（二）应收账款

应收账款是指事业单位因开展专业及其辅助活动、经营活动等应收取的款项，以及行政事业单位因出租资产、出售物资等应收取的款项。本科目应当按照购货、接受服务单位（或个人）进行明细核算。本科目期末借方余额，反映单位尚未收回的应收账款。

应收账款的主要账务处理如下。

1. 应收账款收回后不需要上缴财政

单位发生应收账款时，按照应收未收金额，借记本科目，按照确认的收入金额，贷记"事业收入""经营收入""其他收入"等科目。收回应收账款时，按照实际收到的金额，借记"银行存款"等科目，贷记本科目。

2. 应收账款收回后需要上缴财政

（1）行政单位出租资产尚未收到款项时，按照应收未收金额，借记本科目，贷记"其他应付款"科目。

收回应收账款时，借记"银行存款"等科目，贷记本科目，同时借记"其他应付款"科目，按照应交税费，贷记"应交增值税""其他应交税费"科目，按照扣除应交税费后的净额，贷记"应缴财政款"科目。

（2）行政事业单位出售物资已发出并到达约定状态且尚未收到款项时，按照应收未收金额，借记本科目，贷记"待处理财产损溢"（处置净收入）科目。收回应收账款时，借记"银行存款"等科目，贷记本科目。

3. 事业单位应当于每年年度终了，对业务活动和经营活动的应收账款进行全面检查，计提坏账准备

（1）对于账龄超过规定年限、确认无法收回的应收账款，按规定报经批准后予以核销。借记"坏账准备"科目，贷记本科目。

（2）已核销的应收账款在以后期间又收回的，借记本科目，贷记"坏账准备"科目；同时，借记"银行存款"等科目，贷记本科目。

4. 行政单位应当于每年年度终了，对收回后应当上缴财政应收账款进行全面检查

（1）对于账龄超过规定年限、确认无法收回的应收账款，按规定报经批准后予以

核销。转入待处理资产时，按照待处理的应收账款金额，借记"待处理财产损溢"科目，贷记本科目。

（2）已核销的应收账款在以后期间又收回的，借记"银行存款"等科目，贷记"应缴财政款"等科目。

【例 8-28】 某事业单位为增值税一般纳税人，其非独立核算部门向 M 公司销售产品取得收入 10 000 元，增值税率为 17%，款项尚未收到。

　　借：应收账款——M 公司　　　　　　　　　　　　　　11 700
　　　　贷：经营收入　　　　　　　　　　　　　　　　　　　10 000
　　　　　　应交增值税——销项税额　　　　　　　　　　　　1 700

【例 8-29】 该事业单位通过银行收到向 M 公司销售产品的款项 11 700 元。

　　借：银行存款　　　　　　　　　　　　　　　　　　　　11 700
　　　　贷：应收账款　　　　　　　　　　　　　　　　　　　11 700

【例 8-30】 某事业单位年终经核查发现三年前向 A 公司销售产品形成的应收账款 10 000 元因该公司破产确实无法收回。

　　借：坏账准备　　　　　　　　　　　　　　　　　　　　10 000
　　　　贷：应收账款——A 公司　　　　　　　　　　　　　　10 000

【例 8-31】 某行政单位经批准向 N 单位出租办公室 1 间，期限 2 个月，租金每月 6 000 元，尚未收到 N 单位租金。

　　借：应收账款——N 单位　　　　　　　　　　　　　　　12 000
　　　　贷：其他应付款　　　　　　　　　　　　　　　　　　12 000

【例 8-32】 该行政单位收到 N 单位交来的租金 12 000 元（假设不考虑相关税费），已存入银行。

　　借：银行存款　　　　　　　　　　　　　　　　　　　　12 000
　　　　贷：应收账款——N 单位　　　　　　　　　　　　　　12 000
　　借：其他应付款　　　　　　　　　　　　　　　　　　　　12 000
　　　　贷：应缴国库款　　　　　　　　　　　　　　　　　　12 000

【例 8-33】 某行政单位年终经核查三年之前向 B 公司出租资产形成的应收账款 8 000 元因该公司破产确实无法收回。

（1）将待核销的应收账款转入待处理财产损溢时，

　　借：待处理财产损溢　　　　　　　　　　　　　　　　　8 000
　　　　贷：应收账款——B 公司　　　　　　　　　　　　　　8 000

（2）报经批准予以核销时，

　　借：其他应付款　　　　　　　　　　　　　　　　　　　　8 000
　　　　贷：待处理财产损溢　　　　　　　　　　　　　　　　8 000

(三)预付账款

预付账款是指行政事业单位按照购货、服务合同或协议规定预付给供应单位(或个人)的款项。行政事业单位依据合同规定支付的定金,也通过本科目核算。单位支付可以收回的订金,不通过本科目核算,应当通过"其他应收款"科目核算。本科目应当按照供应单位(或个人)进行明细核算。本科目期末借方余额,反映单位实际预付但尚未结算的款项。

预付账款的主要账务处理如下。

(1)发生预付账款时,借记本科目,贷记"财政拨款收入""零余额账户用款额度""银行存款"等科目。

(2)收到所购物资或服务时,按照相应预付账款金额,借记"库存物品""固定资产""无形资产""业务活动费用"等相关科目,贷记本科目;发生补付款项的,按实际补付的款项,贷记"财政拨款收入""零余额账户用款额度""银行存款"等科目。

(3)发生预付账款退回的,借记"财政拨款收入"(当年度直接支付)、"财政应返还额度"(以前年度直接支付)、"零余额账户用款额度"和"银行存款"等科目,贷记本科目。

(4)单位应当于每年年度终了,对预付账款进行检查。如果有确凿证据表明预付账款并不符合预付款项性质,或者因供货单位破产、撤销等原因可能无法收到所购货物、服务的,应当先将其转入其他应收款,然后再按规定进行处理。预付账款转入其他应收款前后的账龄可连续计算。将预付账款账面余额转入其他应收款时,借记"其他应收款"科目,贷记本科目。

【例8-34】某事业单位为增值税一般纳税人,向N公司采购材料一批,价款20 000元,增值税率17%,以银行存款预付货款50%,到货后结算其余款项。

(1)预付50%货款时,

借:预付账款——N公司　　　　　　　　　　　　　　　10 000
　　贷:银行存款　　　　　　　　　　　　　　　　　　　10 000

(2)收到采购材料,并以银行存款补付其余款项。

借:库存物品　　　　　　　　　　　　　　　　　　　　20 000
　　应交增值税——进项税额　　　　　　　　　　　　　 1 700
　　贷:预付账款——N公司　　　　　　　　　　　　　　10 000
　　　　银行存款　　　　　　　　　　　　　　　　　　　11 700

【例8-35】某事业单位为增值税小规模纳税人,通过财政直接支付方式向B公司采购办公用设备1台,价值10 000元。按照合同规定预付货款40%,到货后结算其余款项。

(1)预付40%的货款4 000元时,

借:预付账款——B公司　　　　　　　　　　　　　　　4 000
　　贷:财政拨款收入　　　　　　　　　　　　　　　　　4 000

(2)收到购买办公用设备,并通过财政部门零余额账户补付其余款项。

借：固定资产	10 300	
贷：预付账款——B公司		4 000
财政拨款收入		6 300

【例8-36】 某行政单位年终经核查发现4年前向C公司预付的采购设备款50 000元因其被撤销已无望再收到所购设备。

借：其他应收款——C公司	50 000	
贷：预付账款——C公司		50 000

（四）应收股利

应收股利是指事业单位应收取的现金股利和应收取其他单位分配的利润。本科目可按被投资单位进行明细核算，期末借方余额，反映事业单位尚未收到的现金股利或利润。

应收股利的主要账务处理如下。

（1）取得长期股权投资，按支付的价款中所包含的已宣告但尚未发放的现金股利，借记本科目，按确定的长期股权投资成本，借记"长期股权投资"科目，按实际支付的金额，贷记"银行存款"等科目。收到购买时包含的已宣告但尚未领取的股利时，借"银行存款"科目，贷记本科目。

（2）持有期间被投资单位宣告发放现金股利或利润的，按应享有的份额，借记本科目，贷记"投资收益"或"长期股权投资"科目。

（3）实际收到持有期间取得的现金股利或利润，借记"银行存款"等科目，贷记本科目。

【例8-37】 某事业单位以1 040万元的价款（包括相关税费和已宣告但尚未发放的现金股利40万元）取得N公司股票作为长期股权投资，并采用权益法核算。

借：长期股权投资——成本	10 000 000	
应收股利——N公司	400 000	
贷：银行存款		10 400 000

【例8-38】 该事业单位被投资单位N公司宣告现金股利分配方案，按照持股比例，事业单位可获得60万元现金股利，并于1个月后收到现金股利。

（1）N公司宣告现金分配方案时，

借：应收股利——N公司	600 000	
贷：长期股权投资——损益调整		600 000

（2）收到N公司派发的现金股利时，

借：银行存款	600 000	
贷：应收股利——N公司		600 000

（五）应收利息

应收利息是指事业单位在长期债券投资等方面应收取的利息。事业单位购入的到期一次还本付息的长期债券投资持有期间取得的利息,在"长期债券投资(应收利息)"科目核算。本科目可按被投资单位进行明细核算,期末借方余额,反映事业单位应收未收的债券投资等应收利息。

应收利息的主要账务处理如下。

(1)取得的债券投资,应按该投资的成本,借记"长期债券投资"科目,按支付的价款中包含的已到付息期但尚未领取的利息,借记本科目,按实际支付的金额,贷记"银行存款"科目。收到购买时包含的已到付息期但尚未领取的利息时,借"银行存款"等科目,贷记本科目。

(2)资产负债表日,对于分期付息一次还本的长期债券投资,应按以票面金额和票面利率计算确定的应收未收利息,借记本科目,贷记"投资收益"科目。

(3)应收利息实际收到时,借记"银行存款"等科目,贷记本科目。

【例8-39】某事业单位从活跃市场上购入A公司发行的面值100 000元、期限5年、票面利率5%、每年12月31日付息、到期还本的债券作为长期债券投资,实际支付的购买价款(包括交易费用)为105 000元,该价款中包含已到付息期但尚未支付的利息5 000元。

  借:长期债券投资——成本   100 000
    应收利息——A公司   5 000
    贷:银行存款   105 000

【例8-40】该事业单位在债券持有期间每一付息日确认利息收入,并实际收到债券利息。

(1)确认债券利息收入时,

债券利息 = 100 000 × 5% = 5 000元

  借:应收利息——A公司   5 000
    贷:投资收益   5 000

(2)收到债券利息时,

  借:银行存款   5 000
    贷:应收利息——A公司   5 000

(六)其他应收款

其他应收款是指行政事业单位除应收票据、应收账款、预付账款、应收股利、应收利息以外的其他各项应收及暂付款项,如职工预借的差旅费、拨付给内部有关部门的备用金、应向职工收取的各种垫付款项等。本科目应当按照其他应收款的类别及债务单位(或个人)进行明细核算。本科目期末借方余额,反映单位尚未收回的其他应收款。

其他应收款的主要账务处理如下。

(1)发生其他各种应收及暂付款项时,借记本科目,贷记"银行存款""库存现金"等科目。

(2)收回或转销其他各种应收及暂付款项时,借记"库存现金""银行存款"等科目,贷记本科目。

(3)单位内部实行备用金制度的,有关部门使用备用金以后应当及时到财务部门报销并补足备用金。财务部门核定并发放备用金时，借记本科目，贷记"库存现金"科目。根据报销数用现金补足备用金定额时，借记"业务活动费用""单位管理费用"等科目，贷记"库存现金"科目，报销数和拨补数都不再通过本科目核算。

（4）对于超过规定年限、确认无法收回的其他应收款，应当按照有关规定报经批准后予以核销。按照核销金额，事业单位借记"坏账准备"科目，贷记本科目；行政单位借记"资产处理费用"，贷记本科目。已核销的其他应收款在以后期间又收回的，按照实际收回金额，事业单位借记本科目，贷记"坏账准备"科目，同时，借记"银行存款"科目，贷记本科目；行政单位借记"银行存款"等科目，贷记"其他收入"等科目。

【例8-41】 某行政单位职工张某出差回来报销差旅费，实际开支2 700元，收回现金300元。

借：业务活动费用　　　　　　　　　　　　　　　　2 700
　　库存现金　　　　　　　　　　　　　　　　　　　300
　　贷：其他应收款——张某　　　　　　　　　　　　　　3 000

【例8-42】 某事业单位内部实行备用金制度，其财务部门以库存现金发放备用金30 000元。

借：其他应收款——备用金　　　　　　　　　　　　30 000
　　贷：库存现金　　　　　　　　　　　　　　　　　　30 000

【例8-43】 该事业单位的财务部门根据报销数用现金补足备用金定额25 000元。

借：业务活动费用　　　　　　　　　　　　　　　　25 000
　　贷：库存现金　　　　　　　　　　　　　　　　　　25 000

【例8-44】 某事业单位年终经核查发现3年之前为职工王某垫付的水电费10 000元，因王某离开本单位不知去向确实无法收回。

借：坏账准备　　　　　　　　　　　　　　　　　　10 000
　　贷：其他应收款——王某　　　　　　　　　　　　　10 000

二、存货

（一）在途物品

在途物品是指行政事业单位采购材料等物资时货款已付但尚未验收入库的在途物品的采购成本。本科目可按供应单位和物资品种进行明细核算，期末借方余额，反映单位在途物品的采购成本。

在途物品的主要账务处理如下。

（1）单位购入材料等物品，按应计入物品采购成本的金额，借记本科目，按实际支付或应支付的金额，贷记"财政拨款收入""零余额账户用款额度""银行存款""应付账款""应付票据"等科目。属于增值税一般纳税人单位，其购进物资所支付的增值税款不计入物资成本。

（2）所购材料等物品到达验收入库，借记"库存物品"等科目，贷记本科目。

【例 8-45】某行政单位购入专用甲材料 1 000 千克,每千克 500 元,增值税率为 17%,材料款实行财政直接支付,另外,以银行存款支付运杂费 1 000 元,材料尚在运输途中。

(1)材料尚在运输途中时,

借:在途物品——甲材料　　　　　　　　　　　　　586 000
　　贷:财政拨款收入　　　　　　　　　　　　　　　　585 000
　　　　银行存款　　　　　　　　　　　　　　　　　　　1 000

(2)所购材料等物资到达验收入库时,

借:库存物品——甲材料　　　　　　　　　　　　　586 000
　　贷:在途物品——甲材料　　　　　　　　　　　　586 000

【例 8-46】某事业单位为增值税一般纳税人,其非独立核算部门为生产产品购进乙材料 1 500 千克,每千克 100 元,增值税率为 17%,款项以银行存款支付。

(1)材料尚在运输途中时,

借:在途物品——乙材料　　　　　　　　　　　　　150 000
　　应交增值税——进项税额　　　　　　　　　　　　25 500
　　贷:银行存款　　　　　　　　　　　　　　　　　175 500

(2)所购材料运输到达并验收入库时,

借:库存物品——乙材料　　　　　　　　　　　　　150 000
　　贷:在途物品——乙材料　　　　　　　　　　　　150 000

(二)库存物品

库存物品是指行政事业单位在开展业务活动及其他活动中为耗用或出售而储存的各种材料、产品、包装物、低值易耗品,达不到固定资产标准的用具、装具、动植物,以及已完成测绘、地质勘查、设计成果等的成本。单位随买随用的零星办公用品,可以在购进时直接列作费用,不通过本科目核算。单位直接储存管理的各项政府应急或救灾储备物资等,应当通过"政府储备物资"科目核算,不通过本科目核算。单位在建工程和基本建设中购买和使用的材料物资,应当通过"工程物资"科目核算,不通过本科目核算。本科目应当按照库存物品的种类、规格、保管地点等进行明细核算。本科目期末借方余额,反映单位库存物品的实际成本。

库存物品主要账务处理如下。

1. 取得的库存物品,应当按其取得时的成本入账

(1)外购的库存物品,其成本包括购买价款、相关税费、运输费、装卸费、保险费,以及其他使库存物品到达目前场所和状态所发生的其他支出。单位属于增值税一般纳税人的,其购进非自用(如用于生产对外销售的产品)材料所支付的增值税款不计入材料成本。外购的库存物品验收入库时,按照发生的成本,借记本科目,贷记"财政拨款收入""零余额账户用款额度""银行存款""应付账款"等科目。

(2)自制的库存物品加工完成并验收入库,按照所发生的实际成本(包括耗用的直接材料费用、发生的直接人工费用和按照一定方法分配的与库存物品加工有关的间接

费用），借记本科目，贷记"加工物品——自制物品"科目。

（3）委托外单位加工收回的库存物品，按照所发生的实际成本（包括加工前发出物资的成本和支付的加工费、相关税费等），借记本科目，贷记"加工物品——委托加工物品"科目。

（4）置换换入的库存物品，其成本按照换出资产的评估价值，加上支付的补价或减去收到的补价，加上为换入库存物品支付的其他费用（如运输费等）确定。

支付补价换入的库存物品验收入库时，按照确定的成本，借记本科目，按照换出资产的账面价值，贷记相关资产科目。按照实际支付的补价和运输费等金额，贷记"银行存款"科目，按其差额借记"资产处置费用"科目或贷记"其他收入"科目。

收到补价换入的库存物品验收入库时，按照确定的成本，借记本科目，按照换出资产的账面价值，贷记相关资产科目，按照置换过程中发生的相关支出，贷记"银行存款"等科目，按照补价扣减相关支出后的净收入，贷记"应缴财政款"科目，按照借贷方差额，借记"资产处置费用"科目或贷记"其他收入"科目。

（5）接受捐赠的库存物品，其成本按照有关凭据注明的金额加上相关税费、运输费等确定；没有相关凭据可供取得但按规定经过资产评估的，其成本按照评估价值加上相关税费、运输费等确定；没有相关凭据可供取得也未经评估的，其成本比照同类或类似资产的市场价格加上相关税费、运输费等确定；没有相关凭据且未经评估，其同类或类似资产的市场价格也无法可靠取得的，按照名义金额入账，相关税费、运输费等计入当期费用。

接受捐赠的库存物品验收入库，按照确定的成本，借记本科目，按照发生的相关税费、运输费等，贷记"银行存款"等科目，按照其差额，贷记"捐赠收入"科目。接受捐赠的库存物品按照名义金额入账的，借记本科目，贷记"捐赠收入"科目；按照发生的相关税费、运输费等的实际金额，借记"其他费用"等科目，贷记"零余额账户用款额度""银行存款"等科目。

（6）无偿调入的库存物品，其成本按照调出方账面价值加上相关税费、运输费等确定。

无偿调入的库存物品验收入库，按照确定的成本，借记本科目，按照发生的相关税费、运输费等，贷记"银行存款"等科目，按照其差额，贷记"无偿调拨净资产"科目。

【例8-47】某行政单位购买专用甲材料500千克，每千克200元，增值税税额17 000元，材料款实行财政直接支付，另外，以银行存款支付运杂费800元。

借：库存物品——甲材料　　　　　　　　　　　　　117 800
　　贷：财政拨款收入　　　　　　　　　　　　　　　　117 000
　　　　银行存款　　　　　　　　　　　　　　　　　　　　800

【例8-48】某事业单位为一般纳税人，其非独立核算部门为生产产品购进乙材料一批，价款20 000元，增值税率17%，款项实行财政授权支付。

借：库存物品——乙材料　　　　　　　　　　　　　20 000

         应交增值税——进项税额   3 400
    贷：零余额账户用款额度   23 400

【例8-49】某行政单位经批准以账面余额30 000元、评估价值25 000元的甲材料置换G单位的丙材料，另外，以现金支付运杂费500元。

    借：库存物品——丙材料   25 500
        资产处置费用   5 000
    贷：库存物品——甲材料   30 000
        库存现金   500

【例8-50】某事业单位接受捐赠装具一批，价值30 000元，发生运输费600元，以现金支付。

    借：库存物品   30 600
    贷：捐赠收入   30 000
        库存现金   600

【例8-51】某行政单位收到从M单位无偿调入的A专用材料一批，该批材料在M单位的账面价值为20 000元，签发现金支票支付运输费500元。

    借：库存物品   20 500
    贷：无偿调拨净资产   20 000
        银行存款   500

2. 库存物品在发出时，应当根据实际情况采用个别计价法、先进先出法或者加权平均法确定发出物资的实际成本。计价方法一经确定，不得随意变更

（1）单位开展业务活动领用或加工发出库存物品，按照领用、发出的实际成本，借记"业务活动费用""单位管理费用""经营费用""加工物品"等科目，贷记本科目。

（2）对外捐赠、无偿调出的库存物品，转入待处置资产时，按照库存物品的账面余额，借记"资产处置费用"（对外捐赠）或"无偿调拨净资产"（无偿调出）科目，贷记本科目。

（3）属于经批准才能对外出售的库存物品，按照相关库存物品的账面余额，借记"资产处置费用"科目，贷记本科目；同时，按照收到的价款，借记"银行存款"等科目，按照处置过程中发生的相关费用，贷记"银行存款"等科目，按照其差额，贷记"应缴财政款"科目。

【例8-52】某行政单位领用A材料200千克用于业务活动，每千克价格为300元。

    借：业务活动费用   60 000
    贷：库存物品——A材料   60 000

【例8-53】某事业单位为增值税一般纳税人，准备将之前购进的C材料无偿调给兄弟单位。该材料账面余额为30 000元，购入时增值税专用发票上注明的增值税税额为5 100元。

借：无偿调拨净资产	35 100
贷：库存物品——C 材料	30 000
应交增值税——进项税额转出	5 100

3. 行政事业单位的库存物品应当定期进行清查盘点，每年至少盘点一次。对于发生的库存物品盘盈、盘亏或者报废、毁损，应当按规定报经批准后进行账务处理

（1）盘盈的库存物品，按规定经过资产评估的，其成本按照评估价值确定；未经资产评估的，其成本按照重置成本确定。盘盈的库存物品，按照确定的入账价值，借记本科目，贷记"待处理财产损溢"科目。

（2）盘亏或者毁损、报废的库存物品，转入待处置资产时，按照待处置库存物品的账面余额，借记"待处理财产损溢"科目，贷记本科目。例如，属于增值税一般纳税人的单位，若因非正常原因导致的库存物品盘亏或毁损，还应将与该库存物品相关的增值税进项税额转出，按其增值税进项税额，借记"待处理财产损溢"科目，贷记"应交增值税（进项税额转出）"科目。

【例 8-54】某行政单位在年终清理中盘点存货，发现甲材料溢余 25 千克，每千克 300 元，尚未入账。

（1）将甲材料转入待处理财产损溢时，

借：库存物品——甲材料	7 500
贷：待处理财产损溢	7 500

（2）盘盈的甲材料报经批准予以处理时，

借：待处理财产损溢	7 500
贷：业务活动费用	7 500

【例 8-55】某事业单位为增值税一般纳税人，在年终盘点库存材料时，发现 A 材料盘亏，该材料账面余额为 6 000 元，增值税进项税额为 1 020 元。

（1）将 A 材料转入待处理财产损溢时，

借：待处理财产损溢	7 020
贷：库存物品——A 材料	6 000
应交增值税——进项税额转出	1 020

（2）报经批准予以处置时，

借：资产处置费用	7 020
贷：待处理财产损溢	7 020

（三）加工物品

加工物品是指行政事业单位自制或委托外单位加工的各种物资及未完成测绘、地质勘查、设计成果的实际成本。本科目应设置"自制物品""委托加工物品"两个一级明细科目，并按照物品类别或品种设置明细账，进行明细核算。自制物品的，应当在本科目的相关明细科目下归集自制物品发生的直接材料、直接人工（专门从事物资制造工人

的人工费)等直接费用;自制物品发生的间接费用,在本科目的"自制物品"一级明细科目下单独设置"间接费用"二级明细科目予以归集,期末,再按一定的分配标准和方法,分配计入有关物资的成本。本科目期末借方余额,反映单位自制或委托外单位加工但尚未完工的各种物资的实际成本。

加工物品的主要账务处理如下。

1. 自制物品

(1)为自制物品领用材料等,借记本科目(自制物品——直接材料),贷记"库存物品"科目。

(2)专门从事物资制造的人员发生的直接人工费用,借记本科目(自制物品——直接人工),贷记"应付职工薪酬"科目。

(3)为自制物品发生其他直接费用,借记本科目(自制物品——其他直接费用),贷记"财政拨款收入""零余额账户用款额度""银行存款"等科目。

(4)为自制物品发生的间接费用,按照实际发生的金额,借记本科目(自制物品——间接费用),贷记"财政拨款收入""零余额账户用款额度""银行存款""应付职工薪酬""固定资产累计折旧"等科目。

间接费用一般可以按生产工人工资、生产工人工时、机器工时、耗用材料的数量或成本、直接费用(直接材料和直接人工)或产品产量等进行分配。间接费用可根据自己的具体情况自行选择分配方法。分配方法一经确定,不得随意变更。

(5)已经制造完成并验收入库的物资,按所发生的实际成本(包括耗用的直接材料费用、直接人工费用、其他直接费用和分配的间接费用),借记"库存物品"科目,贷记本科目(自制物品)。

【例8-56】某事业单位自行加工专用材料,领用A材料10 000元,以现金支付人工费3 000元,专用材料加工完成,验收合格并入库。

(1)支付料工费时,

借:加工物品——自制物品——直接材料　　　　　　10 000
　　　　　　　　　　　　——直接人工　　　　　　　3 000
　　贷:库存物品——A材料　　　　　　　　　　　　　　　　10 000
　　　　库存现金　　　　　　　　　　　　　　　　　　　　3 000

(2)加工完成验收入库时,

借:库存物品——专用材料　　　　　　　　　　　　13 000
　　贷:加工物品——自制物品　　　　　　　　　　　　　　13 000

2. 委托加工物品

(1)发给外单位加工的材料等,按照其实际成本,借记本科目(委托加工物品),贷记"库存物品"科目。

(2)支付加工费、运输费等费用,按实际支付的金额,借记本科目(委托加工物品),贷记"财政拨款收入""零余额账户用款额度""银行存款"等科目。

（3）委托加工完成的材料等验收入库，按加工前发出材料的成本和加工、运输成本等，借记"库存物品"等科目，贷记本科目（委托加工物品）。

【例 8-57】某行政单位使用 B 材料委托甲公司加工成 N 专用材料，领用的 B 材料的实际成本为 20 000 元，以银行存款支付加工费和运输费 5 000 元，N 专用材料加工完成并已验收入库。

（1）B 材料发出时，
借：加工物品——委托加工物品——N 专用材料　　　　　20 000
　　贷：库存物品——B 材料　　　　　　　　　　　　　　　　20 000
（2）支付加工和运输费时，
借：加工物品——委托加工物品——N 专用材料　　　　　 5 000
　　贷：银行存款　　　　　　　　　　　　　　　　　　　　　 5 000
（3）加工完成验收入库时，
借：库存物品——N 专用材料　　　　　　　　　　　　　　25 000
　　贷：加工物品——委托加工物品——N 专用材料　　　　　25 000

三、待摊费用

待摊费用是指行政事业单位已经支出，但应当由本期和以后各期分别负担的分摊期在 1 年以内（含 1 年）的各项费用，如预付航空保险费、预付租金、预付报刊订阅费等。超过 1 年以上摊销的租入固定资产发生改良支出，以及摊销期限在 1 年以上的其他费用，应当在"长期待摊费用"科目核算，不在本科目核算。本科目应当按照摊销费用种类设置明细账，进行明细核算，期末借方余额，反映单位各种已支出但尚未摊销的费用。

待摊费用应当在其受益期限内分期平均摊销，如预付航空保险费应在保险期的有效期内、预付租金应在租赁期间内、预付报刊订阅费应在订阅期内平均摊销，计入当期费用。

（1）发生待摊费用时，按照实际预付的金额，借记本科目，贷记"财政拨款收入"或"财政应返还额度"、"零余额账户用款额度"、"银行存款"等科目。

（2）按照受益期限分期平均摊销时，借记"业务活动费用""单位管理费用""经营费用"等科目，贷记本科目。

（3）如果某项待摊费用已经不能使单位受益，应当将其摊余价值一次全部转入当期费用。

【例 8-58】某行政单位支付租用办公设备下一年全年租金 12 000 元，通过财政零余额账户支付。

借：待摊费用　　　　　　　　　　　　　　　　　　　　　12 000
　　贷：财政拨款收入　　　　　　　　　　　　　　　　　　　　12 000

【例 8-59】该行政单位每月末摊销本月应分摊的办公设备租金 1 000 元。

借：业务活动费用　　　　　　　　　　　　　　　　　　　1 000
　　贷：待摊费用　　　　　　　　　　　　　　　　　　　　　　1 000

第三节　行政事业单位长期投资与固定资产的核算

一、长期投资

（一）长期股权投资

长期股权投资是指事业单位按规定取得的，持有时间超过1年（不含1年）的股权性质的投资。事业单位应当严格遵守国家法律，行政法规及财政部门、主管部门有关对外投资的规定。本科目应当按照被投资单位进行明细核算。长期股权投资采用权益法核算的，还应当分别按照"成本""损益调整""其他权益变动"设置明细科目进行明细核算。本科目期末借方余额，反映事业单位持有的长期股权投资的价值。

长期股权投资的主要账务处理如下。

1. 长期股权投资在取得时，应当按照其实际成本作为投资成本

（1）以现金取得的长期股权投资，按照实际支付的价款（包括购买价款及税金、手续费等相关税费）作为投资成本，借记本科目（成本），按支付的价款中包含的已宣告但尚未发放的现金股利，借记"应收股利"科目；按实际支付的全部价款，贷记"银行存款"等科目。实际收到购买时包含的已宣告但尚未发放的现金股利时，借记"银行存款"等科目，贷记"应收股利"科目。

（2）以现金以外的其他资产置换取得的长期股权投资，其成本按照换出资产的评估价值加上支付的补价或减去收到的补价，加上换入长期股权投资发生的其他支出确定。

支付补价换入长期股权投资的，按照确定的成本，借记本科目，按照换出资产的账面价值，贷记相关资产科目，按照实际支付的补价和相关税费，贷记"银行存款"科目，按其差额借记"资产处置费用"或贷记"其他收入"科目。

收到补价换入长期股权投资的，按照确定的成本，借记本科目，按照换出资产的账面价值，贷记相关资产科目，按照置换过程中发生的相关支出，贷记"银行存款"等科目，按照补价扣除相关支出后的净收入，贷记"应缴财政款"科目，按其差额借记"资产处置费用"或贷记"其他收入"科目。

（3）接受捐赠的长期股权投资，其成本按照有关凭据注明的金额加上相关税费确定；没有相关凭据可供取得，但按规定经过资产评估的，其成本按照评估价值加上相关税费确定；没有相关凭据可供取得也未经资产评估的，其成本比照同类或类似资产的市场价格加上相关税费确定。

接受捐赠的长期股权投资，按照确定的投资成本，借记本科目，贷记"捐赠收入"科目。

（4）无偿调入的长期股权投资，其成本按照调出方账面价值加上相关税费确定。

无偿调入的长期股权投资，按照确定的投资成本，借记本科目，贷记"无偿调拨净资产"科目。

【例 8-60】 某事业单位以银行存款 500 000 元在公开市场买入甲公司 2%的股份，在购买过程中支付手续费 10 000 元，股份购买价款中包含甲公司已宣告但尚未发放的现金股利 15 000 元。

借：长期股权投资——成本　　　　　　　　　　　　495 000
　　应收股利　　　　　　　　　　　　　　　　　　 15 000
　　贷：银行存款　　　　　　　　　　　　　　　　　　　510 000

【例 8-61】 某事业单位以一栋公寓楼对乙单位进行投资入股，该事业单位参与乙单位的利润分配，共同承担投资风险。该公寓楼评估价为 2 000 000 元，账面余额 3 000 000 元，已计提折旧 1 200 000 元。另外，支付资产评估费用 50 000 元。

借：长期股权投资——乙单位　　　　　　　　　　　2 050 000
　　固定资产累计折旧　　　　　　　　　　　　　　1 200 000
　　贷：固定资产——公寓楼　　　　　　　　　　　　　3 000 000
　　　　银行存款　　　　　　　　　　　　　　　　　　　50 000
　　　　其他收入　　　　　　　　　　　　　　　　　　　200 000

2. 长期股权投资持有期间，采用成本法或权益法进行核算

长期股权投资在持有期间，通常应当采用权益法进行核算。政府会计主体无权决定被投资单位的财务和经营政策或无权参与被投资单位的财务和经营政策决策的，应当采用成本法进行核算。成本法是指投资按照投资成本计量的方法。权益法是指投资最初以投资成本计量，以后根据政府会计主体在被投资单位所享有的所有者权益份额的变动对投资的账面余额进行调整的方法。

（1）采用成本法核算。

在成本法下，长期股权投资的账面余额通常保持不变，但追加或收回投资时，应当相应调整其账面余额。长期股权投资持有期间，被投资单位宣告分派的现金股利或利润，政府会计主体应当按照宣告分派的现金股利或利润中属于政府会计主体应享有的份额确认为投资收益。

被投资单位宣告发放现金股利或利润时，按照应收的金额，借记"应收股利"科目，贷记"投资收益"科目。收到现金股利时，按照实际收到的金额，借记"银行存款"等科目，贷记"应收股利"科目。

（2）采用权益法核算。

采用权益法的政府会计主体取得长期股权投资后，对于被投资单位所有者权益的变动，应当按照下列规定进行处理。

第一，按照应享有或应分担的被投资单位实现的净损益的份额，确认为投资损益，同时调整长期股权投资的账面余额。按照应享有的被投资单位实现的净利润的份额，借

记本科目（损益调整），贷记"投资收益"科目。

政府会计主体确认被投资单位发生的净亏损，应当以长期股权投资的账面余额减记至零为限，政府会计主体负有承担额外损失义务的除外。按照应负担的被投资单位发生净亏损的份额，借记"投资收益"科目，贷记本科目（损益调整）。发生亏损的被投资单位以后实现净利润的，政府会计主体应当在其收益分享额弥补未确认的亏损分担额等后，恢复确认投资收益。

第二，按照被投资单位宣告分派的现金股利或利润计算应享有的份额，确认为应收股利，同时减少长期股权投资的账面余额，借记"应收股利"科目，贷记本科目（损益调整）。

第三，按照被投资单位除净损益和利润分配以外的所有者权益变动的份额，确认为净资产，同时调整长期股权投资的账面余额，借记本科目（其他权益变动），贷记"权益法调整"科目，或做相反会计分录。

（3）核算方法的转换。

第一，政府会计主体因追加投资等原因对长期股权投资的核算从成本法改为权益法的，应当自有权决定被投资单位的财务和经营政策或者参与被投资单位的财务和经营政策决策时，按成本法下长期股权投资的账面余额加上追加投资的成本作为按照权益法核算的初始投资成本。

第二，政府会计主体因处置部分长期股权投资等原因无权再决定被投资单位的财务和经营政策或者参与被投资单位的财务和经营政策决策的，应当对处置后的剩余股权投资改按成本法核算，并以该剩余股权投资在权益法下的账面余额作为按照成本法核算的初始投资成本。其后，被投资单位宣告分派现金股利或利润时，属于已计入投资账面余额的部分，作为成本法下长期股权投资成本的收回，冲减长期股权投资的账面余额。

【例8-62】某事业单位持有甲公司2%的股权，采用成本法核算，被投资单位甲公司宣告现金股利分配方案，该事业单位可分得利润50 000元。

（1）宣告发放现金股利时，

借：应收股利——甲公司　　　　　　　　　　　　　　50 000
　　贷：投资收益　　　　　　　　　　　　　　　　　　　　50 000

（2）实际收到现金股利时，

借：银行存款　　　　　　　　　　　　　　　　　　　　50 000
　　贷：应收股利——甲公司　　　　　　　　　　　　　　　50 000

【例8-63】某事业单位持有乙公司20%的股权，采用权益法核算，年末，乙公司报告净收益1 000万元，并宣告当年年度利润分配方案，分配现金股利100万元。

（1）确认投资收益时，

借：长期股权投资——乙公司（损益调整）　　　　　2 000 000
　　贷：投资收益　　　　　　　　　　　　　　　　　　　2 000 000

（2）确认应收股利时，

借：应收股利——乙公司　　　　　　　　　　　　　　200 000

贷：长期股权投资——乙公司（损益调整）　　　　　　　　　200 000

【例 8-64】某事业单位持有 A 公司 30%的股份，采用权益法核算，年末，A 公司除净损益和利润分配以外的所有者权益变动金额为 500 万元。

　　借：长期股权投资——A 公司（其他权益变动）　　　　　1 500 000
　　　贷：权益法调整　　　　　　　　　　　　　　　　　　1 500 000

【例 8-65】某事业单位两年前以 400 万元的价款取得 B 公司 5%的股份，采用成本法核算。当日，该事业单位又以 3 000 万元的价款取得 B 公司 20%的股份，至此，该事业单位对 B 公司的持股比例已增至 25%，长期股权投资的核算方法由成本法转换为权益法。

　　借：长期股权投资——成本——B 公司　　　　　　　　34 000 000
　　　贷：长期股权投资——B 公司　　　　　　　　　　　　4 000 000
　　　　　银行存款　　　　　　　　　　　　　　　　　　30 000 000

【例 8-66】某事业单位原持有 C 公司 30%的股份，该长期股权投资是货币资金投资形成的，采用权益法核算，账面价值为 3 720 万元，其中成本 3 000 万元，损益调整 600 万元，其他权益变动 120 万元。当日，该事业单位将持有的 C 公司 25%的股份转让给其他企业，收到转让价款 3 600 万元。因为该事业单位对 C 公司的持股比例已降为 5%，无权决定 C 公司的财务和经营政策，所以将剩余股权投资改按成本法核算。

（1）转让 C 公司 25%的股份，
　　借：银行存款　　　　　　　　　　　　　　　　　　　36 000 000
　　　贷：长期股权投资——成本——C 公司　　　　　　　25 000 000
　　　　　　　　　　——损益调整——C 公司　　　　　　 5 000 000
　　　　　　　　　　——其他权益变动——C 公司　　　　 1 000 000
　　　　　投资收益　　　　　　　　　　　　　　　　　　 5 000 000
　　借：权益法调整　　　　　　　　　　　　　　　　　　 1 000 000
　　　贷：投资收益　　　　　　　　　　　　　　　　　　 1 000 000

（2）剩余股权投资改为成本法核算，
　　借：长期股权投资——C 公司　　　　　　　　　　　　 6 200 000
　　　贷：长期股权投资——成本——C 公司　　　　　　　 5 000 000
　　　　　　　　　　——损益调整——C 公司　　　　　　 1 000 000
　　　　　　　　　　——其他权益变动——C 公司　　　　 　 200 000

3. 按照规定报经批准出售（转让）长期股权投资时，应当按照长期股权投资取得方式分别进行处理

（1）处置以现金取得的长期股权投资，按照实际取得的价款，借记"银行存款"等科目，按照被处置长期股权投资的账面余额，贷记本科目，按照尚未领取的现金股利或利润，贷记"应收股利"科目，按照发生的相关税费等支出，贷记"银行存款"等科目，按照借贷方差额，借记或贷记"投资收益"科目。

（2）处置以现金以外的其他资产取得的长期股权投资，按照被处置长期股权投资

的账面余额,借记"资产处置费用"科目,贷记本科目;同时,按照实际取得的价款,借记"银行存款"等科目,按照尚未领取的现金股利或利润,贷记"应收股利"科目,按照发生的相关税费等支出,贷记"银行存款"等科目,按照贷方差额,贷记"应缴财政款"科目。按照规定将处置时取得的投资收益纳入本单位预算管理的,应当按照所取得价款大于被处置长期股权投资账面余额、应收股利账面余额和相关税费支出合计的差额,贷记"投资收益"科目。

采用权益法核算的长期股权投资,因被投资单位除净损益和利润分配以外的所有者权益变动而将应享有的份额计入净资产的,处置该项投资时,还应当将原计入净资产的相应部分转入当期投资损益,借记或贷记"权益法调整"科目,贷记或借记"投资收益"科目。

【例8-67】某事业单位将以不动产投资入股所持有的乙单位1%的股权转让,采用成本法核算,该股权投资的账面余额205 000元,实际转让时收到价款210 000元,支付手续费10 000元。

(1)处置净收入上缴财政的,
借:资产处置费用　　　　　　　　　　　　　　　　205 000
　　贷:长期股权投资——乙单位　　　　　　　　　　　　205 000
借:银行存款　　　　　　　　　　　　　　　　　　200 000
　　贷:应缴财政款　　　　　　　　　　　　　　　　　　200 000

(2)按照规定投资收益纳入单位预算管理的,
借:资产处置费用　　　　　　　　　　　　　　　　205 000
　　贷:长期股权投资——乙单位　　　　　　　　　　　　205 000
借:银行存款　　　　　　　　　　　　　　　　　　200 000
　　投资收益　　　　　　　　　　　　　　　　　　　5 000
　　贷:应缴财政款　　　　　　　　　　　　　　　　　　205 000

4. 因被投资单位破产清算等原因,有确凿证据表明长期股权投资发生损失,按规定报经批准后予以核销。转入待处置资产时,按照待核销的长期股权投资账面余额,借记"资产处置费用"科目,贷记本科目

【例8-68】某事业单位持有A公司3%的股权,采用成本法核算,此长期股权投资的账面余额为100 000元,因A公司经营不善实行破产清算准备予以核销。

借:资产处置费用　　　　　　　　　　　　　　　　100 000
　　贷:长期股权投资——A公司　　　　　　　　　　　　100 000

(二)长期债券投资

长期债券投资是指事业单位按规定取得的,持有时间超过1年(不含1年)的债券投资。事业单位应当严格遵守国家法律,行政法规及财政部门、主管部门有关事业单位对外投资的规定。本科目下设"成本"和"应收利息"明细科目,并应当按照债

券投资的种类进行明细核算。本科目期末借方余额，反映事业单位持有的长期债券投资的价值。

长期债券投资的主要账务处理如下。

（1）长期债券投资在取得时，应当按照其实际成本作为投资成本。实际支付价款中包含的已到付息期但尚未领取的债券利息，应当单独确认为应收利息，不计入长期债券投资初始投资成本。

取得的长期债券投资，按照实际支付的价款（包括购买价款及税金、手续费等相关税费）作为投资成本，借记本科目（成本），按支付的价款中包含的已到付息期但尚未领取的利息，借记"应收利息"科目；按实际支付的金额，贷记"银行存款"等科目。实际收到购买时已到付息期但尚未领取的利息时，借"银行存款"科目，贷记"应收利息"科目。

【例 8-69】 某事业单位从活跃市场上购入上年发行的 5 年期国库券作为长期债券投资，实际支付的购买价款（包括交易费用）为 550 000 元，款项以银行存款支付，该价款中包含已到付息期但尚未支付的利息 30 000 元。

借：长期债券投资——成本　　　　　　　　　　　　520 000
　　应收利息　　　　　　　　　　　　　　　　　　 30 000
　贷：银行存款　　　　　　　　　　　　　　　　　　550 000

（2）长期债券投资持有期间，在资产负债表日，应按债券票面价值与票面利率计算确认利息收入，对于分期付息、一次还本的长期债券投资，应当将计算确定的应收未收利息确认为应收利息，计入投资收益；对于一次还本付息的长期债券投资，应当将计算确定的应收未收利息计入投资收益，并增加长期债券投资的账面余额。若为到期一次还本付息的债券投资，借记本科目（应收利息），贷记"投资收益"科目；若为分期付息、到期还本的债券投资，借记"应收利息"科目，贷记"投资收益"科目。收到利息时，按照实收的金额，借记"银行存款"等科目，贷记"应收利息"科目。

【例 8-70】 某事业单位购入 5 年期国库券面值 500 000 元、票面利率 6%、每年 12 月 31 日付息、到期还本，确认债券持有期间利息。

（1）年末付息日确认利息收入时，
借：应收利息　　　　　　　　　　　　　　　　　　30 000
　贷：投资收益　　　　　　　　　　　　　　　　　　30 000
（2）收到债券利息时，
借：银行存款　　　　　　　　　　　　　　　　　　30 000
　贷：应收利息　　　　　　　　　　　　　　　　　　30 000

（3）政府会计主体按规定出售或到期收回长期债券投资，应当将实际收到的价款扣除长期债券投资账面余额和相关税费后的差额计入投资损益。

到期收回长期债券投资，按照实际收到的金额，借记"银行存款"等科目，按照长期债券投资的账面余额，贷记本科目（成本、应收利息），按照其差额，贷记"投资收益"科目。

对外转让长期债券投资，按照实际收到的款项，借记"银行存款"等科目，按照长期债券投资的账面余额（成本、应收利息）贷记"长期债券投资"，按照计提的应收利息金额，贷记"应收利息"科目，按照其差额，贷记或借记"投资收益"科目。

【例 8-71】某事业单位以前年度购买的国库券到期，该债券到期还本付息，兑付本金 200 000 元，利息 30 000 元，债券持有期间，已确认应收利息 20 000 元，款项已存入银行。

借：银行存款　　　　　　　　　　　　　　　　　　230 000
　　贷：长期债券投资——成本　　　　　　　　　　　　　200 000
　　　　　　　　　　——应收利息　　　　　　　　　　　20 000
　　　　投资收益　　　　　　　　　　　　　　　　　　 10 000

【例 8-72】某事业单位因解决资金周转困难，将持有的尚未到期的国库券转让，该债券投资成本 80 000 元，每年 12 月 31 日付息、到期还本，已确认应收未收利息 4 000 元，转让价款 85 000 元，款项已存入银行。

借：银行存款　　　　　　　　　　　　　　　　　　 85 000
　　贷：长期债券投资——成本　　　　　　　　　　　　　 80 000
　　　　应收利息　　　　　　　　　　　　　　　　　　 4 000
　　　　投资收益　　　　　　　　　　　　　　　　　　 1 000

二、固定资产与在建工程

（一）固定资产

1. 固定资产的概念与分类

固定资产是指使用年限在一年以上、单位价值在规定的标准以上，并在使用过程中基本保持原来物质形态的资产。单位价值虽未达到规定标准，但是耐用时间在一年以上的大批同类物资，也作为固定资产进行核算与管理。

行政事业单位固定资产一般分为五类。

（1）房屋及构筑物，即行政事业单位占有和使用的房屋、建筑物及其附属设施。其中，房屋包括办公用房、生产经营用房、仓库、职工生活用房、食堂用房、锅炉房等；建筑物包括道路、围墙、水塔、雕塑等；附属设施包括房屋，建筑物内的电梯、通信线路、输电线路、水气管道的功能。

（2）专用设备，即行政事业单位根据业务的实际需要购置的各种具有专门性能和专门用途的设备，包括各种仪器和机械设备、医疗器械、文体事业单位的文体设备等。

（3）通用设备，即行政事业单位用于业务活动的办公和事务工作的通用性设备、交通工具、通信工具等。

（4）图书、档案，即行政事业单位的图书馆（室）、阅览室的图书、资料及档案馆（室）的档案等。

（5）家具、用具、装具及动植物。

2. 固定资产的管理

行政事业单位的固定资产管理应遵循以下要求。

（1）已经入账的固定资产除发生下列情况外，不得任意变动其账面价值：根据国家规定对固定资产进行重新估价的；增加补充设备或改良装置的；将固定资产一部分拆除的；根据实际价值调整原来暂估价值的；发现原来记录的固定资产价值有误的。

（2）固定资产处置应遵循公开、公平、公正和竞争、择优的原则，严格履行相关审批程序；出租、出借资产，应当按照国家有关规定经主管部门审核同意后报经同级财政部门审批。

（3）应当按照国家有关规定实行固定资产共享、公用。

3. 固定资产核算应考虑情况

（1）固定资产的各组成部分具有不同使用年限或者以不同方式为单位实现服务潜力或提供经济利益的，应当适用不同折旧率或折旧方法，并分别将各组成部分确认为单项固定资产。

（2）应用软件构成相关硬件不可缺少的组成部分的，应当将该软件的价值包含在所属的硬件价值中，一并确认为固定资产；不构成相关硬件不可缺少的组成部分的，应当将该软件确认为无形资产。

（3）购建房屋及构筑物时，不能分清购建成本中的房屋及构筑物部分与土地使用权部分的，应当全部确认为固定资产；能够分清购建成本中的房屋及构筑物部分与土地使用权部分的，应当将其中的房屋及构筑物部分确认为固定资产，将其中的土地使用权部分确认为无形资产。单位经批准在境外购买具有所有权的土地，作为固定资产，通过本科目核算。

（4）购入需要安装的固定资产，应当先通过"在建工程"科目核算，安装完毕交付使用时再转入本科目核算。

（5）以借入、经营租赁租入方式取得的固定资产，不通过本科目核算，应当设置备查簿进行登记。

（6）单位报经批准后采用融资租入方式取得的固定资产，通过本科目核算，并在本科目下设置"融资租入固定资产"明细科目。

4. 固定资产取得的核算

固定资产核算行政事业单位固定资产的原价。固定资产可按类别和用途设置明细科目。本科目期末借方余额，反映单位固定资产的原价。行政事业单位应当设置"固定资产登记簿"和"固定资产卡片"，按照固定资产类别、项目和使用部门、用途等进行明细核算。

固定资产在取得时，应当按照成本初始计量。

（1）外购的固定资产，其成本包括购买价款、相关税费及固定资产交付使用前所发生的可归属于该项资产的运输费、装卸费、安装费和专业人员服务费等。以一笔款项购入多项没有单独标价的固定资产，应当按照各项固定资产同类或类似资产市场价格的比例对总成本进行分配，分别确定各项固定资产的入账成本。

购入不需安装的固定资产，验收合格时，按照确定的固定资产成本，借记本科目，贷记"财政拨款收入""零余额账户用款额度""应付账款""银行存款"等科目。

购入固定资产扣留质量保证金的，应当在取得固定资产时，按取得固定资产的成本，借记本科目（不需安装）或"在建工程"科目（需要安装），按照实际支付的金额，贷记"财政拨款收入""零余额账户用款额度""应付账款""银行存款"等科目，按照质量保证金额贷记"其他应付款"（扣留期在1年及1年以内）或"长期应付款"（扣留期超过1年）科目。

质保期满支付质量保证金时，借记"其他应付款""长期应付款"科目，贷记"财政拨款收入""零余额账户用款额度""银行存款"等科目。

（2）自行建造的固定资产，其成本包括建造该项资产至交付使用前所发生的全部必要费用，先通过"在建工程"科目核算。

交付使用时，按自行建造过程中发生的实际成本，借记本科目，贷记"在建工程"科目。

已交付使用但尚未办理竣工决算手续的固定资产，按照估计价值入账，待确定实际成本后再进行调整。

（3）在原有固定资产基础上进行改建、扩建、修缮后的固定资产，其成本按照原固定资产账面价值（"固定资产"科目账面余额减去"固定资产累计折旧"科目账面余额后的净值）加上改建、扩建、修缮发生的费用，再扣除固定资产拆除部分的账面价值后的金额确定。

将固定资产转入改建、扩建、修缮时，按固定资产的账面价值，借记"在建工程"科目，按固定资产已计提折旧，借记"固定资产累计折旧"科目，按固定资产的账面余额，贷记本科目。

改建、扩建、修缮完成交付使用时，借记本科目，贷记"在建工程"科目。

（4）融资租赁取得的固定资产，其成本按照租赁协议或者合同确定的租赁价款、相关税费及固定资产交付使用前所发生的可归属于该项资产的运输费、途中保险费、安装调试费等确定。

融资租入的固定资产，按照确定的成本，借记本科目（不需安装）或"在建工程"科目（需安装），按照租赁协议或者合同确定的租赁付款额，贷记"长期应付款"科目。

按照支付的运输费、途中保险费、安装调试费等金额，借记本科目（不需安装）或"在建工程"科目（需安装），贷记"财政拨款收入""零余额账户用款额度""银行存款"等科目。

按照定期支付的租金，借记"长期应付款"科目，贷记"财政拨款收入""零余额账户用款额度""银行存款"等科目。

（5）接受捐赠的固定资产，其成本按照有关凭据注明的金额加上相关税费、运输费等确定；没有相关凭据可供取得但按规定经过资产评估的，其成本按照评估价值加上相关税费、运输费等确定；没有相关凭据可供取得也未经评估的，其成本比照同类或类似资产的市场价格加上相关税费、运输费等确定；没有相关凭据且未经评估，其同类或类似资产的市场价格也无法可靠取得的，按照名义金额入账，相关税费、运输费等计入当期费用，如受赠的系旧的固定资产，在确定其初始入账成本时应当考虑该项资产的新旧程度。

接受捐赠的固定资产，按照确定的固定资产成本，借记本科目（不需安装）或"在建工程"科目（需安装），按照实际支付的相关税费、运输费等，贷记"应交增值税""零余额账户用款额度""银行存款"等科目，按差额贷记"捐赠收入"科目。

（6）政府会计主体无偿调入的固定资产，其成本按照调出方账面价值加上相关税费、运输费等确定。

无偿调入的固定资产，按照确定的固定资产成本，借记本科目（不需安装）或"在建工程"科目（需安装），按照实际支付的相关费用等，贷记"银行存款"等科目，按差额贷记"无偿调拨净资产"科目。

（7）置换取得的固定资产，其成本按照换出资产的评估价值加上支付的补价或减去收到的补价，加上为换入固定资产支付的其他费用确定。

支付补价换入固定资产的，按照确定的成本，借记本科目，按照换出资产的账面价值，贷记相关资产科目，按照实际支付的补价和相关税费，贷记"银行存款"科目，按其差额借记"资产处置费用"或贷记"其他收入"科目。

收到补价换入固定资产的，按照确定的成本，借记本科目，按照换出资产的账面价值，贷记相关资产科目，按照置换过程中发生的相关支出，贷记"银行存款"等科目，按照补价扣减相关支出后的净收入，贷记"应缴财政款"科目，按其差额借记"资产损失"或贷记"其他收入"科目。

【例 8-73】 某行政单位为开展业务活动购买专用设备一台，取得的增值税专用发票上注明的设备价款为 500 000 元，增值税税额 85 000 元，支付运输费 5 000 元，款项实行财政直接支付。

借：固定资产——专用设备　　　　　　　　　　　　590 000
　　贷：财政拨款收入　　　　　　　　　　　　　　　590 000

【例 8-74】 某事业单位为增值税一般纳税人，为非独立核算的经营活动购买专用设备一台，取得的增值税专用发票上注明的设备价款为 200 000 元，增值税税额 34 000 元，合同约定需要按照设备价款的 10% 扣留质量保证金 20 000 元，半年后无质量问题再支付质量保证金，均以银行存款支付。

（1）购入固定资产扣留质量保证金时，
借：固定资产——专用设备　　　　　　　　　　　　200 000
　　应交增值税——进项税额　　　　　　　　　　　　34 000
　　贷：银行存款　　　　　　　　　　　　　　　　　214 000
　　　　其他应付款　　　　　　　　　　　　　　　　 20 000

（2）质保期满支付质量保证金时，
借：其他应付款　　　　　　　　　　　　　　　　　 20 000

　　　　贷：银行存款　　　　　　　　　　　　　　　　　　　　　20 000

【例8-75】某行政单位以出包方式自行建造的办公楼工程完工交付使用，该办公楼在自行建造过程中共发生实际支出6 000 000元。

　　　　借：固定资产——房屋及建筑物　　　　　　　　　　　6 000 000
　　　　　　贷：在建工程——建筑安装工程投资——建筑工程　6 000 000

【例8-76】某事业单位以融资租赁方式从租赁公司租入不需要安装的生产用设备一台。安装租赁协议确定的设备租金为100 000元（包括设备价款和利息，不考虑增值税），租赁期为4年，每年末支付租金25 000元，通过财政零余额账户支付。另外，租赁开始时以银行存款支付手续费、运输费、途中保险费等10 000元。

（1）租赁开始日租入固定资产入账，
　　　　借：固定资产——生产用设备　　　　　　　　　　　　110 000
　　　　　　贷：长期应付款　　　　　　　　　　　　　　　　100 000
　　　　　　　　银行存款　　　　　　　　　　　　　　　　　 10 000

（2）每年末支付租金时，
　　　　借：长期应付款　　　　　　　　　　　　　　　　　　 25 000
　　　　　　贷：财政拨款收入　　　　　　　　　　　　　　　 25 000

【例8-77】某行政单位接受外单位捐赠的笔记本电脑5台，价值55 000元，发生运输费1 000元，以银行存款付讫。

　　　　借：固定资产——笔记本电脑　　　　　　　　　　　　 56 000
　　　　　　贷：捐赠收入　　　　　　　　　　　　　　　　　 55 000
　　　　　　　　银行存款　　　　　　　　　　　　　　　　　　1 000

5. 固定资产折旧的核算

折旧是指在固定资产的预计使用年限内，按照确定的方法对应计的折旧额进行系统分摊。行政事业单位固定资产折旧的核算应注意以下事项。

（1）固定资产应计的折旧额为其成本，计提固定资产折旧时不考虑预计净残值。

（2）应当对暂估入账的固定资产计提折旧，实际成本确定后不需调整原已计提的折旧额。

（3）一般应当采用年限平均法或者工作量法计提固定资产折旧。在确定固定资产的折旧方法时，应当考虑与固定资产相关的服务潜力或经济利益的预期实现方式。

（4）一般应当按月计提固定资产折旧。当月增加的固定资产，当月不提折旧，从下月起计提折旧；当月减少的固定资产，当月照提折旧，从下月起不提折旧。

（5）固定资产提足折旧后，无论能否继续使用，均不再计提折旧；提前报废的固定资产，也不再补提折旧。已提足折旧的固定资产，可以继续使用的，应当继续使用，规范管理。

（6）固定资产因改建、扩建或修缮等原因而延长其使用年限的，应当按照重新确定的固定资产的成本以及重新确定的折旧年限计算折旧额。

（7）单位计提融资租入固定资产折旧时，应当采用与自有固定资产相一致的折旧政策。能够合理确定租赁期届满时将会取得租入固定资产所有权的，应当在租入固定资产尚可使用年限内计提折旧；无法合理确定租赁期届满时能够取得租入固定资产所有权的，应当在租赁期与租入固定资产尚可使用年限两者中较短的期间内计提折旧。

（8）行政事业单位应当根据相关规定及固定资产的性质和使用情况，合理确定固定资产的使用年限。

固定资产累计折旧的主要账务处理如下。

（1）按月计提固定资产折旧时，根据用途计入当期损益或者相关资产成本。按照应计提折旧金额，借记"业务活动费用""单位管理费用""经营费用"等科目，贷记"固定资产累计折旧"科目。

（2）固定资产处置时，按照所处置固定资产的账面价值，借记"资产处置费用""无偿调拨净资产""待处理财产损溢"等科目，按照已计提折旧，借记"固定资产累计折旧"科目，按照固定资产的账面余额，贷记"固定资产"科目。

【例8-78】 某事业单位一台管理活动用设备的原价为60 000元，预计使用年限5年，该设备折旧采用年限平均法，月末计提该设备折旧额。

月折旧额 = 60 000 ÷ 5 ÷ 12 = 1 000（元）

借：单位管理费用　　　　　　　　　　　　　　　　1 000
　　贷：固定资产累计折旧　　　　　　　　　　　　　　　　1 000

6. 与固定资产有关的后续支出的核算

（1）符合固定资产确认条件的，如为增加固定资产使用效能或延长其使用年限而发生的改建、扩建或修缮等后续支出，应当计入固定资产成本，通过"在建工程"科目核算，完工交付使用时转入本科目。

将发生的固定资产后续支出计入固定资产成本的，应当同时从固定资产账面价值中扣除被替换部分的账面价值。

（2）不符合固定资产确认条件的，如为维护固定资产的正常使用而发生的日常修理等后续支出，应当计入当期损益或相关资产成本，借记"业务活动费用""单位管理费用""经营费用"等科目，贷记"财政拨款收入""零余额账户用款额度""银行存款"等科目。

7. 固定资产出售、转让等处置的核算

按照规定报经批准处置固定资产，应当分别按以下情况处理。

（1）报经批准出售、转让固定资产，按照被出售、转让固定资产的账面价值，借记"资产处置费用"科目，按照固定资产已计提的折旧，借记"固定资产累计折旧"科目，按照固定资产账面余额，贷记本科目；同时，按照收到的价款，借记"银行存款"等科目，按照处置过程中发生的相关费用，贷记"银行存款"等科目，按照其差额，贷记"应缴财政款"科目。

（2）报经批准对外捐赠固定资产，按照固定资产已计提的折旧，借记"固定资产

累计折旧"科目,按照被处置固定资产账面余额,贷记本科目,按照捐赠过程中发生的归属于捐出方的相关费用,贷记"银行存款"等科目,按照其差额,借记"资产处置费用"科目。

(3)报经批准无偿调出固定资产,按照固定资产已计提的折旧,借记"固定资产累计折旧"科目,按照被处置固定资产账面余额,贷记本科目,按照其差额,借记"无偿调拨净资产"科目;同时,按照无偿调出过程中发生的归属于调出方的相关费用,借记"资产处置费用"科目,贷记"银行存款"等科目。

【例8-79】某事业单位经上级批准将不需用的一台电器出售,其账面余额为400 000元,已计提折旧200 000元,出售价款150 000元,款项已存入银行,假设不考虑相关税费。

借:资产处置费用　　　　　　　　　　　　　　　　　　200 000
　　固定资产累计折旧　　　　　　　　　　　　　　　　200 000
　　贷:固定资产——电器　　　　　　　　　　　　　　　　400 000
借:银行存款　　　　　　　　　　　　　　　　　　　　150 000
　　贷:应缴财政款　　　　　　　　　　　　　　　　　　150 000

【例8-80】某行政单位将不需用的计算机捐赠给希望工程,其账面余额为40 000元,已计提折旧10 000元,假设不考虑相关税费。

借:资产处置费用　　　　　　　　　　　　　　　　　　30 000
　　固定资产累计折旧　　　　　　　　　　　　　　　　10 000
　　贷:固定资产——计算机　　　　　　　　　　　　　　40 000

8. 固定资产盘点的核算

行政事业单位的固定资产应当定期进行清查盘点,每年至少盘点一次。对于发生的固定资产盘盈、盘亏或毁损,应当及时查明原因,按规定报经批准后进行账务处理。

(1)盘盈的固定资产,按规定经过资产评估的,其成本按照评估价值确定;未经资产评估的,其成本按照重置成本确定。

盘盈的固定资产,按照确定的入账价值,借记本科目,贷记"待处理财产损溢"科目。

(2)盘亏或毁损的固定资产,按照待处置固定资产的账面价值,借记"待处理财产损溢"科目,按照已计提折旧,借记"固定资产累计折旧"科目,按照固定资产的账面余额,贷记本科目。

【例8-81】某行政单位年终在固定资产清查过程中盘盈设备一台,评估价值为20 000元,估计七成新。

(1)盘盈设备转入待处理财产损溢时,
借:固定资产　　　　　　　　　　　　　　　　　　　　14 000
　　贷:待处理财产损溢　　　　　　　　　　　　　　　　14 000
(2)报经批准时,
借:待处理财产损溢　　　　　　　　　　　　　　　　　14 000

贷：以前年度盈余调整　　　　　　　　　　　　　　　　　　　　　14 000

【例 8-82】 某事业单位年终在固定资产清查过程中盘亏仪器一台，其账面余额为 50 000 元，已计提折旧 30 000 元。

（1）盘亏仪器转入待处理财产损溢时，
　　借：待处理财产损溢　　　　　　　　　　　　　　　　　　　　　20 000
　　　　固定资产累计折旧　　　　　　　　　　　　　　　　　　　　30 000
　　　　贷：固定资产　　　　　　　　　　　　　　　　　　　　　　　50 000
（2）报经批准予以核销时，
　　借：资产处置费用　　　　　　　　　　　　　　　　　　　　　　20 000
　　　　贷：待处理财产损溢　　　　　　　　　　　　　　　　　　　　20 000

（二）在建工程

在建工程是指行政事业单位在建的建设项目工程的实际成本。单位在建的信息系统项目工程、公共基础设施项目工程、保障性住房项目工程的实际成本，也通过本科目核算。本科目期末借方余额，反映单位尚未完工的建设项目工程发生的实际成本。本科目应当设置"建筑安装工程投资""设备投资""待摊投资""其他投资""待核销基建支出""基建转出投资"等明细科目，并按照具体项目进行明细核算。

（1）"建筑安装工程投资"明细科目，核算单位发生的构成建设项目实际支出的建筑工程和安装工程的实际成本，不包括被安装设备本身的价值以及按照合同规定支付给施工单位的预付备料款和预付工程款。本明细科目应当设置"建筑工程"和"安装工程"两个明细科目进行明细核算。

（2）"设备投资"明细科目，核算单位发生的构成建设项目实际支出的各种设备的实际成本。

（3）"待摊投资"明细科目，核算单位发生的构成建设项目实际支出的、按照规定应当分摊计入有关工程成本和设备成本的各项间接费用和税费支出。本明细科目的具体核算内容包括以下几个方面。

第一，勘察费、设计费、研究试验费、可行性研究费及项目其他前期费用。

第二，土地征用及迁移补偿费，土地复垦及补偿费，森林植被恢复费及其他为取得土地使用权、租用权而发生的费用。

第三，土地使用税、耕地占用税、契税、车船税、印花税及按照规定缴纳的其他税费。

第四，项目建设管理费、代建管理费、临时设施费、监理费、招投标费、社会中介审计（审查）费及其他管理性质的费用。

项目建设管理费是指项目建设单位从项目筹建之日起至办理竣工财务决算之日止发生的管理性质的支出，包括不在原单位发工资的工作人员工资及相关费用、办公费、办公场地租用费、差旅交通费、劳动保护费、工具用具使用费、固定资产使用费、招募生产工人费、技术图书资料费（含软件）、业务招待费、施工现场津贴、竣工验收费等。

第五，项目建设期间发生的各类专门借款利息支出或融资费用。

第六，工程检测费、设备检验费、负荷联合试车费及其他检验检测类费用。

第七，固定资产损失、器材处理亏损、设备盘亏及毁损、单项工程或单位工程报废、毁损净损失及其他损失。

第八，系统集成等信息工程的费用支出。

第九，其他待摊性质支出。

本明细科目应当按照上述费用项目进行明细核算，其中有些费用（如项目建设管理费等），还应当按照更为具体的费用项目进行明细核算。

（4）"其他投资"明细科目，核算单位发生的构成建设项目实际支出的房屋购置支出，基本畜禽、林木等购置、饲养、培育支出，办公生活用具、器具购置支出，软件研发和不能计入设备投资的软件购置等支出。单位为进行可行性研究而购置的固定资产，以及取得土地使用权支付的土地出让金，也通过本明细科目核算。本明细科目应当设置"房屋购置""基本畜禽支出""林木支出""办公生活用具、器具购置""可行性研究固定资产购置""无形资产"等明细科目。

（5）"待核销基建支出"明细科目，核算建设项目发生的江河清障、航道清淤、飞播造林、补助群众造林、水土保持、城市绿化、取消项目的可行性研究费以及项目整体报废等不能形成资产部分的基建投资支出。本明细科目应按照待核销基建支出的类别进行明细核算。

（6）"基建转出投资"明细科目，核算为建设项目配套而建成的、产权不归属本单位的专用设施的实际成本。本明细科目应按照转出投资的类别进行明细核算。

在建工程的主要账务处理如下所述。

1. 建筑安装工程投资

（1）将固定资产等资产转入改建、扩建等时，按照固定资产等资产的账面价值，借记本科目（建筑安装工程投资），按照已计提的折旧或摊销，借记"固定资产累计折旧"等科目，按照固定资产等资产的原值，贷记"固定资产"等科目。

固定资产等资产改建、扩建过程中涉及替换（或拆除）原资产的某些组成部分的，按照被替换（或拆除）部分的账面价值，借记"待处理财产损溢"科目，贷记本科目（建筑安装工程投资）。

（2）单位对于发包建筑安装工程，根据建筑安装工程价款结算账单与施工企业结算工程价款时，按照应承付的工程价款，借记本科目（建筑安装工程投资），按照预付工程款余额，贷记"预付账款"科目，按照其差额，贷记"财政拨款收入""零余额账户用款额度""银行存款""应付账款"等科目。

（3）单位自行施工的小型建筑安装工程，按照发生的各项支出金额，借记本科目（建筑安装工程投资），贷记"工程物资""零余额账户用款额度""银行存款""应付职工薪酬"等科目。

（4）工程竣工，办妥竣工验收交接手续交付使用时，按照建筑安装工程成本（含应分摊的待摊投资），借记"固定资产"等科目，贷记本科目（建筑安装工程投资）。

2. 设备投资

（1）购入设备时，按照购入成本，借记本科目（设备投资），贷记"财政拨款收入""零余额账户用款额度""银行存款"等科目；采用预付款方式购入设备的，有关预付款的账务处理参照本科目有关"建筑安装工程投资"明细科目的规定。

（2）设备安装完毕，办妥竣工验收交接手续交付使用时，按照设备投资成本（含设备安装工程成本和分摊的待摊投资），借记"固定资产"等科目，贷记本科目（设备投资、建筑安装工程投资——安装工程）。

将不需要安装的设备和达不到固定资产标准的工具、器具交付使用时，按照相关设备、工具、器具的实际成本，借记"固定资产""库存物品"科目，贷记本科目（设备投资）。

3. 待摊投资

建设工程发生的构成建设项目实际支出的，按照规定应当分摊计入有关工程成本和设备成本的各项间接费用和税费支出，先在本明细科目中归集；建设工程办妥竣工验收手续交付使用时，按照合理的分配方法，摊入相关工程成本、在安装设备成本等。

（1）单位发生的构成待摊投资的各类费用，按照实际发生金额，借记本科目（待摊投资），贷记"财政拨款收入""零余额账户用款额度""银行存款""应付利息""长期借款""其他应交税费""固定资产累计折旧""无形资产累计摊销"等科目。

（2）对于建设过程中试生产、设备调试等产生的收入，按照取得的收入金额，借记"银行存款"等科目，按照有关规定应当冲减建设工程成本的部分，贷记本科目（待摊投资），按照其差额贷记"应缴财政款"或"其他收入"科目。

（3）自然灾害、管理不善等原因造成的单项工程或单位工程报废或毁损，扣除残料价值和过失人或保险公司等赔款后的净损失，报经批准后计入继续施工的工程成本的，按照工程成本扣除残料价值和过失人或保险公司等赔款后的净损失，借记本科目（待摊投资），按照残料变价收入、过失人或保险公司赔款等，借记"银行存款""其他应收款"等科目，按照报废或毁损的工程成本，贷记本科目（建筑安装工程投资）。

（4）工程交付使用时，按照合理的分配方法分配待摊投资，借记本科目（建筑安装工程投资、设备投资），贷记本科目（待摊投资）。

待摊投资的分配方法，可按照下列公式计算。

第一，按照实际分配率分配。适用于建设工期较短、整个项目的所有单项工程一次竣工的建设项目。

实际分配率=待摊投资明细科目余额÷（建筑工程明细科目余额+安装工程明细科目余额+设备投资明细科目余额）×100%

第二，按照概算分配率分配。适用于建设工期长、单项工程分期分批建成投入使用的建设项目。

概算分配率=（概算中各待摊投资项目的合计数－其中可直接分配部分）÷（概算中建筑工程、安装工程和设备投资合计）×100%

第三，选择适用分配率计算每项固定资产应分配的待摊投资某项固定资产应分配的待摊投资=该项固定资产的建筑工程成本或该项固定资产（设备）的采购成本和安装成本合计×分配率。

4. 其他投资

（1）单位为建设工程发生的房屋购置支出，基本畜禽、林木等的购置、饲养、培育支出，办公生活用家具、器具购置支出，软件研发和不能计入设备投资的软件购置等支出，按照实际发生金额，借记本科目（其他投资），贷记"财政拨款收入""零余额账户用款额度""银行存款"等科目。

（2）工程完成将形成的房屋、基本畜禽、林木等各种财产以及无形资产交付使用时，按照其实际成本，借记"固定资产""无形资产"等科目，贷记本科目（其他投资）。

5. 待核销基建支出

（1）建设项目发生的江河清障、航道清淤、飞播造林、补助群众造林、水土保持、城市绿化等不能形成资产的各类待核销基建支出，按照实际发生金额，借记本科目（待核销基建支出），贷记"财政拨款收入""零余额账户用款额度""银行存款"等科目。

（2）取消的建设项目发生的可行性研究费，按照实际发生金额，借记本科目（待核销基建支出），贷记本科目（待摊投资）。

（3）由于自然灾害等原因发生的建设项目整体报废所形成的净损失，报经批准后转入待核销基建支出，按照项目整体报废所形成的净损失，借记本科目（待核销基建支出），按照报废工程回收的残料变价收入、保险公司赔款等，借记"银行存款""其他应收款"等科目，按照报废的工程成本，贷记本科目（建筑安装工程投资等）。

（4）建设项目竣工验收交付使用时，对发生的待核销基建支出进行冲销，借记"资产处置费用"科目，贷记本科目（待核销基建支出）。

6. 基建转出投资

为建设项目配套而建成的、产权不归属本单位的专用设施，在项目竣工验收交付使用时，按照转出的专用设施的成本，借记本科目（基建转出投资），贷记本科目（建筑安装工程投资）；同时，借记"无偿调拨净资产"科目，贷记本科目（基建转出投资）。

【例8-83】某行政单位对一栋办公楼进行扩建，该办公楼的账面价值为1 000 000元，账面余额4 000 000元，已计提折旧3 000 000元。该办公楼用2个月完成扩建，共支付工程价款500 000元，全部实行财政直接支付。

（1）办公楼转入扩建时，

借：在建工程——建筑安装工程投资　　　　　　1 000 000
　　固定资产累计折旧　　　　　　　　　　　　3 000 000
　　贷：固定资产——办公楼　　　　　　　　　　　　4 000 000

（2）支付工程价款时，

借：在建工程——建筑安装工程投资　　　　　　　　　　　　500 000
　　　贷：财政拨款收入　　　　　　　　　　　　　　　　　　500 000
（3）扩建完工后直接交付使用时，
借：固定资产——办公楼　　　　　　　　　　　　　　　　1 500 000
　　　贷：在建工程——建筑安装工程投资　　　　　　　　　　1 500 000

【例8-84】某事业单位为增值税一般纳税人，购入一批专用技术设备，取得的增值税专用发票上注明的设备价款为100 000元，增值税税额为17 000元，支付运输费1 000元，款项通过单位零余额账户支付；安装设备时，通过银行支付安装费用800元。

（1）购入专用技术设备时，
借：在建工程——设备投资　　　　　　　　　　　　　　　　101 000
　　应交增值税——进项税额　　　　　　　　　　　　　　　　17 000
　　　贷：零余额账户用款额度　　　　　　　　　　　　　　　118 000
（2）支付安装费用时，
借：在建工程——设备投资　　　　　　　　　　　　　　　　　　800
　　　贷：银行存款　　　　　　　　　　　　　　　　　　　　　　800
（3）设备安装完工交付使用时，
借：固定资产——专用技术设备　　　　　　　　　　　　　　101 800
　　　贷：在建工程——设备投资　　　　　　　　　　　　　　101 800

【例8-85】某事业单位以融资租赁方式从租赁公司租入生产用设备一台。按照租赁协议确定的设备价款为100 000元，另外，以银行存款支付手续费、运输费、途中保险费6 000元，支付安装调试费2 000元。

（1）融资租入设备时，
借：在建工程——设备投资　　　　　　　　　　　　　　　　106 000
　　　贷：长期应付款　　　　　　　　　　　　　　　　　　　100 000
　　　　　银行存款　　　　　　　　　　　　　　　　　　　　　6 000
（2）支付安装费用时，
借：在建工程——设备投资　　　　　　　　　　　　　　　　　2 000
　　　贷：银行存款　　　　　　　　　　　　　　　　　　　　　2 000
（3）安装完工交付使用时，
借：固定资产——生产用设备　　　　　　　　　　　　　　　108 000
　　　贷：在建工程——设备投资　　　　　　　　　　　　　　108 000

【例8-86】某事业单位采用发包方式建造一项基建工程，按照建造合同约定，预付工程款50%（5 000 000元），通过财政零余额账户支付。工程完工时，结算工程款，并补付剩余工程款5 000 000元，也通过财政零余额账户支付。

（1）发包工程预付工程款时，
借：预付账款——预付工程款　　　　　　　　　　　　　　5 000 000

  贷：财政拨款收入   5 000 000
 （2）完工结算工程款时，
 借：基建工程——建筑安装工程投资   10 000 000
  贷：预付账款——预付工程款   5 000 000
    财政拨款收入   5 000 000
 （3）工程竣工结算时，
 借：固定资产   10 000 000
  贷：基建工程——建筑安装工程投资   10 000 000

【例 8-87】 某行政单位建造的产权不归属于本单位的专用设施完工，金额 2 000 000 元，并于下年初予以冲销。

 （1）专用设施竣工交付使用时，
 借：基建工程——基建转出投资   2 000 000
  贷：基建工程——建造安装工程投资   2 000 000
 （2）下年初进行冲销时，
 借：无偿调拨净资产   2 000 000
  贷：基建工程——基建转出投资   2 000 000

（三）工程物资

  工程物资是指行政事业单位为在建工程准备的各种物资的成本，包括工程用材料等。本科目可按工程物资类别进行明细核算，期末借方余额，反映单位为在建工程准备的各种物资的成本。

 （1）购入为工程准备的物资，借记本科目，贷记"财政拨款收入""零余额账户用款额度""银行存款""其他应付款"等科目。

 （2）领用工程物资，借记"在建工程"科目，贷记本科目。工程完工后将领出的剩余物资退库时做相反的会计分录。

 （3）工程完工后将剩余的工程物资转作本单位存货的，借记"库存物品"等科目，贷记本科目。

【例 8-88】 某事业单位为一般纳税人，以银行存款购入工程物资 58 500 元，其中价款 50 000 元，增值税税额 8 500 元，工程物资验收入库。该工程物资用于自行制造一台设备，工程开工，当日领用工程物资 50 000 元，领用库存物品一批，实际成本为 6 000 元，工程应负担直接人工费 8 500 元。3 个月后工程完工，达到预定可使用状态。

 （1）购入工程物资验收入库，
 借：工程物资   50 000
    应交增值税——进项税额   8 500
  贷：银行存款   58 500
 （2）工程领用工程物资和库存物品，
 借：在建工程   56 000

　　　　贷：工程物资　　　　　　　　　　　　　　　　　　　　　50 000
　　　　　　库存物品　　　　　　　　　　　　　　　　　　　　　 6 000
　（3）工程完工，达到预定可使用状态。
　　　借：固定资产　　　　　　　　　　　　　　　　　　　　　　56 000
　　　　贷：在建工程　　　　　　　　　　　　　　　　　　　　　56 000

三、无形资产

（一）无形资产的内容

无形资产是指政府会计主体控制的没有实物形态的可辨认非货币性资产，如专利权、商标权、著作权、土地使用权、非专利技术等。

（1）专利权，是指政府依法授予行政事业单位对某一发明成果在一定期限内享有独占或专用的权利，包括发明专利权、实用新型专利权和外观设计专利权。

（2）商标权，是指行政事业单位专门在某类指定的商品或产品上使用特定的名称或图案的权利。

（3）著作权，是指行政事业单位文学、艺术和科学作品等著作人对其作品依法享有的特殊权利，包括发表权、署名权、修改权、使用权、获得报酬权和保护作品完整权。

（4）土地使用权，是指国家准许某行政事业单位在一定期间内对国有土地享有开发和利用的权利。

（5）非专利技术，也称专有技术，是指行政事业单位在组织业务活动中取得的先进的、未经公开的，并可带来经济利益的专用知识、经验和技术。

单位购入的不构成相关硬件不可缺少组成部分的应用软件，应当作为无形资产核算。

资产满足下列条件之一的，符合无形资产定义中的可辨认性标准。

（1）能够从政府会计主体中分离或者划分出来，并能单独或者与相关合同、资产或负债一起，用于出售、转移、授予许可、租赁或者交换。

（2）源自合同性权利或其他法定权利，无论这些权利是否可以从政府会计主体或其他权利和义务中转移或者分离。

（二）无形资产核算账户

1. 无形资产

"无形资产"科目核算行政事业单位无形资产的原价。非大批量购入、单价小于1 000元的无形资产，可以于购买的当期将其成本一次性全部转销。本科目应当按照无形资产的类别、项目等进行明细核算。本科目期末借方余额，反映单位无形资产的原价。

无形资产同时满足下列条件的，应当予以确认：①与该无形资产相关的服务潜力很可能实现，或者其经济利益很可能流入政府会计主体；②该无形资产的成本或者价值能够可靠地计量。

2. 研发支出

"研发支出"科目核算行政事业单位自行研究开发项目研究阶段和开发阶段发生的各项费用。本科目可按自行研究开发项目，分为"研究阶段支出""开发阶段支出"进行明细核算。期末借方余额，反映单位正在进行的自行研究开发项目开发阶段发生的费用。

（1）自行研究开发项目研究阶段的费用，应当先在本科目归集。按照从事研究及其辅助活动人员计提的薪酬、领用的库存物品、发生的与研究活动相关的管理费、间接费用或其他各项费用，借记本科目（研究阶段支出），贷记"应付职工薪酬""库存物品""财政拨款收入""零余额账户用款额度""固定资产累计折旧""银行存款"等科目。

期（月）末，应当将本科目归集的研究阶段的支出金额转入当期费用，借记"业务活动费用""其他费用"等科目，贷记本科目（研究阶段支出）。

（2）自行研究开发项目开发阶段的支出，先通过本科目进行归集。按照从事研究及其辅助活动人员计提的薪酬、领用的库存物品、发生的与研究活动相关的管理费、间接费用或其他各项费用，借记本科目（开发阶段支出），贷记"应付职工薪酬""库存物品""财政拨款收入""零余额账户用款额度""固定资产累计折旧""银行存款"等科目。

自行研究开发项目完成，达到预定用途形成无形资产的，借记"无形资产"科目，贷记本科目（开发阶段支出）；最终未形成无形资产的，借记"业务活动费用""其他费用"等科目，贷记本科目（开发阶段支出）。

3. 累计摊销

"累计摊销"科目核算行政事业单位对使用年限确定的无形资产计提的累计摊销。行政事业单位应当对使用年限有限的无形资产进行摊销，已摊销完毕仍继续使用的无形资产和以名义金额计量的无形资产除外。使用年限不确定的无形资产不应摊销。本科目应当按照无形资产的类别、项目等进行明细核算，期末贷方余额，反映单位计提的无形资产摊销累计数。

摊销是指在无形资产使用年限内，按照确定的方法对应摊销金额进行系统分摊。

（1）应当采用直线法对无形资产进行摊销，应摊销金额为其成本，不考虑预计残值。

（2）应当自无形资产取得当月起，按月计提无形资产摊销；无形资产减少的当月，不再计提摊销。

（3）因发生后续支出而增加无形资产成本的，应当按照重新确定的无形资产成本及重新确定的摊销年限计算摊销额。

（三）无形资产取得的核算

无形资产在取得时，应当按照成本进行初始计量。

（1）外购的无形资产，其成本包括购买价款、相关税费及可归属于该项资产达到预定用途所发生的其他费用。

购入的无形资产，按照确定的无形资产成本，借记本科目，贷记"财政拨款收入""零余额账户用款额度""应付账款""银行存款"等科目。

（2）委托软件公司开发软件，视同外购无形资产进行财务处理。

如果合同中约定预付开发费用时，借记"预付账款"科目，贷记"财政拨款收入""零余额账户用款额度""银行存款"等科目。

软件开发完成交付使用，并支付剩余或全部软件开发费用时，按照软件开发费用总额，借记本科目，按照预付账款金额贷记"预付账款"科目，按照支付的剩余费用，贷记"财政拨款收入""零余额账户用款额度""银行存款"等科目。

（3）自行研究开发形成的无形资产，按照研究开发项目进入开发阶段后至达到预定用途前所发生的支出总额，借记本科目，贷记"研发支出——开发阶段支出"科目。

政府会计主体自行研究开发项目的支出，应当区分研究阶段支出与开发阶段支出。研究是指为获取并理解新的科学或技术知识而进行的独创性的有计划调查。开发是指在进行生产或使用前，将研究成果或其他知识应用于某项计划或设计，以生产出新的或具有实质性改进的材料、装置、产品等。政府会计主体自行研究开发项目研究阶段的支出，应当于发生时计入当期费用。政府会计主体自行研究开发项目开发阶段的支出，先按合理方法进行归集，最终形成无形资产的，应当确认为无形资产；最终未形成无形资产的，应当计入当期费用。

自行研究开发无形资产尚未进入开发阶段，或者确实无法区分研究阶段费用和开发阶段费用，但按法律程序已申请取得无形资产的，应当按照依法取得时发生的注册费、聘请律师费等费用，借记本科目，贷记"财政拨款收入""零余额账户用款额度""银行存款"等科目。

（4）置换取得的无形资产，其成本按照换出资产的评估价值加上支付的补价或减去收到的补价，加上为换入无形资产支付的其他相关税费确定。

支付补价换入无形资产的，按照确定的成本，借记本科目，按照换出资产的账面价值，贷记相关资产科目，按照实际支付的补价和相关税费，贷记"银行存款"科目，按其差额借记"资产处置费用"或贷记"其他收入"科目。

收到补价换入无形资产的，按照确定的成本，借记本科目，按照换出资产的账面价值，贷记相关资产科目，按照置换过程中发生的相关支出，贷记"银行存款"等科目，按照补价扣除相关支出后的净收入，贷记"应缴财政款"科目，按其差额借记"资产处置费用"或贷记"其他收入"科目。

（5）接受捐赠的无形资产，其成本按照有关凭据注明的金额加上相关税费等确定；没有相关凭据可供取得但按规定经过资产评估的，其成本应当按照评估价值加上相关税费等确定；没有相关凭据可供取得也未经评估的，其成本比照同类或类似无形资产的市场价格加上相关税费等确定；没有相关凭据，其同类或类似无形资产的市场价格也无法可靠取得的，按照名义金额入账，相关税费计入当期费用。

确定接受捐赠无形资产的初始入账成本时，应当考虑该项资产尚可为政府会计主体带来服务潜力或经济利益的能力。

接受捐赠的无形资产，按照确定的无形资产成本，借记本科目，按照发生的相关税费等，贷记"应交增值税""零余额账户用款额度""银行存款"等科目，按其差额贷记"捐赠收入"科目。

（6）无偿调入的无形资产，其成本按照调出方账面价值加上相关税费确定。

无偿调入的无形资产，按照确定的无形资产成本，借记本科目，按照发生的相关税费等，贷记"应交增值税""银行存款"等科目，按其差额贷记"无偿调拨净资产"科目。

【例8-89】某行政单位从单位零余额账户中支取款项购入专利权一项，价值20 000元。

  借：无形资产——专利权   20 000
    贷：零余额账户用款额度   20 000

【例8-90】某事业单位委托软件公司开发财务软件，按照合同约定预付开发费用50 000元，2个月后，软件开发完成并交付使用，支付剩余软件开发费用50 000元，均通过银行存款支付。

 （1）按合同约定支付开发费用时，
  借：预付账款   50 000
    贷：银行存款   50 000
 （2）软件开发完成，并支付剩余开发费用时，
  借：无形资产——财务软件   100 000
    贷：预付账款   50 000
      银行存款   50 000

【例8-91】某事业单位为研制新项目自行开发的一项专利已经通过法律程序申请取得。该专利权在依法取得前共发生研究阶段费用60 000元，开发阶段费用90 000元，申请时发生注册费、聘请律师费等费用5 000元，以银行存款付讫。

 （1）发生研究开发费用时，
  借：研发支出——研究阶段支出   60 000
      ——开发阶段支出   90 000
    贷：银行存款   150 000
 （2）期末结转研究阶段支出时，
  借：业务活动费用   60 000
    贷：研发支出——研究阶段支出   60 000
 （3）依法取得专利权时，
  借：无形资产——专利权   65 000
    贷：研发支出——开发阶段支出   60 000
      银行存款   5 000

【例8-92】某行政单位获得政府无偿提供的2 000平方米的土地使用权，该土地使用权的市场价格为每平方米10 000元。

借：无形资产——土地使用权　　　　　　　　　　　20 000 000
　　贷：无偿调拨净资产　　　　　　　　　　　　　　20 000 000

（四）无形资产摊销、后续支出处置与核销等核算

1. 无形资产的摊销

无形资产的使用年限为有限的，应当估计该使用年限。无法预见无形资产为政府会计主体提供服务潜力或者带来经济利益期限的，应当视为使用年限不确定的无形资产。政府会计主体应当对使用年限有限的无形资产进行摊销，但已摊销完毕仍继续使用的无形资产和以名义金额计量的无形资产除外。

对于使用年限有限的无形资产，政府会计主体应当按照以下原则确定无形资产的摊销年限。

（1）法律规定了有效年限的，按照法律规定的有效年限作为摊销年限。

（2）法律没有规定有效年限的，按照相关合同或单位申请书中的受益年限作为摊销年限。

（3）法律没有规定有效年限、相关合同或单位申请书也没有规定受益年限的，应当根据无形资产为政府会计主体带来服务潜力或经济利益的实际情况，预计其使用年限。

（4）非大批量购入、单价小于1 000元的无形资产，可以于购买的当期将其成本一次性全部转销。

按月计提使用年限有限的无形资产摊销时，按照应计提摊销金额，借记"业务活动费用""单位管理费用""经营费用"等科目，贷记"累计摊销"科目。

2. 无形资产的后续支出

（1）符合无形资产确认条件的，如对软件进行升级改造或扩展其功能等所发生的费用、为增加无形资产的使用效能而发生的后续支出等，应当计入无形资产成本，先通过"在建工程"科目核算，完工交付使用时转入本科目，借记本科目，贷记"在建工程"科目。

（2）不符合无形资产确认条件的，如对软件进行漏洞修补、技术维护等所发生的费用、为维护无形资产的正常使用而发生的后续支出等，应当计入当期损益或者相关资产成本，不计入无形资产成本，借记"业务活动费用""单位管理费用""在建工程"等科目，贷记"财政拨款收入"或"财政应返还额度""零余额账户用款额度""银行存款"等科目。

3. 无形资产报经批准处置

按照规定报经批准处置无形资产，应当按以下情况处理。

（1）报经批准出售、转让无形资产，按照被出售、转让无形资产的账面价值，借记"资产处置费用"科目，按照无形资产已计提的摊销，借记"无形资产累计摊销"科目，按照无形资产账面余额，贷记本科目；同时，按照收到的价款，借记"银行存款"等科目，按照处置过程中发生的相关费用，贷记"银行存款"等科目，按照其差额，贷记"应缴财政款"（按照规定应上缴无形资产转让净收入的）或"其他收入"（按照规定将无形资产转让收入纳入本单位预算管理的）科目。

（2）报经批准对外捐赠无形资产，按照无形资产已计提的摊销，借记"无形资产累计摊销"科目，按照被处置无形资产账面余额，贷记本科目，按照捐赠过程中发生的归属于捐出方的相关费用，贷记"银行存款"等科目，按照其差额，借记"资产处置费用"科目。

（3）报经批准无偿调出无形资产，按照无形资产已计提的摊销，借记"无形资产累计摊销"科目，按照被处置无形资产账面余额，贷记本科目，按照其差额，借记"无偿调拨净资产"科目；同时，按照无偿调出过程中发生的归属于调出方的相关费用，借记"资产处置费用"科目，贷记"银行存款"等科目。

4. 无形资产的核销

无形资产预期不能为单位带来服务潜力或经济利益的，应当按规定报经批准后将该无形资产的账面价值予以核销。

经批准核销时，按照待核销无形资产的账面价值，借记"资产处置费用"科目，按照已计提摊销，借记"累计摊销"科目，按照无形资产的账面余额，贷记本科目。

【例 8-93】 某行政单位外购的一项专利权价值 48 000 元，该专利权法律规定的有效年限为 10 年。

专利权月摊销额 = 48 000 ÷ 10 ÷ 12 = 400（元）

借：业务活动费用	400	
贷：累计摊销——专利权		400

【例 8-94】 某事业单位为增值税一般纳税人，将一项专利权转让，该专利权的账面余额为 100 000 元，已计提摊销 60 000 元，转让取得价款 45 000 元，款项已存入银行，留归本单位。

（1）转让待处置资产时，

借：资产处置费用	40 000	
累计摊销	60 000	
贷：无形资产——专利权		100 000

（2）出售完毕，收到出售价款时，

借：银行存款	45 000	
贷：其他收入		45 000

【例 8-95】 某事业单位经过调查研究与分析，预计 5 年前购入的一项专利权将不能再为单位带来服务潜力，准备予以核销。该专利权的账面余额为 200 000 元，累计摊销 140 000 元。

借：资产处置费用	60 000	
累计摊销	140 000	
贷：无形资产——专利权		200 000

第四节　行政事业单位其他资产的核算

一、公共基础设施与政府储备物资

（一）公共基础设施

1. 公共基础设施的含义

公共基础设施是指由行政事业单位控制、直接负责维护管理、供社会公众长期使用的基础设施资产，包括公路、桥梁、水利设施、水运设施、市政道路、公共照明设施、城市广场、城市绿地、公共环卫设施等。行政事业单位应当根据行业主管部门对公共基础设施的分类规定，制定适合于本单位管理的公共基础设施目录、分类方法，作为进行公共基础设施核算的依据。本科目应当按照公共基础设施的类别和项目进行明细核算，期末借方余额，反映单位管理的公共基础设施的实际成本。

与公共基础设施配套使用的修理设备、工具器具、车辆等动产，作为管理公共基础设施的单位的固定资产核算，不通过本科目核算。与公共基础设施配套、供单位在公共基础设施管理中自行使用的房屋构筑物等，能够与公共基础设施分开核算的，作为单位的固定资产核算，不通过本科目核算。

2. 公共基础设施的核算

1）公共基础设施的取得

公共基础设施在取得时，应当按照其成本入账。

第一，单位自行建设的公共基础设施，其成本包括建造该公共基础设施至交付使用前所发生的全部必要支出。自行建设的公共基础设施，按照公共基础设施交付使用前实际发生的全部支出，通过"在建工程"科目核算。

公共基础设施的各组成部分需要分别核算的，按照各组成部分公共基础设施造价确定其成本；没有各组成部分公共基础设施造价的，按照各组成部分公共基础设施同类或类似市场造价的比例对总造价进行分配，确定各组成部分公共基础设施的成本。

公共基础设施建设完工交付使用时，按照确定的成本，借记本科目，贷记"在建工程"科目。已交付使用但尚未办理竣工决算手续的公共基础设施，按照估计价值入账，待确定实际成本后再进行调整。

第二，接受其他单位移交的公共基础设施，其成本按照公共基础设施的原账面价值确定，借记本科目，贷记"无偿调拨净资产"科目。

第三，接受捐赠的公共基础设施，按照确定的成本，借记本科目，按照发生的相关费用，贷记"财政拨款收入""零余额账户用款额度""银行存额"等科目，按照其差额，贷记"捐赠收入"科目。

接受捐赠的公共基础设施成本无法可靠取得的，按照发生的相关税费等金额，借记

"其他费用"科目,贷记"财政拨款收入""零余额账户用款额度""银行存款"等科目。同时,单位应当设置备查簿进行登记,待成本能够可靠确定后按照规定及时入账。

2)公共基础设施的后续支出

第一,为增加公共基础设施使用效能或延长其使用寿命而发生的改建、扩建或大型修缮等后续支出,应当计入公共基础设施成本,通过"在建工程"科目核算,完工交付使用时转入本科目。

第二,为维护公共基础设施的正常使用而发生的日常修理等后续支出,应当计入当期费用,借记"业务活动费用""单位管理费用"等科目,贷记"财政拨款收入""零余额账户用款额度""银行存款"等科目。

3)公共基础设施的处置

单位管理的公共基础设施无偿调出、毁损、报废时,应当按照规定报经批准后进行账务处理。按照待处置公共基础设施的账面价值,借记"资产处置费用""无偿调拨净资产"科目,按照已计提折旧,借记"公共基础设施累计折旧"科目,按照公共基础设施的账面余额,贷记本科目。同时,按照无偿调出过程中发生的归属于调出方的相关费用,借记"资产处置费用"科目,贷记"银行存款"等科目。

3. 公共基础设施累计折旧

1)公共基础设施累计折旧方法

行政事业单位在公共基础设施的预计使用年限内,按照确定的方法对应计折旧金额进行系统分摊。单位应当根据公共基础设施的性质,采用年限平均法或工作量法计提折旧。折旧方法一经确定,不得随意变更。确需采用其他折旧方法的,应按规定报经审批,并在会计报表附注中予以说明。

行政事业单位计提公共基础设施折旧不考虑预计净残值。一般应当按月提取折旧,当月增加的公共基础设施,当月不提折旧,从下月起计提折旧;当月减少的公共基础设施,当月照提折旧,从下月起不提折旧。公共基础设施提足折旧后,无论能否继续使用,均不再提取折旧;提前报废的公共基础设施,也不再补提折旧。

公共基础设施发生更新改造等后续支出而延长其使用年限的,应当按照更新改造后重新确定的公共基础设施的成本及重新确定的折旧年限,重新计算折旧额。

2)公共基础设施累计折旧核算

按月提取公共基础设施折旧时,按照应计提的折旧额,借记"业务活动费用"等科目,贷记本科目。公共基础设施报经批准处置时,按照所处置公共基础设施的账面价值,借记"资产处置费用""无偿调拨净资产""待处理财产损溢"等科目,按已提取的折旧,借记本科目,按公共基础设施账面余额,贷记"公共基础设施"科目。

【例8-96】某行政单位自行建造公共照明设施完工并交付使用,设施总造价为150 000元。

  借:公共基础设施——公共照明设施   150 000
    贷:在建工程   150 000

【例8-97】某事业单位接受A单位移交的防灾设施,原账面价值为120 000元。

借：公共基础设施——防灾设施 120 000
　　贷：无偿调拨净资产 120 000

【例 8-98】某行政单位向 B 单位移交环保设施，该设施账面余额为 200 000 元，以计提折旧 80 000 元。

借：无偿调拨净资产 120 000
　　公共基础设施累计折旧 80 000
　　贷：公共基础设施——环保设施 200 000

【例 8-99】某事业单位占有并直接负责维护管理的城市交通设施发生报废，该设施账面余额为 3 000 000 元，已计提折旧 2 700 000 元。在报废清理过程中发生变价收入 54 000 元，已存入银行；发生清理费用 6 000 元，以银行存款支付。假设不考虑相关税费。

（1）转入待处理财产损溢时，
借：待处理财产损溢——待处理财产价值 300 000
　　公共基础设施累计折旧 2 700 000
　　贷：公共基础设施——城市交通设施 3 000 000
（2）经批准予以核销时，
借：资产处置费用 300 000
　　贷：待处理财产损溢——待处理财产价值 300 000
（3）收到变价收入时，
借：银行存款 54 000
　　贷：待处理财产损溢——处理净收入 54 000
（4）发生清理费用时，
借：待处理财产损溢——处理净收入 6 000
　　贷：银行存款 6 000
（5）结转净收入时，
借：待处理财产损溢——处理净收入 48 000
　　贷：应缴财政款 48 000

（二）政府储备物资

政府储备物资是指行政事业单位直接储存管理的各项政府应急或救灾储备物资等。其应当在到达存放地点并验收时确认。本科目应当按照政府储备物资的种类、品种、存放地点等进行明细核算，期末借方余额，反映单位管理的政府储备物资的实际成本。

负责采购并拥有储备物资调拨权力的单位（简称"采购单位"）将政府储备物资交由其他单位或企业（简称"代储单位"）代为储存的，由采购单位通过本科目核算政府储备物资，代储单位将受托代储的政府储备物资作为受托代理资产核算。

1. 政府储备物资的取得

取得政府储备物资时，应当按照其成本入账。

（1）购入的政府储备物资，其成本包括购买价款、相关税费、运输费、装卸费、保险费及其他使政府储备物资达到目前场所和状态所发生的费用。行政事业单位支付的政府储备物资保管费、仓库租赁费等日常储备费用，发生时计入当期费用，不计入政府储备物资的成本。

购入的政府储备物资验收入库，按照确定的成本，借记本科目，贷记"财政拨款收入""零余额账户用款额度""银行存款"等科目。

（2）接受捐赠的政府储备物资，其成本按照有关凭据注明的金额加上相关税费确定；没有相关凭据可供取得但按规定经过资产评估的，其成本按照评估价值加上相关税费确定；没有相关凭据可供取得也未经评估的，其成本比照同类或类似资产的市场价格加上相关税费确定；没有相关凭据且未经评估，其同类或类似资产的市场价格也无法可靠取得的，按照名义金额入账，相关税费计入当期费用。

接受捐赠的政府储备物资验收入库，按照确定的成本，借记本科目，贷记"捐赠收入"科目，按实际支付的由单位承担的相关税费金额，贷记"财政拨款收入""零余额账户用款额度""银行存款"等科目。

（3）无偿调入的政府储备物资，其成本按照调出方账面价值加上相关税费等确定。

无偿调入的政府储备物资入库，按照确定的成本，借记本科目，按照实际支付的相关费用等，贷记"银行存款"等科目，按差额贷记"无偿调拨净资产"科目。

【例8-100】某行政单位为地震灾区购入帐篷一批，取得的增值税专用发票上注明的额价款为300 000元，增值税税额为51 000元，支付运输费和装卸费为3 000元，款项实行财政直接支付。

借：政府储备物资——救灾帐篷　　　　　　　　　　354 000
　　贷：财政拨款收入　　　　　　　　　　　　　　　354 000

【例8-101】某事业单位收到某公司为地震灾区捐赠的大米2 000袋，每袋市场价格为100元，支付运输费1 000元，款项通过单位零余额账户支付。

借：政府储备物资——救灾大米　　　　　　　　　　201 000
　　贷：捐赠收入　　　　　　　　　　　　　　　　　200 000
　　　　零余额账户用款额度　　　　　　　　　　　　　1 000

2. 政府储备物资的发出

政府储备物资发出时，应当根据实际情况采用先进先出法、加权平均法或者个别计价法确定发出政府储备物资的实际成本。计价方法一经确定，不得随意变更。

（1）因动用而发出无须收回的政府储备物资的，按照发出物资的账面余额，借记"业务活动费用"科目，贷记本科目。

（2）因动用而发出需要收回或者预期可能收回的政府储备物资的，在发出物资时，按照发出物资的账面余额，借记本科目（发出），贷记本科目（在库）；按照规定的质量验收标准收回物资时，按照收回物资原账面余额，借记本科目（在库），按照未收回物资的原账面余额，借记"业务活动费用"科目，按照物资发出时登记在本科目所属"发出"明细科目中的余额，贷记本科目（发出）。

（3）因行政管理主体变动等原因而将政府储备物资调拨给其他主体的，按照无偿调出政府储备物资的账面余额，借记"无偿调拨净资产"科目，贷记本科目。

（4）对外销售政府储备物资并将销售收入纳入单位预算统一管理的，发出物资时，按照发出物资的账面余额，借记"业务活动费用"科目，贷记本科目；实现销售收入时，按照确认的收入金额，借记"银行存款""应收账款"等科目，贷记"事业收入"等科目。

对外销售政府储备物资并按照规定将销售净收入上缴财政的，发出物资时，按照发出物资的账面余额，借记"资产处置费用"科目，贷记本科目；取得销售价款时，按照实际收到的款项金额，借记"银行存款"等科目，按照发生的相关税费，贷记"银行存款"等科目，按照销售价款大于所承担的相关税费后的差额，贷记"应缴财政款"科目。

【例8-102】某行政单位经批准向某国捐赠医疗器械一批，实际成本为800 000元，以银行存款支付运输费1 000元。

借：资产处置费用　　　　　　　　　　　　　801 000
　　贷：政府储备物资——医疗器械　　　　　　　　800 000
　　　　银行存款　　　　　　　　　　　　　　　　1 000

【例8-103】某事业单位经批准将不需储备的救灾帐篷出售，该物资的账面余额为50 000元，出售价款45 000元，款项已存入银行，假设没有发生相关税费，销售收入纳入单位预算统一管理。

（1）结转发出物资的账面余额时，
借：业务活动费用　　　　　　　　　　　　　50 000
　　贷：政府储备物资——救灾帐篷　　　　　　　　50 000
（2）收到出售价款时，
借：银行存款　　　　　　　　　　　　　　　45 000
　　贷：事业收入　　　　　　　　　　　　　　　　45 000

3. 政府储备物资的盘盈、盘亏或毁损

行政事业单位管理的政府储备物资应当定期进行清查盘点，每年至少盘点一次。对于发生的政府储备物资盘盈、盘亏，应当按规定报经批准后及时进行账务处理。

（1）盘盈的政府储备物资，按照取得同类或类似政府储备物资的实际成本确定入账价值；没有同类或类似政府储备物资的实际成本，按照同类或类似政府储备物资的市场价格确定入账价值。

盘盈的政府储备物资，按照确定的入账价值，借记本科目，贷记"待处理财产损溢"科目。

（2）盘亏、毁损的政府储备物资，转入待处置资产时，按照其账面余额，借记"待处理财产损溢"科目，贷记本科目。

【例 8-104】某行政单位在年终盘点政府储备物资时，发现救灾帐篷溢余 100 套，每套市场价格为 1 000 元，尚未入账。

（1）转入待处理财产损溢时，
借：政府储备物资——救灾帐篷　　　　　　　　　　100 000
　　贷：待处理财产损溢　　　　　　　　　　　　　　　　100 000

（2）报经批准时，
借：待处理财产损溢　　　　　　　　　　　　　　　100 000
　　贷：以前年度盈余调整　　　　　　　　　　　　　　　100 000

【例 8-105】某事业单位在年终盘点政府储备物资时发现救灾医疗器械短缺一批，其账面余额为 200 000 元。

（1）转入待处理财产损溢时，
借：待处理财产损溢——待处理财产价值　　　　　　200 000
　　贷：政府储备物资——救灾医疗器械　　　　　　　　200 000

（2）经批准予以核销时，
借：资产处置费用　　　　　　　　　　　　　　　　200 000
　　贷：待处理财产损溢——待处理财产价值　　　　　　200 000

（三）保障性住房

保障性住房核算行政事业单位为满足社会公共需求而控制的保障性住房的原值。该科目应当按照保障性住房的类别、项目等进行明细核算，期末借方余额反映保障性住房的原值。

保障性住房的主要账务处理如下。

1. 保障性住房的取得

保障性住房在取得时，应当按其成本入账。

（1）外购的保障性住房，其成本包括购买价款、相关税费及可归属于该项资产达到预定用途前所发生的其他支出。外购的保障性住房，按照确定的成本，借记本科目，贷记"财政拨款收入""零余额账户用款额度""银行存款"等科目。

（2）自行建造的保障性住房交付使用时，按照在建工程成本，借记本科目，贷记"在建工程"科目。已交付使用但尚未办理竣工决算手续的保障性住房，按照估计价值入账，待办理竣工决算后再按照实际成本调整原来的暂估价值。

（3）接受其他单位无偿调入的保障性住房，其成本按照该项资产在调出方的账面价值加上归属于调入方的相关费用确定。无偿调入的保障性住房，按照确定的成本，借记本科目，按照发生的归属于调入方的相关费用，贷记"零余额账户用款额度""银行存款"等科目，按照其差额，贷记"无偿调拨净资产"科目。

（4）接受捐赠取得的保障性住房，按照确定的保障性住房成本，借记本科目，按照发生的相关税费、运输费等，贷记"零余额账户用款额度""银行存款"等科目，按照其差额，贷记"捐赠收入"科目。

接受捐赠的固定资产按照名义金额入账的，按照名义金额，借记本科目，贷记"捐赠收入"科目；按照发生的相关税费、运输费等，借记"其他费用"科目，贷记"零余额账户用款额度""银行存款"等科目。

（5）融资租赁取得的保障性住房，其成本按照租赁协议或者合同确定的租赁价款，相关税费以及保障性住房交付使用前所发生的可归属于该项资产的运输费、途中保险费、安装调试费等确定。

融资租入的保障性住房，按照确定的成本，借记本科目，按照租赁协议或者合同确定的租赁付款额，贷记"长期应付款"科目，按照支付的运输费、途中保险费、安装调试费等金额，贷记"财政拨款收入""零余额账户用款额度""银行存款"等科目。定期支付租金时，按照实际支付金额，借记"长期应付款"科目，贷记"财政拨款收入""零余额账户用款额度""银行存款"等科目。

2. 保障性住房的折旧

行政事业单位应当参照固定资产折旧方法，按月对其控制的保障性住房计提折旧。

按月计提保障性住房折旧时，按照应计提的折旧额，借记"业务活动费用"科目，贷记本科目。

3. 保障性住房的后续支出

（1）符合保障性住房确认条件的后续支出。

通常情况下，将保障性住房转入改建、扩建时，按照保障性住房的账面价值，借记"在建工程"科目，按照保障性住房已计提折旧，借记"保障性住房累计折旧"科目，按照保障性住房的账面余额，贷记本科目。

为增加保障性住房使用效能或延长其使用年限而发生的改建、扩建等后续支出，借记"在建工程"科目，贷记"财政拨款收入""零余额账户用款额度""银行存款"等科目。

保障性住房改建、扩建等完成交付使用时，按照在建工程成本，借记本科目，贷记"在建工程"科目。

（2）不符合保障性住房确认条件的后续支出。

为保证保障性住房正常使用发生的日常维修等支出，借记"业务活动费用""单位管理费用"等科目，贷记"财政拨款收入""零余额账户用款额度""银行存款"等科目。

4. 保障性住房的出租

按照规定出租保障性住房并将出租收入上缴同级财政，按照收取的租金金额，借记"银行存款"等科目，贷记"应缴财政款"科目。

5. 保障性住房的处置

按照规定报经批准处置保障性住房，应当分别按以下情况处理。

（1）报经批准无偿调出保障性住房，按照保障性住房已计提的折旧，借记"保障性住房累计折旧"科目，按照被处置保障性住房账面余额，贷记本科目，按照其差额，借记"无偿调拨净资产"科目；同时，按照无偿调出过程中发生的归属于调出方的相关费用，借记"资产处置费用"科目，贷记"银行存款"等科目。

（2）报经批准出售保障性住房，按照被出售保障性住房的账面价值，借记"资产处置费用"科目，按照保障性住房已计提的折旧，借记"保障性住房累计折旧"科目，按照保障性住房账面余额，贷记本科目；同时，按照收到的价款，借记"银行存款"等科目，按照出售过程中发生的相关费用，贷记"银行存款"等科目，按照其差额，贷记"应缴财政款"科目。

6. 保障性住房的盘点

行政事业单位应当定期对保障性住房进行清查盘点。对于发生的保障性住房盘盈、盘亏、毁损或报废等，应当先记入"待处理财产损溢"科目，按照规定报经批准后及时进行后续账务处理。

（1）盘盈的保障性住房，其成本按照有关凭据注明的金额确定；没有相关凭据但按照规定经过资产评估的，其成本按照评估价值确定；没有相关凭据也未经过评估的，其成本按照重置成本确定，如无法采用上述方法确定盘盈固定资产成本的，按照名义金额（人民币1元）入账。

盘盈的固定资产，按照确定的入账成本，借记本科目，贷记"待处理财产损溢"科目。

（2）盘亏、毁损或报废的保障性住房，按照待处理保障性住房的账面价值，借记"待处理财产损溢"科目，按照已计提折旧，借记"保障性住房累计折旧"科目，按照保障性住房的账面余额，贷记本科目。

【例 8-106】某行政单位以政府集中采购方式购入一批保障性住房，价值 20 000 000 元，款项由财政部门以直接支付方式支付，该批保障性住房已经通过验收。

借：保障性住房　　　　　　　　　　　　　　　　　20 000 000
　　贷：财政拨款收入　　　　　　　　　　　　　　　　20 000 000

【例 8-107】某行政单位与其他部门办理移交手续，一批保障性住房由该行政单位负责维护管理，其原账面价值为 30 000 000 元。

借：保障性住房　　　　　　　　　　　　　　　　　30 000 000
　　贷：无偿调拨净资产　　　　　　　　　　　　　　　30 000 000

【例 8-108】某行政单位根据"障性住房折旧计算表"，本月应计提保障性住房折旧共计 55 000 元。

借：业务活动费用　　　　　　　　　　　　　　　　55 000
　　贷：保障性住房累计折旧　　　　　　　　　　　　　55 000

【例 8-109】某行政单位报主管部门和同级财政部门审批同意，将一批保障性住房出售。

该批保障性住房的账面余额为 10 000 000 元，已计提折旧 6 500 000 元。出售该批保障性住房取得价款 4 800 000 元，款项已经收到并存入银行，不考虑相关税费。

借：资产处置费用　　　　　　　　　　　　　　3 500 000
　　保障性住房累计折旧　　　　　　　　　　　　6 500 000
　　贷：保障性住房　　　　　　　　　　　　　　　　　10 000 000
借：银行存款　　　　　　　　　　　　　　　　4 800 000
　　贷：应缴财政款　　　　　　　　　　　　　　　　　4 800 000

二、文物文化资产与受托代理资产

（一）文物文化资产

文物文化资产是指行政事业单位控制的文物文化资产的价值。文物文化资产是指用于展览、教育或研究等目的的历史文物、艺术品及其他具有文化或者历史价值并做长期或者永久保存的典藏等。行政事业单位应当设置文物文化资产登记簿和文物文化资产卡片，按文物文化资产类别等设置明细账，进行明细核算。本科目期末借方余额，反映单位期末文物文化资产的价值。

文物文化资产的主要账务处理如下。

（1）文物文化资产在取得时，应当按照取得时的实际成本入账。取得时的实际成本包括买价、包装费、运输费、缴纳的有关税金等相关费用，以及为使文物文化资产达到预定可使用状态前所发生的必要支出。

第一，外购的文物文化资产，按照实际支付的买价、相关税费以及为使文物文化资产达到预定可使用状态前发生的可直接归属于该文物文化资产的其他支出（如运输费、安装费、装卸费等），借记本科目，贷记"财政拨款收入""零余额账户用款额度""银行存款"等科目。

如果以一笔款项购入多项没有单独标价的文物文化资产，按照各项文物文化资产公允价值的比例对总成本进行分配，分别确定各项文物文化资产的入账价值。

第二，接受捐赠的文物文化资产，其成本按照有关凭据注明的金额加上相关税费等确定；没有相关凭据可供取得但按规定经过资产评估的，其成本按照评估价值加上相关税费确定；没有相关凭据可供取得也未经评估的，其成本比照同类或类似资产的市场价格加上相关税费确定；没有相关凭据且未经评估，其同类或类似资产的市场价格也无法可靠取得的，按照发生的相关税费、运输费等金额，借记"其他费用"科目，贷记"零余额账户用款额度""银行存款"等科目。同时，单位应当设置备查簿进行登记，待成本能够可靠确定后按照规定及时入账。

接受捐赠的文物文化资产，按照所确定的成本，借记本科目，贷记"捐赠收入"科目，按实际支付的由单位承担的相关税费、运输费等金额，贷记"财政拨款收入""零余额账户用款额度""银行存款"等科目。

（2）文物文化资产报经批准对外捐赠、无偿调出时，按照所处置文物文化资产的账面余额,借记"资产处置费用""无偿调拨净资产"科目,贷记本科目。

(3)单位对文物文化资产应当定期或者至少每年实地盘点一次。对盘盈、盘亏的文物文化资产,应当及时查明原因,并根据管理权限,报经批准后,在期末前结账处理完毕。

若为文物文化资产盘盈,按照其确定的成本,借记本科目,贷记"待处理财产损溢"科目。

若为文物文化资产盘亏,按照其账面余额,借记"待处理财产损溢"科目,贷记本科目。

【例8-110】某行政单位出于教育目的购入一项艺术品,购买价款为300 000元,包装费和运输费3 000元,均通过财政零余额账户支付。

  借:文物文化资产   303 000
    贷:财政拨款收入   303 000

【例8-111】某事业单位收到国外捐赠的一项艺术品,评估确认价值为200 000元,支付运输费2 000元,款项通过银行存款支付。

  借:文物文化资产   202 000
    贷:捐赠收入   200 000
      银行存款   2 000

【例8-112】因职能转变,某行政单位将一件艺术品调拨至其他单位,该资产的账面余额为150 000元。

  借:无偿调拨净资产   150 000
    贷:文物文化资产   150 000

【例8-113】某事业单位在年终盘点时发现短缺一件艺术品,其账面余额为120 000元。

(1)转入待处理财产损溢时,

  借:待处理财产损溢   120 000
    贷:文物文化资产   120 000

(2)经批准予以核销时,

  借:资产处置费用   120 000
    贷:待处理财产损溢   120 000

(二)受托代理资产

受托代理资产是指行政事业单位接受委托方委托管理的各项资产,包括受托指定转赠的物资、受托储存管理的物资等。单位管理的罚没物资也应当通过本科目核算。本科目应当按照资产的种类和委托人进行明细核算;属于转赠资产的,还应当按照受赠人进行明细核算。本科目期末借方余额,反映单位受托代理资产中实物资产的价值。

受托代理资产应当在行政事业单位收到受托代理的资产时确认,单位收到受托代理资产为现金和银行存款的,不通过本科目核算,应当通过"库存现金""银行存款"科目进行核算。

1. 受托转赠物资的核算

（1）接受委托人委托需要转赠给受赠人的物资，其成本按照有关凭据注明的金额确定。接受委托转赠的物资验收入库，按照确定的成本，借记本科目，贷记"受托代理负债"科目。

受托协议约定由单位承担相关税费、运输费等的，还应当按照实际支付的相关税费、运输费等金额，借记"其他费用"等科目，贷记"银行存款"等科目。

（2）将受托转赠物资交付受赠人时，按照转赠物资的成本，借记"受托代理负债"科目，贷记本科目。

（3）转赠物资的委托人取消了对捐赠物资的转赠要求，且不再收回捐赠物资的，应当将转赠物资转为存货或固定资产，按照转赠物资的成本，借记"受托代理负债"科目，贷记本科目；同时，借记"库存物品""固定资产"等科目，贷记"其他收入"科目。

2. 受托储存管理物资的核算

（1）接受委托人委托储存管理的物资，其成本按照有关凭据注明的金额确定。接受委托储存的物资验收入库，按照确定的成本，借记本科目，贷记"受托代理负债"科目。

（2）发生由受托单位承担的与受托储存管理的物资相关的运输费、保管费等费用时，按照实际支付的金额，借记"其他费用"等科目，贷记"银行存款"等科目。

（3）根据委托人要求交付受托储存管理的物资时，按照储存管理物资的成本，借记"受托代理负债"科目，贷记本科目。

3. 罚没物资

（1）取得罚没物资时，其成本按照有关凭证注明的金额确定。罚没物资验收（入库），按照确定的成本，借记本科目，贷记"委托代理负债"科目。罚没物资成本无法可靠确定的，单位应当设置备查簿进行登记。

（2）按照规定处置或移交罚没物资时，按照罚没物资的成本，借记"委托代理负债"科目，贷记本科目。处置时取得款项时，按照实际取得的款项金额，借记"银行存款"等科目，贷记"应缴财政款"等科目。

【例8-114】某行政单位接受某基金会的委托，将一批地震灾区所需的药品转赠给地震灾区。该批药品的市场价格为80 000元，并已验收入库，发生运输费2 000元，通过财政零余额账户支付。

借：受托代理资产——某基金会——药品　　　　　　　80 000
　　贷：受托代理负债　　　　　　　　　　　　　　　　　　80 000
借：其他费用　　　　　　　　　　　　　　　　　　　2 000
　　贷：财政拨款收入　　　　　　　　　　　　　　　　　　2 000

【例 8-115】该行政单位接受某基金会委托转赠给地震灾区的该批药品,如基金会取消了转赠要求,且不再收回转赠物资。

借:受托代理负债　　　　　　　　　　　　　　　　　　　80 000
　　贷:受托代理资产——某基金会——药品　　　　　　　　　　80 000
借:库存物品——药品　　　　　　　　　　　　　　　　　　80 000
　　贷:其他收入　　　　　　　　　　　　　　　　　　　　　80 000

【例 8-116】某事业单位接受上级单位的委托储存救灾物资,该物资发票金额为 50 000 元,并已验收入库。另外,以银行存款支付运输费 1 000 元。

借:受托代理资产——救灾物资　　　　　　　　　　　　　50 000
　　贷:受托代理负债　　　　　　　　　　　　　　　　　　　50 000
借:其他费用　　　　　　　　　　　　　　　　　　　　　　1 000
　　贷:银行存款　　　　　　　　　　　　　　　　　　　　　1 000

【例 8-117】该事业单位接受委托储存的这批救灾物资,上级单位要求向灾区交付该批受托储存管理的物资。

借:受托代理负债　　　　　　　　　　　　　　　　　　　50 000
　　贷:受托代理资产——救灾物资　　　　　　　　　　　　　50 000

三、长期待摊费用与待处理财产损溢

(一)长期待摊费用

长期待摊费用是指行政事业单位已经发生但应由本期和以后各期负担的分摊期限在 1 年以上(不含 1 年)的各项费用,如以经营租赁方式租入的固定资产发生的改良支出等。本科目应当按照费用项目进行明细核算,期末借方余额,反映单位尚未摊销完毕的长期待摊费用。

单位发生的长期待摊费用,借记本科目,贷记"银行存款"等科目。摊销长期待摊费用时,借记"业务活动费用""单位管理费用""经营费用"等科目,贷记本科目。如果某项长期待摊费用已经不能使单位受益,应当将其摊余金额一次全部转入当期费用。

【例 8-118】某事业单位年末支付未来两年的行政管理部门房租 48 000 元,以银行存款支付。

借:长期待摊费用——行政管理部门房租　　　　　　　　　48 000
　　贷:银行存款　　　　　　　　　　　　　　　　　　　　　48 000

【例 8-119】该事业单位月末摊销以前已经付款且摊销期为 2 年的行政管理部门房租 2 000 元。

借:单位管理费用　　　　　　　　　　　　　　　　　　　2 000
　　贷:长期待摊费用——行政管理部门房租　　　　　　　　　2 000

(二)待处理财产损溢

待处理财产损溢是指行政事业单位在资产清查过程中查明的各种资产盘盈、盘亏和报废、毁损的价值。物资在运输途中发生的非正常短缺与损耗,记入物资成本,不通过本科目核算。在建工程发生的待核销投资,不通过本科目核算。

该科目应当按照待处理的资产项目进行明细核算;对于在资产处理过程中取得收入或发生相关费用的项目,还应当设置"待处理财产价值""处理净收入"明细科目,进行明细核算。行政事业单位资产清查中查明的资产盘盈、盘亏、报废和毁损,一般应当先将资产账面价值(或账面余额)记入本科目,按照规定报经批准后及时进行账务处理。年末结账前一般应处理完毕。本科目期末如为借方余额,反映尚未处理完毕的各种资产的净损失;期末如为贷方余额,反映尚未处理完毕的各种资产净溢余。年末,经批准处理后,本科目一般应无余额。

待处理财产损溢的主要账务处理如下。

1. 账款核对时发现的库存现金短缺或溢余

(1)每日账款核对中发现现金短缺或溢余,属于现金短缺,按照实际短缺的金额,借记本科目,贷记"库存现金"科目;属于现金溢余,按照实际溢余的金额,借记"库存现金"科目,贷记本科目。

(2)如为现金短缺,属于应由责任人赔偿或向有关人员追回的,借记"其他应收款"科目,贷记本科目;属于无法查明原因的,报经批准核销时,借记"资产处置费用"科目,贷记本科目。

(3)如为现金溢余,属于应支付给有关人员或单位的,借记本科目,贷记"其他应付款"科目;属于无法查明原因的,报经批准后,借记本科目,贷记"其他收入"科目。

2. 资产清查过程中发现的存货、固定资产、无形资产、公共基础设施、政府储备物资、文物文化资产、保障性住房等各种资产盘盈、盘亏或报废、毁损

1)盘盈的各类资产

(1)转入待处理资产时,按照确定的成本,借记"库存物品""固定资产""无形资产""公共基础设施""政府储备物资""文物文化资产""保障性住房"等科目,贷记本科目。

(2)按照规定报经批准后处理时,对于盘盈的流动资产,借记本科目,贷记"单位管理费用"(事业单位)或"业务活动费用"(行政单位)科目。对于盘盈的非流动资产,如属于本年度取得的,按照当年新取得的相关资产进行账务处理;如属于以前年度取得的,按照前期差错处理,借记本科目,贷记"以前年度盈余调整"科目。

2)盘亏或者毁损、报废的各类资产

(1)转入待处理资产时,借记本科目(待处理财产价值)(盘亏、毁损、报废固定资产、无形资产、公共基础设施、保障性住房的,还应借记"固定资产累计折旧""无形资产累计摊销""公共基础设施累计折旧(摊销)""保障性住房累计折

旧"科目），贷记"库存物品""固定资产""无形资产""公共基础设施""政府储备物资""文物文化资产""保障性住房""在建工程"等科目。报经批准处理时，借记"资产处置费用"科目，贷记本科目（待处理财产价值）。

（2）处理毁损、报废实物资产过程中取得的残值或残值变价收入、保险理赔和过失人赔偿等，借记"库存现金""银行存款""库存物品""其他应收款"等科目，贷记本科目（处理净收入）；处理毁损、报废实物资产过程中发生的相关费用，借记本科目（处理净收入），贷记"库存现金""银行存款"等科目。

处理收支结清，如果处理收入大于相关费用的，按照处理收入减去相关费用后的净收入，借记本科目（处理净收入），贷记"应缴财政款"等科目；如果处理收入小于相关费用的，按照相关费用减去处理收入后的净支出，借记"资产处置费用"科目，贷记本科目（处理净收入）。

本 章 小 结

行政单位会计资产分为货币类、应收款项、存货、长期投资、固定资产、无形资产、其他资产等多个类别。行政事业单位将一项经济资源确认为资产，应当符合资产的定义，并在取得对其相关的权利并且能够可靠地进行计量时确认。行政事业单位货币资金包括现金、银行存款、零余额账户用款额度和其他货币资金。财政应返还额度核算实行国库集中支付的行政事业单位可以使用的以前年度财政直接支付资金额度和财政应返还的财政授权支付资金额度。短期投资核算事业单位按规定取得的，持有时间不超过1年（含1年）的投资。应收及预付款项包括应收票据、应收账款、预付账款、应收股利、应收利息和其他应收款。存货是指行政事业单位在开展活动中为耗用而储存的资产，包括在途物品、库存物品和加工物品。

长期投资分为长期股权投资和长期债券投资。长期股权投资在取得时，应当按照其实际成本作为投资成本；持有期间，采用成本法或权益法进行核算。长期债券投资在取得时，应当按照其实际成本作为投资成本；持有期间，在资产负债表日应按债券票面价值与票面利率计算确认利息收入。固定资产是指使用年限在一年以上，单位价值在规定的标准以上，并在使用过程中基本保持原来物质形态的资产，核算行政事业单位固定资产的原价。在固定资产的预计使用年限内，按照确定的方法对应计的折旧额进行系统分摊，计入"固定资产累计折旧"科目。在建工程是指行政事业单位在建的建设项目工程的实际成本。无形资产是指政府会计主体控制的没有实物形态的可辨认非货币性资产，如专利权、商标权、著作权、土地使用权、非专利技术等。行政事业单位其他资产包括公共基础设施、政府储备物资、保障性住房、文物文化资产与受托代理资产。

【复习思考题】

1. 行政事业单位资产分为哪些类别？各自包括哪些内容？

2. 行政事业单位现金管理的要求有哪些？
3. 什么是零余额账户用款额度？如何进行会计核算？
4. 财政应返还额度包括哪些内容？如何进行会计核算？
5. 年度终了，行政事业单位对应收账款进行全面检查后，分别如何进行账务处理？
6. 行政事业单位的库存物品取得和发出时分别如何计价？
7. 事业单位长期股权投资在取得和持有期间，分别如何进行账务处理？
8. 什么是事业单位长期债券投资？长期债券投资在取得和持有期间如何进行核算？
9. 什么是行政事业单位固定资产？其确认标准是什么？包括哪几类？
10. 行政事业单位的无形资产包括哪些内容？确认标准是什么？
11. 什么是折旧和摊销？固定资产折旧和无形资产摊销计提的方法是什么？
12. 什么是公共基础设施？公共基础设施在取得和后续支出时如何进行核算？
13. 什么是政府储备物资？政府储备物资取得和发出时如何进行账务处理？
14. 什么是文物文化资产？文物文化资产的核算内容包括哪些？

第九章

行政事业单位负债的核算

【学习目标】
1. 明确行政事业单位负债的具体构成。
2. 熟悉行政事业单位各项负债的核算内容。
3. 掌握行政事业单位短期借款与应缴款项的核算方法。
4. 掌握行政事业单位应付款项的核算方法。
5. 掌握行政事业单位长期借款与长期应付款的核算方法。
6. 掌握行政事业单位预计负债的核算方法。

第一节 行政事业单位流动负债的核算

行政事业单位负债是单位所承担的能以货币计量，需要以资产或劳务偿付的债务，包括借入款项、应缴款项、应付款项、预计负债等。行政事业单位负债的特点有三个：一是行政事业单位负债应当按照合同金额或实际发生额进行计量；二是行政事业单位应当对不同性质的负债分类管理，及时清理并按照规定办理清算，保证各项负债在规定期限内归还；三是行政事业单位应当建立健全财务风险控制机制，规范和加强借入款项管理，严格执行审批程序，不得违反规定举借债务和提供担保。

流动负债是指在一年内（含一年）偿还的负债，包括短期借款、应缴款项、应付款项和预提费用等。

一、短期借款

借款是事业单位借入的有偿使用的各自款项，是事业单位在组织业务活动中因资金周转不灵或生产经营需要而借入的资金，该借款必须按期还本付息。因此，事业单位在借入款项之前必须确保自身的偿还能力，不能盲目借款。事业单位的借款按照期限可以分为短期借款和长期借款。

短期借款是指事业单位经批准向银行或其他金融机构等借入的期限在1年内（含1年）的各种借款。本科目应当按照贷款单位和贷款种类进行明细核算，期末贷方余额，反映事业单位尚未偿还的短期借款本金。

（1）事业单位借入各种短期借款时，按照实际借入的金额，借记"银行存款"科目，贷记本科目。

（2）事业单位的银行承兑汇票到期，本单位无力支付票款的，按照应付票据的账面余额，借记"应付票据"科目，贷记本科目。

（3）资产负债表日，按计算确定的短期借款利息费用，借记"其他费用"等科目，贷记"应付利息"等科目。

实际支付利息时，借记"应付利息"科目，贷记"银行存款"科目。

（4）事业单位归还短期借款时，借记本科目，贷记"银行存款"科目。

【例9-1】某事业单位因开展专业活动而资金周转困难，因此向建设银行借款300 000元，借款合同规定，借款利率为6%，期限为1年。该事业单位每个月末计提利息，到期还本付息。

（1）取得短期借款时，

借：银行存款　　　　　　　　　　　　　　　　　　　300 000
　　贷：短期借款——建设银行　　　　　　　　　　　　300 000

（2）月末计提利息时，

应付利息 = 300 000 × 6% ÷ 12 = 1 500（元）

借：其他费用　　　　　　　　　　　　　　　　　　　1 500
　　贷：应付利息　　　　　　　　　　　　　　　　　　1 500

（3）到期还本付息时，

借：短期借款——建设银行　　　　　　　　　　　　　300 000
　　应付利息　　　　　　　　　　　　　　　　　　　18 000
　　贷：银行存款　　　　　　　　　　　　　　　　　　318 000

二、应缴款项

应缴款项是指行政事业单位应交未交的各项款项，包括应交税费、应当上缴国库或者财政专户的款项，以及其他按照国家有关规定应当上缴的款项。

（一）应交增值税

增值税是指对销售货物或者提供应税劳务及进口货物的单位和个人，按其实现的增值额征收的一种税。增值税的纳税人按其经营规模大小及会计核算是否健全划分为一般纳税人和小规模纳税人。按照《中华人民共和国增值税暂行条例》的规定，对一般纳税人实行凭增值税专用发票扣税的计征方法，对小规模纳税人则实行按照销售额和征收率计算应纳税额的简易方法，并不得抵扣进项税额。按照《中华人民共和国增值税暂行条例实施细则》的规定，非企业性单位可选择按小规模纳税人纳税。

"应交增值税"科目核算行政事业单位按照税法规定计算应缴纳的增值税。属于增值税一般纳税人的单位，应当在本科目下设置"应交税金""未交税金""预交税金""待抵扣进项税额""待认证进项税额""待转销项税额""简易计税""转让金融商品应交增值税""代扣代缴增值税"等明细科目。本科目期末贷方余额，反映单位应交未交的增值税；期末如为借方余额，反映单位尚未抵扣或多交的增值税。

（1）"应交税金"明细账内应当设置"进项税额""已交税金""转出未交增值税""减免税款""销项税额""进项税额转出""转出多交增值税"等专栏。其中：①"进项税额"专栏，记录单位购进货物、加工修理修配劳务、服务、无形资产或不动产而支付或负担的准予从当期销项税额中抵扣的增值税额；②"已交税金"专栏，记录单位当月已缴纳的应交增值税额；③"转出未交增值税"和"转出多交增值税"专栏，分别记录一般纳税人月度终了转出当月应交未交或多交的增值税额；④"减免税款"专栏，记录单位按照现行增值税制度规定准予减免的增值税额；⑤"销项税额"专栏，记录单位销售货物、加工修理修配劳务、服务、无形资产或不动产应收取的增值税额；⑥"进项税额转出"专栏，记录单位购进货物、加工修理修配劳务、服务、无形资产或不动产等发生非正常损失以及其他原因而不应从销项税额中抵扣、按照规定转出的进项税额。

（2）"未交税金"明细科目，核算单位月度终了从"应交税金"或"预交税金"明细科目转入当月应交未交、多交或预交的增值税额，以及当月缴纳以前期间未交的增值税额。

（3）"预交税金"明细科目，核算单位转让不动产、提供不动产经营租赁服务等，以及其他按照现行增值税制度规定应预交的增值税额。

（4）"待抵扣进项税额"明细科目，核算单位已取得增值税扣税凭证并经税务机关认证，按照现行增值税制度规定准予以后期间从销项税额中抵扣的进项税额。

（5）"待认证进项税额"明细科目，核算单位由于未经税务机关认证而不得从当期销项税额中抵扣的进项税额包括：一般纳税人已取得增值税扣税凭证并按规定准予从销项税额中抵扣，但尚未经税务机关认证的进项税额；一般纳税人已申请稽核但尚未取得稽核相符结果的海关缴款书进项税额。

（6）"待转销项税额"明细科目，核算单位销售货物、加工修理修配劳务、服务、无形资产或不动产，已确认相关收入（或利得）但尚未发生增值税纳税义务而需于以后期间确认为销项税额的增值税额。

（7）"简易计税"明细科目，核算单位采用简易计税方法发生的增值税计提、扣减、预交、缴纳等业务。

（8）"转让金融商品应交增值税"明细科目，核算单位转让金融商品发生的增值税额。

（9）"代扣代缴增值税"明细科目，核算单位购进在境内未设经营机构的境外单位或个人在境内的应税行为代扣代缴的增值税。

属于增值税小规模纳税人的单位只需在本科目下设置"转让金融商品应交增值税""代扣代缴增值税"明细科目。

1. 增值税一般纳税人

1）取得资产或接受劳务等业务

（1）采购等业务进项税额允许抵扣。

单位购买用于增值税应税项目的资产或服务等时，按照应计入相关成本费用或资产的金额，借记"业务活动费用""在途物品""库存物品""工程物资""在建工程""固定资产""无形资产"等科目，按照当月已认证的可抵扣增值税额，借记本科目（应交税金——进项税额），按照当月未认证的可抵扣增值税额，借记本科目（待认证进项税额），按照应付或实际支付的金额，贷记"应付账款""应付票据""银行存款""零余额账户用款额度"等科目。发生退货的，如原增值税专用发票已做认证，应根据税务机关开具的红字增值税专用发票做相反的会计分录；如原增值税专用发票未做认证，应将发票退回并做相反的会计分录。

（2）采购等业务进项税额不得抵扣。

单位购进资产或服务等，用于简易计税方法计税项目、免征增值税项目、集体福利或个人消费等，其进项税额按照现行增值税制度规定不得从销项税额中抵扣的，取得增值税专用发票时，应按照增值税发票注明的金额，借记相关成本费用或资产科目，按照待认证的增值税进项税额，借记本科目（待认证进项税额），按照实际支付或应付的金额，贷记"银行存款""应付账款""零余额账户用款额度"等科目。经税务机关认证为不可抵扣进项税时，借记本科目（应交税金——进项税额）科目，贷记本科目（待认证进项税额），同时，将进项税额转出，借记相关成本费用科目，贷记本科目（应交税金——进项税额转出）。

（3）购进不动产或不动产在建工程按照规定进项税额分年抵扣。

单位取得应税项目为不动产或者不动产在建工程，其进项税额按照现行增值税制度规定自取得之日起分2年从销项税额中抵扣的，应当按照取得成本，借记"固定资产""在建工程"等科目，按照当期可抵扣的增值税额，借记本科目（应交税金——进项税额），按照以后期间可抵扣的增值税额，借记本科目（待抵扣进项税额），按照应付或实际支付的金额，贷记"应付账款""应付票据""银行存款""零余额账户用款额度"等科目。尚未抵扣的进项税额待以后期间允许抵扣时，按照允许抵扣的金额，借记本科目（应交税金——进项税额），贷记本科目（待抵扣进项税额）。

（4）进项税额抵扣情况发生改变。

单位因发生非正常损失或改变用途等，原已计入进项税额、待抵扣进项税额或待认证进项税额,但按照现行增值税制度规定不得从销项税额中抵扣的,借记"待处理财产损益""固定资产""无形资产"等科目,贷记本科目(应交税金——进项税额转出)、本科目(待抵扣进项税额)或本科目(待认证进项税额);原不得抵扣且未抵扣进项税额的固定资产、无形资产等,因改变用途等用于允许抵扣进项税额的应税项目的,应按照允许抵扣的进项税额,借记本科目(应交税金——进项税额),贷记"固定资产""无形资产"等科目。固定资产、无形资产等经上述调整后,应按照调整后的账面价值在剩余尚可使用年限内计提折旧或摊销。

单位购进时已全额计入进项税额的货物或服务等转用于不动产在建工程的,对于结转以后期间的进项税额,应借记本科目(待抵扣进项税额),贷记本科目(应交税金——进项税额转出)。

(5)购买方作为扣缴义务人。

按照现行增值税制度规定,境外单位或个人在境内发生应税行为,在境内未设有经营机构的,以购买方为增值税扣缴义务人。境内一般纳税人购进服务或资产时,按照应计入相关成本费用或资产的金额,借记"业务活动费用""在途物品""库存物品""工程物资""在建工程""固定资产""无形资产"等科目,按照可抵扣的增值税额,借记本科目(应交税金——进项税额)(小规模纳税人应借记相关成本费用或资产科目),按照应付或实际支付的金额,贷记"银行存款""应付账款"等科目,按照应代扣代缴的增值税额,贷记本科目(代扣代缴增值税)。实际缴纳代扣代缴增值税时,按照代扣代缴的增值税额,借记本科目(代扣代缴增值税),贷记"银行存款""零余额账户用款额度"等科目。

2)销售资产或提供服务等业务

(1)销售资产或提供服务业务。

单位销售货物或提供服务,应当按照应收或已收的金额,借记"应收账款""应收票据""银行存款"等科目,按照确认的收入金额,贷记"经营收入""事业收入"等科目,按照现行增值税制度规定计算的销项税额(或采用简易计税方法计算的应纳增值税额),贷记本科目(应交税金——销项税额)或本科目(简易计税)。发生销售退回的,应根据按照规定开具的红字增值税专用发票做相反的会计分录。

按照本制度及相关政府会计准则确认收入的时点早于按照增值税制度确认增值税纳税义务发生时点的,应将相关销项税额计入本科目(待转销项税额),待实际发生纳税义务时再转入本科目(应交税金——销项税额)或本科目(简易计税)。

按照增值税制度确认增值税纳税义务发生时点早于按照本制度及相关政府会计准则确认收入的时点的,应按照应纳增值税额,借记"应收账款"科目,贷记本科目(应交税金——销项税额)或本科目(简易计税)。

(2)金融商品转让按照规定以盈亏相抵后的余额作为销售额。

金融商品实际转让月末,如产生转让收益,则按照应纳税额,借记"投资收益"科目,贷记本科目(转让金融商品应交增值税);如产生转让损失,则按照可结转下月抵扣税额,借记本科目(转让金融商品应交增值税),贷记"投资收益"科目。缴纳增值税时,应借记本科目(转让金融商品应交增值税),贷记"银行存款"等科目。年末,本科目（转让金融商品应交增值税）如有借方余额，则借记"投资收益"科目，贷记本科目（转让金融商品应交增值税）。

3) 月末转出多交增值税和未交增值税

月度终了，单位应当将当月应交未交或多交的增值税自"应交税金"明细科目转入"未交税金"明细科目。对于当月应交未交的增值税，借记本科目（应交税金——转出未交增值税），贷记本科目（未交税金）；对于当月多交的增值税，借记本科目（未交税金），贷记本科目（应交税金——转出多交增值税）。

4) 缴纳增值税

（1）缴纳当月应交增值税。

单位缴纳当月应交的增值税，借记本科目（应交税金——已交税金），贷记"银行存款"等科目。

（2）缴纳以前期间未交增值税。

单位缴纳以前期间未交的增值税，借记本科目（未交税金），贷记"银行存款"等科目。

（3）预交增值税。

单位预交增值税时，借记本科目（预交税金），贷记"银行存款"等科目。月末，单位应将"预交税金"明细科目余额转入"未交税金"明细科目，借记本科目（未交税金），贷记本科目（预交税金）。

（4）减免增值税对于当期直接减免的增值税，借记本科目（应交税金——减免税款），贷记"业务活动费用""经营费用"等科目。

按照现行增值税制度规定，单位初次购买增值税税控系统专用设备支付的费用以及缴纳的技术维护费允许在增值税应纳税额中全额抵减的，按照规定抵减的增值税应纳税额，借记本科目（应交税金——减免税款），贷记"业务活动费用""经营费用"等科目。

【例 9-2】某事业单位为增值税一般纳税人，其非独立核算部门为生产产品购进的甲材料增值税专用发票上注明的材料价款为 100 000 元，增值税税额为 17 000 元，款项以银行存款支付，材料已验收入库。

借：库存物品——甲材料　　　　　　　　　　　　　　100 000
　　应交增值税——应交税金（进项税额）　　　　　　 17 000
　　贷：银行存款　　　　　　　　　　　　　　　　　117 000

【例 9-3】某行政单位为增值税一般纳税人，A 材料因储存不当而报废，该材料购入价款为 50 000 元，增值税税额为 8 500 元，报经批准予以报废。

（1）转入待处理财产损溢时，

借：待处理财产损溢——待处理财产价值　　　　　　 58 500
　　贷：库存物品——A 材料　　　　　　　　　　　　 50 000
　　　　应交增值税——应交税金（进项税额转出）　　 8 500

（2）经批准予以核销时，

借：资产处置费用　　　　　　　　　　　　　　　　　　　　　　58 500
　　贷：待处理财产损溢——待处理财产价值　　　　　　　　　　　　58 500

【例 9-4】某事业单位为增值税一般纳税人，其非独立核算部门销售产品取得收入 20 000元（不含税价），货款尚未收到。

借：应收账款　　　　　　　　　　　　　　　　　　　　　　　　23 400
　　贷：经营收入　　　　　　　　　　　　　　　　　　　　　　　20 000
　　　　应交增值税——应交税金（销项税额）　　　　　　　　　　 3 400

2. 增值税小规模纳税人

（1）单位购入资产等不能抵扣增值税，发生的增值税计入资产等成本，按照实际支付的价款，借记"库存物品""固定资产"等科目，贷记"银行存款"等科目。

（2）单位销售资产或提供服务。

第一，实际收到款项时，借记"银行存款"等科目，按实际收到价款扣除增值税额后的金额，贷记"事业收入""经营收入"等科目，按应交增值税金额，贷记本科目。

第二，办妥托收款项手续或收到商业汇票时，按应收的价款借记"应收账款""应收票据"等科目，按应收价款扣除增值税额后的金额，贷记"事业收入""经营收入"等科目，按应缴增值税金额，贷记本科目。

（3）实际缴纳增值税时，借记本科目，贷记"银行存款"等科目。

【例 9-5】某事业单位为增值税小规模纳税人，其非独立核算部门销售产品取得收入 10 300 元（含税价），款项已存入银行。

借：银行存款　　　　　　　　　　　　　　　　　　　　　　　　10 300
　　贷：经营收入　　　　　　　　　　　　　　　　　　　　　　　10 000
　　　　应缴增值税　　　　　　　　　　　　　　　　　　　　　　　 300

（二）其他应缴税费

其他应缴税费是指行政事业单位按照税法等规定计算应缴纳的除增值税以外的各种税费，包括城市维护建设税、教育费附加、车船税、房产税、城镇土地使用税、企业所得税等。单位代扣代缴的个人所得税，也通过本科目核算。行政事业单位应缴纳的印花税不需要预提应交税费，直接通过"业务活动费用""单位管理费用"等科目核算，不在本科目核算。本科目应当按照应缴纳的税费种类进行明细核算，期末借方余额，反映单位多缴纳的税费；本科目期末贷方余额，反映单位应交未交的税费。

1. 城市维护建设税、教育费附加

城市维护建设税是指为了加强城市的维护建设，扩大和稳定城市维护建设资金的来源，对有经营收入的单位和个人征收的一种税收。教育费附加是指发展地方性教育事业，扩大地方性教育事业，扩大地方教育经费资金来源的一种附加费。城市维护建设税和教育费附加均对缴纳增值税、消费税的单位和个人，按其实际缴纳的增值税、消费税的税额而征收。

按规定缴纳城市维护建设税、教育费附加的行政事业单位，应在"其他应交税费"科目下设置"应交城市维护建设税""应交教育费附加"明细科目进行明细核算。行政事业单位发生城市维护建设税、教育费附加纳税义务的，按税法规定计算的应交税费金额，借记"业务活动费用"、"单位管理费用"和"经营费用"等科目，贷记本科目。实际缴纳时，借记本科目，贷记"银行存款"科目。

【例 9-6】某行政单位月末按规定计算出城市维护建设税 200 元、教育费附加 125 元。

  借：业务活动费用　　　　　　　　　　　　　　325
    贷：其他应交税费——应交城市维护建设税　　　200
         ——应交教育费附加　　　　　　125

2. 房产税、城镇土地使用税、车船税

房产税是指以房产为征税对象，按房产的计税价值或租金收入向产权所有人征收的一种税；城镇土地使用税是指对在城市、县城、建制镇、工矿区范围内使用土地的单位和个人，以其实际占用的土地面积为计税依据并按规定税额征收的一种税；车船税是指对依法应当在车船登记管理部门登记的机动车辆和船舶，以及依法不需要在车船登记管理部门登记的在单位内部场所行驶或者作业的机动车辆和船舶的所有人或者管理人，按规定的年税额征收的一种税。

按规定缴纳房产税、城镇土地使用税、车船税的行政事业单位，应在"其他应交税费"科目下设置"应交房产税""应交城镇土地使用税""应交车船税"明细科目进行明细核算。单位发生房产税、城镇土地使用税、车船税纳税义务的，按税法规定计算的应交税金数额，借记"业务活动费用""单位管理费用""经营费用"等科目，贷记本科目。实际缴纳时，借记本科目，贷记"银行存款"科目。

【例 9-7】某事业单位因非独立核算经营活动某月按税法规定计算出应交房产税 30 000 元、应交城镇土地使用税 15 000 元、应交车船税 30 000 元。

  借：经营费用　　　　　　　　　　　　　　　　75 000
    贷：其他应缴交税费——应交房产税　　　　　30 000
         ——应交城镇土地使用税　　15 000
         ——应交车船税　　　　　　30 000

3. 个人所得税

个人所得税是指对在中国境内有住所或者无住所而在中国境内居住满一年的个人，从中国境内和境外取得的所得，以及在中国境内无住所又不居住或者无住所而在境内居住不满一年的个人，从中国境内取得的所得征收的一种税。现行的个人所得税在纳税申报上，对纳税人应纳税额采取由支付单位代扣代缴和纳税人自行申报纳税两种方法。

按规定代扣代缴个人所得税的行政事业单位，应在"其他应交税费"科目下设置"应交个人所得税"明细科目进行明细核算。行政事业单位代扣个人所得税的，按税法规定计算应代扣代缴的个人所得税金额，借记"应付职工薪酬"科目，贷记本科目。实际缴纳时，借记本科目，贷记"银行存款"科目。

【例 9-8】某行政单位某月按税法规定计算出代扣代缴个人所得税 50 000 元。

借：应付职工薪酬　　　　　　　　　　　　　　　　50 000
　　贷：其他应交税费——应交个人所得税　　　　　　　　50 000

4. 企业所得税

企业所得税是指对在中国境内的企业和其他取得收入的组织，就其生产经营所得和其他所得征收的一种税。

按规定缴纳企业所得税的单位，应在"其他应交税费"科目下设置"应交企业所得税"明细科目进行明细核算。单位发生企业所得税纳税义务的，按税法规定计算的应交税金数额，借记"所得税费用"科目，贷记本科目。实际缴纳时，借记本科目，贷记"银行存款"科目。

【例 9-9】某事业单位年末按照税法规定计算出本年度应纳税所得额为 30 000 元，使用所得税税率为 25%，应交所得税税额为 7 500 元。

借：所得税费用　　　　　　　　　　　　　　　　　　7 500
　　贷：其他应交税费——应交企业所得税　　　　　　　　7 500

5. 其他纳税业务

行政事业单位发生其他纳税义务的，按照应缴纳的税费金额，借记"业务活动费用"、"单位管理费用"和"经营费用"等科目，贷记本科目。实际缴纳时，借记本科目，贷记"银行存款"科目。

【例 9-10】某事业单位本月通过银行上缴增值税 5 000 元、城市维护建设税 200 元、企业所得税 7 500 元、教育费附加 125 元。

借：应交增值税——应交税金（已交税金）　　　　　　5 000
　　其他应交税费——应交城市维护建设税　　　　　　　　200
　　　　　　　　——应交企业所得税　　　　　　　　　7 500
　　　　　　　　——应交教育费附加　　　　　　　　　　125
　　贷：银行存款　　　　　　　　　　　　　　　　　12 825

（三）应缴财政款

1. 应缴财政款的内容

应缴财政款是指行政事业单位按规定取得的应缴入财政的款项（应交税费除外），包括应缴财政的款项和应缴财政专户的款项，主要包括政府性基金、行政事业性收费、罚没收入、国有资产处置收入等。

（1）政府性基金，是指行政事业单位按照国家法律、法规的规定向公民、法人和其他组织征收的具有专项用途的财政资金，如政府住房基金收入。

（2）行政事业性收费，是指行政事业单位根据国家法律、法规行使其管理职能，向公民、法人和其他组织收取的各项收费收入，包括管理性、资源性收费和证照性收费,如工本费、登记费等。

（3）罚没收入,是指行政事业单位依法收缴的罚款（罚金）、没收款、赃款及没收物资、赃物的变价收入。

（4）国有资产处置收入,是指行政事业单位国有资产产权的转移或核销所产生的收入,包括国有资产的出售收入、出让收入、置换差价收入、报废报损残值变价收入等。

（5）应缴财政专户款是指行政事业单位按规定应缴入财政专户的款项。应缴入财政专户的款项是行政事业单位按规定收取的尚未纳入预算管理但实行财政专户管理的教育收费。按规定,教育收费作为执收单位的行政事业收入,纳入财政专户管理。教育收费上缴财政专户后,形成财政总预算会计的财政专户管理资金收入。

应缴财政款是行政事业单位代行政府职能收取的款项。这些款项缴入财政后,形成财政总预算会计的一般高估预算本级收入和政府性基金预算本级收入。对于应缴财政款,行政事业单位不得缓缴、截留、挪用或自行坐支,年终必须将当年的应缴财政款项全部清缴入库。

2. 应缴财政款的核算

按照国库集中收缴制度的规定,行政事业单位应缴入财政的款项,根据具体情况分别采用直接缴库和集中汇缴两种方式。由此,行政事业单位需要根据应缴财政款的不同收缴方式分别进行不同的账务处理。

（1）直接缴库。它是指行政事业单位按照规定开具"非税收入一般缴款书",缴款人持"非税收入一般缴款书"在规定期限内将应缴款项直接缴入财政的缴款方式。在直接缴款方式下,行政事业单位应缴财政款因不通过单位过渡账户汇总,所以在开具"非税收入一般缴款书"时,可不做分录,只登记收入台账。

（2）集中汇缴。它是指行政事业单位使用"行政事业性收费收据"向缴款人收取款项后,在规定期限内按收入项目汇总开具"非税收入一般缴款书",将应缴款项缴存财政的缴款方式。在集中汇缴方式下,行政事业单位应缴财政款因要通过单位过渡账户汇总,所以应设置"应缴财政款"科目,以核算按规定应缴入财政的款项。本科目核算单位取得的按规定应当上缴财政的款项。单位按照国家税法等有关规定应当缴纳的各种税费,通过"应交增值税""其他应交税费"科目核算,不在本科目核算。本科目应当按照应缴财政款项的类别进行明细核算,期末贷方余额,反映单位应当上缴财政但尚未缴纳的款项。年终清缴后,本科目一般应无余额。

单位取得按规定应缴财政的款项时,借记"银行存款"等科目,贷记本科目。单位处置资产取得的应上缴财政的处置净收入的账务处理,通过"待处理财产损溢"科目。单位上缴应缴财政的款项时,按照实际上缴的金额,借记本科目,贷记"银行存款"科目。

【例9-11】某行政单位按照规定征收政府性基金收入10 000元,该款项以集中汇缴的方式上缴国库。

借：银行存款　　　　　　　　　　　　　　　　　　　　10 000
　　贷：应缴财政款——政府性基金收入　　　　　　　　　　　10 000

【例9-12】某事业单位将收到的政府性基金收入 15 000 元通过银行上缴国库。

借：应缴财政款——政府性基金收入　　　　　　　　　15 000
　　贷：银行存款　　　　　　　　　　　　　　　　　　　15 000

上述款项如实行直接缴款，行政事业单位在开具"非税收入一般缴款书"时，可不做开具分录。

【例9-13】某行政单位收到应上缴财政专户的教育收费 60 000 元，款项已存入银行。

借：银行存款　　　　　　　　　　　　　　　　　　　60 000
　　贷：应缴财政款——教育收费　　　　　　　　　　　　60 000

【例9-14】某事业单位将收到的教育收费 50 000 元通过银行上缴财政专户。

借：应缴财政款——教育收费　　　　　　　　　　　　50 000
　　贷：银行存款　　　　　　　　　　　　　　　　　　　50 000

三、应付款项

（一）应付职工薪酬

1. 应付职工薪酬的内容

应付职工薪酬是指行政事业单位按有关规定应付给职工及为职工支付的各种薪酬，包括基本工资、绩效工资、国家统一规定的津贴补贴、社会保险费、住房公积金等。

基本工资是指行政事业单位按国家统一规定发放给工作人员的职务工资、级别工资、岗位工资、技术等级工资等。

绩效工资是指行政事业单位发放给工作人员的绩效工资。

津贴补贴是指行政事业单位按照国家规定发放给工作人员的艰苦边远地区津贴、特殊岗位津贴补贴等。

社会保险费是指行政事业单位按规定为职工缴纳并缴存在社会保险管理机构的基本养老、基本医疗、失业、工伤、生育等社会保险费。

住房公积金是指行政事业单位按规定为职工缴纳并缴存在住房公积金管理机构的长期住房公积金。

2. 应付职工薪酬的核算

"应付职工薪酬"科目核算行政事业单位按有关规定应付给职工及为职工（含长期聘用人员）支付的各种薪酬。本科目应当根据国家有关规定按照"工资（离退休费）"、"地方（部门）津贴补贴"、"其他个人收入"、"社会保险费"和"住房公积金"等进行明细核算。本科目期末贷方余额，反映单位应付未付的职工薪酬。

（1）按照当期计算出的应付职工薪酬。

第一，各单位从事专业及其辅助活动人员的职工薪酬，借记"业务活动费用""单位管理费用"等科目，贷记本科目。应由在建工程、存货负担的职工薪酬，借记"在建工程""加工物品"等科目,贷记本科目。各单位从事专业及其辅助活动之外的经营活动人员的职工薪酬,借记"经营费用"科目,贷记本科目。

第二,因辞退职工而给予的补偿,借记"单位管理费用"科目,贷记本科目。

(2)向职工支付工资、津贴补贴等薪酬时,按照实际支付的金额,借记本科目,贷记"财政拨款收入"、"零余额账户用款额度"和"银行存款"等科目。

(3)按税法规定代扣个人所得税时,借记本科目(工资),贷记"其他应交税费——应交个人所得税"科目。从应付职工薪酬中代扣为职工垫付的水电费、房租等费用时,按照实际扣除的金额,借记本科目(工资),贷记"其他应收款"等科目。

从应付职工薪酬中代扣社会保险费(如职工基本养老保险费、失业保险费、基本医疗保险费)和住房公积金,按照代扣的金额,借记本科目(工资),贷记本科目(社会保险费和住房公积金)。

(4)按照国家有关规定缴纳职工社会保险费和住房公积金时,按照实际支付的金额,借记本科目(社会保险费和住房公积金),贷记"财政拨款收入"、"零余额账户用款额度"和"银行存款"等科目。

(5)从应付职工薪酬中支付的其他款项,借记本科目,贷记"零余额账户用款额度"和"银行存款"等科目。

【例 9-15】某行政单位计算出应付给从事专业业务活动人员的基本工资总额为 450 000 元、离退休费 50 000 元、津贴 300 000 元、其他个人收入 25 000 元。其中,代扣个人所得税 20 000 元,代扣由职工个人承担的社会保险费 36 000 元、住房公积金 54 000 元、单位配套补贴社会保险费 90 000 元、住房公积金 54 000 元。

  借:业务活动费用   969 000
    贷:应付职工薪酬——工资(离退休费)   500 000
       ——地方(部门)津贴补贴   300 000
       ——其他个人收入   25 000
       ——社会保险费   90 000
       ——住房公积金   54 000
  借:应付职工薪酬——工资(离退休费)   110 000
    贷:应付职工薪酬——社会保险费   36 000
       ——住房公积金   54 000
      其他应交税费——应交个人所得税   20 000

【例 9-16】该行政单位通过财政直接支付方式向从事专业业务活动的人员实际支付工资、津贴、其他收入,代缴个人所得税,缴纳单位承担的社会保险费和住房公积金。

  借:应付职工薪酬——工资(离退休费)   390 000
      ——地方(部门)津贴补贴   300 000
      ——其他个人收入   25 000
      ——社会保险费   126 000
      ——住房公积金   108 000

　　　　其他应交税费——应交个人所得税　　　　　　　　　　　　20 000
　　　　贷：财政拨款收入　　　　　　　　　　　　　　　　　　　969 000

（二）应付票据

应付票据是指事业单位因购买材料、物资等而开出、承兑的商业汇票，包括银行承兑汇票和商业承兑汇票。"应付票据"科目应当按照债权单位进行明细核算。各事业单位应设置"应付票据备查簿"，详细登记每一应付票据的种类、号数、签发日期、到期日、票面金额、交易合同号、收款人姓名或单位名称及付款日期和金额等资料。应付票据到期结清票款后，应在备查簿内逐笔注销。本科目期末贷方余额，反映事业单位开出、承兑的尚未到期的应付票据金额。

应付票据的主要账务处理如下。

（1）开出、承兑商业汇票时，借记"库存物品""固定资产"等科目，贷记本科目。以商业汇票抵付应付账款时，借记"应付账款"科目，贷记本科目。

（2）支付银行承兑汇票的手续费时，借记"业务活动费用""经营费用"等科目，贷记"银行存款"等科目。

（3）商业汇票到期时，应当分别按照以下情况处理。

第一，收到银行支付到期票据的付款通知时，借记本科目，贷记"银行存款"科目。

第二，银行承兑汇票到期，本单位无力支付票款的，按照应付票据账面余额，借记本科目，贷记"短期借款"科目。

第三，商业承兑汇票到期，本单位无力支付票款的，按照应付票据账面余额，借记本科目，贷记"应付账款"科目。

（4）如果为带息应付票据，应当在会计期末或票据到期时计算应付利息，借记"业务活动费用""经营费用"科目，贷记本科目。到期不能支付的带息应付票据，转入"应付账款"科目核算后，期末时不再计提利息。

【例 9-17】 某事业单位为一般纳税人，向 A 公司购买专业活动用材料一批，开出一张 58 500 元的无息商业承兑汇票一张。

　　借：库存物品　　　　　　　　　　　　　　　　　　　　　50 000
　　　　应交增值税——应交税金（进项税额）　　　　　　　　　 8 500
　　　　贷：应付票据——A 公司　　　　　　　　　　　　　　　58 500

【例 9-18】 该事业单位开出的商业承兑汇票到期，收到开户银行付息 58 500 元的通知。

　　借：应付票据——A 公司　　　　　　　　　　　　　　　　58 500
　　　　贷：银行存款　　　　　　　　　　　　　　　　　　　 58 500

如果商业承兑汇票到期该事业单位却无力支付票款，账务处理如下。

　　借：应付票据——A 公司　　　　　　　　　　　　　　　　58 500
　　　　贷：应付账款——A 公司　　　　　　　　　　　　　　 58 500

【例 9-19】 某事业单位为一般纳税人，从 B 公司购买经营用材料一批，开出一张 35 100

元的银行承兑汇票,票面利率6%,以银行存款支付手续费200元。

  借:库存物品   30 000
    应交增值税——应交税金(进项税额)   5 100
    贷:应付票据——B公司   35 100
  借:经营费用   200
    贷:银行存款   200

【例9-20】该事业单位开出的银行承兑汇票6个月后到期,收到开户银行通知,支付到期值36 153元,其中本金35 100元、利息1 053元。

  借:应付票据——B公司   35 100
    经营费用   1 053
    贷:银行存款   36 153

如果银行承兑汇票到期该事业单位却无力支付票款,账务处理如下。

  借:应付票据——B公司   35 100
    经营费用   1 053
    贷:短期借款   36 153

(三)应付账款

应付账款是指行政事业单位因购买物资或接受服务、工程建设等而应付的偿还期限在1年以内(含1年)的款项。本科目应当按照债权单位(或个人)进行明细核算。本科目期末贷方余额,反映单位尚未支付的应付账款。

应付账款的主要账务处理如下。

(1)收到所购物资或服务、完成工程但尚未付款时,按照应付未付款项的金额,借记"库存物品""固定资产"等科目,贷记本科目。

(2)偿付应付账款时,按照实际支付的金额,借记本科目,贷记"财政拨款收入"、"零余额账户用款额度"和"银行存款"等科目。

(3)开出、承兑商业汇票抵付应付账款时,借记本科目,贷记"应付票据"科目。

(4)无法偿付或债权人豁免偿还的应付账款,应当按照规定报经批准后进行账务处理。经批准核销时,借记本科目,贷记"其他收入"科目。核销的应付账款应在备查簿中保留登记。

【例9-21】某行政单位为小规模纳税人,收到向甲公司采购的计算机一批,取得的增值税专用发票上注明的价款为200 000元,增值税进项税额为34 000元,款项在两个月后通过单位零余额账户支付,计算机直接交付使用。

(1)收到采购计算机时,

  借:固定资产——计算机   234 000
    贷:应付账款——甲公司   234 000

(2)两个月后支付款项时,

  借:应付账款——甲公司   234 000

贷：零余额账户用款额度　　　　　　　　　　　　　　　　234 000

【例9-22】某事业单位为增值税一般纳税人，非独立核算部门为生产产品从乙公司购进A材料，材料价款50 000元，增值税税额8 500元，款项尚未支付。一个月后，该事业单位开出、承兑商业承兑汇票抵冲A材料款58 500元。

（1）购进A材料时，
借：库存物品——A材料　　　　　　　　　　　　　　　　50 000
　　应交增值税——应交税金（进项税额）　　　　　　　　　8 500
　　贷：应付账款——乙公司　　　　　　　　　　　　　　58 500

（2）开出商业承兑汇票承兑价款时，
借：应付账款——乙公司　　　　　　　　　　　　　　　　58 500
　　贷：应付票据——乙公司　　　　　　　　　　　　　　58 500

若该事业单位尚未支付的A材料款收到乙公司豁免偿还，其账务处理如下。
借：应付账款——乙公司　　　　　　　　　　　　　　　　58 500
　　贷：其他收入　　　　　　　　　　　　　　　　　　　58 500

（四）应付政府补贴款

应付政府补贴款是指负责发放政府补贴的行政单位按照有关规定应付给政府补贴接受者的各种政府补贴款。该科目应当在规定转拨的时间内确认。

本科目应当按照应支付的政府补贴种类进行明细核算。单位还应当按照受益对象设置备查簿，进行相应明细核算。本科目期末贷方余额，反映行政单位应付未付的政府补贴金额。

（1）行政单位发生应付政府补贴时，按照依规定计算确定的应付政府补贴金额，借记"业务活动费用"科目，贷记本科目。

（2）行政单位支付政府补贴款时，按照支付金额，借记本科目，贷记"零余额账户用款额度""银行存款"等科目。

【例9-23】某行政单位零余额账户收到按照房改政策规定标准计算出应付职工提租补贴50 000元。

借：业务活动费用　　　　　　　　　　　　　　　　　　　50 000
　　贷：应付政府补贴款——提租补贴　　　　　　　　　　50 000

【例9-24】该行政单位通过单位零余额账户向职工支付提租补贴50 000元。

借：应付政府补贴款——提租补贴　　　　　　　　　　　　50 000
　　贷：零余额账户用款额度　　　　　　　　　　　　　　50 000

（五）应付利息

应付利息是指事业单位按照合同约定应支付的利息，包括短期借款、分期付息到期还本的长期借款等应支付的利息。本科目可按存款人或债权人进行明细核算。本科目期末贷方余额，反映事业单位应付未付的利息。

在资产负债表日，按计算确定的利息费用，借记"在建工程""其他费用"等科目，贷记本科目。实际支付利息时，借记本科目，贷记"银行存款"等科目。

【例 9-25】某事业单位从银行取得短期借款 100 000 元，借款合同规定，借款利率为 6%，期限为 1 年，该单位每月末计提利息，每个季末支付利息。

（1）每月末计提利息时，

借：其他费用	500
贷：应付利息	500

（2）每季末支付利息时，

借：应付利息	1 000
其他费用	500
贷：银行存款	1 500

（六）预收账款

预收账款是指事业单位按规定预收的款项。本科目应当按照债权单位（或个人）进行明细核算。本科目期末贷方余额，反映事业单位按规定预收但尚未实际结算的款项。

预收账款的主要账务处理如下。

（1）从付款方预收款项时，按照实际预收的金额，借记"银行存款"等科目，贷记本科目。

（2）确认有关收入时，借记本科目，按照应确认的收入金额，贷记"事业收入""经营收入"等科目，按照付款方补付或退回付款方的金额，借记或贷记"银行存款"等科目。退回付款方的金额做相反会计分录。

（3）无法偿付或债权人豁免偿还的预收账款，应当按规定报经批准后进行账务处理。经批准核销时，借记本科目，贷记"其他收入"科目。

【例 9-26】某事业单位为增值税一般纳税人，向甲单位预收购买产品款项 5 000 元，款项已存入银行。

借：银行存款	5 000
贷：预收账款——甲单位	5 000

【例 9-27】该事业单位按合同规定向甲单位提供所购产品，并收到甲单位补付的货款 6 700 元。

借：预收账款——甲单位	5 000
银行存款	6 700
贷：经营收入	10 000
应交增值税——应交税金（销项税额）	1 700

（七）其他应付款

其他应付款是指行政事业单位除应缴财政款、应付政府补贴款、应付票据、应付账款、预收账款、应付职工薪酬、应交增值税、其他应交税费、应付利息以外，其他各项偿还期限在1年内（含1年）的应付及暂收款项，如收取的押金、存入的保证金、已经报销但尚未偿还银行的本单位公务卡欠款等。本科目应当按照其他应付款的类别及债权单位（或个人）进行明细核算。本科目期末贷方余额，反映单位尚未支付的其他应付款。同级政府财政部门预拨的下期预算款和没有纳入预算的暂付款项，以及采用实拨资金方式通过本单位转拨给下属单位的财政拨款，也通过本科目核算。

行政事业单位发生其他各项应付及暂收款项时，借记"银行存款"等科目，贷记本科目；支付其他应付款项时，借记本科目，贷记"银行存款"等科目；将暂收款项转为收入时，借记本科目，贷记"事业收入"等科目。收到同级政府财政部门预拨的下期预算款和没有纳入预算的暂付款项，按照实际收到的金额，借记"银行存款"等科目，贷记本科目；待到下一预算期或批准纳入预算时，借记本科目，贷记"财政拨款收入"科目。采用实拨资金方式通过本单位转拨给下属单位的财政拨款，按照实际收到的金额，借记"银行存款"科目，贷记本科目；向下属单位转拨财政拨款时，按照转拨的金额，借记本科目，贷记"银行存款"科目。本单位公务卡持卡人报销时，按照审核报销的金额，借记"业务活动费用""单位管理费用"等科目，贷记本科目；偿还公务卡欠款时，借记本科目，贷记"零余额账户用款额度"等科目。无法偿付或债权人豁免偿还的其他应付款项，应当按规定报经批准后进行账务处理。经批准核销时，借记本科目，贷记"其他收入"等科目，同时，核销的其他应付款应在备查簿中保留登记。

【例9-28】 某事业单位收到甲单位拟租用该单位固定资产而交来的押金5 000元，款项已存入银行。

借：银行存款 5 000
　　贷：其他应付款——甲单位 5 000

【例9-29】 上例中的甲单位退回租用的固定资产，该事业单位扣除2 000元作为租金，其他押金退还。

借：其他应付款——甲单位 5 000
　　贷：租金收入 2 000
　　　　银行存款 3 000

四、预提费用

预提费用是指行政事业单位预先提取的已经发生但尚未支付的费用，如预提租金费用等。事业单位按规定从科研项目收入中提取的项目间接费用或管理费，也通过本科目核算。本科目应当按照预提费用种类设置明细账，进行明细核算，期末贷方余额，反映已预提但尚未支付的各项费用。

（1）项目间接费用或管理费。

按规定从科研项目收入中提取项目间接费用或管理费时，按照提取的金额，借记"单位管理费用"科目，贷记本科目（项目间接费用或管理费）。

实际使用计提的项目间接费用或管理费时，按照实际支付的金额，借本科目（项目间接费用或管理费），贷记"银行存款""库存现金"等科目。

（2）其他预提费用。

按期预提租金等费用时，按照预提的金额，借记"业务活动费用""单位管理费用""经营费用"等科目，贷记本科目。

实际支付款项时，按照支付金额，借记本科目，贷记"零余额账户用款额度""银行存款"等科目。

【例 9-30】某行政单位月末计提本月承担办公设备租金费用 3 000 元。
　　借：业务活动费用　　　　　　　　　　　　　　　　　　3 000
　　　　贷：预提费用　　　　　　　　　　　　　　　　　　　　3 000

【例 9-31】某事业单位半年前租用办公用房，每月末计提租金，半年结算付款，现实际支付 6 个月租金共 30 000 元，以银行存款支付。
　　借：预提费用　　　　　　　　　　　　　　　　　　　　30 000
　　　　贷：银行存款　　　　　　　　　　　　　　　　　　　30 000

第二节　行政事业单位非流动负债的核算

行政事业单位非流动负债是指流动负债以外的负债，包括长期借款、长期应付款、预计负债和受托代理负债。

一、长期借款

（一）长期借款的内容

长期借款是指事业单位经批准向银行或其他金融机构借入的期限超过 1 年（不含 1 年）的各种借款。本科目下设"本金"和"应计利息"明细科目，并应当按照贷款单位和贷款种类进行明细核算。对于基建项目借款，还应按具体项目进行明细核算。本科目期末贷方余额，反映事业单位尚未偿还的长期借款。

（二）长期借款的核算

（1）借入各项长期借款时，按照实际借入的金额，借记"银行存款"科目，贷记本科目（本金）。

（2）资产负债表日，为购建固定资产应支付的专门借款利息，分别按照以下情况处理。

第一，属于工程项目建设期间发生的利息，计入工程成本，按照应支付的利息，借记"在建工程"科目，贷记"应付利息"（分期付息、到期还本）或本科目（应计利息）（到期一次还本付息）。

第二，属于工程项目完工交付使用后发生的利息，计入当期费用，按照应支付的利息，借记"其他费用"等科目，贷记"应付利息"（分期付息、到期还本）或本科目（应计利息）（到期一次还本付息）。

实际支付利息时，借记"应付利息"或本科目（应计利息），贷记"银行存款"科目。

（3）资产负债表日，其他长期借款发生的利息，按照应支付的利息金额，借记"其他费用"等科目，贷记"应付利息"或本科目（应计利息）。

实际支付利息时，借记"应付利息"或本科目（应计利息），贷记"银行存款"科目。

（4）到期归还长期借款本金、利息时，借记本科目（本金、应计利息），贷记"银行存款"科目。

【例9-32】某事业单位为建造办公楼于20×7年1月1日向建设银行借款500 000元，期限2年，款项已存入银行。借款利率为6%，利息按年支付，期满后一次还清本金。该办公楼于第二年6月底完工，并交付使用。

（1）20×7年1月1日取得借款时，

借：银行存款　　　　　　　　　　　　　　　　500 000
　　贷：长期借款——本金　　　　　　　　　　　　　　500 000

（2）20×7年末计算借款利息时，

借：在建工程——办公楼　　　　　　　　　　　30 000
　　贷：应付利息　　　　　　　　　　　　　　　　　30 000

（3）20×8年初支付利息时，

借：应付利息　　　　　　　　　　　　　　　　30 000
　　贷：银行存款　　　　　　　　　　　　　　　　　30 000

（4）20×8年末计算借款利息时，

借：在建工程——办公楼　　　　　　　　　　　15 000
　　其他费用　　　　　　　　　　　　　　　　15 000
　　贷：应付利息　　　　　　　　　　　　　　　　　30 000

（5）20×9年1月1日到期还本并支付第二年利息时，

借：长期借款——本金　　　　　　　　　　　　500 000
　　应付利息　　　　　　　　　　　　　　　　30 000
　　贷：银行存款　　　　　　　　　　　　　　　　　530 000

二、长期应付款

长期应付款是指行政事业单位发生的偿还期限超过1年(不含1年)的应付款项,如以融资租赁方式取得的固定资产的租赁费、跨年度分期付款购入固定资产的价款等。本科目应当按照长期付款的类别及债权单位(或个人)进行明细核算。本科目期末贷方余额,反映单位尚未支付的长期应付款。

长期应付款的主要账务处理如下。

(1)发生长期应付款时,借记"固定资产""在建工程"等科目,贷记本科目。

(2)支付长期应付款时,按照实际的金额借记本科目,贷记"财政拨款收入"、"零余额账户用款额度"和"银行存款"科目。

(3)无法偿付或债权人豁免偿还的长期应付款,应当按照规定报经批准后进行账务处理。经批准核销时,借记本科目,贷记"其他收入"等科目。核销的长期应付款在备查簿中保留登记。

【例9-33】某行政单位购入专用设备一批,价值2 000 000元,当日通过财政部门零余额账户支付价款50%,余款将在一年半后通过财政部门零余额账户支付,专用设备已经收到并直接投入使用。

(1)收到专用设备并支付50%的货款时,

借:固定资产——专用设备 2 000 000
 贷:财政拨款收入 1 000 000
   长期应付款——专用设备价款 1 000 000

(2)一年半后支付另外的50%的货款时,

借:长期应付款——专用设备价款 1 000 000
 贷:财政拨款收入 1 000 000

【例9-34】某事业单位两年前的一项长期应付款债权人豁免偿还,金额为200 000元,予以结转。

借:长期应付款 200 000
 贷:其他收入 200 000

三、预计负债与受托代理负债

(一)预计负债

预计负债是指行政事业单位对因或有事项所产生的现时义务而确认的负债,如未决诉讼等确认的负债。本科目按照预计负债的项目进行明细核算。本科目期末贷方余额,反映单位已预计尚未支付的预计负债。

(1)确认预计负债时,按照应确定的金额,借记"业务活动费用""其他费用""经营费用"等科目,贷记本科目。

(2)实际清偿或冲减的预计负债时,借记本科目,贷记"银行存款"等科目。

(3)转回预计负债时,借记本科目,贷记"业务活动费用""经营费用"等科目。

【例 9-35】某事业单位因为合同违约而被起诉,截止到当年末,法院尚未对该诉讼进行审理。根据律师的估计该单位很可能败诉,赔偿金额根据相关法律规定估计为 50 000 元。

借:业务活动费用　　　　　　　　　　　　　　　　　　　50 000
　　贷:预计负债——未决诉讼　　　　　　　　　　　　　　　　50 000

【例 9-36】该事业单位合同违约诉讼在第二年初审理完毕,原估计败诉赔偿 50 000 元,实际判决赔偿 45 000 元,以银行存款支付。

借:预计负债——未决诉讼　　　　　　　　　　　　　　　　50 000
　　贷:银行存款　　　　　　　　　　　　　　　　　　　　　45 000
　　　　业务活动费用　　　　　　　　　　　　　　　　　　　 5 000

(二)受托代理负债

受托代理负债是指行政事业单位接受委托,取得管理资产时形成的负债。本科目应当按照委托人等进行明细核算;属于指定转赠物资和资金的,还应当按照指定受赠人进行明细核算。本科目期末贷方余额,反映单位尚未清偿的受托代理负债。

本科目的账务处理参见"受托代理资产"、"库存现金"和"银行存款"等科目。

【例 9-37】某行政单位是政府储备物资的"代储单位",现收到委托储存的储备物资,发票注明其价值为 200 000 元,物资已经验收入库。

借:受托代理资产——政府储备物资　　　　　　　　　　　　200 000
　　贷:受托代理负债——政府储备物资　　　　　　　　　　　　200 000

【例 9-38】某事业单位接受委托,将一批价值 60 000 元的教学设备和现款 30 000 元转赠西部地区某学校,用于帮助其改善教学条件。

(1)收到教学设备和现款时,

借:受托代理资产——教学设备　　　　　　　　　　　　　　60 000
　　银行存款　　　　　　　　　　　　　　　　　　　　　　30 000
　　贷:受托代理负债　　　　　　　　　　　　　　　　　　　90 000

(2)转赠教学设备和现款时,

借:受托代理负债　　　　　　　　　　　　　　　　　　　　90 000
　　贷:受托代理资产——教学设备　　　　　　　　　　　　　60 000
　　　　银行存款　　　　　　　　　　　　　　　　　　　　30 000

本 章 小 结

行政事业单位会计负债按照流动性,分为流动负债和非流动负债,主要包括短期借款、应缴款项、应付款项、预提费用、长期借款、长期应付款和预计负债与受托代理负债等内容。短期借款是指事业单位经批准向银行或其他金融机构等借入的期限在 1 年内(含 1 年)的各种借款。应缴款项是指行政事业单位应交未交的各项款项,包括应交税费、应当上缴国库或者财政专户的款项,以及其他按照国家有关规定应当上缴的款项。应付及应收款项是指行政事业单位在与其他单位或个人之间由于购买商品、接受劳务或其他结算关系形成的待结算债务款项,具体包括应付职工薪酬、应付票据、应付账款、应付转拨款、应付利息、预收账款和其他应付款。非流动负债包括长期借款、长期应付款、预计负债和受托代理负债。长期借款是指事业单位经批准向银行或其他金融机构借入的期限超过 1 年(不含 1 年)的各种借款。长期应付款是指行政事业单位发生的偿还期限超过 1 年(不含 1 年)的应付款项,如以融资租赁方式取得的固定资产的租赁费、跨年度分期付款购入固定资产的价款等。预计负债是指行政事业单位对因或有事项所产生的现时义务而确认的负债,如未决诉讼等确认的负债。受托代理负债是指行政事业单位接受委托,取得管理资产时形成的负债。

【复习思考题】

1. 事业单位应交增值税的核算具体包括哪些内容?
2. 行政事业单位应缴财政款的核算内容有什么不同?
3. 应付职工薪酬包括哪些内容?如何进行会计核算?
4. 什么是应付政府补贴款?会计核算包括哪些内容?
5. 资产负债表日,事业单位长期借款的利息应分别如何处理?
6. 长期应付款的核算内容是什么?如何进行账务处理?
7. 什么是预计负债?如何进行会计核算?

第十章

行政事业单位收入、费用与净资产的核算

【学习目标】
1. 明确行政事业单位收入、费用与净资产的具体构成。
2. 熟悉行政事业单位各项收入的核算内容。
3. 掌握行政事业单位财政性拨款与基本业务收入的核算方法。
4. 掌握行政事业单位其他来源收入的核算方法。
5. 熟悉行政事业单位各项费用的核算内容。
6. 掌握行政事业单位业务活动费用与单位管理费用的核算方法。
7. 掌握行政事业单位经营费用与资产处置费用的核算方法。
8. 熟悉行政事业单位各项净资产的核算内容。
9. 掌握行政事业单位累计盈余与专用基金的核算方法。
10. 掌握行政事业单位本期盈余及本年盈余分配与以前年度盈余调整的核算方法。

第一节 行政事业单位收入的核算

行政事业单位收入是指报告期内导致政府会计主体净资产增加的、含有服务潜力或者经济利益的经济资源的流入。收入的确认应当同时满足以下条件：①与收入相关的含有服务潜力或者经济利益的经济资源很可能流入政府会计主体；②含有服务潜力或者经济利益的经济资源流入会导致政府会计主体资产增加或者负债减少；③流入金额能够可靠地计量。

行政事业单位财务会计收入分为补助收入、业务活动收入、其他活动收入三类，具体包括财政拨款收入、非同级财政拨款收入、事业收入、经营收入、上级补助收入、附属单位上缴收入、投资收益、捐赠收入、利息收入、租金收入和其他收入。

一、财政拨款收入与非同级财政拨款收入

(一) 财政拨款收入

1. 财政拨款收入的含义与分类

财政拨款收入是指行政事业单位从同级财政部门取得的各类财政拨款。同级政府财政部门预拨的下期预算款和没有纳入预算的暂付款项,以及采用实拨资金方式通过本单位转拨给下属单位的财政拨款,通过"其他应付款"科目核算,不通过本科目核算。

按照部门预算管理要求,财政拨款收入分为基本支出和项目支出。基本支出是指行政事业单位为了保障其正常运转、完成日常工作任务而从同级财政部门取得的补助款项,包括人员经费和日常公用经费。项目支出是指行政事业单位为了完成特定工作任务和发展目标,在基本支出之外从同级财政部门取得的补助款项。行政事业单位从财政部门取得的项目支出必须专款专用、单独核算、专项结报。

2. 财政拨款收入的管理要求

行政事业单位财政拨款收入的管理必须遵循以下要求。

(1) 按照核定的预算和用款计划申请取得。行政事业单位应根据核定的预算编制分月用款计划(包括基本支出用款计划和项目支出用款计划),经同级财政部门或上级单位核定后分月获取财政拨款收入。在申请当期财政拨款时,应分款、项填写"预算经费请拨单",报同级财政部门。

(2) 按规定用途申请取得。行政事业单位应按核定的预算用途使用财政拨款收入,未经同级财政部门批准,不得擅自改变用途;行政事业单位使用财政拨款时,应按计划控制用款,不得随意改变资金用途。款、项用途如需调整,应填写"科目流动申请书",报经同级财政部门批准后使用。

(3) 按预算级次申请取得。行政事业单位应按规定的预算级次和经费领拨关系向上级主管部门或同级财政部门申请取得财政拨款收入;同级主管部门之间原则上不得发生经费领拨关系。

(4) 按规定的财政资金支付方式申请取得。行政事业单位在确定了年度预算和分月用款计划的同时也确定了财政资金的支付方式及支付金额。实行国库集中支付改革的行政事业单位通过财政直接支付方式和财政授权支付方式获取财政拨款收入;尚未实行国库集中支付改革的行政事业单位,通过财政实拨资金方式获取财政拨款收入。

3. 财政拨款收入的确认

财政拨款收入的确认要结合财政资金支付方式,还要核算年终结余事项形成的财政拨款收入。

(1) 在财政直接支付方式下,行政事业单位应在收到财政零余额账户代理银行转

来的"财政直接支付入账通知书"时确认财政拨款收入。

（2）在财政授权支付方式下，行政事业单位应在收到单位零余额账户代理银行转来的"财政授权支付额度到账通知书"时确认财政拨款收入。

（3）在财政实拨资金方式下，行政事业单位应在收到开户银行转来的收款通知时确认财政拨款收入。

（4）对于年终结余形成的财政拨款收入，行政事业单位应根据对账确认的本年度财政直接支付预算指标数与当年财政直接支付实际支出数的差额、本年度财政授权支付预算指标数与当年零余额账户用款额度下达数的差额予以确认。

4. 财政拨款收入的核算

"财政拨款收入"科目可以按照公共财政预算拨款、政府性基金预算拨款等种类进行明细核算。本科目应设置"基本支出"和"项目支出"两个明细科目；两个明细科目下按照《政府收支分类科目》中"支出功能分类"的相关科目进行明细核算；同时在"基本支出"明细科目下按照"人员经费"和"日常公用经费"进行明细核算，在"项目支出"明细科目下按照具体项目进行明细核算。本科目平时贷方余额，反映财政拨款收入本期累计数，期末结账后，本科目应无余额。

（1）财政直接支付方式下，各单位根据财政国库支付执行机构委托代理银行转来的财政直接支付入账通知书及相关原始凭证，按照通知书中的直接支付入账金额，借记"库存物品""固定资产""业务活动费用""单位管理费用""应付职工薪酬"等科目，贷记本科目。

年度终了，根据本年度财政直接支付预算指标数与当年财政直接支付实际支付数的差额，借记"财政应返还额度——财政直接支付"科目，贷记本科目。

【例10-1】某行政单位收到"财政直接支付入账通知书"及原始凭证，列明采购专用设备支出100 000元，该设备直接投入使用。

借：固定资产　　　　　　　　　　　　　　　　　100 000
　　贷：财政拨款收入——基本支出　　　　　　　　　　100 000

【例10-2】年度终了，某事业单位通过对账确认本年度财政直接支付预算指标数为3 000 000元，当年财政直接支付实际支出数为2 800 000元，本年度财政直接支付预算指标数与当年财政直接支付实际支出数的差额为200 000元，该差额全部为日常公用经费。

借：财政应返还额度——财政直接支付　　　　　　200 000
　　贷：财政拨款收入——基本支出　　　　　　　　　　200 000

（2）财政授权支付方式下，各单位根据代理银行转来的财政授权支付额度到账通知书，按照通知书中的授权支付额度，借记"零余额账户用款额度"科目，贷记本科目。

年度终了，各单位本年度财政授权支付预算指标数大于零余额账户用款额度下达数的，根据未下达的用款额度，借记"财政应返还额度——财政授权支付"科目，贷记本科目。

【例10-3】某行政单位收到"财政授权支付额度到账通知书",列明本月财政授权支付额度为 600 000 元,其中基本支出 250 000 元、项目支出 350 000 元。

借:零余额账户用款额度　　　　　　　　　　　　　　600 000
　　贷:财政拨款收入——基本支出　　　　　　　　　　　250 000
　　　　　　　　　　——项目支出　　　　　　　　　　　350 000

【例10-4】年度终了,某事业单位通过对账确认本年度财政授权支付预算指标数为 1 000 000 元,当年零余额账户用款额度下达数为 950 000 元,本年度零余额账户用款额度未下达数为 50 000 元,该差额全部为日常公用经费。

借:财政应返还额度——财政授权支付　　　　　　　　50 000
　　贷:财政拨款收入——基本支出　　　　　　　　　　　50 000

(3)其他方式下收到财政拨款收入时,按照实际收到的金额,借记"银行存款"等科目,贷记本科目。

【例10-5】某事业单位通过财政实拨资金方式收到财政部门拨来的经费 300 000 元,其中基本支出 100 000 元、项目支出 200 000 元。

借:银行存款　　　　　　　　　　　　　　　　　　　300 000
　　贷:财政拨款收入——基本支出　　　　　　　　　　　100 000
　　　　　　　　　　——项目支出　　　　　　　　　　　200 000

(4)因差错更正或购货退回等发生国库直接支付款项退回的,属于以前年度支付的款项,按照退回金额,借记"财政应返还额度——财政直接支付"科目,贷记"以前年度盈余调整""库存物品"等有关科目;属于本年度支付的款项,按照退回金额,借记本科目,贷记"业务活动费用"和"库存物品"等科目。

【例10-6】某事业单位使用财政直接支付方式采购的存货因质量问题予以退回,共计 40 000 元。其中,25 000 元属于上年度支付的款项,15 000 元属于本年度支付的款项。

借:财政应返还额度——财政直接支付　　　　　　　　25 000
　　财政拨款收入——基本支出　　　　　　　　　　　　15 000
　　贷:库存物品　　　　　　　　　　　　　　　　　　　40 000

(5)期末,将本科目本年发生额结转至本期盈余科目,借记本科目,贷记"本期盈余——行政事业盈余"科目。

【例10-7】年末,某行政单位"财政拨款收入"科目贷方余额为 800 000 元,有关明细科目贷方余额为:基本支出 500 000 元、项目支出 300 000 元,进行期末结账。

借:财政拨款收入——基本支出　　　　　　　　　　　500 000
　　　　　　　　——项目支出　　　　　　　　　　　　300 000
　　贷:本期盈余——行政事业盈余　　　　　　　　　　　800 000

(二)非同级财政拨款收入

非同级财政拨款收入核算行政事业单位从非同级财政部门取得的经费拨款,包括从同级政府其他部门取得的横向转拨款、从上级或下级政府财政部门取得的经费拨款等，事业单位因开展科研及其辅助活动从非同级政府财政部门取得的经费提款，应当通过"事业收入——非同级财政拨款"科目核算，不通过本科目核算。本科目应当按照本级横向财政拨款和非本级财政拨款进行明细核算。期末结账后，本科目应无余额。

（1）确认非同级财政拨款收入时，按照应收或实际收到的金额，借记"其他应收款""银行存款"等科目，贷记本科目。

（2）期末，将本科目本期发生额结转至本期盈余科目，借记本科目，贷记"本期盈余——行政事业盈余"科目。

【例10-8】某行政单位从上级主管部门取得甲科研项目的经费拨款100 000元，已存入银行。

  借：银行存款   100 000
    贷：非同级财政拨款收入——甲科研项目   100 000

【例10-9】年末，某行政单位"非同级财政拨款收入"科目贷方余额为300 000元，进行期末结账。

  借：非同级财政拨款收入   300 000
    贷：本期盈余——行政事业盈余   300 000

二、事业收入与经营收入

（一）事业收入

1. 事业收入的含义

事业收入是指事业单位开展的专业业务活动及其辅助活动取得的收入。其中，按照国家有关规定应当上缴国库或者财政专户的资金，不计入事业收入；从财政专户核拨给事业单位的资金和经批准不上缴国库或者财政专户的资金，计入事业收入。所谓专业业务活动，是指事业单位根据其专业特点所从事或开展的主要业务活动，也可以叫做"主营业务活动"，如文化单位的演出活动、教育事业单位的教学活动、科学事业单位的科研活动、卫生事业单位的医疗保健活动等。辅助活动是指与专业业务活动相关、直接为专业业务活动服务的单位行政管理活动、后勤服务活动及其他有关活动。事业收入是指事业单位为了保证正常业务活动额需要，通过开展自身专业业务活动及辅助活动向社会提供服务，按国家规定标准向服务对象收取的费用。事业单位由于所处行业的特点不同，事业收入的内容也存在差异。例如，高等学校的事业收入主要包括教育事业收入和科研事业收入；科学事业单位的事业收入主要包括科研收入、技术收入、学术活动收入、科普活动收入、试制产品收入、教学活动收入等。

2. 事业收入的分类

按照管理方式，事业收入分为财政专户返还的事业收入和其他事业收入。财政专户返还的事业收入，是指采用财政专户返还方式管理的事业收入。按照国家有关规定，事业单位按规定收取的教育收费（包括：高中以上学费、住宿费、高校委托培养费，教育考试考务费，函大、电大、夜大及短训班培训费，中央党校收取的函授学院办学收费、研究生收费、短期培训进修费，等等）作为事业收入纳入财政专户管理。在这种管理方式下，事业单位收到教育收费时按照规定缴存财政专户；支出时由财政部门根据预算、教育收费上缴财政专户情况和用款申请，按照财政国库管理制度的有关规定从财政专户中核拨。事业单位收到从财政专户返还的教育收费时，方可确认事业收入。其他事业收入，是指不采用财政专户返还方式管理的事业收入，是指事业单位开展自身专业活动及辅助活动向社会提供服务时，按国家规定标准向服务对象收取的除了应缴国库款和应缴财政专户款以外的费用。

按照使用要求，事业收入分为专项资金收入和非专项资金收入。专项资金收入是指事业单位安排用于完成特定工作任务的事业收入，其使用必须坚持专款专用、单独核算、专项结报的原则。非专项资金收入是指事业单位用于保障其正常运转、完成日常工作任务的事业收入，其用途无限定性。

3. 事业收入的核算

"事业收入"科目应当按照事业收入的类别进行明细核算。事业收入中如有专项资金收入，还应按具体项目进行明细核算。对于因开展科研及其辅助活动从非同级政府财政部门取得的经费拨款，应当在本科目下单设"非同级财政拨款"明细科目进行核算。本科目平时贷方余额，反映事业收入本期累计数。年末结账后，本科目应无余额。

（1）采用财政专户返还方式管理的事业收入。

第一，实现应上缴财政专户的款项时，按照实际收到或应收的金额，借记"银行存款""应收账款"等科目，贷记"应缴财政款"科目。

第二，向财政专户上缴款项时，按照实际上缴的金额，借记"应缴财政专户款"科目，贷记"银行存款"科目。

第三，收到从财政专户返还的事业收入时，按照实际收到的返还金额，借记"银行存款"科目，贷记本科目。

（2）采用预收款方式，按照合同完成进度确认的事业收入。

第一，实际收到款项时，借记"银行存款"等科目，贷记"预收账款"科目。

第二，以合同完成进度确认事业收入时，按照合同完成进度确认的金额，借记"预收账款"科目，贷记本科目。

（3）采用应收款方式，按照合同完成进度确认的事业收入。

第一，根据合同完成进度计算本期应收的款项，属于增值税一般纳税人的事业单位按照包含增值税的价款总额，借记"应收账款"等科目，贷记本科目，按照应交增值税金额，贷记"应交增值税——应交税金（销项税额）"科目；属于增值税小规模纳税人的事业单位按照应收的价款，借记"应收账款"等科目，贷记本科目，按照应交增值税金额，贷记"应交增值税"科目。

第二，实际收到款项时，借记"银行存款"等科目，贷记"应收账款"等科目。

(4)提供专业及其辅助服务形成的事业收入。

因提供专业及其辅助服务确认或收到事业收入时,按照规定的收费标准计算确定的金额(不包括提供给接受服务方的折扣),属于增值税一般纳税人的事业单位按照包含增值税的价款总额,借记"库存现金""银行存款""应收账款"等科目,按照不包含增值税的金额贷记本科目,按照应交增值税金额,贷记"应交增值税——应交税金(销项税额)"科目;属于增值税小规模纳税人的事业单位,借记"库存现金""银行存款""应收账款"等科目,贷记本科目,按照应交增值税金额,贷记"应交增值税"科目。

(5)其他事业收入。

确认或收到其他事业收入时,属于增值税一般纳税人的事业单位按照包含增值税的价款总额,借记"银行存款""应收账款""其他应收款""预收账款"等科目,按照不包含增值税的金额贷记本科目,按照应交增值税金额,贷记"应交增值税——应交税金(销项税额)"科目;属于增值税小规模纳税人的事业单位按照应收的价款,借记"银行存款""应收账款""其他应收款""预收账款"等科目,按照不包含增值税的金额贷记本科目,按照应交增值税金额,贷记"应交增值税"科目。

(6)期末,将本科目本期发生额结转至本期盈余科目,借记本科目,贷记"本期盈余——行政事业盈余"科目。

【例10-10】某事业单位开展专业业务活动取得技术服务收入30 000元、学术活动收入20 000元,均已存入银行。其中,技术服务收入采用财政专户返还方式管理。

　　借:银行存款　　　　　　　　　　　　　　　　　　50 000
　　　　贷:应缴财政款　　　　　　　　　　　　　　　　　30 000
　　　　　　事业收入——学术活动收入　　　　　　　　　　20 000

【例10-11】该事业单位将技术服务收入30 000元上缴财政专户。

　　借:应缴财政款　　　　　　　　　　　　　　　　　　30 000
　　　　贷:银行存款　　　　　　　　　　　　　　　　　　30 000

该事业单位收到从财政专户返还的技术服务收入30 000元。

　　借:银行存款　　　　　　　　　　　　　　　　　　　30 000
　　　　贷:事业收入——技术服务收入　　　　　　　　　　30 000

【例10-12】期末,某事业单位"事业收入"科目贷方余额800 000元,有关明细科目贷方余额为:"技术服务收入"500 000元、"学术活动收入"300 000元,进行期末结账。

　　借:事业收入——技术服务收入　　　　　　　　　　500 000
　　　　　　　　——学术活动收入　　　　　　　　　　300 000
　　　　贷:本期盈余——行政事业盈余　　　　　　　　　800 000

(二)经营收入

1. 经营收入的含义

经营收入是指事业单位在专业业务活动及其辅助活动之外开展非独立核算营利性活

动所取得的收入。事业单位的经营收入通常同时具备两个特征：一是通过开展经营活动取得的收入；二是从开展非独立核算的经营活动中取得的收入。事业单位的经营收入一般包括非独立核算部门因销售商品、向社会提供经营服务等取得的收入。

经营收入应当在提供服务或发出存货，同时收讫价款或者取得索取价款的凭据时，按照实际收到或应收的金额确认收入。

2. 经营收入的核算

"经营收入"科目应当按照经营活动类别、项目等进行明细核算。本科目平时贷方余额，反映经营收入本期累计数。期末结账后，本科目应无余额。

（1）属于增值税小规模纳税人的事业单位确认经营收入时，按照实际出售价款，借记"银行存款""应收账款""应收票据"等科目，按照出售价款扣除增值税额后的金额，贷记本科目，按照应交增值税金额，贷记"应交增值税"科目。

（2）属于增值税一般纳税人的事业单位确认经营收入时，按照包含增值税的价款总额，借记"银行存款""应收账款""应收票据"等科目，按照扣除增值税销项税额后的价款金额，贷记本科目，按照增值税专用发票上注明的增值税金额，贷记"应交增值税——应交税金（销项税额）"科目。

（3）期末，将本科目本期发生额结转至本年盈余科目，借记本科目，贷记"本期盈余——经营盈余"科目。

【例10-13】某事业单位属于小规模纳税人，其非独立核算部门销售产品取得收入5 150元（含税），款项已存入银行，增值税征收率为3%。

借：银行存款　　　　　　　　　　　　　　　　　　　　　5 150
　　贷：经营收入——销售收入　　　　　　　　　　　　　　5 000
　　　　应交增值税　　　　　　　　　　　　　　　　　　　　150

【例10-14】某事业单位属于一般纳税人，其非独立核算部门销售产品取得收入10 000元（不含税），货款尚未收到，增值税税率为17%。

借：应收账款　　　　　　　　　　　　　　　　　　　　　11 700
　　贷：经营收入——销售收入　　　　　　　　　　　　　　10 000
　　　　应交增值税——应交税金（销项税额）　　　　　　　1 700

【例10-15】期末，某事业单位"经营收入"科目贷方余额为50 000元，有关明细科目贷方余额为："销售收入"40 000元、"提供服务收入"10 000元，进行期末结账。

借：经营收入——销售收入　　　　　　　　　　　　　　　40 000
　　　　　　——提供服务收入　　　　　　　　　　　　　　10 000
　　贷：本期盈余——经营盈余　　　　　　　　　　　　　　50 000

三、上级补助收入与附属单位上缴收入

(一)上级补助收入

1. 上级补助收入的含义

上级补助收入是指事业单位从主管部门和上级单位取得的非财政拨款收入。它是主管部门或上级单位用自身组织的收入或集中下级单位的收入拨给事业单位的资金,是上级单位用于调剂附属单位资金收支余缺的机动财力。按照使用要求的不同,上级补助收入分为专项资金收入和非专项资金收入。

2. 上级补助收入的核算

"上级补助收入"科目应当按照发放补助单位、补助项目等进行明细核算。本科目平时贷方余额,反映上级补助收入本期累计数。期末结账后,本科目应无余额。

(1)确认上级补助收入时,按照应收或实际收到的金额,借记"其他应收款""银行存款"等科目,贷记本科目。

实际收到应收的上级补助收入款时,按照实际收到的金额,借记"银行存款"科目,贷记本科目或"其他应收款"等科目。

(2)期末,将本科目本期发生额结转至本年盈余科目,借记本科目,贷记"本期盈余——行政事业盈余"科目。

【例10-16】某事业单位收到上级单位拨入的非财政资金补助款300 000元,其中安排用于A科研项目研究的补助款为200 000元,安排用于弥补事业经费不足的补助款为100 000元。

```
借:银行存款                           300 000
    贷:上级补助收入——A科研项目          200 000
              ——事业经费               100 000
```

【例10-17】期末,某事业单位"上级补助收入"科目贷方余额600 000元,有关明细贷方余额为:"A科研项目"400 000元,"弥补事业经费不足的补助款"200 000元,进行期末结账。

```
借:上级补助收入——A科研项目            400 000
            ——事业经费                200 000
    贷:本期盈余——行政事业盈余          600 000
```

(二)附属单位上缴收入

1. 附属单位上缴收入的含义

所谓附属单位,一般是指与该事业单位间除资金联系之外,还存在其他联系的具有独立法人资格的单位,包括事业单位和企业。附属单位上缴收入是指事业单位附属单位

按照有关规定上缴的收入。按照使用要求的不同,附属单位上缴收入分为专项资金收入和非专项资金收入。专项资金收入是指附属单位上缴的用于完成特定工作任务的款项;非专项资金收入是指附属单位上缴的用于保障其正常运转、完成日常工作任务的款项,其用途无限定性。

2. 附属单位上缴收入的核算

"附属单位上缴收入"科目应当按照附属单位、缴款项目等进行明细核算。本科目平时贷方余额,反映附属单位上缴收入本期累计数。期末结账后,本科目应无余额。

(1)确认附属单位上缴收入时,按照应收或收到的金额,借记"其他应收款""银行存款"等科目,贷记本科目。

实际收到应收的附属单位上缴收入款时,按照实际收到的金额,借记"银行存款"等科目,贷记"其他应收款"科目。

(2)期末,将本科目本期发生额结转至本期盈余科目,借记本科目,贷记"本期盈余——行政事业盈余"科目。

【例10-18】某事业单位月末确认附属B单位应上缴收入30 000元,并于下月初实际收到该笔上缴款,存入银行。

(1)确认附属单位上缴收入时,

借:其他应收款　　　　　　　　　　　　　　　　　　　　30 000
　　贷:附属单位上缴收入——B单位　　　　　　　　　　　　30 000

(2)实际收到附属单位上缴收入时,

借:银行存款　　　　　　　　　　　　　　　　　　　　　30 000
　　贷:其他应收款　　　　　　　　　　　　　　　　　　　30 000

【例10-19】期末,某事业单位"附属单位上缴收入"科目贷方余额80 000元,上缴单位分别为B单位50 000元和C单位30 000元,进行期末结账。

借:附属单位上缴收入——B单位　　　　　　　　　　　　　50 000
　　　　　　　　　　——C单位　　　　　　　　　　　　　30 000
　　贷:本期盈余——行政事业盈余　　　　　　　　　　　　80 000

四、其他来源收入

(一)投资收益

投资收益是指事业单位股权投资和债券投资所取得的收益或损失。投资收益大于投资损失的差额为投资净收益;反之则为投资净损失。本科目应当按照投资的种类和被投资单位等进行明细核算。期末结账后,本科目应无余额。

投资收益的主要账务处理如下。

(1)收到短期投资持有期间的利息,按照实际收到的金额,借记"银行存款"科目,贷记本科目。

（2）出售或到期收回短期债券本息，按照实际收到的金额借记"银行存款"科目，按照出售或收回短期投资的成本贷记"短期投资"科目，按照其差额，借记或贷记本科目。

（3）持有的分期付息、一次还本的长期债券投资，资产负债表日应当将计算确定的应收未收利息确认为应收利息，借记"应收利息"科目，贷记本科目；持有的一次还本付息的债券投资，应当将计算确定的应收未收利息计入长期债券投资的账面余额，借记"长期债券投资——应计利息"科目，贷记本科目。

（4）出售长期债券投资或到期收回长期债券投资本息，按照实际收到的金额，借记"银行存款"等科目，按照债券初始投资成本和已计未收利息金额，贷记"长期债券投资——成本、应计利息"科目（到期一次还本付息债券），或"长期债券投资""应收利息"科目（分期付息债券），按照其差额，贷记或借记本科目。

（5）采用成本法核算的长期股权投资持有期间，被投资单位宣告分派现金股利或利润时，按照宣告分派的现金股利或利润中属于单位应享有的份额，借记"应收股利"科目，贷记本科目。

采用权益法核算的长期股权投资持有期间，在资产负债表日，按照应享有或应分担的被投资单位实现的净损益的份额，借记或贷记"长期股权投资——损益调整"科目，贷记或借记本科目；被投资单位发生净亏损，但以后年度又实现净利润的，单位在其收益分享额弥补未确认的亏损分担额后，恢复确认投资收益，借记"长期股权投资——损益调整"科目，贷记本科目。

（6）按规定处置长期股权投资时，处置以现金取得的长期股权投资，以及处置以非现金资产取得的长期股权投资，按照规定投资收益纳入单位预算管理的，按照实际取得的价款与长期股权投资账面价值的差额，扣减相关费用，确定投资收益。

（7）期末，将本科目本期发生额结转至本期盈余科目，借记本科目，贷记"本期盈余——行政事业盈余"科目。

【例10-20】某事业单位去年购买的1年期国债到期，兑付本金50 000元、利息2 000元，款项已存入银行。

　　借：银行存款　　　　　　　　　　　　　　　52 000
　　　　贷：短期投资　　　　　　　　　　　　　　50 000
　　　　　　投资收益　　　　　　　　　　　　　　 2 000

【例10-21】某事业单位某项长期股权投资采用成本法核算，被投资单位宣告分派现金股利20 000元。

　　借：应收股利　　　　　　　　　　　　　　　20 000
　　　　贷：投资收益　　　　　　　　　　　　　　20 000

【例10-22】期末，某事业单位"投资收益"科目贷方余额100 000元，进行期末结账。

　　借：投资收益　　　　　　　　　　　　　　　100 000
　　　　贷：本期盈余——行政事业盈余　　　　　　100 000

（二）捐赠收入

捐赠收入是指行政事业单位接受其他单位或者个人捐赠取得的收入。本科目应当按照捐赠资金的用途和捐赠单位等进行明细核算。年末结账后，本科目应无余额。

捐赠收入的主要账务处理如下。

（1）接受捐赠的货币资金，按照实际收到的金额，借记"银行存款""库存现金"等科目，贷记本科目。

（2）接受捐赠的存货验收入库，按照确定的成本，借记"库存物品"等科目，按照发生的相关税费、运输费等，贷记"银行存款"等科目，按照其差额，贷记本科目。

（3）接受捐赠的固定资产，按照确定的成本，借记"固定资产"等科目，按照发生的相关税费、运输费等，贷记"银行存款"等科目，按照其差额，贷记本科目。

（4）接受捐赠的资产按照名义金额入账，借记"库存物品""固定资产"等科目，贷记本科目，按照发生的相关税费、运输费等，借记"其他费用"科目，贷记"银行存款"等科目。

（5）期末，将本科目本期发生额结转至本期盈余科目，借记本科目，贷记"本期盈余——行政事业盈余"科目。

【例 10-23】某行政单位收到外单位捐赠的办公设备一台，凭证单据注明的价款为 50 000 元，并以银行存款支付运输费 1 000 元，设备已收到并投入使用。

借：固定资产——办公设备　　　　　　　　　　　　　51 000
　　贷：捐赠收入　　　　　　　　　　　　　　　　　　50 000
　　　　银行存款　　　　　　　　　　　　　　　　　　 1 000

【例 10-24】某事业单位收到某企业捐赠的专门用于项目研究的现金资产 100 000 元，款项已存入银行；没有限定用途的各种用具 10 件，确认价值 60 000 元，以现金支付运输费 500 元，用具已验收入库。

借：银行存款　　　　　　　　　　　　　　　　　　　100 000
　　库存物品　　　　　　　　　　　　　　　　　　　 60 500
　　贷：捐赠收入　　　　　　　　　　　　　　　　　 160 000
　　　　库存现金　　　　　　　　　　　　　　　　　　　 500

【例 10-25】期末，某事业单位"捐赠收入"科目贷方余额 150 000 元，进行期末结账。

借：捐赠收入　　　　　　　　　　　　　　　　　　　150 000
　　贷：本期盈余——行政事业盈余　　　　　　　　　 150 000

（三）利息收入

利息收入是指行政事业单位取得的银行存款利息收入。本科目平时贷方余额，反映银行存款利息收入本期累计数。年末结账后，本科目应无余额。

利息收入的主要账务处理如下。

（1）取得银行存款利息时，按照实际收到的金额，借记"银行存款"科目，贷记本科目。

（2）期末，将本科目本期发生额结转至本期盈余科目，借记本科目，贷记"本期盈余——行政事业盈余"科目。

【例10-26】某行政单位月末收到银行存款利息收入10 000元，予以入账。
借：银行存款　　　　　　　　　　　　　　　　　　　　　10 000
　　贷：利息收入　　　　　　　　　　　　　　　　　　　　　10 000

【例10-27】某事业单位收到银行收款通知，收到本季度银行存款利息45 000元。
借：银行存款　　　　　　　　　　　　　　　　　　　　　45 000
　　贷：利息收入　　　　　　　　　　　　　　　　　　　　　45 000

【例10-28】期末，某行政单位"利息收入"科目贷方余额120 000元，进行期末结账。
借：利息收入　　　　　　　　　　　　　　　　　　　　　120 000
　　贷：本期盈余——行政事业盈余　　　　　　　　　　　　　120 000

（四）租金收入

租金收入是指事业单位经批准利用国有资产出租取得并按照规定纳入本单位预算管理的租金收入。本科目应当按照出租的国有资产类别和收入来源等进行明细核算。本科目平时贷方余额，反映事业单位租金收入本期累计数。年末结账后，本科目应无余额。

租金收入的主要账务处理如下。

1. 国有资产出租、收入，在租赁期内各个期间按直线法确认收入

（1）采用预付租金方式的，收到预付的租金时，按照收到的金额，借记"银行存款"等科目，贷记"预收账款"科目；分期确认租金收入时，借记"预收账款"科目，贷记本科目。

（2）采用后付租金方式的，每期确认租金收入时，借记"应收账款"科目，贷记本科目。收到租金时，按照实际收到的金额，借记"银行存款"等科目，贷记"应收账款"科目。

（3）采用分期收取租金方式的，每期收取租金时，借记"银行存款"等科目，贷记本科目。

2. 期末，将本科目本期发生额结转至本期盈余科目，借记本科目，贷记"本期盈余——行政事业盈余"科目

【例10-29】某事业单位固定资产对外出租，采用预付租金方式，收到租赁方预付全年租金24 000元，款项已存入银行，并于每月末确认租金收入。

（1）收到预付租金时，
借：银行存款　　　　　　　　　　　　　　　　　　　　　24 000
　　贷：预收账款　　　　　　　　　　　　　　　　　　　　　24 000

（2）月末确认租金收入时，
借：预收账款   2 000
    贷：租金收入   2 000

【例10-30】期末，某事业单位"租金收入"科目贷方余额100 000元，进行期末结账。
借：租金收入   100 000
    贷：本期盈余——行政事业盈余   100 000

（五）其他收入

1. 其他收入的含义

其他收入是指行政事业各单位除财政拨款收入、事业收入、上级补助收入、附属单位上缴收入、经营收入、非同级财政拨款收入、投资收益、捐赠收入、利息收入、租金收入以外的各项收入，包括现金盘盈收入、按照规定纳入单位预算管理的科技成果转化收入、收回已核销的其他应收款、无法偿付的应付及预收款项、资产置换中的估价增值等。

按照使用要求的不同，其他收入可分为专项资金收入和非专项资金收入。专项资金收入是行政事业单位用于完成特定工作任务的其他收入。非专项资金收入是行政事业单位用于保障其正常运转、完成日常工作任务的其他收入，其用途无限定性。

2. 其他收入的核算

"其他收入"科目应当按照其他收入的类别等进行明细核算。本科目平时贷方余额，反映其他收入本期累计数。期末结账后，本科目应无余额。

（1）现金盘盈收入。

每日现金账款核对中如发现现金溢余，属于无法查明原因的部分，借记"待处理财产损溢"科目，贷记本科目。

（2）科技成果转化收入。

单位科技成果转化所取得的收入，按规定留归本单位的，应将所取得收入扣除相关费用之后的净收益计入当期收入，借记"银行存款"等科目，贷记本科目。

（3）收回已核销的其他应收款。

已核销的其他应收款在以后期间收回的，按照实际收回的金额，借记"银行存款"等科目，贷记本科目。

（4）无法偿付的应付及预收款项。

无法偿付或债权人豁免偿还的应付账款、预收账款、其他应付款及长期应付款，借记"应付账款"、"预收账款"和"其他应付款"等科目，贷记本科目。

（5）资产置换中的换出资产估价增值。

资产置换过程中，按照换出资产的评估价值，借记换入资产相关科目，按照换出资产账面价值，贷记有关科目，按照换出资产评估价值大于账面价值的差额，贷记本科目。以未入账的无形资产取得的长期股权投资，按照评估后价值加上相关耗费作为投资成本，借记"长期股权投资"科目，按照发生的相关税费，贷记"其他应交税费"等科目，按其差额，贷记本科目。

（6）确认（1）至（5）以外的其他收入时，按照应收或实际收到的金额，借记"其他应收款""银行存款""库存现金"等科目，贷记本科目。

（7）期末，将本科目本期发生额结转至本期盈余科目，借记本科目，贷记"本期盈余——行政事业盈余"科目。

【例10-31】某行政单位月末盘点现金，发现现金溢余50元，无法查明该现金的归属。

（1）将现金溢余转入待处理财产损溢时，

借：库存现金　　　　　　　　　　　　　　　　　　50
　　贷：待处理财产损溢　　　　　　　　　　　　　　　50

（2）报经批准时，

借：待处理财产损溢　　　　　　　　　　　　　　　50
　　贷：其他收入　　　　　　　　　　　　　　　　　　50

【例10-32】某事业单位通过银行收回已核销的应收账款10 000元。

借：银行存款　　　　　　　　　　　　　　　　　10 000
　　贷：其他收入　　　　　　　　　　　　　　　　　10 000

【例10-33】某行政单位得到债权人豁免的应付账款6 000元，予以结转。

借：应付账款　　　　　　　　　　　　　　　　　5 000
　　贷：其他收入　　　　　　　　　　　　　　　　　5 000

【例10-34】期末，某事业单位"其他收入"科目贷方余额200 000元，进行期末结账。

借：其他收入　　　　　　　　　　　　　　　　200 000
　　贷：本期盈余——行政事业盈余　　　　　　　　200 000

第二节　行政事业单位费用的核算

行政事业单位费用是指报告期内导致政府会计主体净资产减少的、含有服务潜力或者经济利益的经济资源的流出。费用的确认应当同时满足以下条件：①与费用相关的含有服务潜力或者经济利益的经济资源很可能流出政府会计主体；②含有服务潜力或者经济利益的经济资源流出会导致政府会计主体资产减少或者负债增加；③流出金额能够可靠地计量。

行政事业单位的费用分为业务活动费用和其他活动费用两类，具体包括业务活动费用、单位管理费用、经营费用、所得税费用、资产处置费用、上缴上级费用、对附属单位补助费用和其他费用。

一、业务活动费用与单位管理费用

（一）业务活动费用

业务活动费用是指行政事业单位为实现其职能目标，依法履职或开展专业业务活动及其辅助活动中所发生的各项费用，是行政事业单位支出的主要内容，也是考核行政事业单位预算执行的重要依据。

1. 业务活动费用的内容

行政事业单位在提供专业服务和辅助服务活动时，必然会发生一定的耗费。行政事业单位应当将业务活动费用纳入单位预算管理，严格执行国家财政制度和财经纪律，建立健全支出的管理与控制制度，在保证专业业务活动需要的前提下，尽可能减少业务活动费用，以提高财政资金和业务资金的使用效益。为加强业务活动费用的管理与核算，根据财政部门的要求，行政事业单位需要对业务活动费用进行适当的分类，其主要分类如下。

（1）按经济用途分类。

按经济用途，业务活动费用分为工资福利支出、商品和服务支出、对个人和家庭的补助、对企事业单位的补贴、债务利息支出、基本建设支出和其他资本性支出。按经济用途分类的直接依据是《政府收支分类科目》中的"支出经济分类科目"，该"支出经济分类科目"分为"类""款"两级科目。按照此依据，行政事业单位的业务活动费用主要分为以下七类。

一是工资福利支出，反映行政事业单位支付的在职职工和编制外长期聘用人员的各类劳动报酬，以及为上述人员缴纳的各项社会保险费、伙食补助费、绩效工资和其他工资福利支出等。

二是商品和服务支出，反映行政事业单位购买商品和服务的支出（不包括购买固定资产的支出、战略性和应急性储备支出）。其"款"级科目包括办公费、印刷费、咨询费、手续费、水费、电费、邮电费、取暖费、物业管理费、差旅费、因公出国（境）费、维修（护）费、租赁费、会议费、培训费、公务招待费、专用材料费、被装购置费、专用燃料费、劳务费、委托业务费、工会经费、福利费、公用车运行维护费、其他交通费、税金及附加费用、其他商品和服务支出等。

三是对个人和家庭的补助，反映行政事业单位用于对个人和家庭补助方面的支出。其"款"级科目包括离休费、退休费、退职（役）费、抚恤金、生活补贴、救济费、医疗费、助学金、奖励金、生产补贴、住房公积金、提租补贴、购房补贴、采暖补贴、物业服务补贴和其他对个人和家庭的补助支出等。

四是对企事业单位的补贴，反映政府对各类行政事业单位的补贴。

五是债务利息支出，反映行政事业单位的债务利息支出。

六是基本建设支出，反映各级发展和改革部门集中安排的用于购置固定资产、战略性和应急性储备、土地和无形资产，以及购建基础设施、进行大型修缮所发生的支出。

其"款"级科目主要包括：房屋建筑物购建、办公设备购置、专用设备购置、基础设施建设、大型修缮、信息网络及软件购置更新、物资储备、公务用车购置、其他交通工具购置和其他基础建设支出等。

七是其他资本性支出，反映非各级发展和改革部门集中安排的用于购置固定资产、战略性和应急性储备、土地和无形资产，以及购建基础设施、进行大型修缮所发生的支出。其"款"级科目主要包括房屋建筑物购建、办公设备购置、专用设备购置、基础设施建设、大型修缮、信息网络及软件购置更新、物资储备、土地补偿、安置补助、地上附着物和青苗补偿、拆迁补偿、公务用车购置、其他交通工具购置和其他基础建设支出等。

（2）按部门预算管理要求分类。

按部门预算管理要求，业务活动费用可分为基本支出和项目支出。

一是基本支出，是指行政事业单位为了保障其正常运转、完成日常工作任务而发生的人员支出和公用支出。其中，人员支出是指为了开展专业业务活动而用于个人方面的开支，如基本工资、津贴补贴及奖金、社会保险缴费、离休费、退休费、助学金、医疗费、住房补贴等。人员支出在"支出经济分类科目"中体现为"工资福利支出"和"对个人和家庭的补助"两个部分。公用支出是指为了完成业务活动而用于公共服务方面的开支，包括办公费、印刷费、咨询费、水电费、邮电费、取暖费、物业管理费、差旅费、维修（护）费、租赁费等。公用支出在"支出经济分类科目"中体现为"商品和服务支出""其他资本性支出"等科目中属于基本支出的内容。

二是项目支出，是指行政事业单位为了完成特定工作任务和业务发展目标，在基本支出之外所发生的支出，包括基本建设、有关事业发展专项计划、专项业务、大型修缮、大型购置、大型会议等的项目支出。项目支出在"支出经济分类科目"中体现为"基本建设支出"、"商品和服务支出"和"其他资本性支出"等科目中属于项目支出的内容。项目支出具有专项性、独立性和完整性的特点。其中，专项性是指每个项目支出具有特定目标，为了完成特定工作任务，目标不同则项目不同；独立性是指每个项目支出都有其明确范围，各项目之间支出不能交叉，项目支出与基本支出之间也不能交叉；完整性是指项目支出完整体现为完成特定目标或任务所发生的全部支出内容。

（3）按资金类型分类。

按资金类型，业务活动费用可分为财政拨款支出、非财政专项资金支出和其他资金支出。

一是财政拨款支出，即行政事业单位使用财政拨款收入安排的业务活动费用。

二是非财政专项资金支出，即行政事业单位使用非财政拨款收入安排的有指定项目和用途的专项资金支出。该支出应当专款专用、单独核算，并按照规定向财政部门或者主管部门报送专项资金的使用情况；项目完成后，应当报送专项资金支出决算和使用效果的书面报告，接受财政部门或者主管部门的检查、验收。

三是其他资金支出，即行政事业单位使用除财政拨款收入和非财政专项资金以外的资金安排的支出，为业务活动费用中的非财政专项资金支出。

综合来看，行政事业单位的业务活动费用一般先按不同资金类型分为财政拨款支出、非财政专项资金支出和其他资金支出；再按部门验收管理要求分为基本支出和项目支出;基本支出和项目支出下按《政府收支分类科目》中"支出功能分类科目"的末级科目分类后,再按《政府收支分类科目》中"支出经济分类科目"的末级科目进行分类。

2. 业务活动费用的核算

"业务活动费用"科目可按照项目、服务或者业务大类设置明细科目。本科目平时借方余额,反映业务活动费用本期累计数。期末结账后,本科目应无余额。为了满足成本核算需要,还可根据"人员费用""公用费用""固定资产折旧费""无形资产摊销费""税金及附加""计提专用基金"等成本项目设置明细科目,归集能够直接计入活动或采用一定方法计算后计入活动的费用。

业务活动费用的主要账务处理如下。

(1)为履职或开展业务活动人员计提的薪酬、福利等,按照计算确定的金额,借记本科目,贷记"应付职工薪酬"科目。

(2)为履职或开展业务活动中支付外部人员劳务费时,按照应当支付的金额,借记本科目,按照代扣代缴个人所得税的金额,贷记"其他应交税费"科目,按照扣税后实际支付的金额,贷记"其他应付款""财政拨款收入""零余额账户用款额度""银行存款"等科目。

(3)为履职或开展业务活动领用的库存物品,以及动用发出相关政府储备物资按照领用库存物品或发出相关政府储备物资实际成本,借记本科目,贷记"库存物品""政府储备物资"等科目。

(4)在履职或开展业务活动中因使用固定资产、无形资产、管理公共基础设施计提的折旧、摊销,借记本科目,贷记"固定资产累计折旧""无形资产累计摊销""公共基础设施累计折旧(摊销)""保障性住房累积折旧"科目。

(5)为履职或开展业务活动发生应负担的税金及附加时,如城市维护建设税、资源税、土地增值税、教育费附加及地方教育费附加、房产税、土地使用税、车船税等,借记本科目,贷记"其他应交税费"等科目。

(6)为履职或开展业务活动发生其他各项费用时,按照应当确认的金额,借记本科目,贷记"财政拨款收入""零余额账户用款额度""银行存款""应收账款""其他应付款"等科目。

(7)根据规定从收入中提取的专用基金,一般按照预算会计下预算收入计算提取金额,借记本科目,贷记"专用基金"科目。

(8)因购货退回、存货领用退回等原因,已计入本年业务活动费用的,按照收回或应收的金额,借记"财政拨款收入""零余额账户用款额度""银行存款""其他应收款""库存物品"等科目,贷记本科目。

(9)期末,将本科目本期发生额转入本期盈余科目,借记"本期盈余——行政事业盈余"科目,贷记本科目。

【例10-35】某行政单位计提本月从事专业业务活动及辅助活动人员的薪酬100 000元。

借:业务活动费用——人员费用　　　　　　　　　　100 000
　　贷:应付职工薪酬　　　　　　　　　　　　　　　　　100 000

【例10-36】 某事业单位通过单位零余额账户支付大型修缮费用300 000元。

借：业务活动费用　　　　　　　　　　　　　　　300 000
　　贷：零余额账户用款额度　　　　　　　　　　　　　300 000

【例10-37】 某事业单位为完成科研项目领用专用材料，实际领用20 000元。

借：业务活动费用　　　　　　　　　　　　　　　　20 000
　　贷：库存物品　　　　　　　　　　　　　　　　　　20 000

【例10-38】 某行政单位购买办公用品一批，价值25 000元，以银行存款付讫。

借：业务活动费用　　　　　　　　　　　　　　　　25 000
　　贷：银行存款　　　　　　　　　　　　　　　　　　25 000

【例10-39】 期末，某事业单位"业务活动费用"科目借方余额为560 000元，进行期末结账。

借：本期盈余——行政事业盈余　　　　　　　　　560 000
　　贷：业务活动费用　　　　　　　　　　　　　　　　560 000

（二）单位管理费用

单位管理费用是指事业单位本级行政及后勤管理部门开展管理活动发生的各项费用，以及由单位统一负担的工会经费、诉讼费、中介费等。事业单位统一负担的离退休人员的工资、补贴等费用，也在本科目核算。本科目应当按照项目、费用类别、支付对象等进行明细核算。本科目平时借方余额，反映单位管理费用本期累计数。期末结账后，本科目应无余额。

单位管理费用的主要账务处理如下。

（1）为管理活动人员计提的薪酬、福利等，按照计算出的金额，借记本科目，贷记"应付职工薪酬"科目。

（2）为开展管理活动支付外部人员劳务费时，按照应当支付的金额，借记本科目，按照代扣个人所得税的金额，贷记"其他应交税费"科目，按照扣税后应支付的金额，贷记"其他应付款""财政拨款收入""零余额账户用款额度""银行存款"等科目。

（3）发生预付或应收款项，在取得确认依据时，借记本科目，贷记"预付账款"或"其他应收款"等科目。

（4）开展管理活动内部领用库存物品，按领用物品实际成本，借记本科目，贷记"库存物品"等科目。

（5）开展管理活动所使用固定资产、无形资产计提的折旧、摊销，按照应提折旧、摊销额，借记本科目，贷记"固定资产累计折旧""无形资产累计摊销"科目。

（6）发生与管理相关的其他费用时，按照应当支付的金额，借记本科目，贷记"财政拨款收入""零余额账户用款额度""财政应返还额度""其他应付款""银行存款""其他应收款"等科目。

（7）开展管理活动发生应负担的税金及附加费用时，如城市维护建设税、资源税、土地增值税、教育费附加及地方教育费附加、房产税、土地使用税、车船税、印花税等，借记本科目，贷记"其他应交税费"等科目。

（8）根据规定从收入中提取的专用基金，一般按照预算会计下预算收入计算提取金额，借记本科目，贷记"专用基金"科目。

（9）因购货退回等原因，属于当年发生的，按照收回或应收的金额，借记"财政拨款收入""零余额账户用款额度""银行存款""其他应收款"等科目，贷记本科目或"库存物品"等科目；属于以前年度的，不通过本科目核算。

（10）期末，将本科目本期发生额转入本年盈余科目，借记"本期盈余——行政事业盈余"科目，贷记本科目。

【例10-40】某事业单位某月发生以下管理活动费用：以银行存款支付业务招待费5 000元；计提管理部门使用的固定资产折旧费8 000元；分配管理人员工资10 000元；计算应交土地使用税3 500元；摊销无形资产2 000元。

（1）支付业务招待费，
借：单位管理费用——业务招待费　　　　　　　　　　　　　5 000
　　贷：银行存款　　　　　　　　　　　　　　　　　　　　　5 000
（2）计提折旧费，
借：单位管理费用——折旧费　　　　　　　　　　　　　　　8 000
　　贷：固定资产累计折旧　　　　　　　　　　　　　　　　　8 000
（3）分配管理人员工资，
借：单位管理费用——工资　　　　　　　　　　　　　　　　10 000
　　贷：应付职工薪酬——工资　　　　　　　　　　　　　　　10 000
（4）计算应交土地使用税，
借：单位管理费用——土地使用税　　　　　　　　　　　　　3 500
　　贷：其他应交税费——应交土地使用税　　　　　　　　　　3 500
（5）摊销无形资产，
借：单位管理费用——无形资产摊销　　　　　　　　　　　　2 000
　　贷：无形资产累计摊销　　　　　　　　　　　　　　　　　2 000

【例10-41】期末，某事业单位"单位管理费用"科目期末借方余额为250 000元，进行期末结账。

借：本期盈余——行政事业盈余　　　　　　　　　　　　　　250 000
　　贷：单位管理费用　　　　　　　　　　　　　　　　　　　250 000

二、经营费用与所得税费用

（一）经营费用

经营费用是指事业单位在专业业务活动及其辅助活动之外开展非独立核算营利性活

动所发生的各项费用。事业单位开展非独立核算营利性活动的,应当正确归集开展营利性活动发生的各项费用数;无法直接归集的,应当按照规定的标准或比例合理分摊。事业单位经营费用与经营收入应当配比。

"经营费用"科目应当按照经营活动类别、项目等进行明细核算。为了满足成本核算需要,本科目下还可按照"工资福利费用""商品和服务费用""对个人和家庭的补助费用""固定资产折旧费用""无形资产摊销费"等成本项目设置明细科目,归集能够计入单位经营活动或采用一定方法计算后计入单位经营活动的费用。本科目平时借方余额,反映经营费用本期累计数。期末结账后,本科目应无余额。

经营费用的主要账务处理如下。

(1)为经营活动人员计提的薪酬、福利等,按照计算出的金额,借记本科目,贷记"应付职工薪酬"科目。

(2)开展经营活动领用或发出的材料等,按其实际成本,借记本科目,贷记"库存物品"等科目。

(3)发生预付或应收款项,在取得确认依据时,借记本科目,贷记"预付账款"或"其他应收款"等科目。

(4)发生与经营活动相关的其他费用时,借记本科目,贷记"银行存款""其他应收款"等科目。

(5)开展经营活动发生的城市维护建设税、资源税、土地增值税、教育费附加及地方教育费附加、房产税、土地使用税、车船税等,借记本科目,贷记"其他应交税费"等科目。

(6)开展经营活动所使用固定资产、无形资产计提的折旧、摊销,按照应提折旧、摊销额,借记本科目,贷记"固定资产累计折旧""无形资产累计摊销"科目。

(7)根据规定从收入中提取的专用基金,一般按照预算会计下经营预算收入计算提取金额,借记本科目,贷记"专用基金"科目。

(8)因购货退回等原因,属于当年发生的,按照收回或应收的金额,借记"银行存款""其他应收款"等科目,贷记本科目或"库存物品"等科目;属于以前年度的,不通过本科目核算。

(9)期末,将本科目本期发生额转入本年盈余科目,借记"本期盈余——经营盈余"科目,贷记本科目。

【例10-42】某事业单位非独立核算部门计提当月从事营利性活动的职工工资30 000元。

借:经营费用——工资　　　　　　　　　　　　　　30 000
　　贷:应付职工薪酬——工资　　　　　　　　　　　　30 000

【例10-43】某事业单位非独立核算部门为开展经营活动领用材料,实际成本为6 000元。

借:经营费用　　　　　　　　　　　　　　　　　　6 000
　　贷:库存物品　　　　　　　　　　　　　　　　　　6 000

【例10-44】期末,某事业单位"经营费用"科目期末借方余额为80 000元,进行期末结账。

借：本期盈余——经营盈余 80 000
　　贷：经营费用 80 000

（二）所得税费用

所得税费用是指有企业所得税缴纳义务的事业单位计算出的应缴纳的企业所得税。本科目平时借方余额，反映所得税费用本期累计数。期末结账后，本科目应无余额。

（1）发生企业所得税纳税义务的，按税法规定计算的应交税金数额，借记本科目，贷记"其他应交税费——应交企业所得税"科目。

实际缴纳时，借记"其他应交税费——应交企业所得税"科目，贷记"银行存款"科目。

（2）年末，将本科目本年发生额转入本年盈余科目，借记"本期盈余——经营盈余"科目，贷记本科目。

【例10-45】 某事业单位有企业所得税缴纳义务，某年度按照税法规定计算的应交所得税为120 000元，并以银行存款实际缴纳。

（1）计算出应交所得税数额时，

借：所得税费用 120 000
　　贷：其他应交税费——应交企业所得税 120 000

（2）实际缴纳时，

借：其他应交税费——应交企业所得税 120 000
　　贷：银行存款 120 000

【例10-46】 期末，某事业单位"所得税费用"科目期末借方余额为120 000元，进行期末结账。

借：本期盈余——经营盈余 120 000
　　贷：所得税费用 120 000

三、资产处置费用、上缴上级费用、对附属单位补助费用与其他费用

（一）资产处置费用

资产处置费用是指行政事业单位经批准处置资产时发生的费用，包括转销的被处置资产价值，以及在处置过程中发生的相关费用或者处置收入小于相关费用形成的净支出。资产处置的形式按照规定包括无偿调拨、出售、出让、转让、置换、对外捐赠、报废、毁损及货币性资产损失核销等。单位在资产清查中查明的资产盘亏、毁损及资产报废等，应当先通过"待处理财产损溢"科目进行核算，再将处理资产价值和处理净支出计入本科目。短期投资、长期股权投资、长期债券投资的处置，不通过本科目核算。本科目应当按照处置资产的类别、资产处置的形式等进行明细核算。期末结转后，本科目

应无余额。

资产处置费用的主要账务处理如下。

1. 不通过"待处理财产损溢"科目核算的资产处置

（1）按照规定报经批准处置资产时，按照处置资产的账面价值，借记本科目（处置固定资产、无形资产、公共基础设施、保障性住房的，还应借记"固定资产累计折旧""无形资产累计摊销""公共基础设施累计折旧（摊销）""保障性住房累计折旧"科目），按照处置资产的账面余额，贷记"库存物品""固定资产""无形资产""公共基础设施""政府储备物资""文物文化资产""保障性住房""其他应收款""在建工程"等科目。

（2）处置资产过程中仅发生相关费用的，按照实际发生金额，借记本科目，贷记"银行存款""库存现金"等科目。

（3）处置资产过程中取得收入的，按照取得的价款，借记"库存现金""银行存款"等科目，按照处置资产过程中发生的相关费用，贷记"银行存款""库存现金"等科目，按照其差额，借记本科目或贷记"应缴财政款"等科目。

2. 通过"待处理财产损溢"科目核算的资产处置

（1）行政事业单位账款核对中发现的现金短缺，属于无法查明原因的，报经批准核销时，借记本科目，贷记"待处理财产损溢"科目。

（2）行政事业单位资产清查过程中盘亏或者毁损、报废的存货、固定资产、无形资产、公共基础设施、政府储备物资、文物文化资产、保障性住房等，报经批准处理时，按照处理资产价值，借记本科目，贷记"待处理财产损溢——待处理财产价值"科目。处理收支结清时，处理过程中所取得收入小于所发生相关费用的，按照相关费用减去处理收入后的净支出，借记本科目，贷记"待处理财产损溢——处理净收入"科目。

3. 期末，将本科目本期发生额转入本期盈余，借记"本期盈余"科目，贷记本科目。

【例10-47】某行政单位在存货清查中发现盘亏一批B材料，账面成本为20 000元，经查实，属于管理不善造成的存货霉烂变质，由过失人赔偿部分损失10 000元，报经批准处理。

（1）发现盘亏，原因待查，
借：待处理财产损溢——待处理流动资产损溢　　　　　　　　　20 000
　　贷：库存物品　　　　　　　　　　　　　　　　　　　　　　20 000

（2）查明原因，报经批准处理，
借：资产处置费用　　　　　　　　　　　　　　　　　　　　　20 000
　　贷：待处理财产损溢——待处理流动资产损溢　　　　　　　　20 000

（3）处理盈亏中过失人赔偿部分，
借：其他应收款　　　　　　　　　　　　　　　　　　　　　　10 000
　　贷：待处理财产损益——处理净收入　　　　　　　　　　　　10 000

（4）处理收支结清，
借：待处理财产损益——处理净收入　　　　　　　　　　　　　10 000

贷：应缴财政款　　　　　　　　　　　　　　　　　　　　　　　　　　10 000

【例10-48】某事业单位月末盘点现金，发现短缺100元，由于无法查明原因，经单位领导批准予以处理。

（1）发现现金短缺，
借：待处理财产损溢　　　　　　　　　　　　　　　　　　　　　　　100
　　贷：库存现金　　　　　　　　　　　　　　　　　　　　　　　　100
（2）报经批准予以处理，
借：资产处置费用　　　　　　　　　　　　　　　　　　　　　　　　100
　　贷：待处理财产损溢　　　　　　　　　　　　　　　　　　　　　100

【例10-49】某事业单位经批准对外捐赠一批存货，该批存货账面余额如下。

借：资产处置费用　　　　　　　　　　　　　　　　　　　　　　　3 000
　　贷：库存物品　　　　　　　　　　　　　　　　　　　　　　　3 000

（二）上缴上级费用

上缴上级费用是指事业单位按照财政部门和主管部门的规定上缴上级单位款项发生的费用。本科目应当按照收缴款项单位、缴款项目等进行明细核算。本科目平时借方余额，反映上缴上级费用本期累计数。期末结转后，本科目应无余额。

上缴上级费用的主要账务处理如下。

（1）事业单位发生上缴上级支出的，按照实际上缴的金额或者按照规定计算出应当上缴上级单位的金额，借记本科目，贷记"银行存款""其他应付款"等科目。

（2）期末，将本科目本期发生额转入本期盈余，借记"本期盈余"科目，贷记本科目。

【例10-50】某事业单位按核定的预算计算出应定额上缴上级单位款项50 000元。

借：上缴上级费用　　　　　　　　　　　　　　　　　　　　　　50 000
　　贷：其他应付款　　　　　　　　　　　　　　　　　　　　　50 000

【例10-51】期末，某事业单位"上缴上级费用"科目借方余额为100 000元，进行期末结账。

借：本期盈余——行政事业盈余　　　　　　　　　　　　　　　100 000
　　贷：上缴上级费用　　　　　　　　　　　　　　　　　　　100 000

（三）对附属单位补助费用

对附属单位补助费用是指事业单位用财政拨款收入之外的收入对附属单位补助发生的费用。本科目应当按照接受补助单位、补助项目等进行明细核算。本科目平时借方余额，反映对附属单位补助费用本期累计数。期末结转后，本科目应无余额。

对附属单位补助费用的主要账务处理如下。

（1）事业单位发生对附属单位补助支出的，按照实际补助的金额或者按照规定计算出应当对附属单位补助的金额，借记本科目，贷记"银行存款""其他应付款"等科目。

（2）期末，将本科目本期发生额转入本期盈余，借记"本期盈余"科目，贷记本科目。

【例 10-52】 某事业单位支付附属 B 单位补助款项 20 000 元，以银行存款支付。

  借：对附属单位补助费用——B 单位   20 000
    贷：银行存款   20 000

【例 10-53】 期末，某事业单位"对附属单位补助费用"科目借方余额为 80 000 元，进行期末结账。

  借：本期盈余——行政事业盈余   80 000
    贷：对附属单位补助费用   80 000

（四）其他费用

其他费用是指行政事业单位发生的除业务活动费用、单位管理费用、经营费用、所得税费用、资产处置费用、上缴上级费用、对附属单位补助费用以外的各项费用，包括利息费用、坏账损失、罚没支出、现金资产捐赠支出及其他相关费用。本科目应当按照其他费用的类别等进行明细核算。行政事业单位发生的利息费用较多的，可以单独设置"利息费用"科目。本科目平时借方余额，反映其他费用本期累计数。期末结转后，本科目应无余额。

其他费用的主要账务处理如下。

（1）利息费用。

按期计算确认借款利息费用时，按照计算确定的金额，借记"在建工程"科目或本科目，贷记"应付利息""长期借款——应计利息"科目。

（2）坏账损失。

年末，事业单位按照规定对收回后不需上缴财政的应收账款和其他应收款计提坏账准备时，按照计提金额，借记本科目，贷记"坏账准备"科目；冲减多提的坏账准备时，按照冲减金额，借记"坏账准备"科目，贷记本科目。

（3）罚没支出。

行政事业单位发生罚没支出的，按照实际缴纳或应当缴纳的金额，借记本科目，贷记"银行存款""库存现金""其他应付款"等科目。

（4）现金资产捐赠支出。

行政事业单位对外捐赠现金资产的，按照实际捐赠的金额，借记本科目，贷记"银行存款""库存现金"等科目。

（5）其他相关费用。

行政事业单位接受捐赠（或无偿调入）以名义金额计量的存货、固定资产、无形资产，以及成本无法可靠取得的公共基础设施、文物文化资产等发生的相关税费、运输费等，按照实际支付的金额，借记本科目，贷记"财政拨款收入""零余额账户用款额度""银行存款""库存现金"等科目。

行政事业单位发生的与受托代理资产相关的税费、运输费、保管费等,按照实际支付或应付的金额,借记本科目,贷记"零余额账户用款额度""银行存款""库存现金""其他应付款"等科目。

(6)期末,将本科目本期发生额转入本期盈余,借记"本期盈余"科目,贷记本科目。

【例 10-54】某事业单位向银行借入 6 个月到期的银行借款,月末计算出该笔借款利息为 2 000 元。

借:其他费用——利息费用　　　　　　　　　　　　　　2 000
　　贷:应付利息　　　　　　　　　　　　　　　　　　　　2 000

【例 10-55】某行政单位通过银行向中国红十字会捐款 50 000 元,另外捐赠被褥 100 套,每套 200 元。

借:其他费用——对外捐赠费用　　　　　　　　　　　　50 000
　　贷:银行存款　　　　　　　　　　　　　　　　　　　50 000
借:资产处置费用　　　　　　　　　　　　　　　　　　20 000
　　贷:库存物品——被褥　　　　　　　　　　　　　　　20 000

【例 10-56】某事业单位年末对不需上缴财政的应收账款按照应收账款余额百分比法计提坏账准备,计算出应计提金额为 6 500 元。

借:其他费用——坏账损失　　　　　　　　　　　　　　6 500
　　贷:坏账准备　　　　　　　　　　　　　　　　　　　6 500

【例 10-57】某行政单位接受 A 公司捐赠自制办公设备一台,以名义金额计量,直接交付有关部门使用,发生运输费用 1 000 元,以银行存款支付。

借:其他费用——接受捐赠运输费　　　　　　　　　　　1 000
　　贷:银行存款　　　　　　　　　　　　　　　　　　　1 000

【例 10-58】期末,某行政单位"其他费用"科目借方余额为 200 000 元,进行期末结账。

借:本年盈余——行政事业盈余　　　　　　　　　　　　200 000
　　贷:其他费用　　　　　　　　　　　　　　　　　　　200 000

第三节　行政事业单位净资产的核算

行政事业单位净资产是指行政事业单位资产扣除负债后的余额,体现行政事业单位所拥有的资产净值。净资产金额取决于资产和负债的计量。行政事业单位净资产包括累计盈余、专用基金、本期盈余、本年盈余分配、权益法调整、无偿调拨净资产和以前年度盈余调整,其特点有两个:一是某些净资产具有限定性,如专用基金;二是本年盈余不存在向资源提供者分配的问题。

一、累计盈余与专用基金

（一）累计盈余

累计盈余是指行政事业单位历年实现的盈余扣除盈余分配后滚存的金额，以及因无偿调入调出资产产生的净资产变动额。按照规定上缴、缴回、单位间调剂结转结余资金产生的净资产变动额，以及对以前年度盈余的调整金额，也通过本科目核算。本科目期末余额，反映单位未分配盈余（或未弥补亏损）的累计数以及截至上年末无偿调拨净资产变动的累计数。年末余额，反映单位未分配盈余（或未弥补亏损）以及无偿调拨净资产变动的累计数。

累计盈余的主要账务处理如下。

（1）年末，将"本年盈余分配"科目的余额转入累计盈余，借记或贷记"本年盈余分配"科目，贷记或借记本科目。

（2）年末，将"无偿调拨净资产"科目的余额转入累计盈余，借记或贷记"无偿调拨净资产"科目，贷记或借记本科目。

（3）按照规定上缴财政拨款结转结余、缴回非财政拨款结转资金、向其他单位调出财政拨款结转资金时，按照实际上缴、缴回、调出金额，借记本科目，贷记"财政应返还额度""零余额账户用款额度""银行存款"等科目。

按照规定从其他单位调入财政拨款结转资金时，按照实际调入金额，借记"零余额账户用款额度""银行存款"等科目，贷记本科目。

（4）将"以前年度盈余调整"科目的余额转入本科目，借记或贷记"以前年度盈余调整"科目，贷记或借记本科目。

（5）按照规定使用专用基金购置固定资产、无形资产的，按照固定资产、无形资产成本金额，借记"固定资产""无形资产"科目，贷记"银行存款"等科目；同时，按照专用基金使用金额，借记"专用基金"科目，贷记本科目。

【例10-59】 年末，某事业单位"本年盈余分配"科目贷方余额为40 000元，"以前年度盈余调整"科目贷方余额为20 000元，进行年末结转。

借：本年盈余分配　　　　　　　　　　　　　　　　　　　　　　40 000
　　以前年度盈余调整　　　　　　　　　　　　　　　　　　　　20 000
　　　贷：累计盈余　　　　　　　　　　　　　　　　　　　　　　60 000

【例10-60】 年末，某行政单位"无偿调拨净资产"科目贷方余额为50 000元，进行年末结转。

借：无偿调拨净资产　　　　　　　　　　　　　　　　　　　　　50 000
　　　贷：累计盈余　　　　　　　　　　　　　　　　　　　　　　50 000

【例10-61】 年末，某事业单位按照规定上缴财政拨款结余30 000元，属于零余额账户用款额度尚未下达数，按规定予以注销。

  借：累计盈余   30 000
    贷：财政应返还额度   30 000

（二）专用基金

专用基金是指事业单位按照规定提取或设置的具有专门用途的净资产，主要包括职工福利基金、科技成果转换基金等。本科目应当按照专用基金的类别进行明细核算。期末贷方余额，反映事业单位累计提取或设置的尚未使用的专用基金。

专用基金的主要账务处理如下。

（1）年末，根据有关规定从本年度非财政拨款结余或经营结余中提取专用基金的，按照预算会计下计算的提取金额，借记"本年盈余分配"科目，贷记本科目。

（2）根据有关规定从收入中提取专用基金并计入费用的，一般按照预算会计下基于预算收入计算提取的金额，借记"业务活动费用"等科目，贷记本科目。

（3）根据有关规定设置的其他专用基金，按照实际收到的基金金额，借记"银行存款"等科目，贷记本科目。

（4）按照规定使用提取的专用基金时，借记本科目，贷记"银行存款"等科目。

使用提取的专用基金购置固定资产、无形资产的，按照固定资产、无形资产成本金额，借记"固定资产""无形资产"科目，贷记"银行存款"等科目；同时，按照专用基金使用金额，借记本科目，贷记"累计盈余"科目。

【例 10-62】 年末，某事业单位按规定比例从本年度非财政拨款结余中提取职工福利基金 18 000 元。

  借：本年盈余分配   18 000
    贷：专用基金——职工福利基金   18 000

【例 10-63】 某事业单位按本年度事业收入 800 000 元的 10%提取科技成果转化基金 80 000 元。

  借：业务活动费用   80 000
    贷：专用基金——科技成果转化基金   80 000

【例 10-64】 某事业单位从职工福利基金中开支 10 000 元用于职工集体福利项目，以银行存款支付。

  借：专用基金——职工福利基金   10 000
    贷：银行存款   10 000

【例 10-65】 某事业单位使用提取的科技成果转化基金购买设备一台，价值 50 000 元，发生运杂费 800 元，均以银行存款支付。

  借：固定资产   50 800
    贷：银行存款   50 800
  借：专用基金——科技成果转化基金   50 800

贷：累计盈余　　　　　　　　　　　　　　　　　　　　　　　　50 800

二、本期盈余与本年盈余分配

（一）本期盈余

本期盈余是指行政事业单位各项收入费用相抵后的余额。本科目应当设置"行政事业盈余""经营盈余"科目进行明细核算。本科目年末如为贷方余额，反映单位自年初至当期期末累计实现的盈余；如果为借方余额，反映单位自年初至当期期末累计发生的亏损。年末结账后，本科目应无余额。

本期盈余的主要账务处理如下。

（1）期末，将财政拨款收入、事业收入、上级补助收入、附属单位上缴收入、非同级财政拨款收入、其他收入等收入科目的本期发生额结转入本科目，借记"财政拨款收入""事业收入"等科目，贷记本科目（行政事业盈余）；将业务活动费用、单位管理费用、资产处置费用、上缴上级费用、对附属单位补助费用、其他费用等本期发生额结转入本科目，借记本科目（行政事业盈余），贷记"业务活动费用""单位管理费用"等科目。

（2）将经营收入科目的本期发生额结转入本科目，借记"经营收入"科目，贷记本科目（经营盈余）；将经营费用、所得税费用科目的本期发生额结转入本科目，借记本科目（经营盈余），贷记"经营费用""所得税费用"科目。

（3）期末，完成上述结转后，将本科目余额结转入"本年盈余分配"科目，借记或贷记本科目，贷记或借记"本年盈余分配"科目。

【例10-66】某事业单位当期各项收入和费用科目发生额为："财政拨款收入"600 000元、"事业收入"250 000元、"上级补助收入"140 000元、"附属单位上缴收入"80 000元、"非同级财政拨款收入"60 000元、"投资收益"100 000元、"利息收入"60 000元、"租金收入"40 000元、"其他收入"20 000元、"业务活动费用"960 000元、"单位管理费用"70 000元、"资产处置费用"30 000元、"其他费用"120 000元，进行期末结转。

```
借：财政拨款收入                          600 000
    事业收入                              250 000
    上级补助收入                          140 000
    附属单位上缴收入                       80 000
    非同级财政拨款收入                     60 000
    投资收益                              100 000
    利息收入                               60 000
    租金收入                               40 000
    其他收入                               20 000
    贷：本期盈余——行政事业盈余                    1 350 000
```

借：本期盈余——行政事业盈余	1 180 000
贷：业务活动费用	960 000
单位管理费用	70 000
资产处置费用	30 000
其他费用	120 000

【例10-67】某事业单位当期各项经营性收入和费用科目发生额为："经营收入"150 000元、"经营费用"90 000元、"所得税费用"30 000元，进行期末结转。

借：经营收入	150 000
贷：本期盈余——经营盈余	150 000
借：本期盈余——经营盈余	120 000
贷：经营费用	90 000
所得税费用	30 000

（二）本年盈余分配

本年盈余分配是指行政事业单位本年度盈余分配的情况和结果。行政事业单位年末结转收入和费用后，应将行政事业盈余和经营盈余转入分配，本年盈余分配内容是按照有关规定提取专用基金。盈余分配后的净额转入"累计盈余"，年末结账后，本科目应无余额。

本年盈余分配的主要账务处理如下。

（1）期末，将"本期盈余"科目余额结转入本科目，借记或贷记"本期盈余"科目，贷记或借记本科目。

（2）根据有关规定从本年度非财政拨款结余或经营结余中提取专用基金的，按照预算会计下计算的提取金额，借记本科目，贷记"专用基金"科目。

（3）年末，按规定完成上述（1）和（2）处理后，将本科目余额结转入其他净资产，借记或贷记本科目，贷记或借记"累计盈余"科目。

【例10-68】续例【例10-66】和【例10-67】，该事业单位年末结转各项收入和费用后，将本年行政事业盈余和经营盈余转入分配。按规定提取职工福利基金60 000元，进行本年盈余分配的相关账务处理。

（1）本期盈余转入盈余分配，

借：本期盈余——行政事业盈余	170 000
——经营盈余	30 000
贷：本年盈余分配	200 000

（2）按规定提取专用基金，

借：本年盈余分配	60 000
贷：职工福利基金	60 000

（3）盈余分配余额结转，

借：本年盈余分配	140 000

贷：累计盈余　　　　　　　　　　　　　　　　　　　　　　　　140 000

三、权益法调整、无偿调拨净资产与以前年度盈余调整

（一）权益法调整

权益法调整是指事业单位取得长期股权投资后，根据被投资单位所有者权益变动情况，按照权益法对投资的账面价值进行的调整。本科目用于事业单位长期股权投资采用权益法核算，长期股权投资按照被投资单位除净损益和利润分配以外所有者权益变动的份额予以入账，应当按照被投资单位进行明细核算。本科目年末余额，反映事业单位滚存的被投资单位除净损益和利润分配以外的所有者权益变动中累计享有（或负担）的份额。

权益法调整净资产的主要账务处理如下。

（1）年末，按照被投资单位除净损益和利润分配以外的所有者权益变动的份额，借记或贷记本科目，贷记或借记"长期股权投资——其他权益变动"科目。

（2）长期股权投资处置时，因被投资企业除净损益以外所有者权益的其他变动而计入权益法调整净资产的数额，借记或贷记本科目，贷记或借记"投资收益"科目。

【例10-69】 某事业单位持有B公司25%的股份，采用权益法核算。当年度，B公司除净损益和利润分配以外的所有者权益增加600 000元。

该事业单位应享有其他权益变动份额＝600 000×25%＝150 000（元）

　　借：长期股权投资——其他权益变动　　　　　　　　　150 000
　　　　贷：权益法调整　　　　　　　　　　　　　　　　　　　　150 000

【例10-70】 某事业单位持有A公司股份，采用权益法核算。该长期股权投资是货币资金投资形成的，现将持有A公司股份全部转让，收到转让价款350 000元。转让日，该项长期股权投资的账面余额为330 000元，其中，投资成本250 000元，损益调整（借方）60 000元，其他权益变动（借方）20 000元。

（1）处置期股权投资，

　　借：待处理财产损溢——待处理财产价值　　　　　　　350 000
　　　　贷：长期股权投资——成本　　　　　　　　　　　　　　250 000
　　　　　　　　　　　　——损益调整　　　　　　　　　　　　　60 000
　　　　　　　　　　　　——其他权益变动　　　　　　　　　　 20 000
　　　　　　投资收益　　　　　　　　　　　　　　　　　　　　　20 000

（2）转销权益法调整，

　　借：权益法调整　　　　　　　　　　　　　　　　　　 20 000
　　　　贷：投资收益　　　　　　　　　　　　　　　　　　　　 20 000

(二)无偿调拨净资产

无偿调拨净资产是指行政事业单位无偿调入或调出非现金资产所引起的净资产变动金额。年末结账后,本科目应无余额。

无偿调拨净资产的主要账务处理如下。

(1)按照规定取得无偿调入的存货、长期股权投资、固定资产、无形资产、公共基础设施、政府储备物资、文物文化资产、保障性住房等,按照确定的成本,借记"库存物品""长期股权投资""固定资产""无形资产""公共基础设施""政府储备物资""文物文化资产""保障性住房"等科目,按照调入过程中发生的归属于调入方的相关费用,贷记"零余额账户用款额度""银行存款"等科目,按照其差额,贷记本科目。

(2)按照规定经批准无偿调出存货、长期股权投资、固定资产、无形资产、公共基础设施、政府储备物资、文物文化资产、保障性住房等,按照调出资产的账面余额或账面价值,借记本科目,按照固定资产累计折旧、无形资产累计摊销、公共基础设施累计折旧或摊销、保障性住房累计折旧的金额,借记"固定资产累计折旧""无形资产累计摊销""公共基础设施累计折旧(摊销)""保障性住房累计折旧"科目,按照调出资产的账面余额,贷记"库存物品""长期股权投资""固定资产""无形资产""公共基础设施""政府储备物资""文物文化资产""保障性住房"等科目;同时,按照调出过程中发生的归属于调出方的相关费用,借记"资产处置费用"科目,贷记"零余额账户用款额度""银行存款"等科目。

(3)年末,将本科目余额转入累计盈余,借记或贷记本科目,贷记或借记"累计盈余"科目。

【例 10-71】 某行政单位收到系统内其他单位无偿调入办公设备一台,价值 50 000 元,发生运杂费 800 元,以银行存款支付。

借:固定资产	50 800	
贷:无偿调拨净资产		50 000
银行存款		800

【例 10-72】 某事业单位按照规定经批准无偿调出一批物资,价值 20 000 元,本单位发生运杂费 500 元,以银行存款支付。

借:无偿调拨净资产	20 000	
贷:库存物品		20 000
借:资产处置费用	500	
贷:银行存款		500

(三)以前年度盈余调整

以前年度盈余调整是指行政事业单位本年度发生的调整以前年度盈余的事项,包括本年度发生的重要前期差错更正涉及调整以前年度盈余的事项。本科目应当按照报表项目分别进行明细核算。年末结账后，本科目应无余额。

以前年度盈余调整的主要账务处理如下。

（1）调整增加以前年度收入时，应根据具体内容，借记有关资产或负债科目，贷记本科目。调整减少的，做相反分录。

（2）调整增加以前年度费用时，应根据具体内容，借记本科目，贷记有关资产或负债科目。调整减少的，做相反分录。

（3）盘盈的各种非流动实物资产，报经批准后处理时，借记"待处理财产损溢"科目，贷记本科目。

（4）年末，将本科目本年发生额转入其他净资产时，借记或贷记"累计盈余"科目，贷记或借记本科目。

【例10-73】某行政单位在固定资产的定期清查中，盘盈了一台办公设备，评估确认的价值为30 000元，予以入账。

（1）盘盈固定资产转让待处理财产损溢时，

借：固定资产　　　　　　　　　　　　　　　　　　　　　30 000
　　贷：待处理财产损溢　　　　　　　　　　　　　　　　　　30 000

（2）报经批准后，

借：待处理财产损溢　　　　　　　　　　　　　　　　　　30 000
　　贷：以前年度盈余调整　　　　　　　　　　　　　　　　30 000

【例10-74】年末，某事业单位"以前年度盈余调整"科目贷方余额为160 000元，进行期末结转。

借：以前年度盈余调整　　　　　　　　　　　　　　　　160 000
　　贷：累计盈余　　　　　　　　　　　　　　　　　　　160 000

本 章 小 结

行政事业单位收入是指报告期内导致政府会计主体净资产增加的、含有服务潜力或者经济利益的经济资源的流入。收入分为补助收入、业务活动收入、其他活动收入三类，具体包括财政拨款收入、非同级财政拨款收入、事业收入、经营收入、上级补助收入、附属单位上缴收入、投资收益、捐赠收入、利息收入、租金收入和其他收入。财政拨款收入是指行政事业单位从同级财政部门取得的各类财政拨款。非同级财政拨款收入是指行政事业单位从非同级财政部门取得的经费拨款。事业收入是指事业单位开展的专业业务活动及其辅助活动取得的收入。经营收入是指事业单位在专业业务活动及其辅助活动之外开展非独立核算营利性活动取得的收入。上级补助收入是指事业单位从主管部门和上级单位取得的非财政拨款收入。附属单位上缴收入是指事业单位附属单位按照有关规定上缴的收入。

行政事业单位费用是指报告期内导致政府会计主体净资产减少的、含有服务潜力或者经济利益的经济资源的流出。费用分为业务活动费用和其他活动费用两类,具体包括业务活动费用、单位管理费用、经营费用、上缴上级费用、对附属单位补助费用、所得税费用、资产处置费用和其他费用。业务活动费用是指行政事业单位为实现其职能目标,依法履职或开展专业业务活动及其辅助活动中所发生的各项费用。单位管理费用是指事业单位本级行政管理部门开展管理活动发生的各项费用,以及由单位统一负担的工会经费、诉讼费、中介费等。经营费用是指事业单位在专业业务活动及其辅助活动之外开展非独立核算营利性活动发生的各项费用。所得税费用是指有企业所得税缴纳义务的事业单位计算出应缴纳的企业所得税。

行政事业单位净资产是指行政事业单位资产扣除负债后的余额,体现行政事业单位所拥有的资产净值。行政事业单位净资产包括累计盈余、专用基金、本期盈余、本年盈余分配、无偿调拨净资产权益法调整和以前年度盈余调整。累计盈余是指行政事业单位历年实现的盈余扣除盈余分配后滚存的金额,以及因无偿调入调出净资产产生的净资产变动额。专用基金是指事业单位按规定提取或设置的具有专门用途的净资产,主要包括职工福利基金和科技成果转换基金等。本期盈余是指行政事业单位各项收入费用相抵后的余额。本年盈余分配是指行政事业单位本年度盈余分配的情况和结果。

【复习思考题】

1. 什么是行政事业单位的收入和费用?它们各自包括哪些内容?
2. 行政事业单位的收入和费用如何确认、计量?
3. 行政事业单位的财政拨款收入应当遵循哪些管理要求?
4. 事业收入包括哪些类别?不同管理方式下的事业收入如何进行会计核算?
5. 经营收入应具备哪些特征?
6. 上级补助收入和附属单位上缴收入有何关系?
7. 业务活动费用是如何进行分类的?
8. 什么是单位管理费用?如何进行会计核算?
9. 资产处置费用的主要账务处理包括哪些?
10. 什么是累计盈余?累计盈余和专用基金的账务处理分别是什么?
11. 本期盈余与本年盈余分配的账务处理程序是什么?
12. 什么是权益法调整?如何进行会计核算?

第十一章 行政事业单位财务会计报告

【学习目标】
1. 明确行政事业单位财务会计报告的构成内容。
2. 熟悉行政事业单位财务会计报表的编制要求。
3. 掌握资产负债表的格式与编制方法。
4. 掌握收入费用表的格式与编制方法。
5. 掌握现金流量表的格式与编制方法。
6. 掌握净资产变动表的格式与编制方法。
7. 了解行政事业单位部门财务报告的内容。

第一节 行政事业单位财务会计报告概述

行政事业单位应当根据会计核算数据及其他相关资料,编制行政事业单位财务会计报表,编写部门财务报告,披露行政事业单位的财务状况、运行情况等信息。

一、行政事业单位财务会计报告的含义与内容

(一)行政事业单位财务会计报告的含义

行政事业单位财务会计报告是行政事业单位编制的,反映行政事业单位特定日期财务状况及一定时期收入费用、现金流量情况等信息的书面文件。行政事业单位具有财务

会计的功能，需要向财务报告使用者提供与单位财务状况、运行情况等有关的信息，反映其公共受托责任履行情况。行政事业单位应当按照财务部门的要求编制财务会计报表，全面、清晰地反映单位财务管理信息。行政事业单位的财务报告经主管预算单位审核汇总后，报送同级财政部门。

行政事业单位财务报告是会计信息使用者（包括人民代表大会、政府及其有关部门、行政事业单位自身和其他会计信息使用者）了解行政事业单位财务状况、收入费用和现金流量情况的，反映行政事业单位受托责任的履行情况，是会计信息使用者进行管理、监督和决策的重要依据，也是编制下年度财务计划的基础。

（二）行政事业单位财务会计报告的内容

根据《政府会计准则——基本准则》的要求，行政事业单位应当在编制会计报表的基础上，编写部门财务报告。

1. 财务会计报表及附注

财务会计报表是指行政事业单位会计根据会计账簿数据编制的，以表格形式概括反映单位财务状况、收入费用、现金流量情况的书面文件。行政事业单位的财务会计报表包括资产负债表、收入费用表、现金流量表和净资产变动表。会计报表附注是指对在会计报表中列示项目的文字描述或明细资料，以及对未能在会计报表中列示项目的说明等。会计报表和会计报表附注构成行政事业单位会计的财务会计报表。行政事业单位以会计核算数据为依据，是编制部门财务报告的重要基础。

行政事业单位的会计报表附注应当至少披露下列内容。

（1）遵循《政府会计准则——基本准则》和《政府会计制度——行政事业单位会计科目和报表》的声明。

（2）单位整体财务状况、业务活动情况、预算执行情况的说明。

（3）会计报表中列示的重要项目的进一步说明，包括其主要构成、增减变动情况等。

（4）有助于理解和分析单位情况的其他附表。

（5）重要资产处置、资产重大损失情况的说明。

（6）事业单位重大投资、借款活动的说明。

（7）以名义金额计量的资产名称、数量等情况，以及以名义金额计量理由的说明。

（8）或有负债情况的说明、1年以上到期负债预计偿还时间和数量的说明。

（9）以前年度结转结余调整情况的说明。

（10）事业单位将单位内部独立核算单位的会计信息纳入本单位财务报表情况的说明。

（11）政府会计具体准则中有关披露的其他要求。

（12）有助于理解和分析会计报表需要说明的其他事项。

2. 部门财务报告

部门财务报告是指行政事业单位编制的，反映本单位财务状况、运行情况等信息的总结性文件。部门财务报告以权责发生制为基础，主要反映政府单位的资产负债状况、收入费用情况等信息，为加强政府部门政府负债管理、运行管理、绩效管理等提供信息支撑。部门财务报告由财务报表和财务分析组成。

二、行政事业单位财务报表的编制要求

行政事业单位应当按照下列规定编制财务报表。

（1）财务报表的编制主要以权责发生制为基础，以财务会计核算生成的数据为准。

（2）财务报表由会计报表及其附注构成。会计报表至少包括资产负债表、收入费用表、预算结余与净资产变动差异调节表。单位可以根据实际情况自行选择编制现金流量表。

（3）财务报表应当至少按照年度编制。

（4）单位应当根据本制度规定编制并对外提供真实、完整的财务报表，不得违反本制度规定，不得随意改变财务报表的编制基础、编制依据、编制原则和方法，不得随意改变本制度规定的财务报表有关数据的会计口径。

（5）财务报表应当根据登记完整、核对无误的账簿记录和其他有关资料编制，做到数字真实、计算准确、内容完整、报送及时。

（6）财务报表应当由单位负责人和主管会计工作的负责人、会计机构负责人（会计主管人员）签名并盖章。

三、行政事业单位财务会计报表的分类

行政事业单位的财务报表按照不同标准，可分为不同种类。

1. 按照反映的经济内容分类

按照反映的经济内容，行政事业单位的会计报表可分为静态报表和动态报表。资产负债表是反映行政事业单位在某一特定日期财务状况的报表，属于静态报表。收入费用表是反映行政事业单位在某一会计期间收入、费用及净资产的变动情况；现金流量表是反映行政事业单位在某一会计年度内现金流入和流出的信息，收入费用表和现金流量表均属于动态报表。

2. 按照编报时间分类

按照编报时间，行政事业单位的会计报表可分为月报表和年报表。月报表是反映行政事业单位月度财务状况和收入费用情况的报表。月报表应当编制资产负债表和收入费用表。年报表是全面反映年度财务状况、收入费用和现金流量情况的报表，年报表要求编制资产负债表、收入费用表、现金流量表和净资产变动表。

3. 按照编报的层次分类

按照编报的层次，行政事业单位的会计报表可分为本级报表和汇总报表。本级报表是各级行政事业单位编制的反映本单位财务状况和预算执行情况的会计报表。汇总报表是主管会计单位根据本级会计报表和经审查过的所属单位会计报表汇总编制的会计报表。

第二节 行政事业单位财务会计报表

一、资产负债表

(一)资产负债表的格式

资产负债表是反映行政事业单位在某一特定日期财务状况的报表,反映行政事业单位会计期末(月末、年末)占用或使用的资产、承担的负债及净资产的情况。资产负债表所提供的财务信息与行政事业单位的财务状况相关,反映单位在某一特定日期全部资产、负债和净资产的情况。资产负债表的作用:一是可以反映行政事业单位所掌握的经济资源的规模,以及经济资源的分布和结构。二是可以反映行政事业单位所承担的债务总额,以及债务的种类和构成。三是可以反映行政事业单位资产与负债相抵形成的资产净额,以及净资产的具体内容。资产负债表由表首标题、编报项目、栏目及金额组成。

1. 表首标题

资产负债表的表首标题包括报表名称、编号(会政财 01 表)、编制单位、编表时间和金额单位等内容。资产负债表反映行政事业单位在某一时点的财务状况,属于静态报表,需要注明是某年某月某日的报表。按编报时间的不同,资产负债表分为月报资产负债表和年报资产负债表,行政事业单位应当至少按照年度编制资产负债表。

2. 编报项目

资产负债表的编报项目包括资产、负债和净资产三个会计要素,按照"资产 = 负债 + 净资产"的平衡公式设置,分为左右两方,左方列示资产各项目,反映资产的分布及存在形态;右方列示负债和净资产各项目,反映负债和净资产的内容及构成情况,资产负债表左右两方总计数相等。资产项目按流动资产、非流动资产排列;负债项目按流动负债、非流动负债排列;净资产项目分别按各项组成内容排列。资产负债表的基本格式见表 11-1。

表 11-1 资产负债表(一)

会政财 01 表
编制单位:　　　　　　　　　　　　年　月　日　　　　　　　　　　　　单位:元

资产	期末余额	年初余额	负债和净资产	期末余额	年初余额
流动资产			流动负债		
货币资金			短期借款		
财政应返还额度			应交税费		
短期投资			应缴财政款		
应收票据					
应收账款净额			应付职工薪酬		

续表

资产	期末余额	年初余额	负债和净资产	期末余额	年初余额
预付账款			应付账款		
应收股利			应付政府补贴款		
应收利息			应付利息		
其他应收款净额			预收账款		
存货			其他应付款		
待摊费用			预提费用		
一年内到期的非流动资产			一年内到期的非流动负债		
其他流动资产			其他流动负债		
流动资产合计			流动负债合计		
非流动资产			非流动负债		
长期股权投资			长期借款		
长期债券投资			长期应付款		
			预计负债		
固定资产原值			其他非流动负债		
减:固定资产累计折旧			非流动负债合计		
固定资产净值					
在建工程			受托代理负债		
			负债合计		
工程物资					
无形资产原值					
减:累计摊销			净资产:		
无形资产净值			累计盈余		
研发支出			专用基金		
公共基础设施原值			无偿调入净资产		
减:公共基础设施累计折旧			权益法调整		
公共基础设施净值			本期盈余		
政府储备物资			净资产合计		
文物文化资产					
保障性住房原值			负债和净资产总计		
减:保障性住房累计折旧					
保障性住房净值					
长期待摊费用					
待处理财产损溢					
其他非流动资产					
流动资产合计					
受托代理资产					
资产总计					

3. 栏目及金额

资产负债表包括"期末余额"和"年初余额"两栏,"期末余额"一般根据各会计账户期末余额填列。"年初余额"根据上年资产负债表"期末余额"填列,但当年资产负债表项目调整的,应对上年资产负债表"期末余额"进行相应调整。

(二)资产负债表的编制

资产负债表中的各项目都有两栏数据,即"年初余额"和"期末余额"。其中,"年初余额"栏内的各项数字,应当根据上年末资产负债表"期末余额"栏内的数字填列。如果本年度资产负债表规定的各个项目的名称和数字同上年度不相一致,应对上年末资产负债表各项目的名称和数字按照本年度的规定进行调整,填入本表的"年初余额"栏内。"期末余额"栏内的各项数字,一般根据资产、负债和净资产类科目的期末余额填列,具体填制方法如下。

1. 资产类项目

(1)"货币资金"项目,反映单位期末库存现金、银行存款、零余额账户用款额度、其他货币资金的合计数。本项目应当根据"库存现金"、"银行存款"、"零余额账户用款额度"和"其他货币资金"科目的期末余额合计填列;若单位的受托代理资产为现金、银行存款通过"库存现金""银行存款"科目核算,还应当扣减"库存现金""银行存款"科目中"受托代理资产"明细科目的期末余额。

(2)"财政应返还额度"项目,反映单位期末财政应返还额度的金额。本项目应当根据"财政应返还额度"科目的期末余额填列。

(3)"短期投资"项目,反映事业单位期末持有的短期投资账面价值。本项目应当根据"短期投资"科目的期末余额填列。

(4)"应收票据"项目,反映单位期末持有的应收票据的票面金额。本项目应当根据"应收票据"科目的期末余额填列。

(5)"应收账款净额"项目,反映单位期末尚未收回的应收账款余额。本项目应当根据"应收账款"科目所属各明细科目的期末借方余额合计填列。

若"应收账款"科目所属明细科目期末有贷方余额,应在表11-1"预收账款"项目内填列;如"预收账款"科目所属明细科目有借方金额,也应包括在本项目内。

(6)"预付账款"项目,反映单位期末预付给商品或者劳务供应单位的款项。本项目应当根据"预付账款"科目所属各明细科目的期末借方余额合计填列。

若"预付账款"科目所属有关明细科目期末有贷方余额,应在表11-1"应付账款"项目内填列;若"应付账款"科目所属明细科目有借方金额,也应包括在本项目内。

(7)"应收股利"项目,反映事业单位期末应收取的现金股利和应收取其他单位分配的利润。本项目应当根据"应收股利"科目的期末余额填列。

(8)"应收利息"项目,反映事业单位期末因债券投资等而应收取的利息。事业单位购入的到期一次还本付息的长期债券投资持有期间应收的利息,不包括在本项目内。本项目应当根据"应收利息"科目的期末余额填列。

（9）"其他应收款净额"项目，反映单位期末尚未收回的其他应收款余额减去已计提的坏账准备后的净额。本项目应当根据"其他应收款"科目的期末余额填列。

（10）"存货"项目，反映单位期末为开展业务活动及其他活动耗用或销售而储存的各种材料、产品、包装物、低值易耗品及达不到固定资产标准的用具、装具、动植物等的实际成本。本项目应当根据"在途物资""库存物品""加工物品"科目的期末余额填列。

（11）"待摊费用"项目，反映单位已经支出，但应当由本期和以后各期分别负担的分摊期在1年以内（含1年）的各项费用。本项目应当根据"待摊费用"科目的期末余额填列。"预提费用"科目期末如有借方余额，也在本项目内反映。

（12）"一年内到期的非流动资产"项目，反映单位本期非流动资产项目中在1年内（含1年）到期的金额，包括将于1年内（含1年）到期的长期待摊费用，以及事业单位将在1年内（含1年）到期的长期债券投资。本项目应当根据"长期待摊费用""长期债券投资"等科目的明细科目的期末余额分析填列。

（13）"其他流动资产"项目，反映单位除上述各项之外的其他流动资产。本项目应当根据有关科目的期末余额填列。

（14）"长期股权投资"项目，反映事业单位依法取得的，持有时间准备超过1年（不含1年）的各种股权性质的投资。本项目应当根据"长期股权投资"科目期末余额填列。

（15）"长期债券投资"项目，反映事业单位依法取得的，在1年内（含1年）不能变现或不准备随时变现的债券投资。本项目应当根据"长期债券投资"科目的期末余额减去其中将于1年内（含1年）到期的长期债券投资余额后的金额填列。

（16）"固定资产原值"项目，反映单位期末各项固定资产的原价。本项目应当根据"固定资产"科目的期末余额填列。

"固定资产累计折旧"项目，反映单位期末各项固定资产的累计折旧。本项目应当根据"固定资产累计折旧"科目的期末余额填列。

"固定资产净值"项目，反映单位期末各项固定资产的净值账面价值。本项目应当根据"固定资产"科目期末余额减去"固定资产累计折旧"科目期末余额后的金额填列。

（17）"在建工程"项目，反映单位期末尚未完工交付使用的在建工程的实际成本。本项目应当根据"在建工程"科目的期末余额填列。

（18）"工程物资"项目，反映单位期末各项工程尚未使用的工程物资的实际成本。本项目应当根据"工程物资"科目的期末余额填列。

（19）"无形资产原值"项目，反映单位期末持有的各项无形资产的原值。本项目应当根据"无形资产"科目的期末余额填列。

"累计摊销"项目，反映单位期末各项无形资产的累计摊销。本项目应当根据"累计摊销"科目的期末余额填列。

"无形资产净值"项目，反映单位期末持有的各项无形资产的账面价值。本项目应当根据"无形资产净值"科目期末余额减去"累计摊销"科目期末余额后的金额填列。

（20）"研发支出"项目，反映单位进行研究与开发无形资产过程中发生的各项支出。本项目应当根据"研发支出"科目期末余额填列。

（21）"公共基础设施原值"项目，反映单位期末占有并直接管理的公共基础设施的原值。本项目应当根据"公共基础设施"科目的期末余额填列。

"公共基础设施累计折旧"项目，反映单位期末占有并直接管理的公共基础设施的累计折旧金额。本项目应当根据"公共基础设施累计折旧"科目的期末余额填列。

"公共基础设施净值"项目，反映单位期末控制的、直接负责维护管理、供社会公众长期使用的公共基础设施净值的账面价值。本项目应当根据"公共基础设施"科目期末余额减去"公共基础设施累计折旧"科目期末余额后的金额填列。

（22）"政府储备物资"项目，反映单位储存管理的各种政府储备物资的实际成本。本项目应当根据"政府储备物资"科目的期末余额填列。

（23）"文物文化资产"项目，反映单位期末控制的各项文物文化资产的原价。本项目应当根据"文物文化资产"科目的期末余额填列。

（24）"保障性住房原值"项目，反映单位期末控制的保障性住房原值。本项目应当根据"保障性住房"科目的期末余额填列。

"保障性住房累计折旧"项目，反映单位期末控制的保障性住房已计提的累积折旧金额。本项目应当根据"保障性住房累计折旧"科目的期末余额填列。

"保障性住房净值"项目，反映单位期末控制的保障性住房的账面价值。本项目应当根据"保障性住房"科目期末余额减去"保障性住房累计折旧"科目期末余额后的金额填列。

（25）"长期待摊费用"项目，反映单位已经支出但应由本期和以后各期负担的分摊期限在1年以上（不含1年）的各项费用。本项目应当根据"长期待摊费用"科目的期末余额减去1年内（含1年）摊销的数额后的金额填列。

（26）"待处理财产损溢"项目，反映单位期末待处理财产的价值及处置损溢。本项目应当根据"待处理财产损溢"科目的期末借方余额填列，如"待处理财产损溢"科目期末为贷方余额，则以"—"号填列。

（27）"其他非流动资产"项目，反映单位除上述各项之外的其他非流动资产。本项目应当根据有关科目的期末余额填列。

（28）"受托代理资产"项目，反映单位期末受托代理资产的价值。本项目应当根据"受托代理资产"科目的期末余额，加上"库存现金""银行存款"科目中属于受托代理资产的库存现金余额和银行存款余额的合计数填列。

2. 负债类项目

（1）"短期借款"项目，反映事业单位借入的期限在1年内（含1年）的各种借款。本项目应当根据"短期借款"科目的期末余额填列。

（2）"应交税费"项目，反映单位应交未交的各种税费。本项目应当根据"应交增值税"和"其他应交税费"科目的期末贷方余额分别填列。

（3）"应缴财政款"项目，反映单位按规定应当上缴财政的款项（应交税费除外)。本项目应当根据"应缴财政款"科目的期末余额填列。

(4)"应付职工薪酬"项目,反映单位按有关规定应付给职工及为职工支付的各种薪酬。本项目应当根据"应付职工薪酬"科目的期末余额填列。

(5)"应付票据"项目,反映事业单位期末应付票据的金额。本项目应当根据"应付票据"科目的期末余额填列。

(6)"应付账款"项目,反映单位期末尚未支付的偿还期限在1年以内(含1年)的应付账款的金额。本项目应当根据"应付账款"科目所属各有关明细科目的期末贷方余额合计填列。若"应付账款"科目所属各明细科目期末有借方余额,应在表 11-1"预付账款"项目内填列;若"预付账款"科目所属明细科目有贷方金额,也应包括在本项目内。

(7)"应付政府补贴款"项目,反映负责发放政府补贴的行政单位期末按照规定应当支付给政府补贴接受者的各种政府补贴款金额。本项目应当根据"应付政府补贴款"科目的期末余额填列。

(8)"应付利息"项目,反映事业单位期末按照合同约定应支付的利息。本项目应当根据"应付利息"科目的期末余额填列。

(9)"预收账款"项目,反映事业单位期末按规定预收但尚未实际结算的款项。本项目应当根据"预收账款"所属各明细科目的期末贷方余额合计填列。

若"预收账款"科目所属有关明细科目期末有借方余额的,应在表 11-1"应收账款"项目内填列。若"应收账款"科目所属明细科目有贷方金额,也应包括在本项目内。

(10)"其他应付款"项目,反映单位期末应付未付的其他各项应付及暂收款项。本项目应当根据"其他应付款"科目的期末余额填列。

(11)"预提费用"项目,反映单位预先提取的已经发生但尚未支付的各项费用。本项目应当根据"预提费用"科目的期末贷方余额填列。若"预提费用"科目期末为借方余额,应合并在"待摊费用"项目内反映,不包括在本项目内。

(12)"一年内到期的非流动负债"项目,反映单位本期承担的将于1年内(含1年)偿还的长期负债。本项目应当根据"长期应付款""长期借款"等科目的明细科目的期末余额分析填列。

(13)"其他流动负债"项目,反映单位除上述各项之外的其他流动负债。本项目应当根据有关科目的期末余额填列。

(14)"长期借款"项目,反映事业单位借入的期限超过1年(不含1年)的各项借款。本项目应当根据"长期借款"科目的期末余额减去其中将于1年内(含1年)到期的长期借款余额后的金额填列。

(15)"长期应付款"项目,反映单位发生的偿还期限超过1年(不含1年)的各种应付款项。本项目应当根据"长期应付款"科目的期末余额减去其中将于1年内(含1年)到期的长期应付款余额后的金额填列。

(16)"预计负债"项目,反映单位对因或有事项所产生的现时义务而确认的负债。本项目应当根据"预计负债"科目的期末余额填列。

(17)"其他非流动负债"项目,反映单位除上述各项之外的其他非流动负债。本项目应当根据有关科目的期末余额填列。

（18）"受托代理负债"项目，反映单位期末受托代理负债的金额。本项目应当根据"受托代理负债"科目的期末余额填列。

3. 净资产类项目

（1）"累计盈余"项目，反映单位期末未分配盈余（或未弥补亏损）以及无偿调拨净资产变动的累计数。本项目应当根据"累计盈余"科目的期末余额填列。

（2）"专用基金"项目，反映事业单位按规定设置或提取的具有专门用途的净资产。本项目应当根据"专用基金"科目的期末余额填列。

（3）"无偿调入净资产"项目，反映单位因取得无偿调入或划拨资产而增加的净资产。本项目应当根据"其他净资产——无偿调入净资产"科目的期末余额填列。

（4）"权益法调整"项目，反映事业单位按照权益法对长期股权投资的账面余额进行调整的金额。本项目应当根据"权益法调整"科目的期末余额填列。若"权益法调整"科目期末为借方余额，则以"—"号填列。

（5）"无偿调拨净资产"项目，反映事业单位本年度截至报告期期末无偿调入的非现金资产价值加减无偿调出的非现金资产价值后的净值。本项目仅在月度报表中列示，年度报表中不列示。月度报表中本项目应当根据"无偿调拨净资产"科目的期末余额填列；"无偿调拨净资产"科目期末借方余额时，以"—"号填列。

（6）"本期盈余"项目，反映单位本年度截至报告期期末实现的累计盈余或亏损。本项目仅在月报中列示，年报中不列示。月度报表中本项目应当根据"本期盈余"科目的期末余额填列；"本期盈余"科目期末为借方余额时，以"—"号填列。

二、收入费用表

（一）收入费用表的格式

收入费用表反映行政事业单位在某一会计期间内全部收入、费用及净资产变动情况，是行政事业单位的主要会计报表之一，属于动态报表。通过收入费用表，可以提供行政事业单位在某一会计期间内的各项收入、费用和净资产变动情况。

收入费用表应当按照收入、费用的构成分项列示，可以反映行政事业单位本期收入、费用的内容与金额，以及本期收入与费用相抵形成的盈余。收入费用表由表首标题、编报项目、栏目及金额组成。

1. 表首标题

收入费用表的表首标题包括报表名称、编号（会政财02表）、编制单位、编表时期（月度、年度）和金额单位等内容。因为收入费用表反映行政事业单位在某一时期的收入费用情况，属于动态报表，所以需要注明报表所属的时间，如××年×月、××年度。按编报时间的不同，收入费用表分为月报收入费用表和年报收入费用表。

2. 编报项目

收入费用表的编报项目以本期盈余资金的形成、积累过程为脉络,从上至下依次列示本期各项收入、各项费用,收入费用表的平衡关系式为

$$本期收入 - 本期费用 = 本期盈余$$

3. 栏目及金额

月报收入费用表包括"本月数"和"本年累计数"两栏,年报收入费用表包括"本年数"和"上年数"两栏。"本月数"根据各项收入费用账户的本月发生额填列,"本年累计数"和"本年数"根据各项收入费用账户的本年累积发生额填列。"上年数"根据上年收入费用表的"本年数"填列。

收入费用表的基本格式如表 11-2 所示。

表 11-2 收入费用表(一)

编制单位: 年 月 会政财 02 表 单位:元

项目	本月数	本年累计数
一、本期收入		
(一)财政拨款收入		
其中:政府性基金收入		
(二)事业收入		
(三)上级补助收入		
(四)附属单位上缴收入		
(五)经营收入		
(六)非同级财政拨款收入		
(七)投资收益		
(八)捐赠收入		
(九)利息收入		
(十)租金收入		
(十一)其他收入		
二、本期费用		
(一)业务活动费用		
(二)单位管理费用		
(三)经营费用		
(四)所得税费用		
(五)资产处置费用		
(六)上缴上级费用		
(七)对附属单位补助费用		
(八)其他费用		
三、本期盈余		

（二）收入费用表的编制

月报收入费用表由"本月数"和"本年累计数"两栏组成。"本月数"栏反映各项目的本月实际发生数。"本年累计数"栏反映各项目自年初起至报告期末止的累计实际发生数。"本月数"栏数字应当根据收入费用科目的累计发生额计算填列。"本年累计数"栏应当以"本月数"栏数字和本年度上月收入费用表"本年累计数"栏数字的合计金额填列。

年报收入费用表由"本年数"和"上年数"两栏组成。"本年数"栏反映本年度各项目的实际发生数。"上年数"栏反映上年度各项目的实际发生数；如果本年度收入费用表规定的各个项目的名称和内容同上年度不一致，应对上年度收入费用表各项目的名称和数字按照本年度的规定进行调整，填入本年度收入费用表的"上年数"栏内。各项目"本年数"栏数字应当根据收入费用科目的本年发生额等计算填列。收入费用表"本月数"栏各项目的填列方法如下。

1. 本期收入

（1）"本期收入"项目，反映单位本期收入总额。本项目应当根据表 11-2 中"财政拨款收入""事业收入""上级补助预入""附属单位上缴收入""经营收入""非同级政府拨款收入""投资收入""捐赠收入""利息收入""租金收入""其他收入"项目金额的合计数填列。

（2）"财政拨款收入"项目，反映单位从同级财政部门取得的各类财政拨款。本项目应当根据"财政拨款收入"科目的本期发生额填列。

"政府性基金收入"项目，反映单位取得的财政拨款收入中来自于政府性基金预算拨款的部分。本项目应当根据"财政拨款收入"相关明细科目的本期发生额填列。

（3）"事业收入"项目，反映事业单位本期开展专业业务活动及其辅助活动取得的收入。本项目应当根据"事业收入"科目的本期发生额填列。

（4）"上级补助收入"项目，反映事业单位本期从主管部门和上级单位取得的非财政拨款收入。本项目应当根据"上级补助收入"科目的本期发生额填列。

（5）"附属单位上缴收入"项目，反映事业单位附属单位本期按照有关规定上缴的收入。本项目应当根据"附属单位上缴收入"科目的本期发生额填列。

（6）"经营收入"项目，反映事业单位本期在专业业务活动及其辅助活动之外开展非独立核算经营活动取得的收入。本项目应当根据"经营收入"科目的本期发生额填列。

（7）"非同级财政拨款收入"项目，反映单位本期从非同级财政部门取得的经费拨款。本项目应当根据"非同级财政拨款收入"科目的本期发生额填列。

（8）"投资收益"项目，反映事业单位本期因依法取得的股权和债券投资而取得的收益或损失。本项目应当根据"投资收益"科目的本期发生额填列，如为投资净损失，以"—"号填列。

（9）"捐赠收入"项目，反映单位本期接受捐赠取得的收入。本项目应当根据

"捐赠收入"科目的本期发生额填列。

（10）"利息收入"项目，反映单位本期取得的银行存款利息和债券投资利息收入。本项目应当根据"利息收入"科目的本期发生额填列。

（11）"租金收入"项目，反映事业单位本期经批准利用国有资产出租、出借取得的收入。本项目应当根据"租金收入"科目的本期发生额填列。

（12）"其他收入"项目，应当根据"其他收入"科目的本期发生额填列。

2. 本期费用

（1）"本期费用"项目，反映单位本期费用总额。本项目应当根据表11-2中"业务活动费用""单位管理费用""经营费用""所得税费用""资产处置费用""上缴上级费用""对附属单位补助费用""其他费用"项目金额的合计数填列。

（2）"业务活动费用"项目，反映单位依法履职或开展专业业务活动及其辅助活动所发生的各项费用。本项目应当根据"业务活动费用"科目的本期发生额填列。

（3）"单位管理费用"项目，反映事业单位本级行政管理部门开展管理活动发生的各项费用。本项目应当根据"单位管理费用"科目的本期发生额填列。

（4）"经营费用"项目，反映事业单位本期在专业业务活动及其辅助活动之外开展非独立核算经营活动发生的费用。本项目应当根据"经营费用"科目的本期发生额填列。

（5）"所得税费用"项目，反映有企业所得税缴纳义务的事业单位本期应缴纳的企业所得税金额。本项目应当根据"所得税费用"科目的本期发生额填列。

（6）"资产处置费用"项目，反映单位本期发生的各项资产损失。本项目应当根据"资产处置费用"科目的本期发生额填列。

（7）"上缴上级费用"项目，反映事业单位按照规定上缴上级单位款项发生的费用。本项目应当根据"上缴上级费用"科目的本期发生额填列。

（8）"对附属单位补助费用"项目，反映事业单位用财政拨款收入之外的收入对附属单位补助发生的费用。本项目应当根据"对附属单位补助费用"科目的本期发生额填列。

（9）"其他费用"项目，反映单位本期发生的无法归属到上述费用以外的各项费用。本项目应当根据"其他费用"科目的本期发生额填列。

3. 本期盈余

"本期盈余"项目，反映单位本期收入扣除本期费用后的净额，本项目应当根据表11-2中"本期收入"项目金额减去"本期费用"项目金额填列，如为负数，以"—"号填列。

三、净资产变动表

（一）净资产变动表的格式

净资产变动表是反映行政事业单位在某一会计年度内净资产项目的变动情况。净资产变动表采用"步进式"结构，可以反映行政事业单位本期净资产年末年初变动数之间的差异调整过程。

净资产变动表的格式见表 11-3。

表 11-3　净资产变动表

会政财 03 表
编制单位：　　　　　　　　　　　　　年　　　　　　　　　　　　　　　单位：元

项目	本年数				上年数			
	累计盈余	专用基金	权益法调整	净资产合计	累计盈余	专用基金	权益法调整	净资产合计
一、上年年末余额								
二、以前年度盈余调整（减少以"-"号填列）		—	—			—	—	
三、本年年初余额								
四、本年变动金额（减少以"-"号填列）								
（一）本年盈余		—	—			—	—	
（二）无偿调拨净资产								
（三）归集调整预算结转结余								
（四）提取或设置专用基金								
其中：从预算收入中提取			—				—	
从预算结余中提取			—				—	
设置的专用基金			—				—	
（五）使用专用基金			—				—	
（六）权益法调整	—	—			—	—		
五、本年年末余额								

注："—"表示单元格不需填列

（二）净资产变动表的编制

净资产变动表由"本年数"和"上年数"两栏组成。"本年数"栏反映本年度各项目的实际变动数。"上年数"栏反映上年度各项目的实际变动数，应当根据上年末净资产变动表"本年数"栏内数字填列。如果本年度净资产变动表规定的各个项目的名称和内容同上年度不一致，应对上年末净资产变动表各项目的名称和数字按照本年度的规定进行调整，将调整后的金额填入本年度净资产变动表"上年数"栏内。

净资产变动表"本年数"栏各项目填列方法如下。

（1）"上年年末余额"行，反映单位净资产各项目上年末的余额。本行各项目应当根据"累计盈余""专用基金""权益法调整"科目上年末余额填列。

（2）"以前年度盈余调整"行，反映单位本年度调整以前年度盈余的事项对累计盈余进行调整的金额。本行"累计盈余"项目应当根据本年度"以前年度盈余调整"科目转入"累计盈余"科目的金额填列；如果调整减少累计盈余，以"-"号填列。

（3）"本年初余额"行，反映经过以前年度盈余调整后，单位净资产各项目的本年年初余额。本行"累计盈余""专用基金""权益法调整"项目应当根据其各自在

"上年年末余额"和"以前年度盈余调整"行对应项目金额的合计数填列。

（4）"本年变动金额"行，反映单位净资产各项目本年变动总金额。本行"累计盈余""专用基金""权益法调整"项目应当根据其各自在"本年盈余""无偿调拨净资产""归集调整预算结转结余""提取或设置专用基金""使用专用基金""权益法调整"行对应项目金额的合计数填列。

（5）"本年盈余"行，反映单位本年发生的收入、费用对净资产的影响。本行"累计盈余"项目应当根据年末由"本期盈余"科目转入"本年盈余分配"科目的金额填列；如果转入时借记"本年盈余分配"科目，则以"—"号填列。

（6）"无偿调拨净资产"行，反映单位本年无偿调入、调出非现金资产事项对净资产的影响。本行"累计盈余"项目应当根据年末由"无偿调拨净资产"科目转入"累计盈余"科目的金额填列；如果转入时借记"累计盈余"科目，则以"—"号填列。

（7）"归集调整预算结转结余"行，反映单位本年财政拨款结转结余资金归集调入、归集上缴或调出，以及非财政拨款结转资金缴回对净资产的影响。本行"累计盈余"项目应当根据"累计盈余"科目明细账记录分析填列；如果归集调整减少预算结转结余，则以"—"号填列。

（8）"提取或设置专用基金"行，反映单位本年提取或设置专用基金对净资产的影响。本行"累计盈余"项目应当根据"从预算结余中提取"行"累计盈余"项目的金额填列。本行"专用基金"项目应当根据"从预算收入中提取""从预算结余中提取""设置的专用基金"行"专用基金"项目金额的合计数填列。

"从预算收入中提取"行，反映单位本年从预算收入中提取专用基金对净资产的影响。本行"专用基金"项目应当通过对"专用基金"科目明细账记录的分析，根据本年按有关规定从预算收入中提取基金的金额填列。

"从预算结余中提取"行，反映单位本年根据有关规定从本年度非财政拨款结余或经营结余中提取专用基金对净资产的影响。本行"累计盈余""专用基金"项目应当通过对"专用基金"科目明细账记录的分析，根据本年按有关规定从本年度非财政拨款结余或经营结余中提取专用基金的金额填列；本行"累计盈余"项目以"—"号填列。

"设置的专用基金"行，反映单位本年根据有关规定设置的其他专用基金对净资产的影响。本行"专用基金"项目应当通过对"专用基金"科目明细账记录的分析，根据本年按有关规定设置的其他专用基金的金额填列。

（9）"使用专用基金"行，反映单位本年按规定使用专用基金对净资产的影响。本行"累计盈余""专用基金"项目应当通过对"专用基金"科目明细账记录的分析，根据本年按规定使用专用基金的金额填列；本行"专用基金"项目以"—"号填列。

（10）"权益法调整"行，反映单位本年按照被投资单位除净损益和利润分配以外的所有者权益变动份额而调整长期股权投资账面余额对净资产的影响。本行"权益法调整"项目应当根据"权益法调整"科目本年发生额填列；若本年净发生额为借方时，以"—"号填列。

（11）"本年年末余额"行，反映单位本年各净资产项目的年末余额。本行"累计盈余""专用基金""权益法调整"项目应当根据其各自在"本年年初余额""本年变动金额"行对应项目金额的合计数填列。

（12）本表各行"净资产合计"项目，应当根据所在行"累计盈余""专用基金""权益法调整"项目金额的合计数填列。

四、现金流量表

（一）现金流量表的格式

现金流量表是反映行政事业单位在某一会计年度内现金流入和流出的信息。现金流量表中的现金，是指行政事业单位的库存现金以及可以随时用于支付的现金等价物，包括库存现金、可以随时用于支付的银行存款、其他货币资金、零余额账户用款额度、财政应返还额度，以及通过财政直接支付的款项。编制现金流量表的主要目的，是为财务报表使用者提供一定会计期间内现金和现金等价物流入和流出的信息，以便于财务报表使用者了解和评价行政事业单位获取现金和现金等价物的能力，并据以预测单位未来现金流量。

现金流量表中的现金流量，是指现金的流入和流出。现金流量表将行政事业单位一定时期内产生的现金流量反映为日常活动现金流量、投资活动现金流量和筹资活动现金流量三类。现金流量应当分别按照现金流入和现金流出总额列报，从而全面揭示单位现金流量的方向、规模和结构。现金流量表的格式见表11-4。

表11-4 现金流量表

会政财04表

编制单位： 年 单位：元

项目	本年金额	上年金额
一、日常活动产生的现金流量：		
财政基本支出拨款收到的现金		
财政非资本性项目拨款收到的现金		
事业活动收到的除财政拨款以外的现金		
收到的其他与日常活动有关的现金		
日常活动的现金流入小计		
购买商品、接受劳务支付的现金		
支付给职工以及为职工支付的现金		
支付的各种税费		
支付的其他与日常活动有关的现金		
日常活动的现金流出小计		
日常活动产生的现金流量净额		
二、投资活动产生的现金流量：		
收回投资收到的现金		
取得投资收益收到的现金		

续表

项目	本年金额	上年金额
处置固定资产、无形资产、公共基础设施等收回的现金净额		
收到的其他与投资活动有关的现金		
投资活动的现金流入小计		
购买固定资产、无形资产、公共基础设施等支付的现金		
对外投资支付的现金		
上缴处置固定资产、无形资产、公共基础设施等净收入支付的现金		
支付的其他与投资活动有关的现金		
投资活动的现金流出小计		
投资活动产生的现金流量净额		
三、筹资活动产生的现金流量：		
财政资本性项目拨款收到的现金		
取得借款收到的现金		
收到的其他与筹资活动有关的现金		
筹资活动的现金流入小计		
偿还借款支付的现金		
偿还利息支付的现金		
支付的其他与筹资活动有关的现金		
筹资活动的现金流出小计		
筹资活动产生的现金流量净额		
四、汇率变动对现金的影响额		
五、现金净增加额		

(二) 现金流量表的编制

行政事业单位应当采用直接法编制现金流量表。直接法是指按现金收入和现金支出的主要类别直接反映单位各类别现金流量的方法。采用直接法编制现金流量表，便于分析单位各类别活动产生的现金流量的来源和用途，预测单位现金流量的未来前景。本表"本年金额"栏反映各项目的本年实际发生数。现金流量表中"上年金额"栏反映各项目的上年实际发生数，应当根据上年现金流量表中"本年金额"栏内所列数字填列。

现金流量表"本年金额"栏各项目的填列方法如下所述。

第一，日常活动产生的现金流量。

（1）"财政基本支出拨款收到的现金"项目，反映单位本年接受财政基本支出拨款取得的现金。本项目应当根据"零余额账户用款额度""财政拨款收入""银行存款"等科目及其所属明细科目的记录分析填列。

（2）"财政非资本性项目拨款收到的现金"项目，反映单位本年接受除用于购建固定资产、无形资产、公共基础设施等资本性项目以外的财政项目拨款取得的现金。本项目应当根据"银行存款""零余额账户用款额度""财政拨款收入"等科目及其所属明细科目的记录分析填列。

（3）"事业活动收到的除财政拨款以外的现金"项目，反映事业单位本年开展专业业务活动及其辅助活动取得的除财政拨款以外的现金。本项目应当根据"库存现金""银行存款""其他货币资金""应收账款""应收票据""预收账款""事业收入"等科目及其所属明细科目的记录分析填列。

（4）"收到的其他与日常活动有关的现金"项目，反映单位本年收到的除以上项目之外的与日常活动有关的现金。本项目应当根据"库存现金""银行存款""其他货币资金""上级补助收入""附属单位上缴收入""经营收入""非同级财政拨款收入""捐赠收入""利息收入""租金收入""其他收入"等科目及其所属明细科目的记录分析填列。

（5）"日常活动的现金流入小计"项目，反映单位本年日常活动产生的现金流入的合计数。本项目应当根据本表中"财政基本支出拨款收到的现金""财政非资本性项目拨款收到的现金""事业活动收到的除财政拨款以外的现金""收到的其他与日常活动有关的现金"项目金额的合计数填列。

（6）"购买商品、接受劳务支付的现金"项目，反映单位本年在日常活动中用于购买商品、接受劳务支付的现金。本项目应当根据"库存现金""银行存款""财政拨款收入""零余额账户用款额度""预付账款""在途物品""库存物品""应付账款""应付票据""业务活动费用""单位管理费用""经营费用"等科目及其所属明细科目的记录分析填列。

（7）"支付给职工以及为职工支付的现金"项目，反映单位本年支付给职工以及为职工支付的现金。本项目应当根据"库存现金""银行存款""零余额账户用款额度""财政拨款收入""应付职工薪酬""业务活动费用""单位管理费用""经营费用"等科目及其所属明细科目的记录分析填列。

（8）"支付的各项税费"项目，反映单位本年用于缴纳日常活动相关税费而支付的现金。本项目应当根据"库存现金""银行存款""零余额账户用款额度""应交增值税""其他应交税费""业务活动费用""单位管理费用""经营费用""所得税费用"等科目及其所属明细科目的记录分析填列。

（9）"支付的其他与日常活动有关的现金"项目，反映单位本年支付的除上述项目之外与日常活动有关的现金。本项目应当根据"库存现金""银行存款""零余额账户用款额度""财政拨款收入""其他应付款""业务活动费用""单位管理费用""经营费用""其他费用"等科目及其所属明细科目的记录分析填列。

（10）"日常活动的现金流出小计"项目，反映单位本年日常活动产生的现金流出的合计数。本项目应当根据本表中"购买商品、接受劳务支付的现金""支付给职工以及为职工支付的现金""支付的各项税费""支付的其他与日常活动有关的现金"项目金额的合计数填列。

（11）"日常活动产生的现金流量净额"项目，应当按照本表中"日常活动的现金流入小计"项目金额减去"日常活动的现金流出小计"项目金额后的金额填列；如果为负数,以"—"号填列。

第二,投资活动产生的现金流量。

(1)"收回投资收到的现金"项目,反映单位本年出售、转让或者收回投资收到的现金。本项目应该根据"库存现金""银行存款""短期投资""长期股权投资""长期债券投资"等科目的记录分析填列。

(2)"取得投资收益收到的现金"项目,反映单位本年因对外投资而收到被投资单位分配的股利或利润,以及收到投资利息而取得的现金。本项目应当根据"库存现金""银行存款""应收股利""应收利息""投资收益"等科目的记录分析填列。

(3)"处置固定资产、无形资产、公共基础设施等收回的现金净额"项目,反映单位本年处置固定资产、无形资产、公共基础设施等非流动资产所取得的现金,减去为处置这些资产而支付的有关费用之后的净额。由于自然灾害所造成的固定资产等长期资产损失而收到的保险赔款收入,也在本项目中反映。本项目应当根据"库存现金""银行存款""待处理财产损溢"等科目的记录分析填列。

(4)"收到的其他与投资活动有关的现金"项目,反映单位本年收到的除上述项目之外与投资活动有关的现金。对于金额较大的现金流入,应当单列项目反映。本项目应当根据"库存现金""银行存款"等有关科目的记录分析填列。

(5)"投资活动的现金流入小计"项目,反映单位本年投资活动产生的现金流入的合计数。本项目应当根据本表中"收回投资收到的现金""取得投资收益收到的现金""处置固定资产、无形资产、公共基础设施等收回的现金净额""收到的其他与投资活动有关的现金"项目金额的合计数填列。

(6)"购买固定资产、无形资产、公共基础设施等支付的现金"项目,反映单位本年购买和建造固定资产、无形资产、公共基础设施等非流动资产所支付的现金;融资租入固定资产支付的租赁费不在本项目反映,在筹资活动的现金流量中反映。本项目应当根据"库存现金""银行存款""固定资产""工程物资""在建工程""无形资产""研发支出""公共基础设施""保障性住房"等科目的记录分析填列。

(7)"对外投资支付的现金"项目,反映单位本年为取得短期投资、长期股权投资、长期债券投资而支付的现金。本项目应当根据"库存现金""银行存款""短期投资""长期股权投资""长期债券投资"等科目的记录分析填列。

(8)"上缴处置固定资产、无形资产、公共基础设施等净收入支付的现金"项目,反映本年单位将处置固定资产、无形资产、公共基础设施等非流动资产所收回的现金净额予以上缴财政所支付的现金。本项目应当根据"库存现金""银行存款""应缴财政款"等科目的记录分析填列。

(9)"支付的其他与投资活动有关的现金"项目,反映单位本年支付的除上述项目之外与投资活动有关的现金。对于金额较大的现金流出,应当单列项目反映。本项目应当根据"库存现金""银行存款"等有关科目的记录分析填列。

(10)"投资活动的现金流出小计"项目,反映单位本年投资活动产生的现金流出的合计数。本项目应当根据本表中"购买固定资产、无形资产、公共基础设施等支付的现金""对外投资支付的现金""上缴处置固定资产、无形资产、公共基础设施等净收入支付的现金""支付的其他与投资活动有关的现金"项目金额的合计数填列。

（11）"投资活动产生的现金流量净额"项目，应当按照本表中"投资活动的现金流入小计"项目金额减去"投资活动的现金流出小计"项目金额后的金额填列；如果为负数，以"—"号填列。

第三，筹资活动产生的现金流量。

（1）"财政资本性项目拨款收到的现金"项目，反映单位本年接受用于购买固定资产、无形资产、公共基础设施等资本性项目的财政项目拨款取得的现金。本项目应当根据"银行存款""零余额账户用款额度""财政拨款收入"等科目及其所属明细科目的记录分析填列。

（2）"取得借款收到的现金"项目，反映事业单位本年举借短期、长期借款所收到的现金。本项目应当根据"库存现金""银行存款""短期借款""长期借款"等科目记录分析填列。

（3）"收到的其他与筹资活动有关的现金"项目，反映单位本年收到的除上述项目之外与筹资活动有关的现金。对于金额较大的现金流入，应当单列项目反映。本项目应当根据"库存现金""银行存款"等有关科目的记录分析填列。

（4）"筹资活动的现金流入小计"项目，反映单位本年筹资活动产生的现金流入的合计数。本项目应当根据本表中"财政资本性项目拨款收到的现金""取得借款收到的现金""收到的其他与筹资活动有关的现金"项目金额的合计数填列。

（5）"偿还借款支付的现金"项目，反映事业单位本年偿还借款本金所支付的现金。本项目应当根据"库存现金""银行存款""短期借款""长期借款"等科目的记录分析填列。

（6）"偿付利息支付的现金"项目，反映事业单位本年支付的借款利息等。本项目应当根据"库存现金""银行存款""应付利息""长期借款"等科目的记录分析填列。

（7）"支付的其他与筹资活动有关的现金"项目，反映单位本年支付的除上述项目之外与筹资活动有关的现金，如融资租入固定资产所支付的租赁费。本项目应当根据"库存现金""银行存款""长期应付款"等科目的记录分析填列。

（8）"筹资活动的现金流出小计"项目，反映单位本年筹资活动产生的现金流出的合计数。本项目应当根据本表中"偿还借款支付的现金""偿付利息支付的现金""支付的其他与筹资活动有关的现金"项目金额的合计数填列。

（9）"筹资活动产生的现金流量净额"项目，应当按照本表中"筹资活动的现金流入小计"项目金额减去"筹资活动的现金流出小计"金额后的金额填列；如果为负数，以"—"号填列。

第四，"汇率变动对现金的影响额"项目，反映单位本年外币现金流量折算为人民币时，所采用的现金流量发生日的汇率折算的人民币金额与外币现金流量净额按期末汇率折算的人民币金额之间的差额。

第五，"现金净增加额"项目，反映单位本年现金变动的净额。本项目应当根据本表中"日常活动产生的现金流量净额""投资活动产生的现金流量净额""筹资活动产生的现金流量净额""汇率变动对现金的影响额"项目金额的合计数填列；如果为负数，以"—"号填列。

第三节 行政事业单位部门财务报告

一、部门财务报告的含义

部门财务报告是指行政事业单位编制的，反映本单位财务状况、运行情况的总结性文件。部门财务报告的编制目的，是向财务报告使用者提供与行政事业单位的财务状况、运行情况有关的信息，为加强单位的财务管理和进行经济决策提供参考和依据。部门财务报告以权责发生制为基础，主要反映行政事业单位的资产负债状况、收入费用情况等信息。

目前，部门财务报告处于试点准备阶段。2015年12月财务部发布了《政府部门财务报告编制操作指南（试行）》，规范了改革试点期间部门财务报告的编制工作。政府部门财务报告由纳入部门决算管理范围的行政单位、事业单位和社会团体逐级编制。行政事业单位应当以经核对无误的会计账簿数据为基础编制本单位财务报表。各单位应当按照规定编制本单位财务报告并报送上级单位；上级单位除编制本单位财务报告外，还应当按照规定对所属单位财务报表进行合并，撰写财务分析，形成合并财务报告。主管部门编制的合并财务报告，即部门财务报告。编制合并财务报表时，应当对部门内部所属单位之间发生的经济业务事项进行抵销。

二、部门财务报告的内容

政府部门财务报告包括财务报表和其他应当在财务报告中披露的相关信息和资料，通常由部门财务报表和财务分析组成。

政府部门会计报表编制工作分为两个阶段：根据单位会计账簿，采用调整的方法，编制单位会计报表；有所属单位的单位除编制本单位会计报表外，应采用抵销的方法，逐级对单位会计报表数据进行合并，编制合并会计报表。首先，编制单位会计报表。按照权责发生制原则，对单位会计账簿相关数据进行调整后，编制单位会计报表。调整事项应当编制调整分录。其次，编制合并会计报表。上级单位除编制本单位会计报表外，应对所属单位之间发生的经济业务或事项进行抵销，编制合并会计报表。抵销事项应当编制抵销分录。

（一）部门财务报表

部门财务报表包括会计报表和报表附注。会计报表包括资产负债表、收入费用表、当期盈余与预算结余差异表和净资产差异表。

1. 资产负债表

资产负债表反映政府部门年末财务状况。资产负债表应当按照资产、负债和净资产分类分项列示。资产负债表的格式见表 11-5 和表 11-6。

表 11-5 资产负债表（二）

编制单位：　　　　　　　　　　　　　　年　月　日　　　　　　　　　　　　　　单位：元

项目	附注	期初数	期末数
流动资产			
货币资金			
财政应返还额度			
应收票据			
应收利息			
应收股利			
应收账款			
预付账款			
其他应收款			
短期投资			
存货			
一年内到期的非流动资产			
非流动资产			
长期投资			
固定资产净值			
在建工程			
无形资产净值			
政府储备资产			
公共基础设施净值			
公共基础设施在建工程			
其他资产			
受托代理资产			
资产合计			

表 11-6 资产负债表续表

编制单位：　　　　　　　　　　　　　　年　月　日　　　　　　　　　　　　　　单位：元

项目	附注	期初数	期末数
流动负债			
短期借款			
应缴财政款			
应交税费			
应付票据			
应付利息			
应付账款			
预收账款			
其他应付款			

续表

项目	附注	期初数	期末数
应付职工薪酬			
应付政府补贴款			
一年内到期的非流动负债			
非流动负债			
长期借款			
长期应付款			
受托代理负债			
负债合计			
净资产			
负债及净资产合计			

2. 收入费用表

收入费用表反映政府部门年度运行情况。收入费用表应当按照收入、费用和盈余分类分项列示。收入费用表的格式见表 11-7。

表 11-7　收入费用表（二）

编制单位：　　　　　　　　　　　　年　　　　　　　　　　　　单位：元

项目	附注	上年数	本期数
一、收入类			
财政拨款收入			
事业收入			
经营收入			
投资收益			
上级补助收入			
附属单位上缴收入*			
其他收入			
收入合计			
二、费用类			
工资福利费用			
商品和服务费用			
对个人和家庭的补助			
对企事业单位的补贴			
折旧费用			
摊销费用			
财务费用			
经营费用			
上缴上级支出			
对附属单位补助支出*			
其他费用			
费用合计			
当期盈余			

注：编制部门财务报表时，标*项目应抵销完毕，金额为零

单位资产负债表和收入费用表的编制包括填列会计账簿数据、编制调整分录、计算加总数据、生成会计报表四个步骤。合并资产负债表和收入费用表的编制包括汇总单位资产负债表和收入费用表、编制抵销分录、生成合并会计报表三个步骤。

3. 当期盈余与预算结余差异表

当期盈余与预算结余差异表反映了以政府部门权责发生制为基础的当期盈余与现行会计制度下当期预算结余之间的差异。单位当期盈余与预算结余差异表主要依据会计账簿和调整分录编制,合并当期盈余与预算结余差异表,由上级单位将所属各单位当期盈余与预算结余差异表数据分别加总生成。当期盈余与预算结余差异表的格式见表11-8。

表11-8 当期盈余与预算结余差异表

编制单位:　　　　　　　　　　　年　　　　　　　　　　　单位:元

项目	金额
当期预算结余(会计账簿的总收入减去总支出)	
加:当期预付的商品和服务支出金额	
支付应付未付的商品和服务支出金额	
当期购买的存货和政府储备资产金额	
当期发生的资本性支出	
减:当期收到已预付账款的商品和服务金额	
当期发生的应付未付商品和服务金额	
当期领用存货和发出的政府储备资产金额	
当期折旧费用	
当期摊销费用	
当期盈余	

4. 净资产差异表

净资产差异表反映了以政府部门权责发生制为基础的年末净资产与现行会计制度下年末净资产之间的差异。单位净资产差异表主要依据会计账簿和调整分录编制,合并净资产差异表,由上级单位将所属各单位净资产差异表数据分别加总生成。净资产差异表的格式见表11-9。

表11-9 净资产差异表

编制单位:　　　　　　　　　　　年　　月　　日　　　　　　　　　单位:元

项目	金额
净资产账面余额	
减:补提累计折旧	
补提累计摊销	
调整后的净资产	

注:本表仅适用于未设置累计折旧和累计摊销会计科目的单位。

5. 报表附注

报表附注重点对会计报表做进一步解释说明。其内容包括:①会计报表的编制基础；②遵循相关规定的声明；③会计报表包含的主体范围；④重用会计政策与会计估计；⑤会计报表重要项目的明细信息及说明；⑥未在会计报表中列示的重大事项；⑦需要说明的其他事项。

（二）部门财务分析

政府部门财务分析主要包括资产负债状况分析、运行情况分析、相关指标变化情况及趋势分析，以及政府部门财务管理方面采取的主要措施和取得成效等。政府部门财务分析主要包括以下内容。

1. 政府部门基本情况介绍

政府部门基本情况主要包括部门基本职能、机构设置、年度工作目标计划及执行情况、绩效目标及完成情况等。

2. 政府部门资产负债状况分析

（1）结合政府部门职能、工作任务、相关政策要求等，对货币资金、固定资产、政府储备资产、公共基础设施等重要资产项目的结构特点和变化情况进行分析，并评估对政府部门提供公共服务能力的影响。

（2）结合短期借款、长期借款等重点负债项目的增减变化情况，分析政府部门债务规模和债务结构等。

（3）运用资产负债率、现金比率、流动比率等指标，分析评估政府部门当期及未来中长期财务风险及可控程度、需要采取的措施等。

3. 政府部门运行情况分析

（1）分析政府部门的收入规模、结构及来源分布、重点收入项目的比重和变化趋势，以及经济形势、相关财政政策等对政府部门收入变动的影响。

（2）分析政府部门费用规模、构成及变化情况，特别是政府部门控制行政成本的政策、投融资情况及对费用变动的影响等。

（3）运用政府部门的收入费用率等指标，分析政府部门收入用于支付费用的比例情况。

4. 政府部门财务管理情况

从部门预算管理、内控管理、资产管理、绩效管理、人才队伍建设等方面反映部门加强财务管理的主要措施和取得成效。

本 章 小 结

政府财务报告是反映政府会计主体某一特定日期的财务状况和某一会计期间的运行情况和现金流量等信息的文件。政府财务报告应当包括财务报表和其他应当在财务报告中披露的相关信息和资料。政府财务报告包括政府综合财务报告和政府部门财务报告。政府综合财务报告是指由政府财政部门编制的，反映各级政府整体财务状况、运行情况和财政中长期可持续性的报告。政府部门财务报告是指政府各部门、各单位按规定编制的财务报告。政府财务报告的编制主要以权责发生制为基础，以财务会计核算生成的数据为准。

财务报表是对政府会计主体财务状况、运行情况和现金流量等信息的结构性表述。财务报表包括会计报表和附注。会计报表至少应当包括资产负债表、收入费用表、净资产变动表和现金流量表。政府会计主体应当根据相关规定编制合并财务报表。资产负债表是反映政府会计主体在某一特定日期的财务状况的报表，分为月报资产负债表和年报资产负债表，行政事业单位应当至少按照年度编制资产负债表。收入费用表是反映政府会计主体在一定会计期间运行情况的报表，分为月报和年报。净资产变动表反映行政事业单位在某一会计年度内净资产项目的变动情况。现金流量表是反映政府会计主体在一定会计期间现金及现金等价物流入和流出情况的报表，采用直接法编制。附注是对在资产负债表、收入费用表、净资产变动表和现金流量表等报表中列示的项目所做的进一步说明，以及对未能在这些报表中列示的项目的说明。

【复习思考题】

1. 行政事业单位财务会计报告的内容包括哪些？
2. 行政事业单位财务报表的编制要求是什么？
3. 简述资产负债表的格式与编制方法。
4. 什么是收入费用表？如何编制收入费用表？
5. 现金流量表由哪些内容构成？如何进行编制？
6. 什么是净资产变动表？该表的编制方法是什么？
7. 行政事业单位财务会计报表的附注包括哪些内容？
8. 什么是部门财务报告？部门财务报告包括哪些内容？

第四篇

行政事业单位预算会计

第十二章

行政事业单位预算会计概述

【学习目标】
1. 理解行政事业单位预算会计确认基础。
2. 掌握行政事业单位预算会计要素内容。
3. 理解行政事业单位预算会计的会计科目及核算内容。

第一节 行政事业单位预算会计确认基础与会计要素

一、行政事业单位预算会计的确认基础

行政事业单位预算会计核算实行收付实现制，其以收付实现制为确认基础，满足了财政预算管理的目标要求。由于我国预算编制基础是收付实现制，实际收支也只有采用收付实现制基础确认和报告，才能与预算形成有效对比，准确反映预算执行情况。行政事业单位预算会计核算目标是向会计信息使用者提供与行政事业单位预算执行情况有关的会计信息，行政事业单位预算会计核算侧重为预算管理服务。

根据《政府会计准则——基本准则》的规定，行政事业单位会计应当由预算会计和财务会计"双体系"构成，是政府预算会计和财务会计的融合。为此，行政事业单位分别采用收付实现制和权责发生制"双基础"核算，行政事业单位对纳入部门预算的现金收支业务，在采用财务会计核算的同时，应当进行预算会计核算。年末需要编制预算会计报表和财务会计报表"双报告"，反映行政事业单位的预算管理信息和财务管理信息。

二、行政事业单位预算会计的会计要素

行政事业单位预算会计要素包括预算收入、预算支出和预算结余。预算收入是指行政事业单位依法取得的非偿还性资金,包括财政拨款预算收入、事业预算收入、经营预算收入、债务预算收入等。根据《政府会计制度——行政事业单位会计科目和报表》的规定,预算收入以收付实现制为确认基础。在收付实现制基础下,预算收入应当在收到款项时予以确认,并按照实际收到的金额进行计量。预算支出是指行政事业单位为保障机构正常运转和完成工作任务所发生的资金耗费和损失,包括行政支出、事业支出和经营支出等。行政事业单位的预算支出按收付实现制确认。在收付实现制下,行政事业单位的预算支出应当在其实际支付时予以确认,并按照实际支付金额计量。预算结余包括结转和结余资金,是指行政事业单位一定期间预算收入与预算支出相抵后的余额滚存的资金,包括资金结存、财政拨款结转、财政拨款结余、非财政拨款结转等。按照资金的后续使用要求的不同,结转(余)资金分为结转资金和结余资金。结转资金是指当年预算已执行但未完成,或者因故未执行,下一年度需要按照原用途继续使用的资金;结余资金是指当年预算工作目标已完成,或者因故终止,当年剩余的资金。

第二节 行政事业单位预算会计科目

一、行政事业单位预算会计科目及其核算内容

行政事业单位预算会计要素包括预算收入、预算支出和预算结余。按照《政府会计制度——行政事业单位会计科目和报表》的规定,行政事业单位预算会计科目共有26个,其中预算收入类科目9个,预算支出类科目8个,预算结余类科目9个。行政事业单位预算会计科目及其核算内容如表12-1所示。

表12-1 行政事业单位预算会计科目及其核算内容

序号	编码	科目名称	核算内容
(一)预算收入类			
1	6001	财政拨款预算收入	核算单位从同级财政部门取得的各类财政拨款
2	6101	事业预算收入	核算事业单位开展专业业务活动及其辅助活动取得的现金流入
3	6201	上级补助预算收入	核算事业单位从主管部门和上级单位取得的非财政补助收入
4	6301	附属单位上缴预算收入	核算事业单位附属单位根据有关规定上缴的收入
5	6401	经营预算收入	核算各事业单位在专业业务活动及其辅助活动之外开展非独立核算营利性活动取得的现金流入
6	6501	债务预算收入	核算事业单位按照规定从金融机构借入的、纳入部门预算管理的债务收入
7	6601	非同级财政拨款预算收入	核算单位从非同级财政部门取得的经费拨款
8	6602	投资预算收益	核算事业单位取得股权投资收益,以及出售或收回债券投资所取得的收益

续表

序号	编码	科目名称	核算内容
9	6609	其他预算收入	核算单位上述收入之外的现金流入,包括捐赠预算收入、利息预算收入、租金利息收入、现金盘盈收入等
(二)预算支出类			
10	7101	行政支出	核算行政单位履行其职责实际发生的各项现金流出
11	7201	事业支出	核算事业单位开展专业业务活动及其辅助活动实际发生的各项现金流出
12	7401	经营支出	核算事业单位在专业业务活动及其辅助活动之外开展非独立核算营利性活动发生的现金流出
13	7501	上缴上级支出	核算事业单位按照财政部门和主管部门的规定上缴上级单位的现金流出
14	7502	对附属单位补助支出	核算事业单位用财政拨款预算收入之外的收入对附属单位补助发生的现金流出
15	7601	投资支出	核算事业单位以货币资金对外投资发生的现金流出
16	7701	债务还本支出	核算事业单位偿还自身承担的纳入预算管理的以金融机构举借的债务本金的现金流出
17	7701	其他支出	核算单位除行政支出、事业支出、经营支出、上缴上级支出、对附属单位补助支出、投资支出以外的各项现金流出,包括利息支出、对外捐赠现金支出、现金盘亏损失、接受捐赠(调入)非流动资产发生的税费支出、罚没支出等
(三)预算结余类			
18	8001	资金结存	核算单位纳入部门预算管理的资金的流入、流出、调整和滚存等情况
19	8101	财政拨款结转	核算单位取得的同级财政拨款的调整和滚存情况
20	8102	财政拨款结余	核算单位同级财政拨款项目支出结余资金的转入、调出和滚存情况
21	8201	非财政拨款结转	核算单位除同级财政拨款、经营收支以外各项非财政拨款专项资金的调整和滚存情况
22	8202	非财政拨款结余	核算单位拥有的非限定用途的非财政结余资金,主要为非财政拨款结余扣除结余分配后滚存的金额
23	8301	专用结余	核算事业单位按规定提取或者设置的具有专门用途的资金流入、流出和滚存情况
24	8401	其他结余	核算单位一定期间除同级财政拨款收支、非财政专项资金收支和经营收支以外各项收支相抵后的余额
25	8501	经营结余	核算事业单位经营活动收支相抵后,弥补以前年度经营亏损后的余额
26	8701	非财政拨款结余分配	核算事业单位本年度非财政拨款结余分配的情况和结果

二、行政事业单位预算会计科目的使用要求

(1)单位应当对有关法律、法规允许进行的经济活动,按照《政府会计制度——行政事业单位会计科目和报表》规定使用的会计科目进行核算;单位不得以该制度规定的会计科目及使用说明作为进行有关法律、法规禁止的经济活动的依据。

(2)单位应当按照《政府会计制度——行政事业单位会计科目和报表》的规定设置和使用会计科目,因没有相关业务不需要使用的总账科目可以不设;在不影响会计处理和编报财务报表的前提下,单位可以根据实际情况执行增设该制度规定以外的明细科目,或者自行减少、合并该制度规定的明细科目。

（3）《政府会计制度——行政事业单位会计科目和报表》统一规定会计科目的编号，以便于填制会计凭证、登记账簿、查阅账目，实行会计信息化管理。单位不得打乱重编。

（4）单位在填制会计凭证、登记会计账簿时，应当填列会计科目的名称，或者同时填列会计科目的名称和编号，不得只填列科目编号、不填列科目名称。

本章小结

行政事业单位预算会计核算实行收付实现制。行政事业单位预算会计以收付实现制为确认基础，满足了财政预算管理的目标要求。其要素包括预算收入、预算支出和预算结余。预算收入是指行政事业单位依法取得的非偿还性资金，包括财政拨款预算收入、事业预算收入、经营预算收入、债务预算收入等。预算支出是指行政事业单位为保障机构正常运转和完成工作任务所发生的资金耗费和损失，包括行政支出、事业支出和经营支出等。预算结余包括结转和结余资金，是指行政事业单位一定期间预算收入与预算支出相抵后的余额滚存的资金，包括资金结存、财政拨款结转、财政拨款结余、非财政拨款结转等。行政事业单位预算会计科目共有26个，其中预算收入类科目9个，预算支出类科目8个，预算结余类科目9个。

【复习思考题】

1. 行政事业单位预算会计的确认基础是什么？
2. 行政事业单位预算会计要素分为哪几类？
3. 行政事业单位分别设置了哪些预算会计科目？
4. 行政事业单位预算会计科目的使用要求是什么？

行政事业单位预算收入的核算

【学习目标】
1. 明确行政事业单位预算收入的构成内容。
2. 熟悉行政事业单位各项预算收入的确认标准。
3. 掌握行政事业单位拨款类预算收入与债务预算收入的核算方法。
4. 掌握行政事业单位事业预算收入与经营预算收入的核算方法。
5. 掌握行政事业单位上级补助预算收入与附属单位上缴预算收入的核算方法。
6. 掌握行政事业单位其他来源预算收入的核算方法。

第一节 行政事业单位拨款类预算收入与债务预算收入的核算

行政事业单位预算收入是指政府会计主体在预算年度内依法取得的并纳入预算管理的现金流入，包括拨款类预算收入与债务预算收入、事业预算收入与经营预算收入、上级补助预算收入与附属单位上缴预算收入和其他来源预算收入四类。拨款类预算收入与债务预算收入具体包括财政拨款预算收入、非同级财政拨款预算收入、债务预算收入三项内容。

一、财政拨款预算收入

财政拨款预算收入是行政事业单位从同级财务部门取得的财政预算资金。理解财政拨款预算收入的含义，需要明确以下两点：一是财政拨款预算收入是纳入财政预算管理的资金。行政事业单位提供公共产品或服务的业务活动，其资金不能通过市场配置获取补偿，资金绝大部分来源于财政拨款，包括公共财政预算拨款、政府性基金预算拨款等。二是财政拨款预算收入是行政事业单位从同级财政部门取得的。根据财政预算管理体系，行政事业单位的预算经费由同级财政部门根据预算安排拨付。

（一）财政拨款预算收入的内容

行政事业单位的财政拨款预算收入需要进行分类管理与核算。

1. 按照财政拨款的性质，财政拨款预算收入分为公共财政预算拨款和其他预算拨款

（1）公共财政预算拨款，即行政事业单位从同级财政部门取得的一般公共预算资金拨款。

（2）其他预算拨款，即行政事业单位从相关统计财政部门取得的一般公共预算资金以外的拨款，主要包括政府性基金预算资金拨款、国有资本经营预算资金拨款和社会保险基金预算资金拨款。

2. 按照部门预算管理的要求，财政拨款预算收入分为基本支出拨款和项目支出拨款

（1）基本支出拨款，即行政事业单位用于维持正常运行和完成日常工作任务所需要的经费。基本支出拨款又可进一步划分为人员经费和日常公用经费。人员经费是指用于行政事业单位人员方面开支的经费，日常公用经费是指用于行政事业单位日常公务活动开支的经费。基本支出拨款由财政部门根据相应的标准核定，实行财政定额拨款。

（2）项目支出拨款，即行政事业单位在基本经费以外完成特定任务所需要的经费，包括专项业务费、专项会议费、专项修缮费、专项设备购置费等。项目支出拨款要求按项目的不同分类管理、分项核算，保证专款专用，其由财政部门根据具体情况的不同分项核定，实行财政定项拨款。

3. 按照《政府收支分类科目》的要求，财政拨款预算收入需要进行功能分类

行政事业单位的财政拨款预算收入是财政部门的预算支出，需要按照政府预算支出分类管理的要求进行分类。支出功能分类侧重反映政府支出的职能，设置类、款、项三级预算科目，行政事业单位会计需要按照"项级"科目对侧重拨款预算收入进行明细核算。

（二）财政拨款预算收入的核算

"财政拨款预算收入"科目核算行政事业单位从同级财政部门取得的各类财政拨款。财政拨款预算收入一般应当于发生财政直接支付或收到财政授权支付额度，或者实际收到款项时确认，按实际支付或收到的数额计量。年末结账后，本科目应无余额。

"财政拨款预算收入"科目应当按照部门预算和《政府收支分类科目》的管理要求设置明细科目：①"财政拨款预算收入"科目应当按照部门预算管理的要求，设置"基本支出"和"项目支出"两个明细科目，分别核算行政事业单位取得用于基本支出和项目支出的财政拨款预算资金。②在"基本支出"明细科目下按照"人员经费"和"日常

公用经费"进行明细核算,在"项目支出"明细科目下按照具体项目进行明细核算。③按照《政府收支分类科目》中"支出功能分类"的项级科目进行明细核算,如行政运行、一般公共事务、机关服务、专项服务、专项业务活动等。有公共财政预算拨款、政府性基金预算拨款等两种或两种以上财政拨款的单位,还应当按照财政拨款的种类进行明细核算。

财政拨款预算收入的主要账务处理如下所述。

第一,财政部门以财政直接支付方式为行政事业单位支付相关的费用,包括工资福利支出、补助补贴支出、各种服务支出等。财政直接支付方式下,各单位根据财政国库支付执行机构委托代理银行转来的财政直接支付入账通知书及相关原始凭证,按照通知书中的直接支付入账金额,借记"行政支出""事业支出"等有关科目,贷记本科目。

年度终了,根据本年度财政直接支付预算指标数与当年财政直接支付实际支出数的差额,借记"资金结存——财政应返还额度(财政直接支付)"科目,贷记本科目。

【例 13-1】某行政单位收到国库支付执行机构委托代理银行转来的"财政直接支付入账通知书"及原始凭证,行政单位的一笔培训费用 50 000 元已经完成支付,资金性质为公共财政预算资金。

  借:行政支出   50 000
    贷:财政拨款预算收入——基本支出   50 000

【例 13-2】某事业单位收到国库支付执行机构委托代理银行转来的"财政直接支付入账通知书"及原始凭证,财政部门通过财政直接支付方式为事业单位支付了一项技术开发费用供给 70 000 元。此款项为项目经费,直接行政为政府性基金预算,专门用于事业单位的专业设备技术改造。

  借:事业支出   70 000
    贷:财政拨款预算收入——政府性基金预算拨款——项目支出 70 000

【例 13-3】某行政单位以政府集中采购的方式购入办公用品一批,价值总计 12 000 元。款项已经通过财政直接支付方式全额支付,办公用品已经由供货商交付行政单位,行政单位已经验收入库。

  借:行政支出   12 000
    贷:财政拨款预算收入——基本支出   12 000

第二,财政授权支付方式下,各单位根据代理银行转来的财政授权支付额度到账通知书,按照通知书中的授权支付额度,借记"资金结存——零余额账户用款额度"科目,贷记本科目。

年度终了,各单位本年度财政授权支付预算指标数大于零余额账户用款额度下达数的,根据未下达的用款额度,借记"资金结存——财政应返还额度(财政授权支付)"科目,贷记本科目。

【例 13-4】某事业单位收到代理银行转来的"授权支付到账通知书",本月事业单位财政授权支付额度为 120 000 元，已经下达到代理银行，其中基本支出拨款 100 000 元，项目支出拨款 20 000 元。

借：资金结存——零余额账户用款额度　　　　　　　　　　120 000
　　贷：财政拨款预算收入——基本支出　　　　　　　　　　　　100 000
　　　　　　　　　　　　　——项目支出　　　　　　　　　　　　20 000

第三，在国库集中收付制度下，财政直接支付和财政授权支付是两种主要的财政支付方式。除此之外，还存在其他支付方式，主要是存在实拨资金。在财政实拨资金方式下，行政事业单位在商业银行开设的是实存资金账户，收到的是货币资金。其他方式下收到财政拨款预算收入时，按照实际收到的金额，借记"资金结存——货币资金"科目，贷记本科目。

【例 13-5】某行政单位收到开户银行转来的"到账通知书"，财政部门拨入的项目经费 100 000 元已经到账。

借：资金结存——货币资金　　　　　　　　　　　　　　　100 000
　　贷：财政拨款预算收入——项目支出　　　　　　　　　　　　100 000

第四，因差错更正或购货退回等发生国库直接支付款项退回的，属于以前年度支付的款项，通过"财政拨款结转"或"财政拨款结余"科目核算，不通过本科目核算；属于本年度支付的款项，按照退回金额，借记本科目，贷记"行政支出""事业支出"等有关科目。

【例 13-6】某事业单位使用财政直接支付方式购买的存货因质量问题予以退回，共计 30 000 元。其中，20 000 元属于上年度支付的款项，10 000 元属于本年度支付的款项。

借：财政拨款结转　　　　　　　　　　　　　　　　　　　20 000
　　财政拨款预算收入　　　　　　　　　　　　　　　　　　10 000
　　贷：事业支出　　　　　　　　　　　　　　　　　　　　　30 000

第五，年末，将本科目本年发生额结转至"财政拨款结转——本年收支结转"科目，借记本科目，贷记"财政拨款结转——本年收支结转"科目。

【例 13-7】年末，某行政单位"财政拨款预算收入"科目贷方余额 500 000 元，有关明细科目贷方余额为："基本支出"400 000 元、"项目支出"100 000 元，进行年终结账。

借：财政拨款预算收入——基本支出　　　　　　　　　　　400 000
　　　　　　　　　　　——项目支出　　　　　　　　　　　100 000
　　贷：财政拨款结转——本年收支结转　　　　　　　　　　　　500 000

二、非同级财政拨款预算收入

"非同级财政拨款预算收入"科目核算行政事业单位从非同级财政部门取得的经费拨款。对于因开展科研及其辅助活动等从非同级财政部门取得的经费拨款，在"事业预算收入——非同级财政拨款"科目进行核算。本科目应当按照非同级财政拨款预算收入类别进行核算,并且按照《政府收支分类科目》中"支出功能分类"的项级科目等进行明细核算。非同级财政拨款预算收入中如有专项资金收入,还应按具体项目进行明细核算。年末结账后,本科目应无余额。

非同级财政拨款预算收入的主要账务处理如下所述。

(1) 取得非同级财政拨款预算收入时,按照实际取得的金额,借记"资金结存——货币资金"科目,贷记本科目。

(2) 年末,将本科目本年发生额中的专项资金收入结转入非财政拨款结转,借记本科目下各专项资金收入明细科目,贷记"非财政拨款结转——本年收支结转"科目;将本科目本年发生额中的非专项资金收入结转入其他结余,借记本科目下各非专项资金收入明细科目,贷记"其他结余"科目。

【例13-8】某行政单位收到上级财政部门拨来的经费款80 000元,款项已经到账。
借:资金结存——货币资金　　　　　　　　　　　　　80 000
　　贷:非同级财政拨款预算收入——基本支出　　　　　　80 000

【例13-9】期末,某事业单位"非同级财政拨款预算收入"科目贷方余额200 000元,有关明细科目贷方余额为:基本支出150 000元、项目支出50 000元,进行期末结账。
借:非同级财政拨款预算收入——基本支出　　　　　　150 000
　　　　　　　　　　　　　——项目支出　　　　　　 50 000
　　贷:其他结余　　　　　　　　　　　　　　　　　　150 000
　　　　非财政拨款结转——本年收支结转　　　　　　　 50 000

三、债务预算收入

"债务预算收入"科目核算事业单位按照规定从金融机构借入的、纳入部门预算管理的、不以财政资金作为偿还来源的债务本金。本科目应当按照贷款单位和贷款种类进行明细核算。债务预算收入中如有专项收入,按照具体项目进行明细核算。年末结账后,本科目应无余额。

债务预算收入的主要账务处理如下所述。

(1) 借入各项短期或长期借款时,按照实际借入的金额,借记"资金结存——货币资金",贷记本科目。

(2) 归还各项借款时,按照借款本金金额,借记"债务还本支出"科目,贷记"资金结存——货币资金"。

(3) 年末,将本科目本年发生额中的非专项资金收入转入其他结余,贷记"其他结余"科目,借记本科目下各非专项资金收入明细科目。将本科目本年发生额中的专项资金收入转入非财政拨款结转,借记本科目下各专项收入明细科目,贷记"非财政拨款结转——本年收支结转"科目。

【例13-10】某事业单位为满足事业业务的资金需要,从银行借入300 000元,借款期限为 8 个月，年利率为 6%。

  借：资金结存——货币资金   300 000
    贷：债务预算收入   300 000

【例 13-11】某事业单位到期归还上述短期借款，并支付短期借款利息 12 000 元。

  借：债务还本支出   300 000
    其他支出   12 000
    贷：资金结存——货币资金   312 000

【例 13-12】某事业单位根据事业发展的需要，从银行借入 500 000 元，借款期限为 24 个月，年利率为 8%。

  借：资金结存——货币资金   500 000
    贷：债务预算收入   500 000

【例 13-13】期末，某事业单位"债务预算收入"科目非专项资金收入贷方余额 800 000 元，进行期末结账。

  借：债务预算收入   800 000
    贷：其他结余   800 000

第二节 行政事业单位事业预算收入与经营预算收入的核算

一、事业预算收入

（一）事业预算收入的内容

事业预算收入是指事业单位开展专业业务活动及辅助活动所取得的现金流入，是事业单位的业务现金流入，包括提供服务取得的现金流入和销售商品取得的现金流入。专业业务活动是事业单位的主要业务事项，是事业单位为了实现其宗旨所开展的业务活动。每个事业单位的专业业务活动可能有所不同，如学校的专业业务活动是教育活动，研究机构的专业业务活动是科研活动，卫生事业单位的专业业务活动是医疗服务活动，等等。辅助活动是与专业业务活动相关的，为专业业务提供支持的活动。事业单位的业务活动具有公益属性，在国家政策支持下可以通过事业收费运转的事业单位，提供的公益性服务不以营利为目的，但需要按照成本补偿的原则制定价格，收取服务费用。事业预算收入不同于各种补助收入，它是一种有偿收入，以提供各种服务（或商品）为前提，是事业单位在业务活动中通过收费等方式取得的。

（二）事业预算收入的核算

"事业预算收入"科目核算事业单位开展专业业务活动及其辅助活动取得的现金流

入。本科目应当按照事业预算收入类别、项目,以及《政府收支分类科目》中"支出功能分类"项级科目等进行明细核算。事业预算收入中如有专项资金收入,还应按具体项目进行明细核算。事业预算收入按收付实现制基础确认,按实际收到的数额计量。年末结账后,本科目应无余额。

事业预算收入的主要账务处理如下所述。

(1)采用财政专户返还方式管理的事业预算收入,收到从财政专户返还的事业预算收入时,按照实际收到的返还金额,借记"资金结存"科目,贷记本科目。

(2)收到其他事业预算收入时,按照实际收到的款项金额,借记"资金结存——货币资金"科目,贷记本科目。

(3)年末,将本科目本年发生额中的专项资金收入结转入非财政拨款结转,借记本科目下各专项资金收入明细科目,贷记"非财政拨款结转——本年收支结转"科目;将本科目本年发生额中的非专项资金收入结转入其他结余,借记本科目下各非专项资金收入明细科目,贷记"其他结余"科目。

【例13-14】某事业单位开展专业业务活动收到教育事业服务费10 000元,款项已经存入银行账户,此款项纳入财政专户管理,按规定需要全额上缴财政专户。

事业单位财务会计入账,事业单位预算会计不做账务处理。

【例13-15】某事业单位收到开户银行通知,申请财政专户核拨的基本经费25 000元已经到账。

  借:资金结存——货币资金   25 000
    贷:事业预算收入   25 000

【例13-16】某事业单位为博物馆,其专业业务活动为文化艺术品展览。当日展览取得门票收入8 500元,款项已经存入银行。

  借:资金结存——货币资金   8 500
    贷:事业预算收入   8 500

【例13-17】某事业单位为培训中心,为某企业举办两期业务培训班,培训收费总计为40 000元,现收到第一期培训费20 000元,款项已经存入银行。

  借:资金结存——货币资金   20 000
    贷:事业预算收入   20 000

【例13-18】期末,某事业单位"事业预算收入"科目贷方余额650 000元,有关明细科目贷方余额为:基本支出450 000元、项目支出200 000元,进行期末结账。

  借:事业预算收入——基本支出   450 000
        ——项目支出   200 000
    贷:其他结余   450 000
      非财政拨款结转——本年收支结转   200 000

二、经营预算收入

（一）经营预算收入的内容

经营预算收入是事业单位在专业业务活动及辅助活动之外开展非独立核算经营活动取得的现金流入。它是一种有偿收入，以提供各种服务或商品为前提，是事业单位在经营活动中通过收费等方式取得的。事业单位的主要业务活动是专业业务活动，在专业业务活动及辅助活动以外开展的各项业务活动，即经营活动。事业单位开展经营活动的目的是通过经营活动获取额外的收入，弥补事业经费的不足。事业单位的经营预算收入主要包括商品销售收入、提供服务收入、租赁收入等。

事业单位经营预算收入的确认，有两个条件：一是经营预算收入是事业单位在专业业务活动及辅助活动之外取得的现金流入；二是经营预算收入是事业单位非独立核算单位取得的现金流入。收入事项只有同时具备以上两个条件方能确认为经营预算收入。事业单位从事专业业务活动及辅助活动取得的现金流入确认为事业预算收入，事业单位所属独立核算单位的各项现金流入，由所属独立核算单位自行组织核算，上级单位不进行记录。事业单位收到所属独立核算单位上缴的收入，通过"附属单位上缴预算收入"科目核算。

（二）经营预算收入的核算

"经营预算收入"科目核算各事业单位在专业业务活动及其辅助活动之外开展非独立核算营利性活动取得的现金流入。本科目应当按照经营获得类别、项目、《政府收支分类科目》中"支出功能分类"的项级科目等进行明细核算。经营业务较为复杂的事业单位，可以根据经营情况并行设置若干一级科目。年末结账后，本科目应无余额。

经营预算收入的主要账务处理如下所述。

（1）经营预算收入提供非增值税服务或发生非增值税业务时，应当在提供服务或发出存货并且收讫价款时，按照实际收到的金额，借记"资金结存——货币资金"科目，贷记本科目。

属于增值税小规模纳税人的事业单位确认经营预算收入时，按照实际出售价款扣除增值税额后的金额，借记"资金结存——货币资金"科目，贷记本科目。

属于增值税一般纳税人的事业单位确认经营预算收入时，按照扣除增值税销项税额后的价款金额，借记"资金结存——货币资金"科目，贷记本科目。

（2）年末，将本科目本年发生额结转至"经营结余——本年经营收支结余"科目，借记本科目，贷记"经营结余——本年经营收支结余"科目。

【例13-19】 某档案管理事业单位，下设复印服务部为客户服务（没有实行独立核算）。本日收到复印费收入1 500元，款项已经存入银行。

借：资金结存——货币资金　　　　　　　　　　1 500
　　贷：经营预算收入——复印部　　　　　　　　　　　1 500

【例13-20】某环境保护事业单位,下设检测服务部向社会公众提供家庭装修污染检测服务(没有实行独立核算)。本日应收检测服务费3 500元,实际收到2 500元,款项已经存入银行。

借:资金结存——货币资金　　　　　　　　　　　　　　2 500
　　贷:经营预算收入——检测服务部　　　　　　　　　　　　　　2 500

【例13-21】某科学技术事业单位,利用其技术条件对外销售一项附属产品。本日销售商品一批,价值234 000元(含税),款项实际收到,并已经存入银行。该事业单位为一般纳税人,销售商品的增值税税率为17%,增值税销项税额为34 000元。

借:资金结存——货币资金　　　　　　　　　　　　　　234 000
　　贷:经营预算收入——产品销售收入　　　　　　　　　　　　　　234 000

【例13-22】期末,某事业单位"经营预算收入"科目贷方余额为300 000元,进行期末结账。

借:经营预算收入　　　　　　　　　　　　　　　　　　300 000
　　贷:经营结余——本年经营收支结余　　　　　　　　　　　　　　300 000

第三节　事业单位上下级往来预算收入的核算

一、上级补助预算收入

(一)上级补助预算收入的内容

上级补助预算收入是指事业单位收到主管部门或上级单位拨入的非财政补助资金。根据事业单位的管理体制,每个事业单位均有主管部门或上级单位,主管部门或上级单位可以利用自身的收入或集中的收入,对所属事业单位给予补助,以调剂事业单位的资金余缺。

上级补助预算收入不同于财政补助预算收入,其并非来源于同级财政部门,也不是同级财政部门安排的财政预算资金。它并不是事业单位的常规性收入,主管部门或上级单位一般根据自身的资金情况和事业单位的需要进行拨付。

(二)上级补助预算收入的核算

"上级补助预算收入"科目核算事业单位从主管部门和上级单位取得的非财政补助收入。本科目应当按照发放补助单位、补助项目、《政府收支分类科目》中"支出功能分类"的项级科目等进行明细核算。上级补助预算收入中如有专项资金收入,还应按具体项目进行明细核算。年末结账后,本科目应无余额。

上级补助预算收入的主要账务处理如下所述。

(1)收到上级补助预算收入时,按照实际收到的金额,借记"资金结存——货币资金"科目，贷记本科目。

（2）年末，将本科目本年发生额中的专项资金收入结转入非财政拨款结转，借记本科目下各专项资金收入明细科目，贷记"非财政拨款结转——本年收支结转"科目；将本科目本年发生额中的非专项资金收入结转入其他结余，借记本科目下各非专项资金收入明细科目，贷记"其他结余"科目。

【例13-23】某事业单位收到上级主管部门拨来的补助款100 000元，款项已经到账，此款项是上级单位用其所集中的款项，对附属单位基本经费进行的调剂。

借：资金结存——货币资金　　　　　　　　　　　100 000
　　贷：上级补助预算收入　　　　　　　　　　　　　　100 000

【例13-24】某事业单位收到上级主管部门拨款的非财政性补助款18 000元，作为事业单位所开展的一项课题研究经费专项资金收入。

借：资金结存——货币资金　　　　　　　　　　　 18 000
　　贷：上级补助预算收入　　　　　　　　　　　　　　 18 000

【例13-25】期末，某事业单位"上级补助预算收入"科目贷方余额为150 000元，有关明细科目贷方余额为：基本支出100 000元、项目支出50 000元，进行期末结账。

借：上级补助预算收入——基本支出　　　　　　　100 000
　　　　　　　　　　　——项目支出　　　　　　　 50 000
　　贷：其他结余　　　　　　　　　　　　　　　　　100 000
　　　　非财政拨款结转——本年收支结转　　　　　　 50 000

二、附属单位上缴预算收入

（一）附属单位上缴预算收入的内容

附属单位上缴预算收入是指事业单位附属的独立核算单位按规定标准或比例缴纳的各项现金流入。事业单位一般下设一些独立核算的附属单位，这些单位按规定应当上缴一定的收入，形成事业单位的附属单位上缴预算收入。

所谓附属单位是指事业单位内部设立的，实行独立核算的下级单位，与上级单位存在一定的体制关系。附属单位上缴预算收入是事业单位收到的附属单位上缴的款项，事业单位与附属单位之间的往来款项，不通过附属单位上缴预算收入核算，事业单位对外投资获得的投资收益也不通过附属单位上缴预算收入核算。

（二）附属单位上缴预算收入的核算

"附属单位上级预算收入"科目核算事业单位附属单位根据有关规定上缴的收入。本科目应当按照附属单位、缴款项目、《政府收支分类科目》中"支出功能分类"的项级科目等进行明细核算。附属单位上缴预算收入中如有专项资金收入，还应按具体项目进行明细核算。年末结账后，本科目应无余额。

附属单位上缴预算收入的主要账务处理如下所述。

（1）收到附属单位缴来款项时，按照实际收到的金额，借记"资金结存——货币资金"科目，贷记本科目。

（2）年末，将本科目本年发生额中的专项资金收入结转入非财政拨款结转，借记本科目下各专项资金收入明细科目，贷记"非财政拨款结转——本年收支结转"科目；将本科目本年发生额中的非专项资金收入结转入其他结余，借记本科目下各非专项资金收入明细科目，贷记"其他结余"科目。

【例 13-26】某事业单位下设的招待所为独立核算的附属单位。按事业单位与招待所签订的收入分配办法规定，本月招待所应交纳分成款 80 000 元，事业单位已收到招待所上缴的款项。

借：资金结存——货币资金　　　　　　　　　　　　80 000
　　贷：附属单位上缴预算收入　　　　　　　　　　　　80 000

【例 13-27】期末，某事业单位"附属单位上缴预算收入"科目贷方余额为 120 000 元，有关明细科目贷方余额为：基本支出 90 000 元、项目支出 30 000 元，进行期末结账。

借：附属单位上缴预算收入——基本支出　　　　　　90 000
　　　　　　　　　　　　　——项目支出　　　　　　30 000
　　贷：其他结余　　　　　　　　　　　　　　　　　90 000
　　　　非财政拨款结转——本年收支结转　　　　　　30 000

第四节　行政事业单位其他来源预算收入的核算

行政事业单位其他来源预算收入主要包括投资预算收益、捐赠预算收入、利息预算收入、租金预算收入和其他预算收入五项内容。

一、投资预算收益

投资预算收益是指事业单位取得股权投资收益，以及出售或收回债券投资所取得的收益。本科目应当按照《政府收支分类科目》中"支出功能分类"的项级科目等进行明细核算。年末结账后，本科目应无余额。

投资预算收益的主要账务处理如下所述。

（1）出售或到期收回本年度取得的短期、长期债券，按照实际取得的价款或实际收到的本息金额，借记"资金结存——货币资金"科目，按照取得债券时"投资支出"科目的发生额，贷记"投资支出"科目，按照其差额，贷记或借记本科目。

出售或到期收回以前年度取得的短期、长期债券，按照实际取得的价款或实际收到的本息金额，借记"资金结存——货币资金"科目，按照取得债券时"投资支出"科目的发生额，贷记"其他结余"科目，按照其差额，贷记或借记本科目。

（2）出售、转让以货币资金取得的长期股权投资的，其账务处理与出售或到期收回债券投资相同。

（3）持有的短期投资以及分期付息、一次还本的长期债券投资收到利息时，按照实际收到的金额，借记"资金结存——货币资金"科目，贷记本科目。

（4）持有长期股权投资取得被投资单位分派的现金股利或利润时，按照实际收到的金额，借记"资金结存——货币资金"科目，贷记本科目。

（5）出售、转让以非货币性资产取得的长期股权投资时，按照实际取得的价款扣减支付的相关费用和应缴财政款后的余额（按照规定纳入单位预算管理的），借记"资金结存——货币资金"科目，贷记本科目。

（6）年末，将本科目本年发生额结转至其他结余科目，借记或贷记本科目，贷记或借记"其他结余"科目。

【例13-28】某事业单位将本年度取得的短期债券售出，实际收到出售价款88 600元，原债券购买成本为83 000元。

借：资金结存——货币资金　　　　　　　　　　　　　88 600
　　贷：投资预算收益　　　　　　　　　　　　　　　　　5 600
　　　　投资支出　　　　　　　　　　　　　　　　　　　83 000

【例13-29】某事业单位收到分期付息、一次还本的长期债券投资利息收入50 000元，款项已经到账。

借：资金结存——货币资金　　　　　　　　　　　　　50 000
　　贷：投资预算收益　　　　　　　　　　　　　　　　50 000

【例13-30】某事业单位长期股权投资被投资单位于当年3月5日宣告现金股利分配方案，该事业单位可获得80 000元，并于4月15日实际收到派发的现金股利。

4月15日实际收到现金股利时，

借：资金结存——货币资金　　　　　　　　　　　　　80 000
　　贷：投资预算收益　　　　　　　　　　　　　　　　80 000

【例13-31】某事业单位将持有的以前年度以货币资金取得的A公司长期股权投资全部转让，收到转让价款500 000元，款项已经存入银行，该长期股权投资投入成本为450 000元。

借：资金结存——货币资金　　　　　　　　　　　　　500 000
　　贷：投资预算收益　　　　　　　　　　　　　　　　50 000
　　　　其他结余　　　　　　　　　　　　　　　　　　450 000

【例13-32】期末，某事业单位"投资预算收益"科目贷方余额为180 000元，进行期末结账。

借：投资预算收益　　　　　　　　　　　　　　　　　180 000
　　贷：其他结余　　　　　　　　　　　　　　　　　　180 000

二、捐赠预算收入

捐赠预算收入是指行政事业单位接受其他单位或者个人捐赠现金资产所取得的现金流入。本科目应当按照捐赠资金的用途、《政府收支分类科目》中"支出功能分类"的项级科目等进行明细核算。捐赠预算收入中如有专项资金收入,还应按具体项目进行明细核算。年末结账后,本科目应无余额。

捐赠预算收入的主要账务处理如下所述。

(1)接受捐赠现金资产,按照实际收到的金额,借记"资金结存——货币资金"等科目,贷记本科目。

(2)年末,将本科目本年发生额中的专项资金收入结转入非财政拨款结转,借记本科目下各专项资金收入明细科目,贷记"非财政拨款结转——本年收支结转"科目;将本科目本年发生额中的非专项资金收入结转入其他结余,借记本科目下各非专项资金收入明细科目,贷记"其他结余"科目。

【例 13-33】某行政单位收到社会捐赠的款项 65 000 元和物资 50 000 元,捐款已经存入银行。根据捐赠人的意愿,此款项限定用于行政单位所开展的一项公益项目(专项资金收入)。

借:资金结存——货币资金　　　　　　　　　　　65 000
　　贷:其他预算收入——捐赠预算收入　　　　　　　65 000

【例 13-34】期末,某事业单位"其他预算收入——捐赠预算收入"科目贷方余额为 280 000 元,有关明细科目贷方余额为:基本支出 100 000 元、项目支出 180 000 元,进行期末结账。

借:其他预算收入——捐赠预算收入——基本支出　　100 000
　　　　　　　　　　　　　　　　　　——项目支出　　180 000
　　贷:其他结余　　　　　　　　　　　　　　　　　100 000
　　　　非财政拨款结转——本年收支结转　　　　　　180 000

三、利息预算收入

利息预算收入是指行政事业单位实际取得的利息收入。本科目应当按照利息类别和《政府收支分类科目》中"支出功能分类"的项级科目进行明细核算。年末结账后,本科目应无余额。

利息预算收入的主要账务处理如下所述。

(1)收到银行存款利息时,按照实际收到的金额,借记"资金结存——货币资金"等科目,贷记本科目。

(2)年末,将本科目本年发生额结转至其他结余科目,借记本科目,贷记"其他结余"科目。

【例13-35】某行政单位收到银行通知,已收到银行转来存款利息12 000元,予以入账。

借:资金结存——货币资金 12 000
  贷:其他预算收入——利息预算收入 12 000

【例13-36】期末,某事业单位"其他预算收入——利息预算收入"科目贷方余额为35 000元,进行期末结账。

借:其他预算收入——利息预算收入 35 000
  贷:其他结余 35 000

四、租金预算收入

租金预算收入是指事业单位经批准利用国有资产出租、出借取得的现金流入。本科目应当按照出租、出借的国有资产类别,以及《政府收支分类科目》中"支出功能分类"的项级科目进行明细核算。租金预算收入中如有专项资金收入,还应按具体项目进行明细核算。年末结账后,本科目应无余额。

租金预算收入的主要账务处理如下所述。

(1)收到资产承租人支付的租金时,按照实际收到的金额,借记"资金结存——货币资金"等科目,贷记本科目。

(2)年末,将本科目本年发生额结转入其他结余,借记本科目,贷记"其他结余"科目。

【例13-37】某事业单位将一暂时闲置的房子出租,收到预付半年租金36 000元,款项已经存入银行。

租赁日,收到预付租金时,
借:资金结存——货币资金 36 000
  贷:其他预算收入——租金预算收入 36 000

【例13-38】某事业单位将一项设备对外出租一年,租赁合同约定每半年支付租金12 000元,租赁期内共收取两次租金。

每半年收到设备租金时,
借:资金结存——货币资金 12 000
  贷:其他预算收入——租金预算收入 12 000

【例13-39】期末,某事业单位"租金预算收入"科目贷方余额为115 000元,进行期末结账。

借:其他预算收入——租金预算收入 115 000
  贷:其他结余 115 000

五、其他预算收入

其他预算收入是指行政事业单位除财政拨款预算收入、事业预算收入、上级补助预算收入、附属单位上缴预算收入、经营预算收入、债务预算收入、非同级财政拨款预算收入、投资预算收益之外的现金流入,包括捐赠预算收入、利息预算收入、租金预算收入、现金盘盈收入等。本科目应当按照其他收入类别、《政府收支分类科目》中"支出功能分类"的项级科目等进行明细核算。其他预算收入中如有专项资金收入,还应按具体项目进行明细核算。年末结账后,本科目应无余额。

其他预算收入的主要账务处理如下所述。

接受捐赠现金资产、收到银行存款利息、收到资产承租人支付租金核算已做出说明。

(1) 每日现金账款核对中如发现现金溢余,属于无法查明原因的部分,借记"资金结存——货币资金"科目,贷记本科目。经核实,属于应支付给有关个人和单位的部分,按照实际支付的金额,借记本科目,贷记"资金结存——货币资金"科目。

(2) 收到其他预算收入时,按照收到的金额,借记"资金结存——货币资金"科目,贷记本科目。

(3) 年末,将本科目本年发生额中的专项资金收入结转入非财政拨款结转,借记本科目,贷记"非财政拨款结转——本年收支结转"科目;将本科目本年发生额中的非专项资金收入结转入其他结余,借记本科目下各非专项资金收入明细科目,贷记"其他结余"科目。

【例 13-40】某行政单位在对现金进行清查时,发现溢余 80 元,现金溢余原因不明,经批准予以转销。

审批后,予以转销时,
借:资金结存——货币资金　　　　　　　　　　　　80
　　贷:其他预算收入　　　　　　　　　　　　　　　　80

【例 13-41】某事业单位以前年度出租设备收到押金 10 000 元,当年租赁到期设备未归还,本年确认没收的押金。

借:资金结存——货币资金　　　　　　　　　　10 000
　　贷:其他预算收入　　　　　　　　　　　　　　　10 000

【例 13-42】期末,某行政单位"其他预算收入"科目贷方余额为 180 000 元,有关明细科目贷方余额为:基本支出 100 000 元、项目支出 80 000 元,进行期末结账。

借:其他预算收入——基本支出　　　　　　　100 000
　　　　　　　　——项目支出　　　　　　　　80 000
　　贷:其他结余　　　　　　　　　　　　　　　　100 000
　　　　非财政拨款结转——本年收支结转　　　　80 000

本 章 小 结

　　预算收入是指政府会计主体在预算年度内依法取得的并纳入预算管理的现金流入，包括拨款类预算收入与债务预算收入、事业预算收入与经营预算收入、上级补助预算收入与附属单位上缴预算收入和其他来源预算收入四类。预算收入一般在实际收到时予以确认，以实际收到的金额计量。财政拨款预算收入是指行政事业单位从同级财务部门取得的财政预算资金。非同级财政拨款预算收入是指行政事业单位从非同级财政部门取得的经费拨款。债务预算收入是指事业单位按照规定从金融机构借入的、纳入部门预算管理的债务收入。事业预算收入是事业单位开展专业业务活动及辅助活动所取得的现金流入。经营预算收入是事业单位在专业业务活动及辅助活动之外开展非独立核算经营活动取得的现金流入。

　　上级补助预算收入是指事业单位收到主管部门或上级单位拨入的非财政补助资金。附属单位上缴预算收入是指事业单位附属的独立核算单位按规定标准或比例缴纳的各项现金流入。行政事业单位其他来源预算收入主要包括投资预算收益、捐赠预算收入、利息预算收入、租金预算收入和其他预算收入五项内容。投资预算收益是指事业单位取得股权投资收益，以及出售或收回债券投资所取得的收益。捐赠预算收入是指行政事业单位接受其他单位或者个人捐赠现金资产所取得的现金流入。利息预算收入是指行政事业单位实际取得的利息收入。租金预算收入是指事业单位经批准利用国有资产出租、出借取得的现金流入。

【复习思考题】

1. 什么是行政事业单位预算收入？包括哪些内容？
2. 财政拨款预算收入如何进行分类？该科目怎样设置明细科目？
3. 什么是债务预算收入？如何进行会计核算？
4. 事业预算收入的账务处理有哪些？
5. 经营预算收入的确认条件是什么？
6. 上级补助预算收入与附属单位上缴预算收入的联系与区别是什么？
7. 什么是投资预算收益？主要账务处理包括哪些？
8. 其他预算收入包括哪些核算内容？

行政事业单位预算支出的核算

【学习目标】
1. 明确行政事业单位预算支出的构成内容。
2. 熟悉行政事业单位各项预算支出的确认标准。
3. 掌握行政事业单位行政支出与事业支出的核算方法。
4. 掌握行政事业单位经营支出与投资支出的核算方法。
5. 掌握行政事业单位上缴上级支出与对附属单位补助支出的核算方法。

第一节 行政事业单位行政支出与事业支出的核算

行政事业单位预算支出是指政府会计主体在预算年度内依法发生并纳入预算管理的现金流出。在收付实现制下，行政事业单位的预算支出应当在其实际支付时予以确认，并按照实际支付金额计量。行政事业单位的预算支出分为业务活动支出和其他活动支出两类，具体包括行政支出、事业支出、经营支出、投资支出、上缴上级支出、对附属单位补助支出、债务还本支出和其他支出。

一、行政支出

（一）行政支出的内容

行政支出是指行政单位自身开展业务活动发生的现金流出，其含义需要明确以下两点：一是行政单位自身业务活动发生的支出属于行政支出，行政单位拨付给所属单位的非同级财政拨款资金不属于行政支出；二是行政单位使用财政拨款资金和其他资金发生的支出均属于行政支出。行政单位的行政支出包括基本支出和项目支出，其需要进行分类管理与核算。

1. 按资金的性质，行政支出分为财政拨款支出和其他资金支出

（1）财政拨款支出，即行政单位用财政拨款资金安排的支出，包括公共财政预算拨款支出和其他预算拨款支出。

（2）其他资金支出，即行政单位使用除财政拨款收入以外的资金安排的行政支出，包括用其他收入安排的支出。

2. 按《政府收支分类科目》的要求，行政支出需要进行功能分类和经济分类

（1）支出功能分类主要反映政府的职能，设置类、款、项三级预算科目。功能类别包括一般公共服务支出、公共安全支出、教育支出、科学技术支出、节能环保支出、城乡社区支出、交通运输支出、金融支出等。

（2）支出的经济分类主要反映政府支出的经济性质和具体用途，设置类、款两级预算科目。经济类别主要包括工资福利支出、商品和服务支出、对个人和家庭的补助、基本建设支出、其他资本性支出、其他支出等。

3. 按部门预算管理的要求，行政支出分为基本支出和项目支出

（1）基本支出是指行政单位为了保障其正常运转、完成日常工作任务而发生的支出，包括人员经费支出和日常公用经费支出。

人员经费支出是指用于行政单位人员方面的经费支出，主要是《政府收支分类科目》中的"工资福利支出"和"对个人和家庭的补助"类别的具体款项。

日常公用经费支出是指用于行政单位日常公务活动的经费支出，主要是《政府收支分类科目》中的"商品和服务支出"、"基本建设支出"和"其他资本性支出"类别的具体款项。

（2）项目支出是指行政单位为了完成特定的行政工作任务，在基本支出之外所发生的支出。项目支出因各行政单位情况不同而有所区别，主要包括专项业务费支出、专项会议费支出、专项修缮费支出、专项设备购置费支出等。

（二）行政支出的核算

"行政支出"科目核算行政单位履行其职责实际发生的各项现金流出。单位按照规定用途转拨给所属单位及其他单位的资金在"应付转拨款"科目核算。年终结账后，本科目应无余额。

"行政支出"科目应当按照部门预算和《政府收支分类科目》的管理要求设置明细科目：①按照资金的性质，设置"财政拨款支出"、"非财政专项资金支出"和"其他资金支出"及明细科目，分别核算行政单位用财政拨款资金安排的支出和用除财政拨款以外的资金安排的支出。②按照部门预算管理的要求，设置"基本支出"和"项目

支出"两个二级明细科目,分别核算行政单位用于保障其正常运转、完成日常工作任务而发生的支出和为了完成特定的行政工作任务所发生的支出。③在"基本支出"科目下,按照《政府收支分类科目》中"支出经济分类科目"的款级科目设置三级明细科目,如基本工资、办公费、会议费、培训费、公务接待费、房屋建筑物购建、办公设备购置、专用设备购置、公务用车购置等。在"项目支出"明细科目下,应当先按照具体项目名称设置三级明细科目,再按照"支出经济分类科目"的"款级"科目设置四级明细科目。④按照《政府收支分类科目》中"支出功能分类科目"的项级科目进行明细核算,如行政运行、一般行政事务、机关服务、专项服务、专项业务活动等。有公共财政预算拨款、政府性基金预算拨款两种或两种以上财政拨款的行政单位,还应当按照财政拨款的种类分别进行明细核算。对于预付款项,单位在本科目下可设置"待处理"明细科目,待确认具体支出项目后转入相关明细科目。年末结账前,应将本科目"待处理"明细科目余额全部转入本科目下相关明细科目。

行政支出的主要账务处理如下所述。

第一,按照实际支付给个人的金额,借记本科目,贷记"财政拨款预算收入""资金结存"科目。按规定代扣代缴个人所得税或缴纳职工社会保险费、住房公积金时,按照实际缴纳的金额,借记本科目,贷记"财政拨款预算收入""资金结存"科目。

【例14-1】某行政单位通过财政直接支付向职工支付本月工资、津贴补贴。按税法规定,代缴个人所得税21 500元,应由职工个人承担的社会保险费为11 760元,应由职工个人承担的住房公积金为26 600元。扣除社会保险费、住房公积金、个人所得税后,本月实际支付在职人员工资、津贴补贴、其他个人收入共计218 140元,款项已经转入职工个人工资卡账户。

借:行政支出——财政拨款支出——基本支出　　　　218 140
　　贷:财政拨款预算收入　　　　　　　　　　　　　　　218 140

【例14-2】某行政单位通过零余额账户,将本月职工薪酬中由单位和职工个人承担的社会保险费70 560元转入社会保障机构账户。将本月职工薪酬中由单位和职工个人承担的住房公积金53 200元转入公积金管理中心账户。

借:行政支出——财政拨款支出——基本支出　　　　123 760
　　贷:资金结存——零余额账户用款额度　　　　　　　123 760

【例14-3】某行政单位通过零余额账户,代缴本月职工个人所得税21 500元。

借:行政支出——财政拨款支出——基本支出　　　　21 500
　　贷:资金结存——零余额账户用款额度　　　　　　　21 500

第二,支付外部人员劳务费。

按照实际支付给个人的数额,借记本科目,贷记"财政拨款预算收入""资金结存"等科目。按规定代扣代缴个人所得税时,按照实际缴纳的金额,借记本科目,贷记"财政拨款预算收入""资金结存"等科目。

【例14-4】某行政单位为临时聘用人员支付本月劳务费用。经计算,应付临时聘用人员的劳务费用总额为 68 000 元，代扣代缴个人所得税的金额为 8 160 元。行政单位已经通过开户银行将实付款项 59 840 元转入临时聘用人员的工资卡中，所用资金为非财政拨款资金。

（1）支付临时聘用人员劳务费时，

借：行政支出——其他资金支出——基本支出　　　　59 840
　　贷：资金结存——货币资金　　　　　　　　　　　　　　59 840

（2）代扣代缴个人所得税时，

借：行政支出——其他资金支出——基本支出　　　　 8 160
　　贷：资金结存——货币资金　　　　　　　　　　　　　　 8 160

第三，购买存货、固定资产、无形资产等，支付基本建设、在建工程等款项。

按照实际支付的金额，借记本科目，贷记"财政拨款预算收入""资金结存"等科目。

使用财政拨款购买存货、固固资产、无形资产等和支付基本建设、修缮等工程款项时，单位根据实际支付的款项金额，借记本科目，贷记"资金结存——零余额账户用款额度、货币资金"等科目。

【例 14-5】某行政单位以政府集中采购的方式购入行政专用材料一批，价值总计 45 000 元。款项已经通过财政直接支付方式支付，所用资金为公共财政预算基本经费拨款，材料已由供应商交付行政单位，并验收入库。

借：行政支出——财政拨款支出——基本支出　　　　45 000
　　贷：财政拨款预算收入　　　　　　　　　　　　　　　　45 000

第四，发生预付款项时，按照实际支付的金额，借记本科目（待处理），贷记"资金结存"等科目。在确认具体支出项目和金额时，借记本科目（相关明细科目），贷记本科目（待处理），按照补付的金额借记本科目（相关明细科目），贷记"资金结存"等科目。

【例 14-6】某行政单位预定某会议中心召开工作会议，根据合同规定预先支付款项 25 000 元。15 天后，会议召开时补付剩余款项 30 000 元，两次款项均通过单位的零余额账户支付，所用资金都为公共财政预算基本经费拨款。

（1）预付会议费时，

借：行政支出——待处理　　　　　　　　　　　　　　25 000
　　贷：资金结存——零余额账户用款额度　　　　　　　　　25 000

（2）确认具体支出和补付剩余款项时，

借：行政支出——财政拨款支出——基本支出　　　　25 000
　　贷：行政支出——待处理　　　　　　　　　　　　　　　 25 000

借：行政支出——财政拨款支出——基本支出　　　　30 000
　　贷：资金结存——零余额账户用款额度　　　　　　　　　30 000

第五，发生其他各项支出时，按照实际支付的金额，借记本科目，贷记"财政拨款预算收入""资金结存"等科目。

【例 14-7】某行政单位收到国库支付执行机构委托代理银行转来的"财政直接支付入账

通知书"及原始凭证,行政单位的新招聘人员业务培训费 32 000 元已经由财政直接支付给培训机构,所用资金为公共财政预算基本经费拨款。

  借:行政支出——财政拨款支出——基本支出   32 000
    贷:财政拨款预算收入   32 000

【例 14-8】某行政单位开出零余额账户支付凭证,支付专项会议费 11 000 元,所用资金为政府性基金预算项目经费拨款。

  借:行政支出——财政拨款支出——政府性基金预算拨款——项目支出
                           11 000
    贷:资金结存——零余额账户用款额度   11 000

【例 14-9】某行政单位使用上级主管部门拨入的课题研究专项经费,以银行转账方式支付项目调研费 6 500 元,所用资金为上级单位拨入的项目经费。

  借:行政支出——其他资金支出——项目支出   6 500
    贷:资金结存——货币资金   6 500

第六,因购货退回等发生款项退回的,或者发生差错更正时,属于当年支出收回的,借记"财政拨款预算收入""资金结存"等科目,贷记本科目。属于以前年度的,通过"财政拨款结转""财政拨款结余""非财政拨款结转""非财政拨款结余"科目核算,不通过本科目核算。

【例 14-10】某行政单位当年通过财政直接支付方式购买某供应商专项设备因质量问题发生退货,所购设备价款 42 000 元已经退回,所用资金为公共财政预算项目经费拨款。

  借:财政拨款预算收入   42 000
    贷:行政支出——财政拨款支出——项目支出   42 000

第七,年末,将本科目本年发生额中的财政拨款支出结转入财政拨款结转,借记"财政拨款结转——本年收支结转"科目,贷记本科目下各财政资金支出明细科目;将本科目本年发生额中的非财政专项资金支出结转入非财政拨款结转,借记"非财政拨款结转——本年收支结转"科目,贷记本科目下各专项资金支出明细科目;将本科目本年发生额中的非财政非专项资金支出结转入其他资金结余,借记"其他结余"科目,贷记本科目下各非专项资金支出明细科目。

【例 14-11】期末,某行政单位"行政支出"科目借方余额为 960 000 元,有关明细科目贷方余额为:财政拨款支出 700 000 元、其他资金支出——基本支出 170 000 元、非财政专项资金支出——项目支出 90 000 元,进行期末结账。

  借:财政拨款结转——本年收支结转   700 000
    非财政拨款结转——本年收支结转   170 000
    其他结余   90 000
    贷:行政支出——财政拨款支出   700 000
      ——其他资金支出——基本支出   170 000
      ——非财政专项资金支出——项目支出 90 000

二、事业支出

（一）事业支出的内容

事业支出是指事业单位开展各项专业业务活动及辅助活动发生的现金流出。事业支出与事业性收入相对应，是事业单位支出的核心内容。事业单位是提供各种社会服务的公益性组织，在提供专业服务和辅助服务活动时，必然会发生一定的耗费。事业单位活动的领域不同，事业支出的内容也有所不同，如教育事业支出、科研事业支出、医疗事业支出、文化事业支出、展览事业支出、环境保护事业支出、福利事业支出等。

事业单位应当将事业支出纳入单位预算管理，严格执行国家财政制度和财政纪律，建立健全支出的管理与控制制度，在保证专业业务活动需要的前提下，尽可能减少事业支出，以提高财政资金和业务资金的使用效益。为加强事业支出的管理与核算，根据财政部门的要求，事业单位需要对事业支出进行适当的分类。事业支出的主要分类如下。

1. 按经费的性质划分，事业支出分为财政拨款支出和其他资金支出两类

（1）财政拨款支出是事业单位使用财政部门拨入的款项安排的事业支出。财政部门拨入的款项，是指财政部门根据预算安排通过国库拨入事业单位的纳入预算管理的资金。

（2）其他资金支出是事业单位使用除财政拨款以外的款项安排的事业支出。事业单位的收入除财政拨款预算收入外，还有事业预算收入、上级补助预算收入、附属单位上缴预算收入、其他预算收入等，使用这些款项安排的支出为非财政拨款支出。按资金的使用要求不同，其他资金支出分为专项资金支出和非专项资金支出。

2. 按部门预算管理的要求划分，事业支出分为基本支出和项目支出两类

（1）基本支出是指事业单位为了保障其正常运转、完成日常工作任务而发生的支出，包括人员经费支出和日常公用经费支出。

（2）项目支出是指单位为了完成特定工作任务和事业发展目标，在基本支出之外所发生的支出。

3. 按预算科目的要求，事业支出需要进行经济分类

根据《政府收支分类科目》的规定，事业支出需要按其经济内容分设类、款两级预算科目，并分别对人员经费支出和日常公用经费支出进行核算。

（1）人员经费支出，是指用于事业单位人员方面的事业支出，主要是《政府收支分类科目》中的"工资福利支出"和"对个人和家庭的补助"类别的具体款项。

（2）日常公用经费支出，是用于事业单位日常公务活动的经费支出，主要是《政府收支分类科目》中的"商品和服务支出"和"基本建设支出"类别的具体款项。

（二）事业支出的核算

"事业支出"科目核算事业单位开展专业业务活动及其辅助活动实际发生的各项现

金流出。事业单位发生的教育、科研、医疗、行政管理、后勤保障等活动，在相应支出科目进行核算。或单设"7201 教育支出""7202 科研支出""7203 医疗支出""7204 行政管理支出""7205 后勤保障支出"等一级会计科目进行核算。事业支出按收付实现制基础确认，以实际发生的数额计量。年终结账后，本科目应无余额。

"事业支出"科目应按经费性质、部门预算管理的要求和《政府收支分类科目》的规定设置明细科目。

（1）"事业支出"科目应当按照经费的性质设置"财政拨款支出""非财政专项资金支出""其他资金支出"三个明细科目。

（2）事业支出在按经费性质设置明细科目后，应当分别在上述明细科目下设置"基本支出"和"项目支出"两个次级明细科目，分别核算事业单位的基本支出和项目支出的资金数额，并按照《政府收支分类科目》中"支出功能分类科目"的项级科目进行明细核算。其中，"基本支出"明细科目下设置"人员经费支出"和"日常公用经费支出"两个明细科目，按照《政府收支分类科目》中"支出经济分类"款级科目设置明细账；"项目支出"明细科目下按照具体项目设置明细科目，再按"支出经济分类"进行明细核算。

（3）对于预付款项，事业单位在本科目下可设置"待处理"明细科目，待确认具体支出项目后转入相关明细科目。年终结账前，应将本科目"待处理"明细科目余额全部转入本科目下相关明细科目。

事业支出的主要账务处理如下。

（1）向单位职工支付薪酬。按照实际支付给个人的数额，借记本科目，贷记"财政拨款预算收入""资金结存"等科目。按规定代扣代缴个人所得税或缴纳职工社会保险费、住房公积金时，按照实际缴纳的金额，借记本科目，贷记"财政拨款预算收入""资金结存"等科目。

（2）支付外部人员劳务费。按照实际支付给个人的数额，借记本科目，贷记"财政拨款预算收入""资金结存"等科目。按规定代扣代缴个人所得税时，按照实际缴纳的金额，借记本科目，贷记"财政拨款预算收入""资金结存"等科目。

（3）购买存货、固定资产、无形资产等，支付基本建设、修缮等工程款项。按照实际支付的金额，借记本科目，贷记"财政拨款预算收入""资金结存"等有关科目。

（4）发生预付款项时，按照实际支付的金额，借记本科目（待处理），贷记"资金结存"等科目。在确认具体支出项目和金额时，借记本科目（相关明细科目），贷记本科目（待处理），按照补付的金额借记本科目（相关明细科目），贷记"资金结存"等科目。

（5）开展专业业务活动及其辅助活动中缴纳的相关税费以及发生其他各项支出时，按照实际支付的金额，借记本科目，贷记"财政拨款预算收入""资金结存"等科目。

（6）因购货退回等发生款项退回的，或者发生差错更正时，属于当年支出收回的，借记"财政拨款预算收入""资金结存"等科目，贷记本科目。属于以前年度的，通过"财政拨款结转""财政拨款结余""非财政拨款结转""非财政拨款结余"科目核算，不通过本科目核算。

（7）按照规定从事业预算收入中提取的专用基金，按照提取金额，借记本科目，贷记"专用基金"科目。

（8）年末，将本科目本年发生额中的财政拨款支出结转入财政拨款结转，借记"财政拨款结转——本年收支结转"科目，贷记本科目下各财政资金支出明细科目；将本科目本年发生额中的非财政专项资金支出结转入非财政拨款结转，借记"非财政拨款结转——本年收支结转"科目，贷记本科目下各专项资金支出明细科目；将本科目本年发生额中的非财政非专项资金支出结转入其他资金结余，借记"其他结余"科目，贷记本科目下各非专项资金支出明细科目。

【例14-12】某事业单位收到国库支付执行机构委托代理银行转来的"财政直接支付入账通知书"及原始凭证，事业单位的新招聘人员业务培训费43 000元已经由财政直接支付给培训机构。

借：事业支出——财政拨款支出——基本支出　　43 000
　　贷：财政拨款预算收入——基本支出　　　　　　　　43 000

【例14-13】某事业单位为公共医疗卫生事业单位，从单位的零余额账户用款额度中支出10 500元，用于支付甲型H1N1流感的预防项目工作人员的特殊岗位津贴。

借：事业支出——财政拨款支出+项目支出　　10 500
　　贷：资金结存——零余额账户用款额度　　　　　　10 500

【例14-14】某事业单位租用某宾馆综合厅举办工作会议，发生会议费12 000元，以银行存款支付，所付款项为财政部门当年拨入的基本经费。

借：事业支出——财政拨款支出——基本支出　　12 000
　　贷：资金结存——货币资金　　　　　　　　　　　　12 000

【例14-15】某事业单位用事业预算收入支付一笔公务接待费用3 500元，款项以银行存款支付，所用款项为非财政拨款、非专项资金。

借：事业支出——非财政专项资金支出——基本支出　　3 500
　　贷：资金结存——货币资金　　　　　　　　　　　　　3 500

【例14-16】某事业单位使用上级主管部门拨入的课题研究经费（非财政专项资金），以银行转账方式支付项目调研费7 500元。

借：事业支出——其他资金支出——项目支出——课题经费　　7 500
　　贷：资金结存——货币资金　　　　　　　　　　　　　　　　7 500

【例14-17】某事业单位按规定使用从当月事业预算收入中提取专用基金20 000元，用于专用设备维修，以银行存款支付。

借：事业支出——非财政专项资金支出——项目支出　　20 000
　　贷：资金结存——货币资金　　　　　　　　　　　　　　20 000

【例14-18】期末，某事业单位"事业支出"科目借方余额为1 250 000元，有关明细科目贷方余额为：财政拨款支出 800 000 元、其他资金支出——基本支出 280 000 元、非财政专项资金支出——项目支出 170 000 元，进行期末结账。

借：财政拨款结转——本年收支结转　　　　　　　　800 000
　　非财政拨款结转——本年收支结转　　　　　　　280 000
　　其他结余　　　　　　　　　　　　　　　　　　170 000
　　贷：事业支出——财政拨款支出　　　　　　　　　　800 000
　　　　　　　　——其他资金支出——基本支出　　　280 000
　　　　　　　　——非财政专项资金支出　　　　　　170 000

第二节　行政事业单位经营支出与投资支出的核算

一、经营支出

（一）经营支出的内容

经营支出是指事业单位在专用业务活动及辅助活动之外开展非独立核算经营活动发生的现金流出。事业单位的主要业务是专业业务活动及辅助活动。为弥补事业单位经费的不足，更好地开展公益性服务活动，事业单位也可以开展经营类的业务活动。有经营活动的事业单位应正确划分事业支出和经营支出的界限。事业单位经营业务发生的现金流出通过"经营支出"核算。

（二）经营支出的核算

"经营支出"科目核算事业单位在专业业务活动及其辅助活动之外开展非独立核算营利性活动发生的现金流出。本科目应当按照经营活动类别、项目、《政府收支分类科目》中"支出功能分类"相关科目等进行明细核算。对于预付款项，单位在本科目下可设置"待处理"明细科目，待确认具体支出项目后转入相关明细科目。年终结账前，应将本科目"待处理"明细科目余额全部转入本科目下相关明细科目。年终结账后，本科目应无余额。

经营支出的主要账务处理如下。

（1）向经营部门职工支付薪酬或支付外部人员劳务费。按照实际支付给个人的数额，借记本科目，贷记"资金结存——货币资金"科目。按规定代扣代缴个人所得税或缴纳职工社会保险费、住房公积金时，按照实际缴纳的金额，借记本科目，贷记"资金结存——货币资金"科目。

（2）支付外部人员劳务费。按照实际支付给个人的数额，借记本科目，贷记"资金结存——货币资金"科目。按规定代扣代缴个人所得税时，按照实际缴纳的金额，借记本科目，贷记"资金结存——货币资金"科目。

（3）支付购买存货、固定资产、无形资产、修缮工程等款项。按照实际支付的金额，借记本科目，贷记"资金结存——货币资金"科目。

（4）开展经营活动发生预付款项时，按照实际支付的金额，借记本科目（待处理），贷记"资金结存"等科目。在确认具体支出项目和金额时，借记本科目（相关明细科目），贷记本科目（待处理），按照补付的金额借记本科目（相关明细科目），贷记"资金结存"等科目。

（5）发生因经营活动缴纳各项税费及其他各项支出时，按照实际支付的金额，借记本科目，贷记"资金结存——货币资金"科目。

（6）因购货退回等发生款项退回的，或者发生差错更正时，属于当年支出收回的，借记"资金结存——货币资金"科目，贷记本科目。属于以前年度的，通过"经营结余"科目，不通过本科目核算。

（7）年末，将本科目结转入经营结余，借记"经营结余"科目，贷记本科目。

【例14-19】某档案管理事业单位，下设复印服务部为客户服务，其业务没有实行独立核算，也不要求进行内部成本核算。现以银行存款支付本月临时聘用人员劳务费用2 300元。

借：经营支出——复印部　　　　　　　　　　　　　　2 300
　　贷：资金结存——货币资金　　　　　　　　　　　　　　　2 300

【例14-20】某环境保护事业单位，向社会提供家庭装修污染检测服务，其业务没有实行独立核算，也不要求进行内部成本核算。某日以5 000元购置检测用品，以银行存款支付3 000元，其余款项尚未支付。

借：经营支出——检测服务　　　　　　　　　　　　　3 000
　　贷：资金结存——货币资金　　　　　　　　　　　　　　　3 000

【例14-21】某事业单位采购甲材料，按合同约定采用预付款方式，首先预付5 000元，半个月后收到所购买材料并验收入库，补付余款10 000元，均以银行存款支付。

（1）按合同约定预付5 000元时，

借：经营支出——待处理　　　　　　　　　　　　　　5 000
　　贷：资金结存——货币资金　　　　　　　　　　　　　　　5 000

（2）收到购买材料，并补付余款时，

借：经营支出　　　　　　　　　　　　　　　　　　　5 000
　　贷：经营支出——待处理　　　　　　　　　　　　　　　　5 000
借：经营支出　　　　　　　　　　　　　　　　　　　10 000
　　贷：资金结存——货币资金　　　　　　　　　　　　　　　10 000

【例14-22】某事业单位当年购买的物资因质量问题发生退回，购买物资总价款25 000元已经全额退回，并办理物资退回手续。

借：资金结存——货币资金　　　　　　　　　　　　　25 000
　　贷：经营支出　　　　　　　　　　　　　　　　　　　　　25 000

【例14-23】期末，某事业单位"经营支出"科目借方余额为680 000元，进行期末结账。

借：经营结余——本年经营收支结余　　　　　　　　　　　　　　680 000
　　贷：经营支出　　　　　　　　　　　　　　　　　　　　　　　　680 000

二、投资支出

投资支出是指事业单位以货币资金对外投资发生的现金流出。本科目应当按照投资类型、投资对象、《政府收支分类科目》中"支出功能分类"相关科目等进行明细核算。年末结账后，本科目应无余额。

投资支出的主要账务处理如下。

（1）以货币资金对外投资时，借记本科目，贷记"资金结存"科目。

（2）出售、对外转让或到期收回本年度以货币资金取得的对外投资的，如果按规定将投资收益纳入单位预算，按照实际收到的金额，借记"资金结存"科目，按照取得投资时"投资支出"科目的发生额，贷记本科目，按照其差额，贷记或借记"投资预算收益"科目；如果按规定将投资收益上缴财政的，按照取得投资时"投资支出"科目的发生额，借记"资金结存"科目，贷记本科目。

出售、对外转让或到期收回以前年度以货币资金取得的对外投资的，如果按规定将投资收益纳入单位预算，按照实际收到的金额，借记"资金结存"科目，按照取得投资时"投资支出"科目的发生额，贷记"其他结余"科目，按照其差额，贷记或借记"投资预算收益"科目；如果按规定将投资收益上缴财政的，按照取得投资时"投资支出"科目的发生额，借记"资金结存"科目，贷记"其他结余"科目。

（3）年末，将本科目本年发生额转入其他结余，借记或贷记"其他结余"科目，贷记或借记本科目。

【例14-24】 某事业单位1月1日购入1712期国债40 000元，1年期，票面利率为3%，以银行存款支付国债款项，并于当年末到期收回国债本息。

（1）以银行存款购买国债时，
借：投资支出——1712期国债　　　　　　　　　　　　　　　　40 000
　　贷：资金结存——货币资金　　　　　　　　　　　　　　　　　　40 000
（2）到期收回国债本息时，
借：资金结存——货币资金　　　　　　　　　　　　　　　　　　41 200
　　贷：投资支出——1712期国债　　　　　　　　　　　　　　　　40 000
　　　　投资预算收益　　　　　　　　　　　　　　　　　　　　　 1 200

【例14-25】 某事业单位以货币资金进行一项长期股权投资，购买价款为250 000元，在购买过程中支付手续费3 000元，均以银行存款支付。

借：投资支出　　　　　　　　　　　　　　　　　　　　　　　　253 000
　　贷：资金结存——货币资金　　　　　　　　　　　　　　　　　253 000

【例14-26】 某事业单位将以前年度以货币资金入股持有的股权转让，该股权投资的账面成本为 205 000 元，实际转让时收到价款 210 000 元，支付手续费 10 000 元，按规定将投资收益纳入单位预算。

借：资金结存——货币资金 200 000
　　投资预算收益 5 000
　　贷：其他结余 205 000

【例 14-27】期末，某事业单位"投资支出"科目借方余额为 550 000 元，进行期末结账。

借：其他结余 550 000
　　贷：投资支出 550 000

第三节　行政事业单位上下级往来支出与其他支出的核算

一、上缴上级支出

（一）上缴上级支出的内容

上缴上级支出是指事业单位按规定标准或比例上缴上级单位的现金流出。有上缴上级支出的事业单位是实行独立核算并附属于上级单位的事业单位，根据本单位与上级单位之间的体制安排，事业单位取得的各项收入，应当按规定的标准或比例上缴上级单位，形成事业单位的上缴上级支出。

（二）上缴上级支出的核算

"上缴上级支出"科目核算事业单位按照财政部门和主管部门的规定上缴上级单位的现金流出。本科目应当按照上缴款单位、缴款项目、《政府收支分类科目》中"支出功能分类"相关科目等进行明细核算。年末结账后，本科目应无余额。

上缴上级支出的主要账务处理如下。

（1）按规定将款项上缴上级单位的，按照实际上缴的金额，借记本科目，贷记"资金结存"科目。

（2）年末，将本科目本年发生额转入其他结余，借记"其他结余"科目，贷记本科目。

【例 14-28】某事业单位根据本年收入情况，按规定比例上缴上级单位 150 000 元。

借：上缴上级支出——上级单位 150 000
　　贷：资金结存——货币资金 150 000

【例 14-29】期末，某事业单位"上缴上级支出"科目借方余额为 300 000 元，进行期末结账。

借：其他结余 300 000
　　贷：上缴上级支出 300 000

二、对附属单位补助支出

(一) 对附属单位补助支出的内容

对附属单位补助支出是指事业单位用财政拨款预算收入之外的收入对附属单位补助所发生的现金流出。附属单位是指实行独立核算的下级单位,事业单位作为上级单位,可以使用自有经费对下属单位进行各项补助,支持所属单位事业的发展。

(二) 对附属单位补助支出的核算

"对附属单位补助支出"科目核算事业单位用财政拨款预算收入之外的收入对附属单位补助发生的现金流出。本科目应当按照接受补助单位、补助项目、《政府收支分类科目》中"支出功能分类"相关科目等进行明细核算。年末结账后,本科目应无余额。

对附属单位补助支出的主要账务处理如下。

(1) 发生对附属单位补助支出的,按照实际补助的金额,借记本科目,贷记"资金结存"科目。

(2) 年末,将本科目本年发生额转入其他结余,借记"其他结余"科目,贷记本科目。

【例 14-30】某事业单位用自有资金,对所属独立核算杂志社补助 32 000 元,以银行存款支付。

借:对附属单位补助支出——杂志社　　　　　　　　　32 000
　　贷:资金结存——货币资金　　　　　　　　　　　　　　32 000

【例 14-31】期末,某事业单位"对附属单位补助支出"科目借方余额为 150 000 元,进行期末结账。

借:其他结余　　　　　　　　　　　　　　　　　　　150 000
　　贷:对附属单位补助支出　　　　　　　　　　　　　　　150 000

三、债务还本支出

(一) 债务还本支出的内容

债务还本支出是指事业单位偿还向银行或其他金融机构借入有偿使用的债务本金所发生的现金流出。事业单位为弥补一定时期资金的不足,更好地开展各项事业活动,可以从金融机构取得一定数额的借款,事业单位有偿使用的资金,需要按期偿还本金并支付借款利息。

(二) 债务还本支出的核算

"债务还本支出"科目核算事业单位偿还自身承担的纳入预算管理的从金融机构举

借的债务本金的现金流出。本科目应当按照贷款单位、贷款种类、《政府收支分类科目》中"支出功能分类科目"的项级科目和"部门预算支出经济分类科目"的款级科目等进行明细核算。年末结转后,本科目应无余额。

债务还本支出的主要账务处理如下所述。

(1)偿还各项短期或长期借款时,按照偿还的借款本金,借记本科目,贷记"资金结存"科目。

(2)年末,将本科目本年发生额转入其他结余,借记"其他结余"科目,贷记本科目。

【例 14-32】某事业单位到期归还从银行借入半年期借款 300 000 元,并支付借款利息 12 000 元。

借:债务还本支出　　　　　　　　　　　　　　　300 000
　　其他支出　　　　　　　　　　　　　　　　　 12 000
　　贷:资金结存——货币资金　　　　　　　　　　　　　312 000

【例 14-33】期末,某事业单位"债务还本支出"科目借方余额为 850 000 元,进行期末结账。

借:其他结余　　　　　　　　　　　　　　　　　850 000
　　贷:债务还本支出　　　　　　　　　　　　　　　　850 000

四、其他支出

(一)其他支出的内容

其他支出是指行政事业单位除上述各项支出以外的各种现金流出。上述支出会计科目并不能涵盖行政事业单位所有的支出事项,需要设置其他支出科目核算没有列入上述科目核算范围的各项现金流出。如果某一现金流出事项不在上述任何一个支出科目的核算范围之内,则可以确认其为其他支出。其他支出的主要内容包括利息支出、对外捐赠现金支出、现金盘亏损失、接受捐赠(调入)非流动资产发生的税费支出、罚没支出等。

(二)其他支出的核算

"其他支出"科目核算单位除行政支出、事业支出、经营支出、上缴上级支出、对附属单位补助支出、债务还本支出、投资支出以外的各项现金流出。本科目应当按照其他支出的类别、"财政拨款支出"、"非财政专项资金支出"和"其他资金支出",《政府收支分类科目》中"支出功能分类"相关科目等进行明细核算。其他支出中如有专项资金支出,还应按具体项目进行明细核算。年末结账后,本科目应无余额。

行政事业单位发生利息支出、捐赠支出等其他支出金额较大或业务较多的,可单独设置"7902 利息支出""7903 捐赠支出"等科目。

其他支出的主要账务处理如下。

（1）利息支出。支付银行借款利息时，借记本科目，贷记"资金结存"科目。

（2）对外捐赠现金支出。对外捐赠时，借记本科目，贷记"资金结存"科目。

（3）现金盘亏损失。每日现金账款核对中如发现现金短缺，属于无法查明原因的部分，报经批准后，借记本科目，贷记"资金结存"科目。经核实，属于应当由有关人员赔偿的，按照收到的赔偿金额，借记"资金结存——货币资金"科目，贷记本科目。

（4）接受捐赠（调入）和对外捐赠（无偿调出）非流动资产发生的税费支出。接受捐赠、无偿调入和对外捐赠（无偿调出）非流动资产发生的相关税费、运输费等，借记本科目，贷记"资金结存"科目。

（5）以固定资产、无形资产取得长期股权投资，所发生的相关税费，借记本科目，贷记"资金结存"科目。

（6）非货币性资产置换过程中，换入资产发生的相关税费，发生实际支付时，借记本科目，贷记"资金结存"科目。

（7）年末，将本科目本年发生额中的财政拨款支出转入财政拨款结转，借记"财政拨款结转——本年收支结转"科目，贷记本科目下各财政拨款支出明细科目；将本科目本年发生额中的专项资金支出结转入非财政拨款结转，借记"非财政拨款结转——本年结转"科目，贷记本科目下各专项资金支出明细科目；将本科目本年发生额中的非专项资金支出结转入其他结余，借记"其他结余"科目，贷记本科目下各非专项资金支出明细科目。

【例14-34】某事业单位因专业业务发展的需要，从银行借入了一笔3年期的长期借款，按规定以银行存款支付本期借款利息13 000元。

借：其他支出——利息支出　　　　　　　　　　　　　　　　　13 000
　　贷：资金结存——货币资金　　　　　　　　　　　　　　　　　　13 000

【例14-35】某行政单位接受某单位捐赠的一台设备，按规定以银行存款缴纳税费5 680元。

借：其他支出——税费支出　　　　　　　　　　　　　　　　　5 680
　　贷：资金结存——货币资金　　　　　　　　　　　　　　　　　　5 680

【例14-36】某事业单位在对现金进行清查时，发生短缺60元，无法查明原因，审批后予以转销。

借：其他支出——现金盘亏　　　　　　　　　　　　　　　　　60
　　贷：资金结存——货币资金　　　　　　　　　　　　　　　　　　60

【例14-37】期末，某行政单位"其他支出"科目借方余额为68 000元，有关明细科目贷方余额为：财政拨款支出25 000元，非财政专项资金支出23 000元，其他资金支出20 000元，进行期末结账。

借：财政拨款结转——本年收支结转　　　　　　　　　　　　　25 000
　　非财政拨款结转——本年收支结转　　　　　　　　　　　　　23 000

            其他结余   20 000
        贷：其他支出——财政拨款支出   25 000
               ——非财政专项资金支出   23 000
               ——其他资金支出   20 000

本 章 小 结

预算支出是指政府会计主体在预算年度内依法发生并纳入预算管理的现金流出。预算支出一般在实际支付时予以确认，以实际支付的金额计量。行政事业单位的预算支出分为业务活动支出和其他活动支出两类，具体包括行政支出、事业支出、经营支出、投资支出、上缴上级支出、对附属单位补助支出、债务还本支出和其他支出。

行政支出是指行政单位自身开展业务活动发生的现金流出，包括基本支出和项目支出，需要进行分类管理与核算。事业支出是指事业单位开展各项专业业务活动及辅助活动发生的现金流出，与事业性收入相对应，是事业单位支出的核心内容。经营支出是指事业单位在专业业务活动及辅助活动之外开展非独立核算经营活动发生的现金流出。投资支出是指事业单位以货币资金对外投资发生的现金流出。上缴上级支出是指事业单位按规定标准或比例上缴上级单位的现金流出。对附属单位补助支出是指事业单位用财政拨款预算收入之外的收入对附属单位补助所发生的现金流出。

【复习思考题】

1. 什么是行政事业单位预算支出？包括哪些内容？
2. 行政支出如何进行分类管理？
3. 事业支出明细科目如何设置？
4. 经营支出的主要账务处理包括哪些？
5. 什么是投资支出？如何进行会计核算？
6. 上缴上级支出与对附属单位补助支出分别核算什么内容？
7. 其他支出的主要账务处理是什么？

第十五章 行政事业单位预算结余的核算

【学习目标】
1. 明确行政事业单位预算结转结余的构成内容。
2. 熟悉行政事业单位各项预算结转结余的计算思路。
3. 掌握行政事业单位资金结存与财政拨款结转结余的核算方法。
4. 掌握行政事业单位非财政拨款结转结余及结余分配的核算方法。
5. 掌握行政事业单位专用结余与经营结余的核算方法。

第一节 行政事业单位资金结存与财政拨款结转结余的核算

预算结余是指政府会计主体预算年度内预算收入扣除预算支出后的资金余额,以及历年滚存的资金余额,体现行政事业单位所拥有的结余资金,包括结余资金和结转资金。结余资金是指年度预算执行终了,预算收入实际完成数扣除预算支出和结转资金后剩余的资金。结转资金是指预算安排项目的支出年终尚未执行完毕或者因故未执行,且下年需要按原用途继续使用的资金。行政事业单位的预算结余具体包括资金结存、财政拨款结转、财政拨款结余、非财政拨款结转、非财政拨款结余、非财政拨款结余分配、专用结余、其他结余、经营结余等。

一、资金结存

(一)资金结存的内容

资金结存核算行政事业单位纳入部门预算管理资金的流入、流出、调整和滚存等情况。资金结存账户应包括以下核算内容。

（1）"零余额账户用款额度"：核算实行国库集中支付的单位根据财政部门批复的用款计划收到和支用的零余额账户用款额度。年终结账后，该项目应无余额。

（2）"货币资金"：核算行政事业单位取得的以库存现金、银行存款、其他货币资金形态存在的资金。本项目年末借方余额，反映尚未使用的货币资金。

（3）"财政应返还额度"：核算实行国库集中支付的行政事业单位应收财政返还的资金额度。本项目年末借方余额，反映应收财政返还的资金额度。

（二）资金结存的核算

"资金结存"科目应设置"零余额账户用款额度"、"货币资金"和"财政应返还额度"三个明细科目，并在"财政应返还额度"科目下可设置"财政直接支付""财政授权支付"两个明细科目进行明细核算。本科目年末借方余额，反映单位取得的资金累计滚存情况。

资金结存的主要账务处理如下所述。

（1）财政授权支付方式下，单位根据代理银行转来的财政授权支付额度到账通知书，按照通知书中的授权支付额度，根据实际收到的金额，借记本科目（零余额账户用款额度），贷记"财政拨款预算收入"科目。

其他支付方式下，实际收到预算收入时，借记本科目（货币资金），贷记"财政拨款预算收入""事业预算收入""经营预算收入"等科目。

经批准从零余额账户提取现金时，借记本科目（货币资金），贷记本科目（零余额账户用款额度）。退回现金时，做相反分录。

（2）财政授权支付方式下，单位根据实际支付的款项金额，借记"行政支出""事业支出"等科目，贷记本科目（零余额账户用款额度）。

（3）其他支付方式下，单位根据实际支付的金额，借记"经营支出"等科目，贷记本科目（货币资金）。

按规定使用专用基金时，借记"专用结余"科目［从非财政拨款结余中提取的专用基金或"事业支出"科目（从预算收入中计提的专用基金）］，贷记本科目（货币资金）。

（4）购买存货、固定资产、无形资产等，支付基本建设、修缮等工程款项时，单位根据实际支付的款项金额，借记"行政支出""事业支出"等科目，贷记本科目（零余额账户用款额度、货币资金等）。

行政事业单位按规定应当使用财政拨款经批准支付质量保证金时，借记"事业支出"或"行政支出"等科目，贷记本科目（财政应返还额度——财政直接支付、零余额账户用款额度、货币资金）。

（5）发生预付款项时，按照实际支付的金额，借记"行政支出""事业支出""经营支出"等科目，贷记本科目（零余额账户用款额度、货币资金）等科目。

（6）按规定上缴财政拨款结转资金或注销财政拨款结转额度的，按照实际上缴资金数额或注销的资金额度数额，借记"财政拨款结转——归集上缴"或"财政拨款结余——归集上缴"科目，贷记本科目（财政应返还额度、零余额账户用款额度、货币资金）。

按规定缴回非财政拨款结转资金或非财政拨款结余资金的，按照实际上缴资金数额，借记"非财政拨款结转——缴回资金"或"非财政拨款结余——缴回资金"科目，贷记本科目（货币资金）。

（7）若有按规定设置的其他专用基金，按照实际收到的金额，借记本科目（货币资金），贷记"专用基金"科目。

（8）有企业所得税缴纳义务的事业单位实际缴纳企业所得税时，借记"非财政拨款结余分配"科目，贷记本科目（货币资金）。

（9）年度终了，根据本年度财政直接支付预算指标数与当年财政直接支付实际支出数的差额，借记本科目（财政应返还额度——财政直接支付），贷记"财政拨款预算收入"科目。

（10）年度终了，单位依据代理银行提供的对账单做注销额度的相关账务处理，借记本科目（财政应返还额度——财政授权支付），贷记本科目（零余额账户用款额度）；本年度财政授权支付预算指标数大于零余额账户用款额度下达数的，根据未下达的用款额度，借记本科目（财政应返还额度——财政直接支付、财政授权支付），贷记"财政拨款预算收入"科目。

下年初，单位依据代理银行提供的额度恢复到账通知书做恢复额度的相关账务处理，借记本科目（零余额账户用款额度），贷记本科目（财政应返还额度——财政授权支付）。单位收到财政部门批复的上年末未下达零余额账户用款额度的，借记本科目（零余额账户用款额度），贷记本科目（财政应返还额度——财政授权支付）。

下年度恢复财政直接支付额度后，单位以财政直接支付方式发生实际支出时，借记"行政支出""事业支出"等科目，贷记本科目（财政应返还额度——财政直接支付）。

【例15-1】某行政单位收到代理银行转来的"授权支付到账通知书"，本月用于基本支出的财政授权支付用款额度120 000元已经到账，下达到行政单位在代理银行开设的零余额账户。

借：资金结存——零余额账户用款额度　　　　　120 000
　　贷：财政拨款预算收入　　　　　　　　　　　　　120 000

【例15-2】某事业单位开出授权支付凭证，通过代理银行向单位的车辆定点保养单位支付公务用车运行维护费6 200元，所用资金为公共财政预算基本经费拨款。

借：事业支出——财政拨款支出——基本支出　　6 200
　　贷：资金结存——零余额账户用款额度　　　　　　6 200

【例15-3】某行政单位实行了公务卡结算制度。某工作人员以公务卡方式支付公务接待费900元，先办理报销手续。财务部门根据报销凭证，通过单位的零余额账户将报销款项划入该工作人员的公务卡账户。

借：行政支出——财政拨款支出——基本支出　　900

贷：资金结存——零余额账户用款额度　　　　　　　　　　　　　　900

【例15-4】某事业单位从单位的零余额账户提取现金5 000元备用。
　　借：资金结存——货币资金　　　　　　　　　　　　　　　　　5 000
　　　　贷：资金结存——零余额账户用款额度　　　　　　　　　　　　5 000

【例15-5】某行政单位向社会提供复印服务，本日复印服务收到现金400元。
　　借：资金结存——货币资金　　　　　　　　　　　　　　　　　　400
　　　　贷：其他预算收入——复印服务收入　　　　　　　　　　　　　400

【例15-6】某事业单位通过开户银行转账支付本月单位办公楼电费3 500元，所用资金为公共财政预算基本经费拨款。
　　借：事业支出——财政拨款支出——基本支出　　　　　　　　　3 500
　　　　贷：资金结存——货币资金　　　　　　　　　　　　　　　　　3 500

【例15-7】某行政单位收到开户银行转来的入账通知单，本月银行存款利息为750元。
　　借：资金结存——货币资金　　　　　　　　　　　　　　　　　　750
　　　　贷：其他预算收入——利息预算收入　　　　　　　　　　　　　750

【例15-8】某事业单位购入一批计算机设备，价值20 000元，设备不需要安装，已经通过验收。根据购买合同，取得该设备时通过单位的零余额账户支付总价款的70%，共计14 000元。其余款项为扣留的质量保证金，如设备无质量问题在3个月后支付。
　　（1）购入计算机设备时，
　　借：事业支出——财政拨款支出——基本支出　　　　　　　　　14 000
　　　　贷：资金结存——零余额账户用款额度　　　　　　　　　　　14 000
　　（2）支付质量保证金时，
　　借：事业支出——财政拨款支出——基本支出　　　　　　　　　　6 000
　　　　贷：资金结存——零余额账户用款额度　　　　　　　　　　　　6 000

【例15-9】某行政单位与某国际会议中心签订合同，为拟举办的大型会议预定场地。根据合同规定，场地租金共计60 000元，预定时交纳订金20 000元，其余部分在会议结束后支付。行政单位均通过财政直接支付予以支付，款项为公共财政预算基本经费拨款。
　　（1）预付场地租金时，
　　借：行政支出——待处理　　　　　　　　　　　　　　　　　　20 000
　　　　贷：财政拨款预算收入　　　　　　　　　　　　　　　　　　20 000
　　（2）会议结束取得确认依据并支付余款时，
　　借：行政支出——财政拨款支出——基本支出　　　　　　　　　60 000
　　　　贷：行政支出——待处理　　　　　　　　　　　　　　　　　20 000
　　　　　　财政拨款预算收入　　　　　　　　　　　　　　　　　　40 000

【例15-10】某事业单位本年度公共财政预算基本经费拨款的财政直接支付额度预算指

标为 3 800 000 元，当年财政已经实际完成支付 3 720 000 元，需要注销未实现的财政直接支付额度为 80 000 元。下年初，该事业单位收到"财政直接支付额度恢复通知书"，恢复上年底注销的财政直接支付额度 80 000 元。该事业单位根据国库支付执行机构委托代理银行转来的"财政直接支付入账通知书"及原始凭证，财政部门使用恢复的上年度的用款额度（基本支出拨款），采用财政直接支付方式，为事业单位支付了一笔因公出国（境）费用 80 000 元。

(1) 年末确认未下达的用款额度时，
借：资金结存——财政应返还额度（财政直接支付）　　80 000
　　贷：财政拨款预算收入　　　　　　　　　　　　　　　　80 000
(2) 下年初恢复财政直接支付额度时，
不进行会计确认，只进行预算记录。
(3) 实际支出以前年度财政直接支付额度时，
借：事业支出——财政拨款支出——基本支出　　　　　80 000
　　贷：资金结存——财政应返还额度（财政直接支付）　　80 000

【例 15-11】某行政单位本年度公共财政预算基本经费拨款的财政授权支付额度预算指标为 1 250 000 元，根据代理银行提供的对账单，本年已下达的财政授权支付额度为 1 230 000 元，行政单位已经实际使用了授权额度 1 200 000 元，需要注销未实现的授权额度 50 000 元，其中，未下达的授权额度为 20 000 元，未使用的授权额度为 30 000 元。下年初，该行政单位收到"财政授权支付额度恢复到账通知书"，上年注销的授权额度 50 000 元已经全额恢复，并且已经下达到代理银行。该行政单位使用上年度的财政授权支付额度（基本支出拨款），通过授权支付方式支付一笔培训费用 50 000 元，款项已经通过单位零余额账户支付。

(1) 年末注销授权支付额度时，
借：资金结存——财政应返还额度（财政授权支付）　　50 000
　　贷：财政拨款预算收入　　　　　　　　　　　　　　　　20 000
　　　　资金结存——零余额账户用款额度　　　　　　　　　30 000
(2) 下年初恢复财政授权支付额度时，
借：资金结存——零余额账户用款额度　　　　　　　　50 000
　　贷：资金结存——财政应返还额度（财政授权支付）　　50 000
(3) 实际使用以前年度财政授权支付额度时，
借：行政支出——财政拨款支出——基本支出　　　　　50 000
　　贷：资金结存——零余额账户用款额度　　　　　　　　50 000

二、财政拨款结转

(一) 财政拨款结转的内容

财政拨款结转是结转和结余的重要组成部分。结转和结余资金简称结转（余），是指行政事业单位一定期间收入与支出相抵后的余额滚存的资金。按照资金的后续使用要求的不同，结转（余）资金分为结转资金和结余资金。结转资金是指当年预算已执行但未完成，或者因故未执行，下一年度需要按照原用途继续使用的资金；结余资金是指当年预算工资目标已完成，或者因故终止，当年剩余的资金。

按照资金性质的不同，结转（余）资金分为财政拨款结转结余和非财政拨款结转结余。财政拨款结转结余是指行政单位各项财政拨款收入与其相关支出相抵后剩余的滚存资金，包括财政拨款结转和财政拨款结余；非财政拨款结转结余是指除财政拨款收支以外的各项收支相抵后剩余的滚存资金，包括项目结转和非项目结余。行政事业单位的结转（余）资金包括财政拨款结转、财政拨款结余、非财政拨款结转和非财政拨款结余四项内容。

财政拨款结转是行政事业单位财政拨款收支所形成的结转资金，是行政事业单位当年预算已执行但尚未完成，或因故未执行，下一年度需要按照原用途继续使用的财政拨款滚存资金。按照部门预算管理的要求，财政拨款结转分为基本支出结转和项目支出结转。

（1）基本支出结转是行政事业单位基本支出拨款与其支出相抵后余额的累计，是下一年度需要继续用于维持行政事业单位正常运行和完成日常工作任务的财政拨款滚存资金。基本支出结转资金原则上结转到下一预算年度，用于人员经费和日常公用经费支出。

（2）项目支出结转是行政事业单位项目支出拨款与其支出相抵后余额的累计，是下一年度需要继续用于完成特定任务的财政拨款滚存资金。项目支出结转原则上不得调整用途，限定用于规定的项目支出。

（二）财政拨款结转的明细科目设置

"财政拨款结转"科目核算行政事业单位取得的同级财政拨款的调整和滚存情况，包括基本支出结转和项目支出结转。本科目期末贷方余额，反映行政事业单位滚存的财政拨款结转资金数额。

"财政拨款结转"应根据管理需要按照财政拨款结转变动原因设置下列明细科目。

1. 与购货退回、会计差错相关的明细科目

"年初余额调整"：本明细科目核算因发生差错更正、以前年度支出调整等原因，需要调整财政拨款结转的资金。年终结账后，本明细科目应无余额。

2. 与财政拨款调拨业务相关的明细科目

（1）"归集调入"：本明细科目核算按照规定从其他单位调入财政拨款结余资金时，实际调增的额度数额或调入的资金数额。年终结账后，本明细科目应无余额。

（2）"归集调出"：本明细科目核算按照规定向其他单位跳出财政拨款结转资金时，实际调减的额度数额或调出的资金数额。

（3）"归集上缴"：本明细科目核算按照规定上缴财政拨款结转资金时，实际核销的额度数额或上缴的资金数额。年终结账后，本明细科目应无余额。

（4）"单位内部调剂"：本明细科目核算经财政部门批准对财政拨款结余资金改变用途，调整用于其他未完成项目等的调整金额。年终结账后，本明细科目应无余额。

3. 与年终结转和结存业务相关的明细科目

（1）"本年收支结转"：本明细科目核算单位财政拨款收支相抵后的余额。年终结账后，本明细科目应无余额。

（2）"累计结转"：本明细科目核算单位滚存的财政拨款结转资金。本明细科目年末贷方余额，反映单位财政拨款滚存的结转资金数额。

本科目应当设置"基本支出结转""项目支出结转"两个明细科目，并在"基本支出结转"明细科目下按照"人员经费""日常公用经费"进行明细核算，在"项目支出结转"明细科目下按照具体项目进行明细核算；同时，本科目还应按照《政府收支分类科目》中"支出功能分类科目"的相关科目进行明细核算。

（三）财政拨款结转的核算

财政拨款结转的主要账务处理如下所述。

1. 与购货退回、会计差错相关的账务处理

（1）因购货退回、发生差错更正等退回以前年度国库授权支付款项的，根据资金拨付年度和资金性质，属于本年度支付的款项，按照退回金额，借记"资金结存——零余额账户用款额度"科目，贷记"行政支出""事业支出"等有关科目；属于以前年度结转资金的，借记"资金结存——零余额账户用款额度"科目，贷记本科目（年初余额调整）；属于以前年度结余资金的，在"财政拨款结余"科目核算。

（2）已核销的预付款项等在以后期间又收回国库授权支付额度的，按照退回金额，借记"资金结存——零余额账户用款额度"科目，贷记本科目（年初余额调整）；属于以前年度结余资金的，在"财政拨款结余"科目核算。

（3）已核销的预付账款或其他应收款等在以后期间又收回财政性货币资金的，借记"资金结存——货币资金"科目，贷记本科目（年初余额调整）；属于以前年度结余资金的，在"财政拨款结余"科目核算。

2. 与财政拨款结余资金调整业务相关的账务处理

（1）从其他单位调入财政拨款结余资金。按照规定从其他单位调入财政拨款结余资金时，按照实际调增的额度数额或调入的资金数额，借记"资金结存——零余额账户用款额度、货币资金"科目，贷记本科目（归集调入）。

（2）按照规定向其他单位调出财政拨款结转资金的，按照实际调减的额度数额或调出的资金数额，借记本科目（归集调出），贷记"资金结存——财政应返还额度、零余额账户用款额度、货币资金"科目。

（3）按规定上缴财政拨款结转资金或注销财政拨款结转额度的，按照实际上缴资金数额或注销的资金额度数额，借记本科目（归集上缴），贷记"资金结存——财政应

返还额度、零余额账户用款额度、货币资金"科目。

（4）单位内部调剂结余资金。经财政部门批准对财政拨款结余资金改变用途，调整用于其他未完成项目等，按照调整的金额，借记"财政拨款结余——单位内部调剂"科目，贷记本科目（单位内部调剂）。

3. 与年终结转和结余业务相关的账务处理

（1）年末，将财政拨款预算收入本年发生额结转入本科目，借记"财政拨款预算收入"科目，贷记本科目（本年收支结转）；将各项支出中财政拨款支出本年发生额结转入本科目，借记本科目（本年收支结转），贷记各项支出（财政拨款支出）科目。

（2）年末冲销有关明细科目余额。将本科目（本年收支结转、年初余额调整、归集调入、归集调出、归集上缴、单位内部调剂）结转至本科目（累计结转）。转账后，本科目除"累计结转"明细科目外，其他明细科目应无余额。

（3）年末完成上述结转后，应当对财政拨款结转各明细项目执行情况进行分析，按照有关规定将符合财政拨款结余性质的项目余额转入财政拨款结余，借记本科目（累计结转），贷记"财政拨款结余——结转转入"科目。

【例15-12】某行政单位收回上一年度因计算错误多支付的物业管理费28 000元，款项已经存入单位的银行账户，此事项需要调整上年度的财政拨款结转资金。

借：资金结存——货币资金　　　　　　　　　　　　　　　28 000
　　贷：财政拨款结转——年初余额调整——基本支出结转　　28 000

【例15-13】某行政单位从上级单位调入财政拨款结余资金70 000元，用于补充本单位的公用经费支出，款项已经转入单位的零余额账户。

借：资金结存——零余额账户用款额度　　　　　　　　　　70 000
　　贷：财政拨款结转——归集调入——基本支出结转　　　　70 000

【例15-14】某行政单位根据上级单位的统筹安排，将尚未使用的财政应返还额度（财政直接支付）50 000元上缴上级单位。

借：财政拨款结转——归集上缴——基本支出结转　　　　　50 000
　　贷：资金结存——财政应返还额度——财政直接支付　　　50 000

【例15-15】某行政单位对财政拨款结余进行内部调剂，经批准将财政拨款结余资金20 000元改变用途，转入某未完成的项目中，用于该项目的后续支出。

借：财政拨款结余——单位内部调剂　　　　　　　　　　　20 000
　　贷：财政拨款结转——单位内部调剂　　　　　　　　　　20 000

【例15-16】年末，某行政单位进行本年度财政拨款收入和支出的结转。本年度"财政拨款收入——基本支出拨款"科目的贷方累计发生额为715 000元，"财政拨款收入——项目支出拨款"科目的贷方累计发生额为125 000元，"行政支出——财政拨款支出——基本支出"的借方累计发生额为668 000元，"行政支出——财政拨款支出——项目支出"的借方累计发生额为115 000元。

借：财政拨款预算收入——基本支出拨款　　　　　　　　715 000
　　　　　　　　　　　——项目支出拨款　　　　　　　125 000
　　贷：财政拨款结转——本年收支结转——基本支出结转　715 000
　　　　　　　　　　　　　　　　　　　——项目支出结转　125 000
借：财政拨款结转——本年收支结转——基本支出结转　　668 000
　　　　　　　　　　　　　　　　　　——项目支出结转　115 000
　　贷：行政支出——财政拨款支出——基本支出　　　　　668 000
　　　　　　　　　　　　　　　　　——项目支出　　　　115 000

【例 15-17】某行政单位将上述"财政拨款结转"科目所属明细科目余额转入"累计结转"明细科目。

借：财政拨款结转——年初余额调整——基本支出结转　　　28 000
　　　　　　　　——归集调入——基本支出结转　　　　　70 000
　　　　　　　　——单位内部调剂——基本支出结转　　　20 000
　　　　　　　　——本年收支结转——基本支出结转　　　47 000
　　贷：财政拨款结转——累计结转——基本支出结转　　　165 000
借：财政拨款结转——累计结转——基本支出结转　　　　　50 000
　　贷：财政拨款结转——归集上缴——基本支出结转　　　50 000
借：财政拨款结转——本年收支结转——项目支出结转　　　10 000
　　贷：财政拨款结转——累计结转——项目支出结转　　　10 000

【例 15-18】某行政单位将符合财政拨款结余性质的项目余额 8 000 元转入"财政拨款结余"科目。

借：财政拨款结转——累计结转——项目支出结转　　　　　8 000
　　贷：财政拨款结余——结转转入　　　　　　　　　　　8 000

三、财政拨款结余

（一）财政拨款结余的内容

财政拨款结余是指行政事业单位财政拨款收支所形成的结余资金，是行政事业单位当年预算工作目标已完成，或因故终止，剩余的财政拨款滚存资金。按照部门预算管理的要求，行政事业单位预算年度的基本经费的收支相抵后的余额全部结转至下一年度继续使用，用于维持正常运行和完成日常工作任务，全额列入财政拨款结转，不会形成基本支出结余。所以，财政拨款结余即项目支出结余。

项目支出结余是指行政单位已经完成项目或因故终止项目剩余的滚存资金。项目支出结余资金应统筹用于编制以后年度部门预算，或按照同级财政部门的规定在单位内部、部门之间调剂使用。年末，行政事业单位应当对财政拨款项目的执行情况进行分析，将符合财政拨款结余资金性质的数额从"财政拨款结转——年末结转——项目支结转"转到"财政拨款结余"账户,形成当年的财政拨款结余资金。

(二)财政拨款结余的明细科目设置

"财政拨款结余"科目核算行政事业单位同级财政拨款项目支出结余资金的转入、调出和滚存情况。本科目年末贷方余额,反映单位财政拨款结余资金数额。

"财政拨款结余"科目应根据管理需要按照财政拨款结余变动原因,设置如下明细科目。

1. 与购货退回、会计差错相关的明细科目

"年初余额调整":本明细科目核算因发生差错更正、以前年度支出收回等原因,需要调整财政拨款结余的资金。年终结账后,本明细科目应无余额。

2. 与财政拨款结余资金调整业务相关的明细科目

(1)"归集上缴":本明细科目核算按照规定上缴财政拨款结余资金时,实际核销的额度数额或上缴的资金数额。年终结账后,本明细科目应无余额。

(2)"单位内部调剂":本明细科目核算经财政部门批准对财政拨款结余资金改变用途,调整用于其他未完成项目等的调整金额。年终结账后,本明细科目应无余额。

3. 与年终结转和结存业务相关的明细科目

(1)"结转转入":本明细核算单位按照规定转入财政拨款结余的财政拨款结转资金。

(2)"累计结余":本明细科目核算单位滚存的财政拨款结余资金。本明细科目年末贷方余额反映单位财政拨款滚存的结余资金数额。

本科目还应当按照具体项目、《政府收支分类科目》中"支出功能分类科目"的相关科目进行明细核算。

(三)财政拨款结余的核算

财政拨款结余的主要账务处理如下所述。

1. 与购货退回、会计差错相关的账务处理

(1)因购货退回、发生差错更正等退回以前年度国库授权支付款项的,根据资金拨付年度和资金性质,属于以前年度结余资金的,借记"资金结存——零余额账户用款额度"科目,贷记本科目(年初余额调整)。

(2)因购货退回、发生差错更正等收到以前年度财政货币资金的,按照收到的金额,根据资金拨付年度和资金性质分别处理,属于以前年度结余资金的,借记"资金结存——货币资金"科目,贷记本科目(年初余额调整)。

(3)已核销的预付款项等在以后期间又收回国库授权支付额度的,按照收到的金额,借记"资金结存——零余额账户用款额度"科目,贷记本科目(年初余额调整)。

(4)已核销的预付账款或其他应收款等在以后期间又收回财政货币资金的,借记"资金结存——货币资金"科目,贷记本科目(年初余额调整)。

2. 与财政拨款结余资金调整业务相关的账务处理

（1）单位经批准使用结余资金时，借记本科目（累计结余），贷记"财政拨款结转——累计结转"科目。

（2）单位内部调剂结余资金。经财政部门批准对财政拨款结余资金改变用途，调整用于其他未完成项目等，按照调整的金额，借记本科目（单位内部调剂），贷记"财政拨款结转——单位内部调剂"。

（3）按规定上缴财政拨款结余资金或注销财政拨款结余额度的，按照实际上缴资金数额或注销的资金额度数额，借记本科目（归集上缴），贷记"资金结存——财政应返还额度、零余额账户用款额度、货币资金"科目。

3. 与年终结转和结存业务相关的账务处理

（1）年末，对财政拨款结转各明细项目执行情况进行分析，按照有关规定将符合财政拨款结余性质的项目余额转入财政拨款结余，借记"财政拨款结转——累计结转"科目，贷记本科目（结转转入）。

（2）年末冲销有关明细科目余额。将本科目（年初余额调整、归集上缴、单位内部调剂、结转转入）结转至本科目（累计结余）。转账后，本科目除"累计结余"明细科目外，其他明细科目应无余额。

【例 15-19】某事业单位财政拨款的 A 项目上年度已经结项，其剩余的项目资金已经转入该项目的结余资金中，项目审查时发现，误将一项应当计入基本支出的会议费计入了 A 项目的支出。该笔会议费支出为 12 000 元，需要调整上年度的财政拨款结余和财政拨款结转。

借：财政拨款结转——年初余额调整——基本支出结转　　12 000
　　贷：财政拨款结余——年初余额调整——A 项目　　　　　12 000

【例 15-20】某事业单位通过单位零余额账户，按规定归集上缴上级单位 B 项目结余的资金 8 000 元。

借：财政拨款结余——归集上缴——B 项目　　　　　　　　8 000
　　贷：资金结存——零余额账户用款额度　　　　　　　　　　8 000

【例 15-21】年末，某事业单位对财政拨款项目执行情况进行分析，本年度财政拨款项目中，C 项目已经完成，项目当年剩余资金为 3 000 元；D 项目因故终止，当年剩余资金为 1 000 元，即符合财政拨款结余资金性质的数额为 4 000 元，进行财政拨款结余资金的转入处理。

借：财政拨款结转——累计结转——项目支出结转——C 项目　　3 000
　　　　　　　　　　　　　　　　　　　　　　——D 项目　　1 000
　　贷：财政拨款结余——结转转入——C 项目　　　　　　　　3 000
　　　　　　　　　　　　　　　——D 项目　　　　　　　　1 000

【例 15-22】某事业单位将上述"财政拨款结余"科目所属明细科目余额转入"年末结

余"明细科目。

```
借：财政拨款结余——年初余额调整——A 项目         12 000
    贷：财政拨款结余——累计结余                       12 000
借：财政拨款结余——累计结余                         8 000
    贷：财政拨款结余——归集上缴——B 项目               8 000
借：财政拨款结余——结转转入                         4 000
    贷：财政拨款结余——累计结余                        4 000
```

第二节 行政事业单位非财政拨款结转结余及结余分配的核算

非财政拨款结转结余是指行政事业单位除财政拨款收支以外的各项收入与各项支出相抵后剩余的滚存资金。非财政拨款结转结余包括非财政拨款结转和非财政拨款结余。

一、非财政拨款结转

（一）非财政拨款结转的内容

非财政拨款结转是指行政事业单位除财政拨款收支以外的各专项资金收入与其相关支出相抵后剩余滚存的、须按规定用途使用的结转资金。其属于项目结转，应当区分年末已完成项目和尚未完成项目。

年末已完成项目的结转资金，按照项目拨款单位的要求进行管理，剩余的资金或缴回原拨款单位，或经批准留归本单位用于其他非项目用途。年末未完成项目的结转资金，结转下一年度继续用于该项目的支出，不经批准不得用于其他方面。

（二）非财政拨款结转的明细科目设置

"非财政拨款结转"科目核算行政事业单位除同级财政拨款、经营收支以外各非财政拨款专项资金的调整和滚存情况。本科目年末贷方余额，反映单位非财政拨款专项结转资金数额。

本科目应设置如下明细科目。

（1）"年初余额调整"：本明细科目核算因发生差错更正、以前年度支出收回等原因，需要调整非财政拨款结转的资金。年终结账后，本明细科目应无余额。

（2）"缴回资金"：本明细科目核算按照规定上缴非财政拨款结转资金时，实际上缴的资金数额。年终结账后，本明细科目应无余额。

（3）"项目间接费用或管理费"：本明细科目核算单位取得的科研预算收入中，应按规定计提项目间接费用及管理费的数额。年终结账后，本明细科目应无余额。

（4）"本年收支结转"：本明细科目核算单位一定期间非同级财政拨款专项收支

相抵后的余额。年终结账后，本明细科目应无余额。

（5）"累计结转"：本明细科目核算单位滚存的非财政拨款的专项结转资金。本明细科目年末贷方余额反映单位非财政拨款滚存的专项结转资金数额。

本科目应当按照非同级财政拨款货币资金的具体项目进行明细核算。本科目还应当按照《政府收支分类科目》中"支出功能分类科目"的相关科目进行明细核算。

（三）非财政拨款结转的核算

非财政拨款结转的主要账务处理如下所述。

（1）按规定从科研项目预算收入中提取项目管理费或间接费时，借记本科目（项目间接费用或管理费），贷记"非财政拨款结余——项目间接费用或管理费"科目。

（2）因购货退回，或因发生差错更正等收到以前年度非财政拨款货币资金属于非财政拨款结转资金的，按照收到的金额，借记"资金结存——货币资金"科目，贷记本科目（年初余额调整）。

（3）按规定缴回非财政拨款结转资金的，按照实际上缴资金数额，借记本科目（缴回资金），贷记本科目（货币资金）。

（4）年度终了，将事业预算收入、上级补助预算收入、附属单位上缴预算收入、非同级财政拨款预算收入、债务预算收入、其他预算收入本年发生额中的非财政拨款专项收入结转至本科目，借记"事业预算收入""上级补助预算收入"等科目下各非财政拨款专项资金收入明细科目，贷记本科目（本年收支结转）；将行政支出、事业支出、其他支出等本年发生额中的非财政拨款专项资金支出结转至本科目，借记本科目（本年收支结转），贷记"行政支出""事业支出"等科目下各非财政拨款专项支出明细科目。

（5）年末冲销有关明细科目余额。将本科目（年初余额调整、项目间接费用或管理费、缴回资金、本年收支结转）结转至本科目（累计结转）。本科目除"累计结转"明细科目外，其他明细科目应无余额。

（6）年末结转后，应当对非财政拨款专项结转资金各项目情况进行分析，留归本单位使用的非财政拨款专项（项目已完成）剩余资金，借记本科目（累计结转），贷记"非财政拨款结余——结转转入"科目。

【例15-23】某行政单位按照科研项目预算规定，从A科研项目预算收入中提取了15 000元项目管理费用，予以入账。

借：非财政拨款结转——项目间接费用或管理费　　　　　　15 000
　　贷：非财政拨款结余——项目间接费用或管理费　　　　　　15 000

【例15-24】某行政单位发现一笔上年度的记账错误，将从非同级财政部门取得的一项拨款27 000元（项目资金），误作为同级财政拨款记入了"财政拨款预算收入——基本支出拨款"科目，需要调整非财政拨款结转。

借：财政拨款结转——年初余额调整——基本支出结转　　　27 000
　　贷：非财政拨款结转——年初余额调整　　　　　　　　　　27 000

【例 15-25】年度终了,某行政单位结转非财政拨款专项收入与支出。"非同级财政拨款预算收入——项目支出"为 120 000 元、"债务预算收入——项目支出"为 60 000 元、"其他预算收入——项目支出"为 25 000 元;"行政支出——非财政专项资金支出——项目支出"为 152 000 元、"其他支出——非财政专项资金支出"为 18 000 元。

  借:非同级财政拨款预算收入——项目支出   120 000
    债务预算收入——项目支出   60 000
    其他预算收入——项目支出   25 000
    贷:非财政拨款结转——本年收支结转   205 000
  借:非财政拨款结转——本年收支结转   170 000
    贷:行政支出——非财政专项资金支出——项目支出 152 000
      其他支出——非财政专项资金支出   18 000

【例 15-26】某行政单位年终对非财政拨款结转资金进行分析与处置。该行政单位经过非财政拨款结转资金项目执行情况进行分析,确认已经完成项目当年剩余资金为 14 000 元。根据项目资金管理规定,项目剩余资金按 60%比例缴回原拨款单位,其余留归本单位使用。

  借:非财政拨款结转——缴回资金   8 400
      ——累计结转   5 600
    贷:资金结存——货币资金   8 400
      非财政拨款结余——结转转入   5 600

【例 15-27】某行政单位将上述"非财政拨款结转"科目所属明细科目余额转入"年末结转"明细科目。

  借:非财政拨款结转——年初余额调整   27 000
      ——本年收支结转   35 000
    贷:非财政拨款结转——累计结转   62 000
  借:非财政拨款结转——累计结转   23 400
    贷:非财政拨款结转——项目间接费用或管理费 15 000
        ——缴回资金   8 400

二、非财政拨款结余

(一)非财政拨款结余的内容

  非财政拨款结余是行政事业单位除财政拨款收支以外的非专项资金收入、支出相抵后剩余的滚存资金。非财政拨款结余资金可以用于补充项目资金,在单位内部进行调剂使用。事业单位年末应将经营结余和其他结余转入非财政拨款结余分配,按照国家有关规定提取职工福利基金,剩余部分作为非财政拨款结余用于弥补以后年度单位收支差额。行政单位不参与分配,年末直接将本年其他结余科目余额转入非财政拨款结余。

（二）非财政拨款结余的明细科目设置

"非财政拨款结余"科目核算行政事业单位拥有的非限定用途的非财政结余资金，主要为非财政拨款结余扣除结余分配后滚存的金额。本科目年末贷方余额，反映单位非财政拨款结余资金的累计滚存数额。

本科目应当设置如下明细科目。

（1）"年初余额调整"：本明细科目核算因发生差错更正、以前年度支出收回等原因，需要调整非财政拨款结余的资金。年终结账后，本明细科目应无余额。

（2）"项目间接费用或管理费"：本明细科目核算单位取得的科研预算收入中，应按规定计提项目间接费用及管理费数额。年终结账后，本明细科目应无余额。

（3）"结转转入"：本明细科目核算按规定留归单位使用，由单位统筹调配，应纳入单位非财政拨款结余的资金。年终结账后，本明细科目应无余额。

（4）"累计结余"：本明细科目核算单位滚存的非财政拨款的非专项结余资金。本明细科目年末贷方余额反映单位非财政拨款滚存的非专项结余资金数额。

本科目还应当按照《政府收支分类科目》中"支出功能分类科目"的相关科目进行明细核算。

（三）非财政拨款结余的核算

非财政拨款结余的主要账务处理如下所述。

（1）按规定从科研项目预算收入中提取项目管理费或间接费时，借记"非财政拨款结转——项目间接费用或管理费"科目，贷记本科目（项目间接费用或管理费）。

（2）有企业所得税缴纳义务的事业单位实际缴纳企业所得税时，按照缴纳金额，借记本科目（累计结余），贷记"资金结存——货币资金"科目。

（3）因购货退回，或因发生差错更正等收到以前年度非财政拨款货币资金的，按照收到的金额，借记"资金结存——货币资金"科目，贷记本科目（年初余额调整）。

（4）按规定缴回非财政拨款结余资金的，按照实际上缴资金数额，借记本科目（累计结余），贷记"资金结存——货币资金"科目。

（5）年末，将留归本单位使用的非财政拨款专项（项目已完成）剩余资金转入本科目，借记"非财政拨款结转——累计结转"科目，贷记本科目（结转转入）。

（6）年末冲销有关明细科目余额。将本科目（年初余额调整、项目管理费及间接费、结转转入）等明细科目结转至本科目（累计结余）。转账后，本科目除"累计结余"明细科目外，其他明细科目应无余额。

（7）年末，事业单位将"非财政拨款结余分配"科目余额转入非财政拨款结余。当非财政拨款结余分配为借方余额时，借记本科目（累计结余），贷记"非财政拨款结余分配"科目；当非财政拨款结余分配为贷方余额时，借记"非财政拨款结余分配"科目，贷记本科目（累计结余）。

行政单位将本年"其他结余"科目余额转入非财政拨款结余。当本年其他结余为借方余额时，借记本科目（累计结余），贷记"其他结余"科目；当本年其他结余为贷方余额时，借记"其他结余"科目，贷记本科目（累计结余）。

【例15-28】某事业单位在对上一年度报表审计时发现，经营业务的一项预收账款6 500元，已经提供了相应的服务，但会计人员未将其计入经营预算收入。

借：资金结存——货币资金　　　　　　　　　　　　　6 500
　　贷：非财政拨款结余——年初余额调整　　　　　　　　　6 500

【例15-29】年末，某事业单位按规定提取职工福利基金后，"非财政拨款结余分配"科目贷方余额为156 000元，按规定转入非财政拨款结余。

借：非财政拨款结余分配　　　　　　　　　　　　　　156 000
　　贷：非财政拨款结余——累计结余　　　　　　　　　　156 000

【例15-30】某行政单位年末"其他结余"科目贷方余额为36 000元，予以结转。

借：其他结余　　　　　　　　　　　　　　　　　　　36 000
　　贷：非财政拨款结余——累计结余　　　　　　　　　　　36 000

三、非财政拨款结余分配

非财政拨款结余分配是指事业单位本年度非财政拨款结余分配的情况和结果。年末结账后，本科目应无余额。

非财政拨款结余分配的主要账务处理如下所述。

（1）年末，将"其他结余"科目余额结转入本科目，当"其他结余"科目为贷方余额时，借记"其他结余"科目，贷记本科目；当"其他结余"科目为借方余额时，借记本科目，贷记"其他结余"科目。

将"经营结余"贷方余额结转入本科目，借记"经营结余"科目，贷记本科目。

（2）根据有关规定提取专用基金的，按提取的金额，借记本科目，贷记"专用结余"科目。

（3）年末，按规定完成上述（1）至（2）处理后，将本科目余额结转入非财政拨款结余。当非财政拨款结余分配为借方余额时，借记"非财政拨款结余——累计结余"科目，贷记本科目；当非财政拨款结余分配为贷方余额时，借记本科目，贷记"非财政拨款结余——累计结余"科目。

【例15-31】年末，某事业单位"其他结余"科目贷方余额为186 000元，"经营结余"科目贷方余额为68 000元，将两项结余转入"非财政拨款结余分配"科目。

借：其他结余　　　　　　　　　　　　　　　　　　　186 000
　　经营结余　　　　　　　　　　　　　　　　　　　　68 000
　　贷：非财政拨款结余分配　　　　　　　　　　　　　　254 000

【例15-32】年末，某事业单位有企业所得税纳税义务，按25%所得税率缴纳企业所得税（假定无纳税调整事项），并按规定将缴纳企业所得税后剩余结余的30%提取职工福利基金。

应交企业所得税 = 68 000×25% = 17 000（元）

提取职工福利基金 = (254 000 - 17 000)×30% = 71 100（元）

借：非财政拨款结余　　　　　　　　　　　　　17 000
　　非财政拨款结余分配　　　　　　　　　　　 71 100
　　贷：资金结存——货币资金　　　　　　　　　　　　17 000
　　　　专用结余——职工福利基金　　　　　　　　　　71 100

【例 15-33】年末，某事业单位按规定对非财政拨款结余进行分配后，对未分配余额进行结转，转入"非财政拨款结余"科目。

借：非财政拨款结余分配　　　　　　　　　　　165 900
　　贷：非财政拨款结余——累计结余　　　　　　　　　165 900

第三节　行政事业单位专用结余与经营结余的核算

一、专用结余

（一）专用结余的内容

专用结余是指事业单位按照规定从非财政拨款结余中提取或者设置的具有专门用途的资金的变动和滚存情况。事业单位开展各项业务活动需要有一定的资金做保证，在资金使用上需要统筹安排，兼顾各项业务活动的资金需要。但是，事业单位的有些业务活动有特殊的要求，需要有专门的渠道形成资金来源，并按规定的用途使用，为此事业单位设立了专用结余。专用结余是事业单位的限定性结余，要求设置专户进行管理，遵循先提后用、收支平衡、专款专用的原则，支出不得超出基金规模。事业单位应当根据业务发展的需要，设立专用结余项目。目前，事业单位从非财政拨款结余中提取的专用结余主要有职工福利基金和其他基金等。

（1）职工福利基金，是指按照非财政拨款结余的一定比例提取，以及按照其他规定提取转入，用于单位职工的集体福利设施、集体福利待遇等的资金。

（2）其他基金，是指按照其他有关规定提取或者设置的专用基金。

（二）专用结余的核算

"专用结余"科目核算事业单位按规定提取或者设置的具有专门用途的资金流入、流出和滚存情况。本科目应当按照专用结余的类别进行明细核算。本科目年末贷方余额反映事业单位专用结余累计结存数额。

专用结余的主要账务处理如下。

（1）根据有关规定从本年度非财政拨款结余或经营结余中提取基金的，借记"非财政拨款结余分配"等科目，贷记本科目。

（2）根据规定使用从非财政拨款结余或经营结余中提取的专用基金时，借记本科目，贷记"资金结存——货币资金"科目。

【例15-34】某事业单位按照事业预算收入和经营预算收入的5%的比例提取专用基金。本期经营结余为530 000元。

  借：非财政拨款结余分配   26 500
    贷：专用结余   26 500

【例15-35】年终，某事业单位从非财政拨款结余中提取职工福利基金65 000元。

  借：非财政拨款结余分配   65 000
    贷：专用结余——职工福利基金   65 000

【例15-36】某事业单位用从非财政拨款结余中提取的职工福利基金支付职工福利开支6 300元，款项以银行存款支付。

  借：专用结余——职工福利基金   6 300
    贷：资金结存——货币资金   6 300

二、其他结余

其他结余是指行政事业单位一定期间除同级财政拨款收支、非财政专项资金收支和经营收支以外各项收支相抵后的余额。本科目期末如为贷方余额，反映行政事业单位自年初至报告期末累计实现的其他结余；如为借方余额，反映行政事业单位自年初至报告期末累计发生的亏损。年末结账后，本科目应无余额。

其他结余的主要账务处理如下所述。

（1）年度终了，将事业预算收入、上级补助预算收入、附属单位上缴预算收入、非同级财政拨款预算收入、投资预算收益、债务预算收入、其他预算收入本年发生额中的非财政非专项资金收入结转至本科目，借记"事业预算收入""上级补助预算收入"等科目下各非财政非专项资金收入明细科目，贷记本科目；将行政支出、事业支出、上缴上级支出、对附属单位补助支出、其他支出等各项本年发生额中的非财政非专项资金结转至本科目，借记本科目，贷记"行政支出""事业支出""上缴上级支出"等科目下各非财政非专项资金支出明细科目。

（2）年末，完成上述（1）结转后，行政单位将本科目余额转入"非财政拨款结余——累计结余"科目；事业单位将本科目余额结转入"非财政拨款结余分配"科目。当本年各项其他资金收入大于支出时，借记本科目，贷记"非财政拨款结余——累计结余"或"非财政拨款结余分配"科目；当本年各项其他资金收入小于支出时，借记"非财政拨款结余——累计结余"或"非财政拨款结余分配"科目，贷记本科目。

【例15-37】年度终了，某事业单位结转非财政拨款非专项资金收入与支出。"事业预算收入——基本支出"为510 000元、"上级补助预算收入——基本支出"为85 000元、"附属单位上缴预算收入——基本支出"为20 000元、"非同级财政拨款预算收入——基本支出"为65 000元、"投资预算收益"为15 000元、"债务预算收入——基本支出"为36 000元、"其他预算收入——基本支出"为83 000元;"事业支出——其他资金支出——基本支出"为458 000元、"上缴上级支出"为66 000元、"对附属单位补助支出"为93 000元、"投资支出"为156 000元、"其他支出——其他资金支出"为19 000元。

借:事业预算收入——基本支出　　　　　　　　510 000
　　上级补助预算收入——基本支出　　　　　　85 000
　　附属单位上缴预算收入——基本支出　　　　20 000
　　非同级财政拨款预算收入——基本支出　　　65 000
　　投资预算收益　　　　　　　　　　　　　　15 000
　　债务预算收入——基本支出　　　　　　　　36 000
　　其他预算收入——基本支出　　　　　　　　83 000
　　贷:其他结余　　　　　　　　　　　　　　　　　814 000
借:其他结余　　　　　　　　　　　　　　　　792 000
　　贷:事业支出——其他资金支出——基本支出　　　458 000
　　　　上缴上级支出　　　　　　　　　　　　　　　66 000
　　　　对附属单位补助支出　　　　　　　　　　　　93 000
　　　　投资支出　　　　　　　　　　　　　　　　　156 000
　　　　其他支出——其他资金支出　　　　　　　　　19 000

【例15-38】年度终了,该事业单位将其他结余科目余额转入结余分配。"其他结余"科目贷方余额为22 000元,将其转入"非财政拨款结余分配"科目。

借:其他结余　　　　　　　　　　　　　　　　22 000
　　贷:非财政拨款结余分配　　　　　　　　　　　　22 000

三、经营结余

(一)经营结余的内容

事业单位应设置"经营结余"科目,即事业单位一定期间各项经营收支相抵后的余额。本科目期末如为贷方余额,反映事业单位自年初至报告期末累计实现的经营结余弥补以前年度经营亏损后的经营结余;如为借方余额,反映事业单位截至报告期末累计发生的经营亏损。年末结转后,本科目一般无余额;如为借方结余,反映事业单位累计发生的经营亏损。

(二)经营结余的核算

"经营结余"科目核算事业单位经营活动收支相抵后,弥补以前年度经营亏损后的余额。本科目应当设置"本年经营收支结余""累计结余"等明细科目,并按照经营活动类别设置明细科目。年末结账后,本科目一般无余额;如为借方余额,反映事业单位发生的累计经营亏损。

经营结余的主要账务处理如下所述。

（1）年末，将经营预算收入本年发生额结转入本科目，借记"经营预算收入"科目，贷记本科目（本年经营收支结余）；将经营支出本年发生额结转入本科目，借记本科目（本年经营收支结余），贷记"经营支出"科目。

（2）年末冲销有关明细科目余额。将本科目（本年经营收支结余）结转至本科目（累计结余）。

（3）年末，完成上述结转后，将本科目贷方余额结转入"非财政拨款结余分配"科目，借记本科目，贷记"非财政拨款结余分配"科目。若本科目为借方余额，则为经营亏损，不予结转。

【例15-39】某事业单位按规定在经营结余中提取20 000元职工福利基金，予以入账。

借：非财政拨款结余分配　　　　　　　　　　　　　20 000
　　贷：专用结余——职工福利基金　　　　　　　　　　　　20 000

【例15-40】年度终了，某事业单位结转经营预算收入与支出。"经营预算收入"贷方发生额为335 000元、"经营支出"借方发生额为267 000元。

借：经营预算收入　　　　　　　　　　　　　　　　335 000
　　贷：经营结余——本年经营收支结余　　　　　　　　　　335 000
借：经营结余——本年经营收支结余　　　　　　　　267 000
　　贷：经营支出　　　　　　　　　　　　　　　　　　　　267 000

【例15-41】某事业单位将上述"经营结余"科目所属明细科目余额转入"累计结余"明细科目。

借：经营结余——本年经营收支结余　　　　　　　　68 000
　　贷：经营结余——累计结余　　　　　　　　　　　　　　68 000

【例15-42】年终，某事业单位将经营结余转入结余分配。"经营结余"科目贷方余额为48 000元，将其转入"非财政拨款结余分配"科目。

借：经营结余——累计结余　　　　　　　　　　　　48 000
　　贷：非财政拨款结余分配　　　　　　　　　　　　　　　48 000

本 章 小 结

预算结余是指政府会计主体预算年度内预算收入扣除预算支出后的资金余额，以及历年滚存的资金余额。预算结余包括结余资金和结转资金。结余资金是指年度预算执行终了，预算收入实际完成数扣除预算支出和结转资金后剩余的资金。结转资金是指预算安排项目的支出年终尚未执行完毕或者因故未执行，且下年需要按原用途继续使用的资金。资金结存核算行政事业单位纳入部门预算管理的资金流入、流出、调整和滚存等情况，包括"零余额账户用款额度"、"货币资金"和"财政应返还额度"三项核算内容。专用基金是指事业单位提取或者设置的具有专门用途的净资产。

财政拨款结转是行政事业单位财政拨款收支所形成的结转资金，是行政事业单位当年预算已执行但尚未完成，或因故未执行，下一年度需要按照原用途继续使用的财政拨款滚存资金。财政拨款结余是指行政事业单位财政拨款收支所形成的结余资金，是行政事业单位当年预算工作目标已完成，或因故终止，剩余的财政拨款滚存资金。非财政拨款结转是指行政事业单位除财政拨款收支以外的各专项资金收入与其相关支出相抵后剩余滚存的、须按规定用途使用的结转资金。非财政拨款结余是指行政事业单位除财政拨款收支以外的非专项资金收入、支出相抵后剩余的滚存资金。非财政拨款结余分配是指事业单位本年度非财政拨款结余分配的情况和结果。经营结余是指事业单位经营活动收支相抵后，弥补以前年度经营亏损后的余额。其他结余是指行政事业单位一定期间除同级财政拨款收支、非财政专项资金收支和经营收支以外各项收支相抵后的余额。

【复习思考题】

1. 什么是行政事业单位预算结余？包括哪些内容？
2. 在不同支付方式下，资金结存分别如何核算？
3. 财政拨款结转的明细科目如何设置？
4. 什么是财政拨款结余？明细科目如何设置？
5. 什么是非财政拨款结转？主要账务处理有哪些？
6. 非财政拨款结余的明细科目有哪些？主要账务处理有哪些？
7. 非财政拨款结余分配的主要账务处理程序是什么？
8. 专用结余的内容是什么？如何进行会计核算？
9. 经营结余的主要账务处理是什么？
10. 行政单位与事业单位分别如何进行其他结余的会计核算？

第十六章

行政事业单位预算会计报表

【学习目标】
1. 明确行政事业单位预算会计报表的构成内容。
2. 熟悉行政事业单位预算会计报表的编制要求。
3. 掌握预算收入支出表的格式与编制方法。
4. 掌握预算结转结余变动表的格式与编制方法。
5. 掌握财政拨款预算收入支出表的格式与编制方法。

第一节 行政事业单位预算会计报表概述

行政事业单位应当根据会计核算数据及其他相关资料,编制行政事业单位预算会计报表,编写部门决算报告,反映行政事业单位的预算执行情况。

一、行政事业单位预算会计报表的内容

预算会计报表是反映行政事业单位某一会计期间的预算执行会计信息的文件。行政事业单位需要编制预算会计报表,向会计报表使用者提供与行政事业单位预算执行有关的会计信息。行政事业单位应当定期向主管部门和财政部门及其他有关的报表使用者提供预算会计报表。

根据《政府会计准则——基本准则》的要求,行政事业单位需要在编制预算会计报表的基础上,编写部门决算报告。

1. 预算会计报表

预算会计报表是行政事业单位根据会计账簿数据编制的，以表格形式反映行政事业单位的预算执行、收入支出情况和其他会计信息的表格。预算会计报表（决算报表）的编制主要以收付实现制为基础，以预算会计核算生成的数据为准。决算报表至少包括预算收入支出表、预算结转结余变动表、财政拨款预算收入支出表，预算会计报表的构成内容见表 16-1。部门决算所要求的其他报表由财政部另行规定。决算报表应当至少按照年度编制。

表 16-1　行政事业单位预算会计报表的内容

会政预 01 表	预算收入支出表	年度
会政预 02 表	预算结转结余变动表	年度
会政预 03 表	财政拨款预算收入支出表	年度

2. 部门决算报告

部门决算报告是指行政事业单位以收付实现制为基础编制的，反映本单位预算执行结果的总结性文件。编制决算报告的目的，是向人民代表大会、财政部门、主管部门等提供与单位预算执行情况有关的信息，为预算监督和管理，以及后续年度预算的编制提供参考和依据。

二、行政事业单位预算会计报表的编制要求

行政事业单位应当按照下列要求编报预算会计报表。

（1）行政事业单位的预算会计报表应当按照月度和年度编制。

（2）单位应当根据《政府会计制度——行政事业单位会计科目和报表》规定编制并对外提供真实、完整的财务报表和决算报表，不得违反制度规定，随意改变财务报表和决算报表的编制基础、编制依据、编制原则和方法，不得随意改变制度规定的财务报表和决算报表有关数据的会计口径。

（3）决算报表应当根据登记完整、核对无误的账簿记录和其他有关资料编制，做到数字真实、计算准确、内容完整、报送及时。

（4）决算报表应当由单位负责人和主管会计工作的负责人、会计机构负责人（会计主管人员）签名并盖章。

第二节　行政事业单位预算会计报表编制

一、预算收入支出表

（一）预算收入支出表的格式

预算收入支出表反映行政事业单位在某一会计年度内各项预算收入、预算支出和预

算收支差额的情况。该表"本年数"栏，反映本年度各项目的实际发生数。预算收入支出表的格式见表16-2。

表 16-2　预算收入支出表

编制单位：　　　　　　　　　　　年　　　　　　　　　　　　会政决 01 表
单位：元

项目	本年数	上年数
一、本年预算收入		
（一）财政拨款预算收入		
其中：政府性基金收入		
（二）事业预算收入		
（三）上级补助预算收入		
（四）附属单位上缴预算收入		
（五）经营预算收入		
（六）债务预算收入		
（七）非同级财政拨款预算收入		
（八）投资预算收益		
（九）其他预算收入		
其中：利息预算收入		
捐赠预算收入		
租金预算收入		
二、本年预算支出		
（一）行政支出		
（二）事业支出		
（三）经营支出		
（四）上缴上级支出		
（五）对附属单位补助支出		
（六）投资支出		
（七）债务还本支出		
（八）其他支出		
其中：利息支出		
捐赠支出		
三、本年预算收支差额		

表 6-2"上年数"栏，反映上年度各项目的实际发生数，应当根据上年度预算收入支出表中"本年数"栏内所列数字填列。如果本年度预算收入支出表规定的各个项目的名称和内容同上年度不一致，应对上年度预算收入支出表各项目的名称和数字按照本年度的规定进行调整，将调整后金额填入本年度预算收入支出表的"上年数"栏。

（二）预算收入支出表的编制方法

预算收入支出表"本年数"栏各项目的内容和填列方法如下。

1. 本年预算收入

（1）"本年预算收入"项目，反映单位本年预算收入总额。本项目应当根据

表 16-2 中"财政拨款预算收入""事业预算收入""上级补助预算收入""附属单位上缴预算收入""经营预算收入""债务预算收入""非同级财政拨款预算收入""投资预算收益""其他预算收入"项目金额的合计数填列本项目。

（2）"财政拨款预算收入"项目，反映单位本年按照部门预算要求从同级财政部门取得的各类财政拨款。本项目应当根据"财政拨款预算收入"科目的本年发生数填列。

"政府性基金收入"项目，反映单位取得的财政拨款收入中来自于政府性基金预算拨款的部分。本项目应当根据"财政拨款预算收入"相关明细科目的本年发生额填列。

（3）"事业预算收入"项目，反映事业单位本期开展专业业务活动及其辅助活动取得的预算收入。本项目应当根据"事业预算收入"科目的本年发生额填列。

（4）"上级补助预算收入"项目，反映事业单位本年从主管部门和上级单位取得的非财政拨款预算收入。本项目应当根据"上级补助预算收入"科目的本年发生额填列。

（5）"附属单位上缴预算收入"项目，反映事业单位附属单位本年按照有关规定上缴的预算收入。本项目应当根据"附属单位上缴预算收入"科目的本年发生额填列。

（6）"经营预算收入"项目，反映事业单位本年在专业业务活动及其辅助活动之外开展非独立核算经营活动取得的预算收入。本项目应当根据"经营预算收入"科目的本年发生额填列。

（7）"债务预算收入"项目，反映事业单位按照规定从金融机构借入的、纳入部门预算管理的债务预算收入。本项目应当按照"债务预算收入"的本年发生额填列。

（8）"非同级财政拨款预算收入"项目，反映单位本年从非同级财政部门取得的经费拨款。本项目应当根据"非同级财政拨款预算收入"科目的本年发生额填列。

（9）"投资预算收益"项目，反映事业单位本年按照部门预算要求依法取得的纳入单位预算管理的投资收益。本项目应当根据"投资预算收益"科目的本年发生额填列。

（10）"其他预算收入"项目，反映单位本年除财政拨款预算收入、事业预算收入、上级补助预算收入、附属单位上缴预算收入、经营预算收入"非同级财政拨款预算收入""投资预算收益"以外的其他类预算收入。本项目应当根据"其他预算收入"科目本年发生额的合计数填列。

第一，"利息预算收入"项目，反映单位本年按照部门预算要求取得的利息收入。本项目应当根据"其他预算收入"科目明细账记录分析填列。单位单设"利息预算收入"科目的，应当根据"利息预算收入"科目的本年发生额填列。

第二，"捐赠预算收入"项目，反映单位本年接受捐赠取得的预算收入。本项目应当根据"其他预算收入"科目明细记录分析填列。单位单设"捐赠预算收入"科目的，应当根据"捐赠预算收入"科目的本年发生额填列。

第三，"租金预算收入"项目，反映事业单位本年按照部门预算要求取得的租金收入。本项目应当根据"其他预算收入"科目明细账记录分析填列。单位单设"租金预算收入"科目的，应当根据"租金预算收入"科目的本年发生额填列。

2. 本年预算支出

（1）"本年预算支出"项目，反映单位本年预算支出总额。本项目应当根据表 16-2

中"行政支出"、"事业支出"、"经营支出"、"上缴上级支出"、"对附属单位补助支出"、"投资支出"、"债务还本支出"和"其他支出"项目金额的合计数填列。

（2）"行政支出"项目，反映行政单位本年履行职责实际发生的各项支出。本项目应当根据"行政支出"科目的本年发生额填列。

（3）"事业支出"项目，反映事业单位本年开展专业业务活动及其辅助活动发生的各项预算支出。本项目应当根据"事业支出"科目的本年发生额填列。

（4）"经营支出"项目，反映事业单位本年在专业业务活动及其辅助活动之外开展非独立核算经营活动发生的支出。本项目应当根据"经营支出"科目的本年发生额填列。

（5）"上缴上级支出"项目，反映事业单位本年按照财政部门和主管部门的规定上缴上级单位的支出。本项目应当根据"上缴上级支出"科目的本年发生额填列。

（6）"对附属单位补助支出"项目，反映事业单位本年用财政拨款收入之外的收入对附属单位补助发生的支出。本项目应当根据"对附属单位补助支出"科目的本年发生额填列。

（7）"投资支出"项目，反映事业单位以货币资金对外投资发生的支出。本项目应当根据"投资支出"科目的本年发生额填列。

（8）"债务还本支出"项目，反映事业单位本年偿还自身承担的纳入预算管理的从金融机构举借的债务本金的支出。本项目应当根据"债务还本支出"科目的本年发生额填列。

（9）"其他支出"项目，反映单位本年除行政支出、事业支出、投资支出、债务还本支出、上缴上级支出、对附属单位补助支出、经营支出以外的其他支出。本项目应当根据"其他支出"科目的本年发生额填列。

第一，"利息支出"项目，反映单位本年发生的利息支出。本项目应当根据"其他支出"科目明细账记录分析填列。单位单设"利息支出"科目的，应当根据"利息支出"科目的本年发生额填列。

第二，"捐赠支出"项目，反映单位本年发生的捐赠支出。本项目应当根据"其他支出"科目明细账记录分析填列。单位单设"捐赠支出"科目的，应当根据"捐赠支出"科目的本年发生额填列。

3. 本年预算收支差额

"本年预算收支差额"项目，反映单位本年各项预算收支相抵后的余额。本项目应当根据表 16-2 中"本年预算收入"项目金额减去"本年预算支出"项目金额后的余额填列；如为负数，以"—"号填列。

二、预算结转结余变动表

（一）预算结转结余变动表的格式

预算结转结余变动表反映行政事业单位在某一会计年度内预算结转结余的变动情

况。其中"本年数"栏反映各项目的本年实际发生数。本表"上年数"栏反映各项目的上年实际发生数，应当根据上年度预算结转结余变动表中"本年数"栏内所列数字填列。如果本年度预算结转结余变动表规定的项目的名称和内容同上年度不一致，应当对上年度预算结转结余变动表项目的名称和数字按照本年度的规定进行调整，将调整后金额填入本年度预算结转结余变动表的"上年数"栏。表中"年末预算结转结余"项目金额等于"年初预算结转结余""年初余额调整""本年变动金额"三个项目的合计数。预算结转结余变动表的格式见表16-3。

表 16-3 预算结转结余变动表

会政预 02 表
编制单位： 　　　　　　　　　　年　　　　　　　　　　　单位：元

项目	本年数	上年数
一、年初预算结转结余		
（一）财政拨款结转结余		
（二）其他资金结转结余		
二、年初余额调整（减少以"—"填列）		
（一）财政拨款结转结余		
（二）其他资金结转结余		
三、本年变化金额（减少以"—"填列）		
（一）财政拨款结转结余		
1. 本年收支差额		
2. 归集调入		
3. 归集上缴或调出		
（二）其他资金结转结余		
1. 本年收支差额		
2. 缴回资金		
3. 使用专用结余		
4. 支付所得税		
四、年末预算结转结余		
（一）财政拨款结转结余		
1. 财政拨款结转		
2. 财政拨款结余		
（二）其他资金结转结余		
1. 非财政拨款结转		
2. 非财政拨款结余		
3. 专用结余		
4. 经营结余（如有余额，以"—"填列）		

（二）预算结转结余变动表的编制方法

预算结转结余变动表"本年数"栏各项目的内容和填列方法。

（1）"年初预算结转结余"项目，反映单位本年预算结转结余的年初余额。本项目应当根据本项目下"财政拨款结转结余""其他资金结转结余"项目金额的合计数填列。

第一，"财政拨款结转结余"项目，反映单位本年财政拨款结转结余资金的年初余额。本项目应当根据"财政拨款结转""财政拨款结余"科目本年初余额合计数填列。

第二，"其他资金结转结余"项目，反映单位本年其他资金结转结余的年初余额。本项目应当根据"非财政拨款结转""非财政拨款结余""专用结余""经营结余"科目本年初余额的合计数填列。

（2）"年初余额调整"项目，反映单位本年预算结转结余年初余额调整的金额。本项目应当根据本项目下"财政拨款结转结余""其他资金结转结余"项目金额的合计数填列。

第一，"财政拨款结转结余"项目，反映单位本年财政拨款结转结余资金的年初余额调整金额。本项目应当根据"财政拨款结转""财政拨款结余"科目下"年初余额调整"明细科目的本年发生额的合计数填列；如调整减少年初财政拨款结转结余，以"—"号填列。

第二，"其他资金结转结余"项目，反映单位本年其他资金结转结余的年初余额调整金额。本项目应当根据"非财政拨款结转""非财政拨款结余"科目下"年初余额调整"明细科目的本年发生额的合计数填列；如调整减少年初其他资金结转结余，以"—"号填列。

（3）"本年变动金额"项目，反映单位本年预算结转结余变动的金额。本项目应当根据本项目下"财政拨款结转结余""其他资金结转结余"项目金额的合计数填列。

第一，"财政拨款结转结余"项目，反映单位本年财政拨款结转结余资金的变动。本项目应当根据本项目下"本年收支差额""归集调入""归集上缴或调出"项目金额的合计数填列。

"本年收支差额"项目，反映单位本年财政拨款资金收支相抵后的差额。本项目应当根据"财政拨款结转"科目下"本年收支结转"明细科目本年转入的预算收入与预算支出的差额填列；差额为负数的，以"—"号填列。

"归集调入"项目，反映单位本年按照规定从其他单位归集调入的财政拨款结转资金。本项目应当根据"财政拨款结转"科目下"归集调入"明细科目的本年发生额填列。

"归集上缴或调出"项目，反映单位本年按照规定上缴的财政拨款结转结余资金及按照规定向其他单位调出的财政拨款结转资金。本项目应当根据"财政拨款结转""财政拨款结余"科目下"归集上缴"明细科目，以及"财政拨款结转"科目下"归集调出"明细科目本年发生额的合计数填列，以"—"号填列。

第二，"其他资金结转结余"项目，反映单位本年其他资金结转结余的变动。本项目应当根据本项目下"本年收支差额""缴回资金""使用专用结余""支付所得税"

项目金额的合计数填列。

"本年收支差额"项目,反映单位本年除财政拨款外的其他资金收支相抵后的差额。本项目应当根据"非财政拨款结转"科目下"本年收支结转"明细科目、"其他结余"科目、"经营结余"科目本年转入的预算收入与预算支出的差额的合计数填列;如为负数,以"—"号填列。

"缴回资金"项目,反映单位本年按照规定缴回的非财政拨款结转资金。本项目应当根据"非财政拨款结转"科目下"缴回资金"明细科目本年发生额的合计数填列,以"—"号填列。

"使用专用结余"项目,反映本年事业单位根据规定使用从非财政拨款结余或经营结余中提取的专用基金的金额。本项目应当根据"专用结余"科目明细账中本年使用专用结余业务的发生额填列,以"—"号填列。

"支付所得税"项目,反映有企业所得税缴纳义务的事业单位本年实际缴纳的企业所得税金额。本项目应当根据"非财政拨款结余"明细账中本年实际缴纳企业所得税业务的发生额填列,以"—"号填列。

(4)"年末预算结转结余"项目,反映单位本年预算结转结余的年末余额。本项目应当根据本项目下"财政拨款结转结余""其他资金结转结余"项目金额的合计数填列。

第一,"财政拨款结转结余"项目,反映单位本年财政拨款结转结余的年末余额。本项目应当根据本项目下"财政拨款结转""财政拨款结余"项目金额的合计数填列。

本项目下"财政拨款结转""财政拨款结余"项目,应当分别根据"财政拨款结转""财政拨款结余"科目的本年年末余额填列。

第二,"其他资金结转结余"项目,反映单位本年其他资金结转结余的年末余额。本项目应当根据本项目下"非财政拨款结转""非财政拨款结余""专用结余""经营结余"项目金额的合计数填列。

本项目下"非财政拨款结转""非财政拨款结余""专用结余""经营结余"项目,应当分别根据"非财政拨款结转""非财政拨款结余""专用结余""经营结余"科目的本年年末余额填列。

三、财政拨款预算收入支出表

(一)财政拨款预算收入支出表的格式

财政拨款预算收入支出表反映行政事业单位本年财政拨款预算资金收入、支出及相关变动的具体情况。财政拨款预算收入支出表"项目"栏内各项目,应当根据行政事业单位取得的财政拨款种类分项设置,其中"项目支出"下,根据每个项目设置;行政事业单位取得除公共财政预算拨款和政府性基金预算拨款以外的其他财政拨款的,应当按照财政拨款种类增加相应的资金项目及其明细项目。财政拨款预算收入支出表的格式见表16-4。

表 16-4 财政拨款预算收入支出表

会政预 03 表
编制单位：　　　　　　　　　　　　年　　　　　　　　　　　　单位：元

项目	年初财政拨款结转结余		调整年初财政拨款结转结余	本年归集调入	本年归集上缴或调出	单位内部调剂		本年财政拨款收入	本年财政拨款支出	年末财政拨款结转结余	
	结转	结余				结转	结余			结转	结余
一、一般公共预算财政拨款											
（一）基本支出											
1. 人员经费											
2. 日常公用经费											
（二）项目支出											
1. ××项目											
2. ××项目											
……											
二、政府性基金预算财政拨款											
（一）基本支出											
1. 人员经费											
2. 日常公用经费											
（二）项目支出											
1. ××项目											
2. ××项目											
……											
总计											

（二）财政拨款预算收入支出表的编制方法

财政拨款预算收入支出表各栏及其对应项目的内容和填列方法如下所述。

（1）"年初财政拨款结转结余"栏中各项目，反映单位年初各项财政拨款结转和结余的金额。各项目应当根据"财政拨款结转"和"财政拨款结余"及其明细科目的年初余额填列。本栏目中各项目的数额，应当与上年度财政拨款预算收入支出表中"年末财政拨款结转结余"栏中各项目的数额相等。

（2）"调整年初财政拨款结转结余"栏中各项目，反映单位对年初财政拨款结转结余的调整金额。各项目应当根据"财政拨款结转"和"财政拨款结余"科目中"年初余额调整"科目及其所属明细科目的本年发生额填列，如调整减少年初财政拨款结转结余，以"—"号填列。

（3）"本年归集调入"栏中各项目，反映单位本年按规定从其他单位调入的财政拨款结转结余资金。各项目应当根据"财政拨款结转"科目中"归集调入"科目及其所属明细科目的本年发生额填列。

（4）"本年归集上缴或调出"栏内各项目，反映单位本年按规定实际上缴的财政拨款结转结余资金，以及按照规定向其他单位调出的财政拨款结转资金金额。各项目应当根据"财政拨款结转""财政拨款结余"科目下"归集上缴"科目和"财政拨款结转"科目下"归集调出"免息科目，及其所属明细科目的本年发生额填列，以"—"号填列。

（5）"单位内部调剂"栏中各项目，反映单位本年财政拨款结转结余资金在内部不同项目之间的调剂金额。各项目应当根据"财政拨款结转"和"财政拨款结余"科目中的"单位内部调剂"及其所属明细科目的本年发生额填列。对单位内部调剂减少的财政拨款结转结余项目，以"—"号填列。

（6）"本年财政拨款收入"栏中各项目，反映单位本年从同级财政部门取得的各类财政预算拨款金额。各项目应当根据"财政拨款预算收入"科目及其所属明细科目的本年发生额填列。

（7）"本年财政拨款支出"栏中各项目，反映单位本年发生的财政拨款支出金额。各项目应当根据"行政支出"和"事业支出"科目及其所属明细科目本年发生额中的财政拨款支出数的合计数填列。

（8）"年末财政拨款结转结余"栏中各项目，反映单位年末财政拨款结转结余的金额。各项目应当根据"财政拨款结转"和"财政拨款结余"科目及其所属明细科目的年末余额填列。

四、附注

附注是行政事业单位对在会计报表中列示的项目所做的进一步说明，以及对未能在会计报表中列示项目的说明。附注是财务报表的重要组成部分。凡对报表使用者的决策有重要影响的会计信息，不论本制度是否有明确规定，单位均应当充分披露。附注主要包括下列内容。

（一）单位的基本情况

行政事业单位应当简要披露其基本情况，包括单位主要职能、主要业务活动、所在地、预算管理关系等。

（二）会计报表编制基础

分别说明财务会计报表编制基础为权责发生制，预算会计报表的编制基础为收付实现制。

（三）遵循政府会计准则、制度的声明

说明单位会计核算和会计报表编制遵循政府会计准则和政府会计制度。

（四）重要会计政策和会计估计

行政事业单位应当采用与其业务特点相适应的具体会计政策，并充分披露报告期内

采用的重要会计政策和会计估计，主要包括以下内容。

（1）会计期间。

（2）记账本位币，外币折算汇率。

（3）坏账准备的计提方法。

（4）存货类别、发出存货的计价方法、存货的盘存制度，以及低值易耗品和包装物的摊销方法。

（5）长期股权投资的核算方法。

（6）固定资产分类、折旧方法、折旧年限和年折旧率；融资租入固定资产的计价和折旧方法。

（7）无形资产的计价方法；使用寿命有限的无形资产，其使用寿命估计情况；使用寿命不确定的无形资产，其使用寿命不确定的判断依据；单位内部研究开发项目划分研究阶段和开发阶段的具体标准。

（8）公共基础设施的分类、折旧（摊销）方法、折旧（摊销）年限，以及其确定依据。

（9）政府储备物资分类，以及确定其发出成本所采用的方法。

（10）保障性住房的分类、折旧方法、折旧年限。

（11）其他重要的会计政策和会计估计。

（12）本期发生重要会计政策和会计估计变更的，变更的内容和原因、受其重要影响的报表项目名称和金额、相关审批程序，以及会计估计变更开始适用的时点。

（五）会计报表重要项目说明

行政事业单位应当按照资产负债表和收入费用表项目列示顺序，采用文字和数据描述相结合的方式披露重要项目的明细信息。报表重要项目的明细金额合计，应当与报表项目金额相衔接。报表重要项目说明应包括但不限于下列内容：①货币资金；②应收账款按照债务人类别披露；③存货；④其他流动资产；⑤长期投资；⑥固定资产；⑦在建工程；⑧无形资产；⑨公共基础设施；⑩政府储备物资；⑪受托代理资产；⑫应付账款按照债权人类别披露；⑬其他流动负债；⑭长期借款；⑮事业收入；⑯非同级财政拨款收入按收入来源的披露；⑰其他收入按照收入来源的披露；⑱业务活动费用按经济分类的披露和按支付对象的披露；⑲其他费用按照类别披露；⑳本期费用按照经济分类的披露。

（六）本年盈余与预算结余的差异情况说明

为了反映行政事业单位财务会计和预算会计因核算基础和核算范围不同所产生的本年盈余数与本年预算结余数之间的差异，行政事业单位应当按照重要性原则，对本年度发生的各类影响收入（预算收入）和费用（预算支出）的业务进行适度归并和分析，披露将年度预算收入支出表中"本年预算收支差额"调节为年度收入费用表中"本期盈余"的信息。有关披露格式见表16-5。

表 16-5 预算结余与本期盈余差异调节表

编制单位：　　　　　　　　　　　　　　　年　　　　　　　　　　　　　　　单位：元

项目	金额
一、本期预算结余（本年预算收支差额）	
二、差异调节	
（一）重要事项的差异	
加：1. 当期确认为收入但没有确认为预算收入	
（1）应收款项、预收款项确认的收入	
（2）接受非货币性资产捐赠确认的收入	
2. 当期确认为预算支出但没有确认费用	
（1）支付应付款项、预付款项的支出	
（2）为取得存货、政府储备物资等计入物资成本的支出	
（3）为构建固定资产等的资本性支出	
（4）偿付借款本息支出	
减：1. 当期确认为预算收入但没有确认为收入	
（1）收到应收款项、预收账款确认的预算收入	
（2）取得借款确认的预算收入	
2. 当期确认为费用但没有确认为预算支出	
（1）发出存货、政府储备物资等确认的费用	
（2）计提的折旧费用和摊销费用	
（3）确认的资产处置费用（处置资产价值）	
（4）应付款项、预付款项确认的费用	
（二）其他事项差异	
三、本年盈余（本年收入与费用的差额）	

（七）其他重要事项说明

（1）资产负债表日存在的重要或有事项说明。没有重要或有事项的，也应说明。

（2）以名义金额计量的资产名称、数量等情况，以及以名义金额计量理由的说明。

（3）通过债务资金形成的固定资产、公共基础设施、保障性住房等资产的账面价值、使用情况、收益情况及与此相关的债务偿还情况等的说明。

（4）重要资产置换、无偿调入（出）、捐入（出）、报废、重大毁损等情况的说明。

（5）事业单位将单位内部独立核算单位的会计信息纳入本单位财务报表情况的说明。

（6）政府会计具体准则中要求附注披露的其他内容。

（7）有助于理解和分析单位财务报表需要说明的其他事项。

第三节 行政事业单位部门决算报告

一、部门决算报告的含义

部门决算报告是指行政事业单位编制的，反映本单位预算执行结果的总结性文件。编制决算报告的目的，是向人民代表大会、财政部门等提供与单位预算执行情况有关的信息，为预算监督和管理，以及后续年度预算的编制提供参考和依据。部门决算报告以收付实现制为基础，主要反映行政事业单位的各项收入、支出的预算执行结果等信息。政府决算报告综合反映政府会计主体年度预算收支执行结果的文件。政府决算报告应当包括决算报表和其他应当在决算报告中反映的相关信息和资料。政府决算报告的编制主要以收付实现制为基础，以预算会计核算生成的数据为准。

部门决算是指行政事业单位在年度终了，根据财政部门决算编审要求，在日常会计核算的基础上编制的、综合反映本单位预算执行结果和财务状况的总结性文件。部门决算管理主要内容包括：部门决算的工作组织、报表设计、编制审核、汇总报送、批复、信息公开、分析利用、数据质量监督检查、数据资料管理及对部门决算考核评价等方面。

年度终了，行政事业单位应当根据财政部门决算编审要求，在日常会计核算的基础上编制本部门决算报告。行政事业单位应当按照预算管理关系，采取自下而上方式，逐级汇总报送。主管行政单位应当对所属行政、事业单位上报的决算报表和部门本级决算报表进行汇总，并对有关收入支出、内部往来等重复项目进行调整和剔除。汇总后部门决算草案应当在规定时间内逐级上报财政部门。财政部门批复后的部门决算报告应当向社会公开。

二、部门决算报告的内容

行政事业单位应当按照《部门决算管理制度》（财库〔2013〕209号）的要求编制部门决算报告。部门决算报告由部门决算报表和部门决算说明与分析组成。

（一）部门决算报表

1. 部门决算报表的组成

部门决算报表以表格形式反映行政事业单位年度预算执行情况的信息，由收入支出决算总表、财政拨款收入支出决算总表、收入支出决算表、收入决算表、支出决算表等一系列决算表和附表组成。财政部负责制定全国统一的部门决算报表体系及部门决算软件，明确报表格式要求和填报口径。

部门决算报表体系由四部分组成，具体包括基础数据表、填报说明、分析表和分析报告。基础数据表主要反映部门收支预算执行结果、资产负债、人员机构、资产配置使用及事业发展成效等信息，包括报表封面、主表、附表和补充资料表。分析表通过设定的表样和自动提数功能，对部门决算重要指标进行分析比较，揭示部门预算执行、会计核算和财务管理等方面的情况和问题。

2. 部门决算报表的编制

年度终了，行政事业单位应当按照财政部门的工作部署，在规定的时间内编制和报送决算报表。行政事业单位应当在全面清理核实收入、支出、资产、负债，并办理年终结账的基础上编制决算报表。

（1）应当按照行政、事业单位财务会计制度规定及财政部门对部门预算的批复文件，及时清理收支账目、往来款项，核对年度预算收支和各项缴拨款项。各项收支应当按规定要求进行年终结账。

（2）应当按照综合预算管理规定，如实反映年度内全部收支，不得隐匿收入或虚列支出。凡属本年的各项收入应当及时入账，本年的各项应缴国库款和应缴财政专户款应当在年终前全部上缴。属于本年的各项支出，应当按规定的支出渠道如实列报。

（3）应当根据登记完整、核对无误的账簿记录和其他有关会计核算资料编制决算，做到数据真实正确、内容完整、账证相符、账实相符、账表相符、表表相符。

行政事业单位原则上应当实行逐户录入。对于确实不具备逐户录入条件的，可按照财政部统一规定适当调整录入级次。

（二）部门决算说明与分析

部门决算说明是以文字形式对部门决算报表的基础数据所做的说明，包括部门基本情况、数据审核情况、年度主要收支指标增减变动情况以及因重大事项或特殊事项影响决算数据的情况说明等。部门决算分析是指对行政事业单位年度预算执行情况进行分析，总结经验与教训，进行预算绩效考核与评价，为下期预算管理工作奠定良好的基础。分析报告根据分析表中反映的问题和收支增减变动情况进行分析，重点分析部门预算执行情况、资金使用情况、财务状况及单位主要业务和财务工作开展情况等。

通过部门决算数据分析和实地调研，及时发现预算编制和预算执行中存在的问题，建立健全预算与决算相互反映和相互促进的工作机制；揭示财务管理与会计核算中的问题，规范行政事业单位财务管理与会计核算。部门决算分析的主要内容包括：预算与决算差异分析；收入、支出、结余年度间变动原因分析；财政资金使用效益分析；部门资产、负债规模与结构分析；机构、人员及人均情况对比分析；满足财政财务管理与宏观经济决策需要的各项专题分析；等等。

各地区、各部门应当综合运用多种方法进行分析，主要包括分类比较法、趋势分析法、比率分析法、因素分析法等。分类比较法可分预算管理级次、分单位性质等进行分析；趋势分析法可对主要指标的年度变化和发展趋势等进行分析；比率分析法可对指标结构比率、效益比率和人均比率等进行分析；因素分析法可对财务指标或经济指标变动中各因素的影响程度进行分析。部门决算评价指标体系主要内容包括预算约束力评价、部门收入支出结构评价、部门项目资金使用情况评价、部门人员控制及收支合理合规性评价、人均收支余情况评价等方面。各地区、各部门应当合理设置评价指标，分类排序指标信息，科学使用评价结果。

本 章 小 结

  行政事业单位应当根据会计核算数据及其他相关资料，需要在编制预算会计报表的基础上，编写部门决算报告，反映行政事业单位的预算执行情况。预算会计报表是反映行政事业单位某一会计期间的预算执行会计信息的文件，是行政事业单位根据会计账簿数据编制的，以表格形式反映行政事业单位的预算执行、收入支出情况和其他会计信息。预算会计报表（决算报表）的编制主要以收付实现制为基础，以预算会计核算生成的数据为准。决算报表至少包括预算收入支出表、预算结转结余变动表、财政拨款预算收入支出表。

  预算收入支出表反映行政事业单位在某一会计年度内各项预算收入、预算支出和预算结转结余情况，以及年末非财政拨款结余的分配情况。预算结转结余变动表反映行政事业单位在某一会计年度内预算结转结余的变动情况，以及与资金结存的钩稽关系。财政拨款预算收入支出表反映行政事业单位取得的财政拨款各项种类。部门决算报告是指行政事业单位以收付实现制为基础编制的，反映本单位预算执行结果的总结性文件，由部门决算报表和部门决算说明与分析组成。部门决算报表以表格形式反映行政事业单位年度预算执行情况的信息，由收入支出决算总表、财政拨款收入支出决算总表、收入支出决算表、收入决算表、支出决算表等一系列决算表和附表组成。部门决算说明是以文字形式对部门决算报表的基础数据所做的说明，包括部门基本情况、数据审核情况、年度主要收支指标增减变动情况及因重大事项或特殊事项影响决算数据的情况说明等。

【复习思考题】

1. 简述行政事业单位预算会计报表的内容与编制要求。
2. 什么是预算收入支出表？如何进行编制？
3. 简述预算结转结余变动表的含义与基本格式。
4. 行政事业单位如何编制财政拨款预算收入支出表？
5. 什么是部门决算报告？其包括哪些内容？

第五篇

民间非营利组织会计

第十七章

民间非营利组织会计概述

【学习目标】
1. 了解民间非营利组织会计的含义与特征。
2. 理解民间非营利组织会计的目标与原则。
3. 掌握民间非营利组织会计要素及其会计科目。

第一节 民间非营利组织会计的概念与特征

一、民间非营利组织会计的概念

民间非营利组织是指主要通过筹集社会民间资金举办的，不以营利为目的，从事教育、科技、文化、卫生、宗教等社会公益事业，旨在提供公共产品的社会服务组织。我国民间非营利组织包括依照国家法律、行政法规等级的社会团体、基金会、民办非企业单位和寺院、宫观、清真寺、教堂等。民间非营利组织既不是政府机构也不是企业，它是社会公众提供具有公益特性的公共服务的组织。尽管民间非营利组织所提供的公共服务与公立的非营利事业单位有许多相同或相似之处，但它更突出民间性或非政府性的特点。根据我国现行的《民间非营利组织会计制度》的相关规定，民间非营利组织应当同时具备以下三个基本特征。

（1）该组织不以营利为宗旨和目的，即其设立和开展业务的目的和宗旨不是赚取利润，而是在于按照资金提供者的期望和要求，为社会带来更多的服务或商品。虽然民间非营利组织具有非营利性，但并不排除其因提供商品或社会服务而获取相应的收入或者收取合理的费用，只要这些营利活动的所得最终用于组织的非营利事业即可。

（2）资源提供者向该组织投入资源不取得经济回报，即资源的提供者在向该组织投入资源的同时不能从该组织取得与资源相关的经济回报。

（3）资源提供者不享有该组织的所有权，即资金或者资源的提供者在将资源投入民间非营利组织后，资源既不属于组织，也不属于出资者（如捐赠人、会员等）。任何单位或个人不因出资而享有相关的所有者权益，如与所有者相关的资产出售、转让、处置权及清算时剩余资产的分配权等，但是国家对这些组织及其净资产拥有所有权。

民间非营利组织会计是对民间非营利组织的财务收支活动进行确认、计量、记录和报告，并以价值指标客观地反映业务活动过程，为业务管理和其他相关管理提供信息的活动。

二、民间非营利组织会计的特征

民间非营利组织会计的特征主要包括以下三个方面。

（1）以权责发生制作为会计核算基础。权责发生制以会计主体承担的权利和责任作为会计核算的时间点，而不管款项是否实际收付。此特征是民间非营利组织与公立的非营利组织在会计核算上的显著不同。权责发生制的采用有助于民间非营利组织加强资产、负债的管理，从而提高民间非营利组织会计信息质量，增强会计信息的有用性。

（2）在采用历史成本计价的基础上，引入公允价值计量基础。强调在坚持以历史成本为计量基础的同时，对一些特殊的交易事项，如捐赠、政府补助等，引入公允价值作为计量基础，不仅丰富了民间非营利组织会计的计量基础，而且实现了对特殊业务活动的合理计量。这里所称的公允价值是指在公平交易中，熟悉情况的交易双方，自愿进行资产交换或者债务清偿的金额。公允价值的确定顺序如下：①如果同类或者类似资产存在活跃市场的，应当按照同类或者类似资产的市场价格确定公允价值；②如果同类或类似资产不存在活跃市场，或者无法找到同类或者类似资产的，应当采用合理的计价方法确定资产的公允价值。

（3）会计要素设置的特殊性。因为民间非营利组织的资源提供者既不享有组织的所有权，也不取得经济回报，所以会计要素的设置不包括所有者利益和利润，而是设置了净资产这一要素。另外，因为民间非营利组织采用权责发生制作为会计核算基础，所以设置了费用要素，而没有使用行政、事业单位的支出要素。

第二节 民间非营利组织会计核算的目标及原则

一、民间非营利组织的会计目标

所谓会计目标，就是指会计活动最终要达到的目的。民间非营利组织自身的显著特点,决定了其既能弥补政府提供公共产品的不足,又能避免企业过于逐利的倾向。同时,其特点也决定了其功能和目标。目前阶段民间非营利组织的会计目标,是向资源提供者和其他信息使用者提供组织的财务状况、业务活动情况和现金流量等方面的信息,以有助于信息使用者做出正确的决策。

二、民间非营利组织会计核算的基本原则

民间非营利组织在会计核算时,应当遵循以下基本原则。

(1)可靠性原则。可靠性原则要求会计核算应当以实际发生的交易或者事项为依据,如实反映民间非营利组织的财务状况、业务活动情况和现金流量等信息。

(2)相关性原则。相关性原则要求会计核算所提供的信息应当能够满足会计信息使用者(如捐赠人、会员、监管者等)的需要。

(3)实质重于形式原则。实质重于形式原则要求会计核算应当按照交易或者事项的实质进行,而不应当仅仅以它们的法律形式作为依据。

(4)一致性原则。一致性原则要求会计政策前后各期应当保持一致,不得随意变更。确需变更的,应当在会计报表附注中披露变更的内容和理由、变更的累积影响数,以及累积影响数不能合理确定的理由等。

(5)可比性原则。可比性原则要求会计核算应当按照规定的会计处理方法进行,会计信息应当口径一致、相互可比。

(6)及时性原则。及时性原则要求会计核算应当及时进行,不得提前或延后。

(7)明晰性原则。明晰性原则要求会计核算和编制的财务会计报告应当清晰明了,便于理解和使用。

(8)配比原则。配比原则要求在会计核算中,所发生的费用应当与其相关的收入相配比,同一会计期间内的各项收入和与其相关的费用,应当在该会计期间内确认。

(9)实际成本原则。实际成本原则要求资产在取得时应当按照实际成本计量。除法律、行政法规和国家统一的会计制度另有规定外,民间非营利组织一律不得自行调整资产账面价值。

(10)谨慎性原则。谨慎性原则要求会计人员进行会计核算时应当保持谨慎态度,充分估计可能发生的风险和损失。

(11)合理划分费用化支出与资本化支出原则。合理划分费用化支出与资本化支出原则要求会计核算应当合理划分应当计入当期费用的支出和应当予以资本化的支出。

(12)重要性原则。重要性原则要求,对资产、负债、净资产、收入、费用等有较大影响,并进而影响财务会计报告使用者据以做出合理判断的重要会计事项,必须按照规定的会计方法和程序进行处理,并在财务会计报告中予以充分披露;而对不重要的会计事项,在不影响会计信息真实性和不至于误导会计信息使用者做出正确判断的前提下,可适当简化处理。

第三节　民间非营利组织的会计要素与会计科目

一、民间非营利组织的会计要素

会计要素是对会计对象的基本分类，是构成会计报表的基本项目。我国民间非营利组织的会计要素分为资产、负债、净资产、收入和费用类。每一个会计要素都是一个具有特定内涵的会计概念，并且都可以进一步分为若干个项目，以适应民间非营利组织管理的需要。

民间非营利组织的会计要素具体包括以下几个方面。

（一）反映财务状况的会计要素

财务状况，是指民间非营利组织一定时期的资产、负债及净资产的情况，是民间非营利组织资金活动相对静止状况的表现。一个民间非营利组织的财务状况可通过以下会计要素得以反映。

1. 资产

资产是指过去的交易或者事项形成并由民间非营利组织拥有或者控制的资源，该资源预期会给民间非营利组织带来经济利益或者服务潜力。资产按其流动性分为流动资产、长期投资、固定资产、无形资产和受托代理资产等。

2. 负债

负债是指过去的交易或者事项形成的现时义务，履行该义务预期会导致含有经济利益或者服务潜力的资源流出民间非营利组织。负债按其流动性分为流动负债、长期负债和受托代理负债等。

3. 净资产

民间非营利组织的净资产是指资产减去负债后的余额。净资产应当按照其是否受到限制，分为限定性净资产和非限定性净资产等。

如果资产或者资产所产生的经济利益（如资产的投资收益和利息等）的使用受到资产提供者或者国家有关法律、行政法规所设置的时间限制或（和）用途限制，则由此形成的净资产即限定性净资产，国家有关法律、行政法规对净资产的使用直接设置限制的，则该受限制的净资产也属于限定性净资产。除此之外的其他净资产，即非限定性净资产。

（二）反映业务成果的会计要素

业务成果，是指民间非营利组织在一定时期内从事业务活动所取得的最终成果，是资金活动动态变化的主要体现。一个民间非营利组织的业务成果可通过以下会计要素得以反映。

1. 收入

收入是指民间非营利组织开展业务活动取得的，导致本期净资产增加的经济利益或者服务潜力的流入，收入应当按照其来源分为捐赠收入、会费收入、提供服务收入、政府补助收入、投资收益、商品销售收入等主要业务活动收入和其他收入等。

2. 费用

费用是指民间非营利组织为开展业务活动所发生的，导致本期净资产减少的经济利益或者服务潜力的流出。费用应当按照其功能分为业务活动成本、管理费用、筹资费用和其他费用等。

二、民间非营利组织的会计科目

为了便于编制会计凭证、登记账簿、查阅账目及实行会计电算化，民间非营利组织应当按照制度的规定，设置和使用会计科目。对于制度统一规定的会计科目编号，民间非营利组织不得随意打乱重编。在不影响会计核算要求和会计报表指标汇总，以及对外提供统一的财务会计报告的前提下，可以根据实际情况自行增设、减少或合并某些会计科目。民间非营利组织在填制会计凭证、登记会计账簿时，应当填列会计科目的名称，或者同时填列会计科目的名称和编号，不得只填科目编号，不填列科目名称。各类民间非营利组织统一使用的会计科目表如表17-1所示。

表 17-1 民间非营利组织会计科目表

类别	序号	科目编号	名称	类别	序号	科目编号	名称
资产类	1	1001	现金	负债类	25	2201	应付票据
	2	1002	银行存款		26	2202	应付账款
	3	1009	其他货币资金		27	2203	预收账款
	4	1101	短期投资		28	2204	应付工资
	5	1102	短期投资跌价准备		29	2206	应交税金
	6	1111	应收票据		30	2209	其他应付款
	7	1121	应收账款		31	2301	预提费用
	8	1122	其他应收款		32	2401	预计负债
	9	1131	坏账准备		33	2501	长期借款
	10	1141	预付账款		34	2502	长期应付款
	11	1201	存货		35	2601	受托代理负债
	12	1202	存货跌价准备	净资产类	36	3101	非限定性净资产
	13	1301	待摊费用		37	3102	限定性净资产
	14	1401	长期股权投资	收入类	38	4101	捐赠收入
	15	1402	长期债权投资		39	4201	会费收入
	16	1421	长期投资减值准备		40	4301	提供服务收入
	17	1501	固定资产		41	4401	政府补助收入
	18	1502	累计折旧		42	4501	商品销售收入
	19	1505	在建工程		43	4601	投资收益
	20	1506	文物文化资产		44	4901	其他收入
	21	1509	固定资产清理	费用类	45	5101	业务活动成本
	22	1601	无形资产		46	5201	管理费用
	23	1701	受托代理资产		47	5301	筹资费用
	24	2101	短期借款		48	5401	其他费用

本 章 小 结

民间非营利组织会计是对民间非营利组织的财务收支活动进行确认、计量、记录和报告,并以价值指标客观地反映业务活动过程,为业务管理和其他相关管理提供信息的活动。民间非营利组织会计的特征表现为三个方面:一是以权责发生制作为会计核算基础;二是在采用历史成本计价的基础上,引入公允价值计量基础;三是会计要素设置的特殊性。民间非营利组织在会计核算时,应当遵循基本原则,分别是可靠性原则、相关性原则、实质重于形式原则、一致性原则、可比性原则、及时性原则、明晰性原则、配比原则、实际成本原则、谨慎性原则、合理划分费用化支出与资本化支出原则和重要性原则。我国民间非营利组织的会计要素分为资产、负债、净资产、收入和费用类五类,共有会计科目48个,其中资产类科目23个,负债类科目12个,净资产类科目2个,收入类科目7个,费用类科目4个。

【复习思考题】

1. 什么是民间非营利组织会计?适用于哪些种类的组织?
2. 民间非营利组织具有哪些基本特征?
3. 民间非营利组织会计核算的目标是什么?
4. 民间非营利组织会计包括哪些会计要素?

第十八章

民间非营利组织资产与负债的核算

【学习目标】
1. 明确民间非营利组织资产与负债的构成内容。
2. 熟悉民间非营利组织各项资产与负债的确认标准。
3. 掌握民间非营利组织资产的核算方法。
4. 掌握民间非营利组织负债的核算方法。
5. 比较民间非营利组织与营利组织资产负债核算的区别。

第一节　民间非营利组织资产的核算

资产是民间非营利组织开展业务活动的基础，可以为民间非营利组织带来经济利益或服务潜力，提高其公益服务水平。

一、资产的分类与确认计量

（一）资产的分类

民间非营利组织的资产是指过去的交易或者事项形成的由民间非营利组织拥有或者控制的资源，该资源预期会给民间非营利组织带来经济利益或者服务潜力。民间非营利组织会计的资产，应当具有以下特征：一是资产是由过去的交易或事项形成的；二是资产由民间非营利组拥有或控制；三是资产预期能够给民间非营利组织带来经济利益或服务潜力。

资产应当按其流动性分为流动资产、非流动资产和受托代理资产。

（1）流动资产是指预期1年内（含1年）变现或者耗用的资产，包括货币资产、短期投资、应收及预付款项、存货等。

（2）非流动资产是指变现或者耗用周期在1年以上（不含1年）的资产，包括长期投资、固定资产、文物文化资产、在建工程、无形资产等。

（3）受托代理资产是指民间非营利组织接受委托方委托从事受托代理业务而收到的资产。

（二）资产的确认和计量

民间非营利组织接受捐赠资产按下列规定确认和计量。

接受捐赠的现金资产，应当按照实际收到的金额入账。

接受捐赠的短期投资、存货、长期投资、固定资产和无形资产等非现金资产，接受捐赠时如捐赠方提供了有关凭据的，应当按照凭据上标明的金额作为入账价值；如果捐赠方没有提供有关凭据的，应当以其公允价值作为入账价值。

对民间非营利组织接受的劳务捐赠，不予确认，但应当在会计报表附注中做相关披露。

接受委托代理资产，比照接受捐赠资产的原则进行确认和计量，但在确认一项受托代理资产时，应同时确认一项受托代理负债。

民间非营利组织应当定期或于每年终了，对短期投资、存货、长期投资、固定资产、无形资产等资产是否发生减值进行检查，如发生减值应当计提减值准备，确认减值损失，并计入当期费用。若已计提减值准备的资产价值在以后会计期间得以恢复，则应当在该资产已计提减值准备的范围内部分或全部转回已确认的减值损失，冲减当期费用。

二、流动资产

（一）货币资产的核算

民间非营利组织的货币资金包括现金、银行存款和其他货币资金。

民间非营利组织会计设置"现金"科目，核算民间非营利组织的库存现金；设置"银行存款"科目，核算民间非营利组织存入银行或其他金融机构的存款；设置"其他货币资金"科目，核算民间非营利组织的外埠存款、银行汇票存款、银行本票存款、信用卡存款等各种其他货币资金。

【例 18-1】某民间非营利组织接受捐赠收到一张支票，金额 8 000 元。现将收到的支票连同填制的进账单送交开户银行，取得银行盖章的收款凭证。

借：银行存款　　　　　　　　　　　　　　　　　　8 000
　　贷：捐赠收入　　　　　　　　　　　　　　　　　　　8 000

(二)短期投资的核算

民间非营利组织会计设置"短期投资"科目,核算民间非营利组织持有的能够随时变现并且持有时间不超过 1 年(含 1 年)的投资,包括股票、债券投资等。短期投资在取得时应当按照投资成本计量。短期投资的利息或现金股利应当于实际收到时冲减投资的账面价值。期末应当对短期投资是否发生了减值进行检查,如果短期投资的市价低于其账面价值,应当计提短期投资跌价准备。

(三)应收及预付款项的核算

民间非营利组织的应收及预付款项包括应收票据、应收账款、其他应收款和预付账款。

民间非营利组织会计设置"应收票据"科目,核算民间非营利组织因销售商品、提供服务等而收到的商业汇票;设置"应收账款"科目,核算民间非营利组织因销售商品、提供服务等主要业务活动,应当向会员、购买单位或接受服务的单位等收取的但尚未实际收到的款项;设置"其他应收款"科目,核算民间非营利组织除应收票据、应收账款以外的其他各项应收、暂付款项;设置"预付账款"科目,核算民间非营利组织预付给商品供应单位或者服务提供单位的款项。

【例 18-2】某民间非营利组织月初向某单位提供一项咨询服务,价款为 5 000 元,咨询服务已经于当月完成,但款项尚未收到。

借:应收账款——某单位　　　　　　　　　　　　　　　　5 000
　　贷:提供服务收入——咨询服务　　　　　　　　　　　　　　5 000

(四)存货的核算

民间非营利组织会计设置"存货"科目,核算民间非营利组织在日常业务活动中持有以备出售或捐赠的,或者为了出售或捐赠仍处在生产过程中的,或者将在生产、提供服务或日常管理过程中耗用的材料、物资、商品等,包括材料、库存商品、委托加工材料、达不到固定资产标准的工具和器具等。

存货在取得时,应当以其实际成本入账。存货成本包括采购成本、加工成本和其他成本。存货在发出时,应当根据实际情况采用个别计价法、先进先出法或者加权平均法,确定发出存货的实际成本。期末,应当对存货是否发生了减值进行检查。如果存货的可变现净值低于其账面价值,应当按照可变现净值低于账面价值的差额计提存货跌价准备,确认存货跌价损失并计入当期费用。

【例 18-3】某民间非营利组织收到捐赠物资一批,捐赠方提供的发票表明该批物资价值为 50 000 元,取得物资时,发生运输费用 520 元,以支票支付。

借:存货　　　　　　　　　　　　　　　　　　　　　　50 520
　　贷:捐赠收入　　　　　　　　　　　　　　　　　　　　50 000
　　　　银行存款　　　　　　　　　　　　　　　　　　　　　520

【例 18-4】某民间非营利组织开展业务活动领用材料物资 4 000 元，管理部门领用材料物资 500 元。

借：业务活动成本　　　　　　　　　　　　　　　　　4 000
　　管理费用　　　　　　　　　　　　　　　　　　　　 500
　　贷：存货　　　　　　　　　　　　　　　　　　　　　　　4 500

【例 18-5】某民间非营利组织期末对存货进行减值检查，发现存货的可变现净值低于其账面价值 800 元，对存货计提减值准备。

借：管理费用　　　　　　　　　　　　　　　　　　　　 800
　　贷：存货跌价准备　　　　　　　　　　　　　　　　　　　 800

三、非流动资产

（一）固定资产的核算

民间非营利组织会计设置"固定资产"科目，核算民间非营利组织固定资产的原价。固定资产是指同时具有以下特征的有形资产：①出于行政管理、提供服务、生产商品或者出租目的而持有；②预计使用年限超过 1 年；③单位价值较高。

固定资产在取得时，应当按取得时的实际成本入账。取得时的实际成本包括买价、包装费、运输费、缴纳的有关税金等相关费用，以及为使固定资产达到预计可使用状态前所必要的支出。固定资产在使用期间，应当按期计提固定资产折旧。期末，如果固定资产发生了重大的减值，应当增设"固定资产减值准备"科目，计提固定资产减值准备。

【例 18-6】某民间非营利组织购入一台计算机设备，价款为 12 000 元，款项通过银行转账支付，该设备不需要安装，已经交付使用。

借：固定资产——计算机　　　　　　　　　　　　　　12 000
　　贷：银行存款　　　　　　　　　　　　　　　　　　　　　12 000

（二）在建工程的核算

民间非营利组织会计设置"在建工程"科目，核算民间非营利组织已经发生必要支出，按尚未完工交付使用的各种建筑工程、安装工程、技术改造工程的实际成本。

在建工程应当按照实际发生的支出确定其工程成本。对于自营工程，按照直接材料、直接人工、直接机械使用费等确定其成本。对于出包工程，按照应支付的工程价款等确定其成本。所构建的固定资产已达到预定可使用状态时，应将在建工程成本转入固定资产核算。

【例 18-7】某民间非营利组织购入一台网络服务器，价款为 73 000 元，款项通过银行转账支付。该设备需要安装，预计工期为 30 天。

借：在建工程——服务器安装工程　　　　　　　　　　73 000

贷：银行存款 73 000

(三) 文物文化资产的核算

文物文化资产是指民间非营利组织用于展览、教育或研究等历史文物、艺术品及其他具有文化或者历史价值并做长期或者永久保存的典藏等。

为了全面核算文物文化资产的增减变动及结存情况，民间非营利组织应设置"文物文化资产"总账科目。该科目属于资产类科目，借方登记取得或盘盈文物文化资产的实际成本；贷方登记盘亏及处置文物文化资产的账面余额；期末余额在借方，反映民间非营利组织期末文物文化资产的价值。民间非营利组织应当设置文物文化资产登记簿和文物文化资产卡片，按文物文化资产类别设置明细账，进行明细核算。文物文化资产不需要计提折旧。

民间非营利组织文物文化资产的主要账务处理如下。

（1）文物文化资产的取得。文物文化资产在取得时，应当按照取得时的实际成本入账。取得时的实际成本包括买价、包装费、运输费、缴纳的有关税金等相关费用，以及为使文物文化资产达到预定可使用状态前发生的可直接归属于该文物文化资产的其他支出，具体如下所述。

外购文物文化资产，按照取得时的实际支付，借记"文物文化资产"科目，贷记"银行存款""应付账款"等科目；接受捐赠的文物文化资产，按照接受捐赠的计价原则所确定的成本，借记"文物文化资产"科目，贷记"捐赠收入"科目。

（2）文物文化资产的处置。处置（出售、报废、毁损等方式）文物文化资产时，按照所处置文物文化资产的账面余额，借记"固定资产清理"科目，贷记"文物文化资产"科目。固定资产清理后的净损益与一般固定资产清理的账务处理相同。

（3）文物文化资产的盘盈与盘亏。民间非营利组织对文物文化资产应当定期或者至少每年实地盘点一次。对盘盈、盘亏的文物文化资产，应当及时查明原因，并根据管理权限，报经批准后，在期末前结账并处理完毕。文物文化资产盘盈时，按照其公允价值，借记"文物文化资产"科目，贷记"其他收入"科目；文物文化资产盘亏时，按照固定资产账面余额扣除可以收回的保险赔偿和过失人的赔偿等后的金额，借记"管理费用"科目，按照可以收回的保险赔偿和过失人赔偿等，借记"现金""银行存款""其他应收款"等科目，按照文物文化资产的账面余额，贷记"文物文化资产"科目。

【例 18-8】某民俗博物馆从民间购入一批明代家具，该文物购买价为 150 000 元，发生运输费 1 250 元，装卸费 500 元，所有款项均通过银行支付。该民俗博物馆编制的会计分录如下。

借：文物文化资产 151 750
　　贷：银行存款 151 750

【例 18-9】某历史博物馆收到一位收藏家捐赠的清代名家画作一幅，经专业机构评估确认的价值为 650 000 元，捐赠人没有对该画作提出限制条件。该历史博物馆编制的会计分录如下。

```
借：文物文化资产                           650 000
    贷：捐赠收入                                    650 000
```

【例 18-10】某民间非营利组织决定对一批因洪水导致毁损的文物进行处置。该批文物的账面余额为 82 000 元。该民间非营利组织编制的会计分录如下。

```
借：固定资产清理                            82 000
    贷：文物文化资产                                 82 000
```

【例 18-11】某历史博物馆在对文物文化资产进行盘点时，发现丢失清代古画一幅，价值 630 000 元。经确认，古画丢失属于管理人员的责任。该博物馆已为馆藏文物文化资产购买了保险，后收到保险公司理赔款 500 000 元，管理人员因失职赔偿 30 000 元。该历史博物馆编制的会计分录如下。

```
借：银行存款                               500 000
    其他应收款——管理员                       30 000
    管理费用                                100 000
    贷：文物文化资产                                630 000
```

（四）无形资产的核算

民间非营利组织会计设置"无形资产"科目，核算民间非营利组织无形资产的原价。无形资产是指民间非营利组织为开展业务活动、出租给他人或出于管理目的而持有的没有实物形态的非货币性长期资产，包括专利权、非专利技术、商标权、著作权、土地使用权等。

无形资产在取得时，应当按照取得时的实际成本入账。无形资产的成本，应当在预计使用年限、合同规定的受益年限或法律规定的有限年限内分期平均摊销。期末，如果无形资产发生了重大的减值，应当增设"无形资产减值准备"科目，计提无形资产减值准备。

【例 18-12】某民间非营利组织购入一项文艺作品的著作权，支付著作权所有人款项 65 000 元，支付相关税费 3 000 元，款项通过银行存款支付。

```
借：无形资产——著作权                       68 000
    贷：银行存款                                   68 000
```

（五）长期投资的核算

1. 长期股权投资的核算

民间非营利组织会计设置"长期股权投资"科目，核算民间非营利组织持有时间准备超过 1 年（不含 1 年）的各种股权性质的投资，包括长期股票投资和其他长期股权投资。

长期股权投资在取得时，应当按取得时的实际成本作为初始投资成本。长期股权投资应当区别不同情况，分别采用成本法或者权益法核算。如果民间非营利组织对被投资单位无控制、无共同控制且无重大影响，长期股权投资应当采用成本法进行核算；如果民间非营利组织对被投资单位具有控制、共同控制或重大影响，长期股权投资应当采用权益法进行核算。期末，民间非营利组织应当对长期股权投资是否发生了减值进行检查。如果长期股权投资的可收回金额低于其账面价值，应当按照可收回金额低于账面价值的差额计提长期投资减值准备。

【例 18-13】 某民间非营利组织与某公司签订投资协议，以银行存款 300 000 元对该公司进行股权投资，取得该公司 10%的股权，其中包括已宣告尚未领取的现金股利 5 000 元。

借：长期股权投资——某公司　　　　　　　　　　　295 000
　　其他应收款　　　　　　　　　　　　　　　　　　5 000
　　贷：银行存款　　　　　　　　　　　　　　　　　　　300 000

【例 18-14】 某民间非营利组织拥有被投资单位股份的 55%，长期股权投资持有期间采用权益法核算。被投资单位本期实现利润 200 000 元，同时宣告发放现金股利 40 000 元。

借：长期股权投资——某单位　　　　　　　　　　110 000
　　贷：投资收益　　　　　　　　　　　　　　　　　　 110 000
借：其他应收款　　　　　　　　　　　　　　　　　 22 000
　　贷：长期股权投资——某单位　　　　　　　　　　　22 000

【例 18-15】 继【例 18-13】资料，某民间非营利组织购入该公司股票减值 80 000 元。

借：管理费用　　　　　　　　　　　　　　　　　　80 000
　　贷：长期股权投资减值准备　　　　　　　　　　　　80 000

2. 长期债权投资的核算

民间非营利组织会计设置"长期债权投资"科目，核算民间非营利组织购入的在 1 年内（不含 1 年）不能变现或不准备随时变现的债券或其他债权投资。长期债权投资在取得时，应当按取得时的实际成本作为初始投资成本。

长期债权投资应当按照票面价值与票面利率按期计算确认利息收入。长期债券投资的初始投资成本与债券面值之间的差额，应当在债券存续期间，按照直线法于确认相关债券利息收入时予以摊销。期末，民间非营利组织应当对长期债权投资是否发生了减值进行检查。如果长期债权投资的可收回金额低于其账面价值，应当按照可收回金额低于账面价值的差额计提长期投资减值准备。

【例 18-16】 某民间非营利组织以 318 000 元的价格购入国债，该国债 5 年期，1 年前发行，面值为 300 000 元，到期一次还本付息。

借：长期债权投资——债券投资——债券面值　　　　300 000
　　　　　　　　　　　　　　——应收利息　　　　　18 000
　　贷：银行存款　　　　　　　　　　　　　　　　　　318 000

四、受托代理资产

（一）受托代理资产的内容

受托代理资产是指民间非营利组织因从事受托代理交易而从委托方取得的资产。受托代理业务与捐赠活动存在本质差异。在受托代理过程中，民间非营利组织通常只是从委托方收到受托资产，并按照委托人的意愿将资产转赠给指定的其他组织或者个人，或者按照有关规定将资产转交给指定的其他组织或者个人。民间非营利组织本身只是在委托代理过程中起中介作用，无权改变受托代理资产的用途或者变更受益人。

民间非营利组织因从事受托代理业务而获得受托代理资产时，不应当确认收入，因为受托代理交易不会增加其净资产。民间非营利组织对受托代理资产的确认和计量应当比照接受捐赠资产的确认和计量原则处理，但在确认一项受托代理资产的同时应当按其金额确认相应的受托代理负债。

（二）受托代理资产的核算

为了核算受托代理资产业务，民间非营利组织应设置"受托代理资产"总账科目。该科目属于资产类科目，借方登记确认收到受托代理资产的金额；贷方登记转出或转赠受托代理资产的金额；期末余额在借方，反映民间非营利组织期末尚未转出的受托代理资产价值。民间非营利组织应当设置"受托代理资产登记簿"，并根据具体情况设置明细账，进行明细核算。

民间非营利组织受托代理资产的主要账务处理如下。

（1）民间非营利组织收到受托代理资产时，按照应确认的入账金额，借记"受托代理资产"科目，贷记"受托代理负债"科目。

（2）转赠或者转出受托代理资产时，按照转出受托代理资产的账面余额，借记"受托代理负债"科目，贷记"受托代理资产"科目。

（3）民间非营利组织收到的受托代理资产如果为现金、银行存款或其他货币资金，则可以不通过"受托代理资产"科目核算，而在"现金""银行存款""其他货币资金"科目下设置"受托代理资产"明细科目进行核算，即在取得这些受托代理资产时，借记"现金——受托代理资产""银行存款——受托代理资产""其他货币资金——受托代理资产"科目，贷记"受托代理负债"科目；在转赠或者转出受托代理资产时，借记"受托代理负债"科目，贷记"现金——受托代理资产""银行存款——受托代理资产""其他货币资金——受托代理资产"科目。

【例 18-17】某慈善协会接受某海外华侨组织的委托，收到定向捐赠物资一批，该批物资的公允价值为 1 200 000 元，同时以银行存款形式收到受托代理资产 50 000 元。该慈善协会编制的会计分录如下：

  借：受托代理资产   1 200 000
    银行存款——受托代理资产   50 000

　　　　贷：受托代理负债　　　　　　　　　　　　　　　 1 250 000

【例 18-18】次月，该慈善协会按照委托方的要求，将上述收到的受托代理资产捐赠给了西部贫困山区。该慈善协会编制的会计分录如下。

　　　借：受托代理负债　　　　　　　　　　　　　　　 1 250 000
　　　　贷：受托代理资产　　　　　　　　　　　　　　　 1 200 000
　　　　　　银行存款——受托代理资产　　　　　　　　　　　50 000

第二节　民间非营利组织负债的核算

一、负债的内容与分类

（一）负债的内容

负债是指过去的交易或者事项形成的现时义务，履行该义务预期会导致含有经济利益或者服务潜力的资源流出民间非营利组织。负债应当具有以下特征：第一，负债是民间非营利组织承担的现实义务；第二，该义务的履行会导致民间非营利组织的经济利益或服务潜力流出；第三，该义务的金额能够可靠地计量。

（二）负债的分类

民间非营利组织负债应当按其流动性分为流动负债、长期负债和受托代理负债等。

（1）流动负债是指将在1年内（含1年）偿还的负债，包括短期借款、应付款项、应付工资、应交税金、预收账款、预提费用和预计负债等。

（2）长期负债是指偿还期限在1年以上（不含1年）的负债，包括长期借款、长期应付款和其他长期负债。

（3）受托代理负债是指民间非营利组织因从事受托代理业务、接受受托代理资产而产生的负债。

二、流动负债

（一）短期借款的核算

短期借款是指民间非营利组织向银行或其他金融机构等借入的期限在1年以下（含1年）的各种借款。短期借款应当按照借款本金和确定的利率按期计提利息，计入当期费用。该账户的期末贷方余额反映尚未归还的短期借款本金。

民间非营利组织取得各种短期借款时，按实际借得的金额借记"银行存款"账户，贷记"短期借款"账户。发生短期借款利息时，借记"筹资费用"账户，贷记"银行存款""预提费用"等账户。归还短期借款时，借记"短期借款"账户，贷记"银行存款"账户。

【例 18-19】 某民间非营利组织为开展业务向银行取得短期借款 50 000 元，款项已存入银行存款账户。

  借：银行存款   50 000
    贷：短期借款   50 000

【例 18-20】 某民间非营利组织归还到期的短期借款 60 000 元，同时支付该项借款的利息 1 000 元。

  借：短期借款   60 000
    筹资费用   1 000
    贷：银行存款   61 000

（二）应付及预收款项的核算

民间非营利组织应付及预收款项包括应付票据、应付账款、应付工资、应交税金、其他应付款等。

民间非营利组织会计设置"应付票据"科目，核算民间非营利组织购买材料、商品和接受服务供应等而开出、承兑的商业汇票；设置"应付账款"科目，核算民间非营利组织因购买材料、商品和接受服务等而应付给供应单位的款项；设置"预收账款"科目，核算民间非营利组织向服务和商品购买单位预收的各种款项；设置"应付工资"科目，核算民间非营利组织应付给职工的工资总额，包括各种工资、奖金、津贴等；设置"应交税金"科目，核算民间非营利组织按照有关国家税法规定应当缴纳的各种税费；设置"其他应付款"科目，核算民间非营利组织应付、暂收其他单位或个人的款项。

【例 18-21】 某民间非营利组织开展一项咨询服务，预先向某单位收取款项 8 000 元，咨询服务尚未完成。

  借：银行存款   8 000
    贷：预收账款   8 000

【例 18-22】 某民间非营利组织本期按规定计算应缴纳城建税 800 元，应缴纳所得税 1 500 元。

  借：业务活动成本   800
    其他费用   1 500
    贷：应交税金——应交城建税   800
        ——应交所得税   1 500

（三）其他流动负债的核算

民间非营利组织的其他流动负债包括预提费用、预计负债等。

民间非营利组织会计设置"预提费用"科目，核算民间非营利组织按照规定预先提取的已经发生但尚未支付的费用，如预提的租金、保险费、借款利息等。

民间非营利组织会计设置"预计负债"科目，核算民间非营利组织对因或有事项所产生的现时业务而确认的负债,包括因对外提供担保、商业承兑汇票贴现、未决诉讼等确认的负债。

【例 18-23】某民间非营利组织因捐赠款项使用问题与捐赠方发生纠纷,捐赠方向法院提起诉讼,要求的赔偿金额为 50 000 元。经法律咨询,该民间非营利组织败诉的可能性较大。

　　借:管理费用　　　　　　　　　　　　　　　　　　　　　　50 000
　　　　贷:预计负债——未决诉讼　　　　　　　　　　　　　　　　　　50 000

三、非流动负债

(一)长期借款的核算

民间非营利组织会计设置"长期借款"科目,核算民间非营利组织向银行或其他金融机构借入的期限在 1 年以上(不含 1 年)的各项借款。

长期借款在借入时,按照实际借得的金额入账。长期借款在归还时,按照还款的金额冲销。长期借款的借款费用应当在发生时计入当期费用,但为构建固定资产而发生的专门借款的借款费用在规定的允许资本化的期间内,应当按照专门借款的借款费用的实际发生予以资本化,计入在建工程成本。

【例 18-24】某民间非营利组织因业务发展的需要,从建设银行××分行借款 300 000 元,期限为 5 年,年利率为 8%。

　　借:银行存款　　　　　　　　　　　　　　　　　　　　　　300 000
　　　　贷:长期借款——建设银行　　　　　　　　　　　　　　　　　　300 000

(二)长期应付款的核算

民间非营利组织会计设置"长期应付款"科目,核算民间非营利组织的各项长期应付款项,如融资租入固定资产的租赁费、以跨年度分期付款购入固定资产的价款等。

长期应付款按实际发生额入账。发生长期应付款时,借记"固定资产"等账户,贷记"长期应付款"账户。归还长期应付款时,借记"长期应付款"账户,贷记"银行存款"账户。

【例 18-25】某民间非营利组织购入一台设备。该设备的价款为 50 000 元,取得设备时支付价款 20 000 元,其余款项于次年支付。该设备不需要安装,已经通过验收。

　　借:固定资产　　　　　　　　　　　　　　　　　　　　　　50 000
　　　　贷:银行存款　　　　　　　　　　　　　　　　　　　　　　20 000
　　　　　　长期应付款——设备款　　　　　　　　　　　　　　　　　30 000

【例 18-26】某民间非营利组织于第二年用银行存款支付长期应付款 30 000 元。

　　借:长期应付款——设备款　　　　　　　　　　　　　　　　　30 000

贷：银行存款　　　　　　　　　　　　　　　　　　　　　　　　30 000

四、受托代理负债

　　为了核算民间非营利组织因受托代理负债业务收、转、余等情况，民间非营利组织应设置"受托代理负债"科目。该科目属于负债类科目，贷方登记收到的受托代理资产的金额；借方登记转赠或转出的受托代理资产的金额；期末余额在贷方，反映民间非营利组织尚未清偿的受托代理负债。该科目按照指定的受赠组织或个人，或者指定的应转交的组织或个人设置明细账，进行明细核算。受托代理负债与受托代理资产相对应，在收到受托代理资产的同时确认受托代理负债，在转出受托代理资产的同时冲销受托代理负债。

　　受托代理负债的主要账务处理如下：收到受托代理资产，按照应确认的入账金额，借记"受托代理资产"科目，贷记"受托代理负债"科目；转赠或者转出受托代理资产，按照转出受托代理资产的账面余额，借记"受托代理负债"科目，贷记"受托代理资产"科目。

【例18-27】 某民间非营利组织市红十字会接受市民政局的委托，为其代理捐赠业务，收到 A 企业的公益捐赠款 500 000 元。该市红十字会编制的会计分录如下。

　　借：银行存款——受托代理资产　　　　　　　　　　　　　　500 000
　　　贷：受托代理负债　　　　　　　　　　　　　　　　　　　　　500 000

【例 18-28】 承【例 18-27】，按照委托方的意愿，市红十字会将这笔款项捐给因干旱受灾的某乡镇。该市红十字会编制的会计分录如下。

　　借：受托代理负债　　　　　　　　　　　　　　　　　　　　500 000
　　　贷：银行存款——受托代理资产　　　　　　　　　　　　　　　500 000

本 章 小 结

　　民间非营利组织的资产是指过去的交易或者事项形成的由民间非营利组织拥有或者控制的资源，该资源预期会给民间非营利组织带来经济利益或者服务潜力。资产应当按其流动性分为流动资产、非流动资产和受托代理资产。民间非营利组织的货币资金包括现金、银行存款和其他货币资金。其应收及预付款项包括应收票据、应收账款、其他应收款和预付账款。固定资产核算民间非营利组织固定资产的原价。文物文化资产是指民间非营利组织用于展览、教育或研究等历史文物、艺术品及其他具有文化或者历史价值并做长期或者永久保存的典藏等。长期投资分为长期股权投资和长期债权投资，长期股权投资核算民间非营利组织持有时间准备超过 1 年（不含 1 年）的各种股权性质的投资，长期债权投资核算民间非营利组织购入的在 1 年内（不含 1 年）不能变现或不准备随时变现的债券或其他债权投资。

负债是指过去的交易或者事项形成的现时义务,履行该义务预期会导致含有经济利益或者服务潜力的资源流出民间非营利组织。民间非营利组织负债应当按其流动性分为流动负债、长期负债和受托代理负债等。其应付及预收款项包括应付票据、应付账款、应付工资、应交税金、其他应付款等。民间非营利组织的其他流动负债包括预提费用、预计负债等。"长期借款"科目,核算民间非营利组织向银行或其他金融机构借入的期限在1年以上(不含1年)的各项借款;"长期应付款"科目,核算民间非营利组织的各项长期应付款项,如融资租入固定资产的租赁费以及以跨年度分期付款购入固定资产的价款等。

【复习思考题】

1. 什么是民间非营利组织的资产?资产的主要构成内容有哪些?
2. 什么是民间非营利组织的负债?负债的主要构成内容有哪些?
3. 如何理解民间非营利组织受托代理资产和受托代理负债?
4. 长期投资包括哪些内容?民间非营利组织如何核算长期股权投资和长期债权投资?
5. 民间非营利组织如何核算文物文化资产和受托代理资产?
6. 民间非营利组织短期借款和长期借款核算有何区别?
7. 民间非营利组织如何核算受托代理负债?

第十九章

民间非营利组织收入、费用及净资产的核算

【学习目标】
1. 明确民间非营利组织收入与费用的构成内容。
2. 理解民间非营利组织收入与费用的确认计量标准。
3. 掌握民间非营利组织各项收入的核算方法。
4. 掌握民间非营利组织各项费用的核算方法。
5. 明确民间非营利组织净资产的构成内容。
6. 掌握民间非营利组织各项净资产的核算方法。

第一节 民间非营利组织收入的核算

一、民间非营利组织收入的概念与分类

民间非营利组织的收入是指开展业务活动取得的、导致本期净资产增加的经济利益或者服务潜力的流入。民间非营利组织收入依据的标准不同,从而形成多种分类。

(一)按照收入的来源进行分类

按照收入的来源不同,民间非营利组织收入可以分为捐赠收入、会费收入、提供服务收入、政府补助收入、商品销售收入、投资收益和其他收入。

捐赠收入是指民间非营利组织接受其他单位或者个人捐赠所取得的收入;会费收入是指民间非营利组织根据章程等的规定向会员收取的会费收入;提供服务收入是指民间

非营利组织根据章程等的规定向其服务对象提供服务取得的收入，包括学费收入、医疗费收入、培训收入等；政府补助收入是指民间非营利组织接受政府拨款或者政府机构给予的补助而取得的收入；商品销售收入是指民间非营利组织销售商品等所形成的收入；投资收益是指民间非营利组织因对外投资取得的投资净损益；其他收入是指除上述主要业务活动收入以外的其他收入，如固定资产处置净收入、无形资产处置净收入等。

另外，对民间非营利组织接受的劳务捐赠不予确认，但应当在会计报表附注中做相关披露。

（二）按照收入的使用是否存在限制进行分类

按照收入的使用是否存在限制，民间非营利组织收入可以分为限定性收入和非限定性收入两种。

限定性收入是指民间非营利组织取得的资金使用受到资金提供者所附条件限制的收入。其中，资金提供者附加的限制条件包括时间限制和用途限制，或者两者兼而有之。反之，非限定性收入是指民间非营利组织取得的资金使用不受资金提供者所附条件的限制和制约的收入。民间非营利组织的会费收入、提供服务收入、商品销售收入和投资收益等一般为非限定性收入，除非相关资产提供者对资产的使用设置了限制；民间非营利组织的捐赠收入和政府补助收入，应当根据相关资产提供者对资产的使用是否设置了限制，分为限定性收入和非限定性收入分别进行核算。

期末，民间非营利组织应当将本期限定性收入和非限定性收入分别结转至净资产项下的限定性净资产和非限定性净资产。

（三）按照收入与业务活动的主次关系进行分类

按收入与业务活动的主次关系，民间非营利组织的收入可以分为主要业务收入和其他收入。

主要业务收入是指由民间非营利组织开展基本业务活动所取得的收入；其他收入是指民间非营利组织开展除主要业务活动以外的其他业务活动取得的收入。

（四）按照等价交换原则（或收入的性质）进行分类

按照收入是否为等价交换，民间非营利组织收入可以分为交换交易收入和非交换交易收入。

交换交易收入是指按照等价交换原则取得的收入；反之，非交换交易收入是指不是按照等价交换原则而是无偿取得的收入。例如，民间非营利组织的商品销售收入、提供服务收入和投资收益一般属于交换交易收入，而捐赠收入、政府补助收入属于非交换交易收入。

民间非营利组织不同分类形成的各种收入是相互交叉的，通常情况下，其收入交叉分类汇总表如表19-1所示。

表 19-1　民间非营利组织收入交叉分类汇总表

按来源分类	按使用是否存在限制		按性质		按业务活动主次关系	
	限定性收入	非限定性收入	交换交易收入	非交换交易收入	主要业务收入	其他收入
捐赠收入	√	√		√	√	
会费收入	√	√		√	√	
政府补助收入	√			√	√	
投资收益		√	√		√	
提供服务收入		√	√		√	
商品销售收入		√	√		√	
其他收入		√	√			√

二、民间非营利组织收入的确认与计量

（一）收入的确认原则

民间非营利组织在确认收入时，应当区分交换交易所形成的收入和非交换交易所形成的收入。

1. 交换交易收入的确认原则

交换交易是指按照等价交换原则所从事的交易，即当某一主体取得资产、获得服务或者解除债务时，需要向交易对方支付等值或者大致等值的现金，或者提供等值或者大致等值的货物、服务等的交易。例如，按照等价交换原则销售商品、提供劳务、让渡资产使用权均属于交换交易。交换交易收入应当分为销售商品、提供劳务和让渡资产使用权三种情况，采用不同的确认标准。

2. 非交换交易收入的确认原则

非交换交易是指除交换交易之外的交易。在非交换交易中，某一主体取得资产、获得服务或者解除债务时，不必向交易对方支付等值或者大致等值的现金，或者提供等值或者大致等值的货物、服务等；或者某一主体在对外提供货物、服务等时，没有收到等值或者大致等值的现金、货物等。例如，捐赠、政府补助等属于非交换交易。

对于因非交换交易所形成的收入，应当在同时满足下列条件时予以确认：①与交易相关的含有经济利益或者服务潜力的资源能够流入民间非营利组织并为其所控制，或者相关的债务能够得到解除；②交换能够引起净资产的增加；③收入的金额能够可靠地计量。

一般情况下，对于无条件的捐赠或政府补助，应当在捐赠或政府补助收到时确认收入；对于附条件的捐赠或政府补助，应当在取得捐赠资产或政府补助资产控制权时确认收入。但当民间非营利组织存在需要偿还全部或部分捐赠资产（或者政府补助资产）或者相应金额的现时义务时，应当根据需要偿还的金额同时确认一项负债和费用。

（二）收入的计量原则

民间非营利组织的各项收入，应当按照交易或事项所引起的现金、应收款项或其他资产的增加额，或者负债的减少额进行计量。收入一般以其总额，即未扣除相关成本费用的金额列报。对于固定资产处置、无形资产处置等偶发性、边缘性业务形成的收入，一般以扣除相关费用后的净额列报。

三、非交换交易收入的核算

民间非营利组织可以根据收入的来源设置一级科目，如捐赠收入、会费收入、提供服务收入、政府补助收入等，再按照收入使用是否受到限制，在一级科目下设置限定性收入和非限定性收入两个二级明细科目。民间非营利组织会计的许多收入是通过非交换交易形式取得的，并不需要以交换作为前提条件。非交换交易收入主要包括捐赠收入和政府补助收入。会费收入通常也属于非交换交易收入，因为会员交纳的会费并不要求与会员服务完全相对应。

（一）捐赠收入的核算

捐赠收入是民间非营利组织接受其他单位或个人捐赠所取得的收入，是民间非营利组织最重要的收入来源。这里的捐赠是指捐赠人自愿地将现金或其他资产无偿地转让给受赠人，或无偿地清偿或取消受赠人的负债。捐赠收入可分为限定性捐赠收入和非限定性捐赠收入。限定性捐赠收入的限制条件在确认收入时一旦解除，即刻转换为非限定性捐赠收入。民间非营利组织的董事会或管理层对所接受捐赠资产施加的限制条件不构成限定性捐赠收入。

为了核算其接受捐赠所取得的收入情况，民间非营利组织应设置"捐赠收入"科目。其贷方登记接受捐赠的实际发生额，借方登记期末转入净资产的余额；会计期末，应将该科目中"限定性收入"明细科目当期贷方发生额转入"限定性净资产"科目，将该科目中"非限定性收入"明细科目当期贷方发生额转入"非限定性净资产"科目。期末结转后，本科目应无余额。该科目应当按照捐赠人对捐赠资产是否实施限制，分别设置"限定性收入"和"非限定性收入"两个明细科目，分别进行明细核算。如果民间非营利组织存在多个捐赠项目，还可以在"非限定性收入"和"限定性收入"明细科目下按照捐赠项目设置对应的明细科目。

捐赠收入的主要账务处理如下。

（1）接受捐赠时，按照应确认的金额，借记"现金""银行存款""短期投资""存货""长期股权投资""长期债权投资""固定资产""无形资产"等科目，贷记"捐赠收入——限定性收入"科目或"捐赠收入——非限定性收入"科目。

（2）对于接受的附有条件捐赠，如果因无法满足捐赠所附条件而需要退还全部或部分捐赠资产或者相应金额时，则应按照需要偿还的金额，借记"管理费用"科目，贷记"其他应付款"等科目。

（3）如果限定性捐赠收入的限制在确认收入的当期得以解除，应当将其转为非限定性捐赠收入，借记"捐赠收入——限定性收入"科目，贷记"捐赠收入——非限定性收入"科目。

（4）期末，将本科目各明细科目的余额分别转入限定性净资产和非限定性净资产时，借记"捐赠收入——限定性收入"科目，贷记"限定性净资产"科目；借记"捐赠收入——非限定性收入"科目，贷记"非限定性净资产"科目。

【例 19-1】某儿童福利中心收到某公司的捐款 200 000 元，款项已存入银行，捐赠人未对该笔捐款的使用提出明确的限定条件。该儿童福利中心编制的会计分录如下。

借：银行存款　　　　　　　　　　　　　　　　　　200 000
　　贷：捐赠收入——非限定性收入　　　　　　　　　　　　200 000

【例 19-2】某动物关爱中心在确认捐赠的当期按照捐赠人的指定要求，用其捐款购买了一辆小卡车，用于中心活动，共计 130 000 元，款项已通过银行支付。该动物关爱中心编制的会计分录如下。

借：固定资产　　　　　　　　　　　　　　　　　　130 000
　　贷：银行存款　　　　　　　　　　　　　　　　　　　　130 000
借：捐赠收入——限定性收入　　　　　　　　　　　　130 000
　　贷：捐赠收入——非限定性收入　　　　　　　　　　　　130 000

【例 19-3】某民间非营利组织接受某集团捐款 1 200 000 元，根据协议规定，该笔捐款只能用于希望小学图书馆的建立，并且使用年限为 3 年，余额需要退还。该组织根据规划，预计在规定时间内可能使用的款项为 980 000 元。款项已经存入银行。该组织编制的会计分录如下。

借：银行存款　　　　　　　　　　　　　　　　　　1 200 000
　　贷：捐赠收入——限定性收入　　　　　　　　　　　　　1 200 000
同时，
借：管理费用　　　　　　　　　　　　　　　　　　220 000
　　贷：其他应付款　　　　　　　　　　　　　　　　　　　220 000

【例 19-4】某民间非营利组织招募志愿者 5 人，协助公益事业宣传工作。由于志愿者工作无须支付劳动报酬，每月可节省人工费用估计为 10 000 元。

此为劳务捐赠，不确认为捐赠收入，应当在会计报表附注中做相关披露。

【例 19-5】201×年 12 月某公益基金会发生了以下活动。

（1）5 日，与某企业集团签订了一份捐赠协议。根据协议规定，该集团将向基金会捐款 1 500 000 元，其中 1 450 000 元只能用于某贫困县小学的校舍修缮；50 000 元用于此次捐款的管理，款项将在协议签订后 5 日内汇至基金会银行账户。

（2）9 日，根据协议，基金会收到了该集团捐赠的款项 1 500 000 元。

（3）19 日，基金会将 1 450 000 元转赠给了贫困县小学，并发生了 36 000 元的管理费用。

（4）30 日，基金会与该集团签订了一份补充协议，协议规定，此次捐赠活动结余款项可由基金会自由支配。

根据上述业务，该基金会进行的会计处理如下。

（1）5 日签订捐赠协议时属于捐赠承诺，无须进行账务处理。

（2）9 日收到捐款时，

借：银行存款　　　　　　　　　　　　　　　　　　　1 500 000
　　贷：捐赠收入——限定性收入　　　　　　　　　　　　1 500 000

（3）19 日发生业务活动时，

借：业务活动成本——捐赠款　　　　　　　　　　　　　1 450 000
　　管理费用　　　　　　　　　　　　　　　　　　　　　　36 000
　　贷：银行存款　　　　　　　　　　　　　　　　　　　1 486 000

（4）30 日解除限制时，

借：捐赠收入——限定性收入　　　　　　　　　　　　　　14 000
　　贷：捐赠收入——非限定性收入　　　　　　　　　　　　14 000

【例 19-6】201×年 12 月 31 日，某民间非营利组织"捐赠收入"科目的账面余额为 480 000 元，其中，"限定性收入"明细科目的账面余额为 200 000 元，"非限定性收入"明细科目的账面余额为 280 000 元。将上述"捐赠收入"科目各明细科目的账面余额分别转入限定性净资产和非限定性净资产。该组织编制的会计分录如下。

借：捐赠收入——限定性收入　　　　　　　　　　　　　200 000
　　贷：限定性净资产　　　　　　　　　　　　　　　　　200 000
借：捐赠收入——非限定性收入　　　　　　　　　　　　280 000
　　贷：非限定性净资产　　　　　　　　　　　　　　　　280 000

（二）政府补助收入的核算

政府补助收入是指民间非营利组织接受政府拨款或者政府机构给予的补助而取得的收入。

为了核算政府补助收入业务，民间非营利组织应设置"政府补助收入"科目。其贷方登记当期政府补助收入的实际发生额，借方登记期末结转的金额，即在会计期末，将"政府补助收入——非限定性收入"明细科目当期贷方发生额转入"非限定性净资产"科目，将"政府补助收入——限定性收入"明细科目当期贷方发生额转入"限定性净资产"科目，期末结转后该科目应无余额。同时，民间非营利组织应当按照政府对补助是否设置限制，区分非限定性政府补助收入和限定性政府补助收入并设置明细科目，进行明细核算。

政府补助收入的主要账务处理如下。

（1）接受的政府补助，按照应确认的金额，借记"现金""银行存款""应收账款"等科目，贷记"政府补助收入——非限定性收入"科目或者"政府补助收入——限定性收入"科目。

（2）对于接受的附带条件的政府补助，如果存在需要偿还全部或者部分政府补助资产或者相应金额的现时义务时（如因无法满足政府补助所附条件而必须将部分或者全部政府补助款退还给政府补助人时），按照需要偿还的金额，借记"管理费用"科目，贷记"其他应付款"科目。

（3）如果限定性政府补助收入的限制在确认收入的当期得以解除，则应当将其转为非限定性政府补助收入，借记"政府补助收入——限定性收入"，贷记"政府补助收入——非限定性收入"。

（4）期末，将"政府补助收入"科目的各明细科目的余额分别转入限定性净资产和非限定性净资产，借记"政府补助收入——限定性收入"，贷记"限定性净资产"科目，借记"政府补助收入——非限定性收入"，贷记"非限定性净资产"科目。

【例19-7】某会计师学会收到政府部门的拨款 300 000 元，用于资助其进行某项技术研究，款项已经转入学会的银行账户，研究成果归政府决策部门所有。该学会编制的会计分录如下。

借：银行存款　　　　　　　　　　　　　　　　300 000
　　贷：政府补助收入——限定性收入　　　　　　　　　300 000

【例19-8】某市科技联合会收到政府补助 200 000 元，用于奖励在科研中取得优异成绩的科技人员，并附条件说明如果没有达到规定的奖励条件，需要退回补助的20%。款项已存入银行。该联合会编制的会计分录如下。

（1）收到政府补助款时，
借：银行存款　　　　　　　　　　　　　　　　200 000
　　贷：政府补助收入——限定性收入　　　　　　　　　200 000
（2）未达到条件，退回补助款时，
借：管理费用　　　　　　　　　　　　　　　　40 000
　　贷：其他应付款　　　　　　　　　　　　　　　　40 000

【例19-9】某社会团体月初收到一笔政府拨款 230 000 元，现已达到政府解除限制的时间，可以动用。该社会团体的账务处理如下。

借：政府补助收入——限定性收入　　　　　　　　230 000
　　贷：政府补助收入——非限定性收入　　　　　　　　230 000

【例19-10】期末，某律师学会政府补助收入科目的账面余额为 250 000 元，其中，限定性收入明细科目账面余额为 130 000 元，非限定性收入明细科目账面余额为 120 000 元。该律师学会编制的会计分录如下。

借：政府补助收入——限定性收入　　　　　　　　130 000
　　贷：限定性净资产　　　　　　　　　　　　　　　130 000
借：政府补助收入——非限定性收入　　　　　　　120 000
　　贷：非限定性净资产　　　　　　　　　　　　　　120 000

(三) 会费收入的核算

会费收入是民间非营利组织根据章程等规定向会员收取的会费。一般情况下，民间非营利组织的会费收入为非限定性收入，除非相关资产提供者对资产的使用设置了限制。

为了核算会费收入业务，民间非营利组织应设置"会费收入"科目。其贷方登记当期会费收入的实际发生额，借方登记期末结转的金额，即在会计期末，将"会费收入——非限定性收入"明细科目当期贷方发生额转入"非限定性净资产"科目，将"会费收入——限定性收入"明细科目当期贷方发生额转入"限定性净资产"科目。期末结转后该科目应无余额。同时，民间非营利组织还应当按照会费种类（如团体会费、个人会费等），在"非限定性收入"或"限定性收入"科目下设置明细科目，进行明细核算。

会费收入的主要账务处理如下。

（1）向会员收取会费，在满足收入确认条件时，借记"现金""银行存款""应收账款"等科目，贷记"会费收入——非限定性收入"科目；如果存在限定性会费收入，应当贷记"会费收入——限定性收入"科目。

（2）期末，将该科目的余额转入非限定性净资产，借记"会费收入——非限定性收入"科目，贷记"非限定性净资产"科目；如果存在限定性会费收入，则将其金额转入限定性净资产，借记"会费收入——限定性收入"科目，贷记"限定性净资产"科目。

【例19-11】 某市会计师学会收到会员以个人名义通过邮局汇款支付的会费1 600元，该学会编制的会计分录如下。

借：现金　　　　　　　　　　　　　　　　　　　　　　　　1 600
　　贷：会费收入——非限定性收入——个人会费　　　　　　　　1 600

【例19-12】 某市会计师学会收到其一会员单位交来的团体会费7 000元，款项已存入银行。该学会编制的会计分录如下。

借：银行存款　　　　　　　　　　　　　　　　　　　　　　7 000
　　贷：会费收入——非限定性收入——团体会费　　　　　　　　7 000

【例19-13】 某社会团体按照会员代表大会通过的会费收缴办法的规定，该社会团体的个人会员应当每年缴纳800元会费，每年度会费应当在当年1月1日至12月31日缴纳。假设201×年1月1日，该社会团体收到某个人通过邮局汇款支付的会费3 200元，该个人说明此款项用来支付从201×年起四个年度的会费。该社会团体编制的会计分录如下。

借：现金　　　　　　　　　　　　　　　　　　　　　　　　3 200
　　贷：预收账款——××会费　　　　　　　　　　　　　　　　2 400
　　　　会费收入——非限定性收入——个人会费　　　　　　　　　800

【例19-14】 201×年12月31日，某社会团体"会费收入"科目的账面余额为120 000元，均属于非限定性收入。将"会费收入"科目明细科目的余额转入非限定性净资产。该社会团体的账务处理如下。

借：会费收入——非限定性收入　　　　　　　　　　120 000
　　贷：非限定性净资产　　　　　　　　　　　　　　　　120 000

四、交换交易收入的核算

（一）商品销售收入的核算

商品销售收入是指民间非营利组织销售商品（如出版物、药品）等所形成的收入。一般情况下，民间非营利组织销售商品的收入为非限定性收入，除非相关资产提供者对资产的使用设置了限制。民间非营利组织应当在满足规定的收入确认条件时确认商品销售收入。

为了核算因商品销售取得收入的业务，民间非营利组织应当设置"商品销售收入"科目，贷方登记当期商品销售收入的实际发生额，借方登记期末结转的金额。期末结转后，本科目应无余额。该科目应当按照商品种类设置明细科目，进行明细核算。

商品销售收入的主要账务处理如下。

（1）销售商品取得收入时，按照实际收到或应当收取的价款，借记"现金""银行存款""应收票据""应收账款"等科目，按照应当确认的商品销售收入金额，贷记"商品销售收入——非限定性收入"科目，如果存在限定性商品销售收入，应当贷记"商品销售收入——限定性收入"科目。按照预收的价款，贷记"预收账款"科目；在以后期间确认商品销售收入时，借记"预收账款"科目，贷记"商品销售收入——非限定性收入"科目，如果存在限定性商品销售收入，应当贷记"商品销售收入——限定性收入"科目。

（2）销售退回，是指民间非营利组织售出的商品，由于质量、品种不符合要求等原因而发生的退货。销售退回应当分情况处理：①未确认收到已发出商品的退回，不需要进行会计处理。②已确认收到的销售商品的退回，一般情况下直接冲减退回当月的商品销售收入、商品销售成本等：按照应当冲减的商品销售收入，借记"商品销售收入——非限定性收入"科目，按照已收或应收的金额，贷记"银行存款""应收账款""应收票据"等科目，按照退回商品的成本，借记"存货"科目，贷记"业务活动成本"科目；如果该项销售发生现金折扣，应当在退回当月一并处理。③资产负债表日至财务报告批准报出日之间发生的报告期间或以前期间的销售退回，应当作为资产负债表日后事项的调整事项处理，调整报告期间会计报表的相关项目。按照应冲减的商品销售收入，借记"非限定性净资产"科目（如果所调整收入属于限定性收入，应当借记"限定性净资产"科目），按照已收或应收的金额，贷记"银行存款""应收账款""应收票据"等科目；按照退回商品的成本，借记"存货"科目，贷记"非限定性净资产"科目，如果该项销售已发生现金折扣，应当一并处理。

（3）现金折扣，是指民间非营利组织为了尽快回笼资金而发生的理财费用。现金折扣在实际发生时直接计入当期筹资费用，即按照实际收到的金额，借记"银行存款"等科目，按照应给予的现金折扣，借记"筹资费用"科目，按照应收的账款，贷记"应收账款""应收票据"等科目。购买方实际获得的现金折扣,冲减取得当期的筹资费用:按照应付的账款,借记"应付账款""应付票据"等科目,按照实际获得的现金折扣,贷记"筹资费用"科目,按照实际支付的价款,贷记"银行存款"等科目。

(4)销售折让,是指在商品销售时直接给予购买方的折让。销售折让应当在实际发生时直接从当期实现的销售收入中抵减。

(5)期末,结转该科目的余额时,借记"商品销售收入——非限定性收入"科目,贷记"非限定性净资产"科目。如果存在限定性商品销售收入,则将其金额转入限定性净资产,借记"商品销售收入——非限定性收入"科目,贷记"限定性净资产"科目。

【例19-15】某红十字会下属的医疗所销售药品一批,发票注明价款120 000元。货物已发出,款项尚未收到,药品的成本为88 000元。该红十字会编制的会计分录如下。

借:应收账款　　　　　　　　　　　　　　　　120 000
　　贷:商品销售收入——非限定性收入　　　　　　　　120 000
借:业务活动成本　　　　　　　　　　　　　　　88 000
　　贷:存货　　　　　　　　　　　　　　　　　　　　88 000

【例19-16】某民间非营利医疗组织201×年1月发生如下业务:①2日赊销一批药品,售价300 000元,付款条件为"3/10,2/20,n/30"。②11日收到全部货款,货款已存入银行。

根据上述业务,该非营利组织编制的会计分录如下。

(1)发出商品,确认收入时,

借:应收账款　　　　　　　　　　　　　　　　300 000
　　贷:商品销售收入　　　　　　　　　　　　　　　　300 000

(2)收到货款时,

借:银行存款　　　　　　　　　　　　　　　　291 000
　　筹资费用　　　　　　　　　　　　　　　　　9 000
　　贷:应收账款　　　　　　　　　　　　　　　　　　300 000

【例19-17】某民间非营利组织201×年12月16日销售商品一批,发票注明价款160 000元,款项已存入银行,该商品成本为100 000元。该批商品因质量问题于下一年2月3日退回。该组织201×年年度财务报告批准报出日为下一年4月20日。该非营利组织编制的会计分录如下。

(1)冲减上年收入,

借:非限定性净资产　　　　　　　　　　　　　160 000
　　贷:银行存款　　　　　　　　　　　　　　　　　　160 000

(2)转回上年成本,

借:存货　　　　　　　　　　　　　　　　　　100 000
　　贷:非限定性净资产　　　　　　　　　　　　　　　100 000

【例19-18】某民间非营利组织为杂志社,通过征订方式预收刊物订阅费30 000元,存入银行。

  借：银行存款   30 000
    贷：预收账款   30 000

【例 19-19】 期末，某民间非营利组织将商品销售收入中的贷方余额 330 000 元转入净资产。该民间非营利组织编制的会计分录如下。

  借：商品销售收入——非限定性收入   330 000
    贷：非限定性净资产   330 000

（二）提供服务收入的核算

  提供服务收入是指民间非营利组织根据章程等的规定向其服务对象提供服务取得的收入，包括学杂费收入、医疗费收入、培训费收入等，又被称为提供劳务收入。一般情况下，民间非营利组织的提供服务的收入为非限定性收入，除非相关资产提供者对资产的使用设置了限制。提供服务收入属于交换交易收入。

  民间非营利组织服务收入确认的原则：对于在同一会计年度内开始并完成的劳务，应当在完成劳务时确认收入；对于劳务开始和完成分属不同会计年度的，可以按完工进度或完成的工作量确认收入。

  劳务开始和完成分属不同会计年度时，本年度应该确认的收入与费用的计算公式为

  本年应确认的收入=劳务（合同）总收入×本年末止的完工进度-以前年度已确认收入

  本年应确认的成本=劳务总成本×本年末止的完工进度-以前年度已确认的成本

  为了核算提供服务收入业务，民间非营利组织应当设置"提供服务收入"科目，贷方登记当期提供服务收入的实际发生额，借方登记期末结转的金额。期末结转后，本科目应无余额。该科目应当按照提供服务的种类设置明细账，进行明细核算。

  提供服务收入的主要账务处理如下。

  （1）提供服务取得收入时，按照实际收到或应当收取的价款，借记"现金""银行存款""应收账款"等科目，按照应当确认的提供服务收入金额，贷记"提供服务收入"。按照预收的价款，贷记"预收账款"科目；在以后期间确认提供服务收入时，借记"预收账款"科目，贷记"提供服务收入——非限定性收入"科目，如果存在限定性提供服务收入，应当贷记"提供服务收入——限定性收入"科目。

  （2）期末，将该科目的余额转入非限定性净资产时，借记"提供服务收入——非限定性收入"科目，贷记"非限定性净资产"科目。如果存在限定性提供服务收入，则将其金额转入限定性净资产，借记"提供服务收入——限定性收入"科目，贷记"限定性净资产"科目。

【例 19-20】 某医师协会完成了一家医院的培训服务，培训费总计 80 000 元，该协会提前预收了 50 000 元的培训费，服务完成时，剩余款项已转账存入银行。该协会编制的会计分录如下。

  借：银行存款   30 000
    预收账款   50 000

贷：提供服务收入——非限定性收入　　　　　　　　　　　　　　　80 000

【例 19-21】某民间非营利医疗组织年末尚未完成向服务对象提供的服务,根据已完成的工作量,确定完工进度为 70%,该组织已向服务对象预收全部服务费用共计 50 000 元。该非营利组织编制的会计分录如下。

　　借：预收账款　　　　　　　　　　　　　　　　　　　　　　　　35 000
　　　贷：提供服务收入——非限定性收入　　　　　　　　　　　　　　　35 000

【例 19-22】某民间非营利组织为培训机构,3 月 1 日与某单位签订培训协议,为该单位举办两期业务培训班,每期培训时间为 1 个月,每期培训费用为 50 000 元,共计 100 000 元,同时预付的培训费为 80 000 元。4 月 10 日,完成培训协议中规定的第一期培训。5 月 12 日,完成培训协议中规定的第二期培训,所欠的 20 000 元培训费用尚未收到。

（1）3 月 1 日预收培训费用时,
　　借：银行存款　　　　　　　　　　　　　　　　　　　　　　　　80 000
　　　贷：预收账款　　　　　　　　　　　　　　　　　　　　　　　　80 000
（2）4 月 10 日完成第一期培训时,
　　借：预收账款　　　　　　　　　　　　　　　　　　　　　　　　50 000
　　　贷：提供服务收入——非限定性收入　　　　　　　　　　　　　　　50 000
（3）5 月 12 日,完成第二期培训时,
　　借：预收账款　　　　　　　　　　　　　　　　　　　　　　　　30 000
　　　应收账款　　　　　　　　　　　　　　　　　　　　　　　　　20 000
　　　贷：提供服务收入——非限定性收入　　　　　　　　　　　　　　　50 000

【例 19-23】年末,某民间非营利组织将提供服务收入中的贷方余额 365 000 元转入净资产。该民间非营利组织编制的会计分录如下。

　　借：提供服务收入——非限定性收入　　　　　　　　　　　　　　　365 000
　　　贷：非限定性净资产　　　　　　　　　　　　　　　　　　　　　365 000

（三）投资收益的核算

投资收益是指民间非营利组织因对外投资形成的投资净损益。它属于交换交易收入。一般情况下,民间非营利组织的投资收益为非限定性收入,除非相关资产提供者对资产的使用设置了限制。投资收益包括：债权投资的利息收益,如国库券利息、债券利息等；股权投资的股利收入。

为了核算投资收益业务,民间非营利组织应当设置"投资收益"总账科目,贷方登记当期投资净损益的实际发生额,借方登记期末转入净资产的金额。期末结转后,本科目应无余额。

投资收益的主要账务处理如下。

（1）短期投资。出售短期投资或到期收回债券本息,按照实际收到的金额,借记"银行存款"科目,按照已计提的减值准备,借记"短期投资跌价准备"科目,按照所

出售或收回短期投资的账面余额，贷记"短期投资"科目，按照未领取的现金股利或利息，贷记"其他应收款"科目，按照其差额，借记或贷记"投资收益"科目。

（2）长期股权投资：①采用成本法核算的民间非营利组织，被投资单位宣告发放现金股利或利润时，按照宣告发放的现金股利或利润中属于民间非营利组织应享有的部分，确认当期投资收益，借记"其他应收款"科目，贷记"投资收益"科目。②采用权益法核算的民间非营利组织，在期末按照应当享有或应当分担的被投资单位当年实现的净利润或发生的净亏损的份额，调整长期股权投资账面价值，如被投资单位实现净利润，借记"长期股权投资"科目，贷记"投资收益"科目，如被投资单位发生净亏损，借记"投资收益"科目，贷记"长期股权投资"科目，但以长期股权投资账面价值减记至零为限。③处置长期股权投资时，按照实际取得的价款，借记"银行存款"等科目，按照已计提的减值准备，借记"长期投资减值准备"科目，按照所处置长期股权投资的账面余额，贷记"长期股权投资"科目，按照未领取的现金股利，贷记"其他应收款"科目，按照其差额，借记或贷记"投资收益"科目。

（3）长期债权投资：①在长期债券投资的持有期间，应当按票面价值与票面利率按期计算确认利息收入，如为到期一次还本付息的债券投资，借记"长期债权投资——债券投资（应收利息）"科目，贷记"投资收益"科目，如为分期付息、到期还本的债权投资，借记"其他应收款"科目，贷记"投资收益"科目。②长期债权投资的初始投资成本与债券面值之间的差额，应当在债券存续期间，按照直线法于确认相关债券利息收入时摊销，如初始投资成本高于债券面值，按照应当分摊的金额，借记"投资收益"科目，贷记"长期债权投资"科目，如初始投资成本低于债券面值，按照应当分摊的金额，借记"长期股权投资"科目，贷记"投资收益"科目。③处置长期债权投资时，按照实际取得的价款，借记"银行存款"等科目，按照已计提的减值准备，借记"长期投资减值准备"科目，按照所处置长期债权投资的账面余额，贷记"长期债权投资"科目，按照未领取的现金股利，贷记"其他应收款"科目或"长期债权投资——债券投资（应收利息）"科目，按照其差额，借记或贷记"投资收益"科目。④期末结转投资收益。期末，将该科目的余额转入非限定性净资产时，借记"投资收益"科目，贷记"非限定性净资产"科目。如果存在限定性投资收益，则将其金额转入限定性净资产，借记"投资收益"科目，贷记"限定性净资产"科目。

【例19-24】某民间非营利组织将购入成本为130 000元的短期股票投资转让，收取款项117 000元存入银行。该组织编制的会计分录如下。

  借：银行存款   117 000
    投资收益   13 000
   贷：短期投资   130 000

【例19-25】某民间非营利组织对某企业投资，占其股份的60%，采用权益法核算投资收益。该企业报表显示本年度实现净利润1 000 000元，民间非营利组织应享有的收益份额为600 000元。该非营利组织编制的会计分录如下。

  借：长期股权投资   600 000

　　　　贷：投资收益　　　　　　　　　　　　　　　　　　　　　600 000

【例 19-26】某民间非营利组织对某企业投资，采用成本法核算。被投资企业宣告现金股利分配方案，民间非营利组织分得的现金股利为 80 000 元，款项尚未收到。
　　　　借：其他应收款　　　　　　　　　　　　　　　　　　　80 000
　　　　　　贷：投资收益　　　　　　　　　　　　　　　　　　　　80 000

【例 19-27】某民间非营利组织处置长期股权投资，实际取得价款为 360 000 元，已存入银行，长期股权投资的账面余额为 320 000 元，已计提减值准备为 16 000 元，尚未领取的现金股利为 6 000 元。该民间非营利组织编制的会计分录如下。
　　　　借：银行存款　　　　　　　　　　　　　　　　　　　　360 000
　　　　　　长期股权投资减值准备　　　　　　　　　　　　　　　16 000
　　　　　　贷：长期股权投资　　　　　　　　　　　　　　　　　320 000
　　　　　　　　其他应收款　　　　　　　　　　　　　　　　　　　6 000
　　　　　　　　投资收益　　　　　　　　　　　　　　　　　　　　50 000

【例 19-28】某民间非营利组织持有期限为 3 年，年利率为 5%，票面价值为 100 000 元的债券，该债券到期一次还本付息。经过计算，年末应计提利息为 5 000 元。1 年后，该民间非营利组织转让该项债券。转让时，债券的账面价值为 100 000 元，应收利息 5 000 元，收到转让价款 110 000 元。
　　（1）年末计提债券利息时，
　　　　借：长期债权投资——债券投资——应收利息　　　　　　　5 000
　　　　　　贷：投资收益　　　　　　　　　　　　　　　　　　　　5 000
　　（2）1 年后转让该项债券时，
　　　　借：银行存款　　　　　　　　　　　　　　　　　　　　110 000
　　　　　　贷：长期债权投资——债券投资——面值　　　　　　　100 000
　　　　　　　　　　　　　　　　　　　　——应收利息　　　　　　5 000
　　　　　　　　投资收益　　　　　　　　　　　　　　　　　　　　5 000

【例 19-29】期末，某民间非营利组织将投资收益科目的贷方余额 57 000 元转入净资产。该民间非营利组织编制的会计分录如下。
　　　　借：投资收益　　　　　　　　　　　　　　　　　　　　　57 000
　　　　　　贷：非限定性净资产　　　　　　　　　　　　　　　　　57 000

五、其他收入的核算

（一）其他收入的内容

　　其他收入是指民间非营利组织除捐赠收入、会费收入、提供服务收入、商品销售收入、政府补助收入、投资收益等主要业务活动收入以外的其他杂项收入，如确实无法支付的应付款项、存货盘盈、固定资产盘盈、固定资产处置净收入、无形资产处置净收入等。一般情况下，民间非营利组织的其他收入为非限定性收入，除非相关资产提供者对资产的使用设置了限制。

（二）其他收入的核算

为了核算其他收入业务，民间非营利组织应当设置"其他收入"科目，贷方登记取得的各种其他收入的实际金额，借方登记期末转入净资产的金额。期末结转后，本科目应无余额。同时，应当根据其他收入的具体种类设置明细科目，进行明细分类核算。

其他收入的主要账务处理如下。

（1）取得其他收入的现金、存货、固定资产等盘盈时，根据管理权限报经批准后，借记"现金""存货""固定资产""文物文化资产"等科目，贷记"其他收入——非限定性收入"科目；如果存在限定性其他收入，应当贷记"其他收入——限定性收入"科目。

（2）对于固定资产处置净收入，借记"固定资产清理"科目，贷记"其他收入"科目。

（3）对于无形资产处置净收入，按照实际取得的价款，借记"银行存款"等科目，按照该项无形资产的账面余额，贷记"无形资产"科目，按照其差额，贷记"其他收入"科目。

（4）确认无法支付的应付款项，借记"应付账款"等科目，贷记"其他收入"科目。

（5）在非货币性交易中收到补价情况下应确认的损益，借记有关科目，贷记"其他收入"科目。

（6）期末，将"其他收入"科目的余额转入非限定性净资产，借记"其他收入——非限定性收入"科目，贷记"非限定性净资产"科目。如果存在限定性的其他收入，则将其金额转入限定性净资产，借记"其他收入——限定性收入"科目，贷记"限定性净资产"科目。

【例 19-30】 某民间非营利组织处置一项固定资产，其原值为 36 000 元，累计折旧 10 000 元，出售收入为 30 000 元，已存入银行。该民间非营利组织编制的会计分录如下。

```
借：固定资产清理                                        26 000
    累计折旧                                           10 000
    贷：固定资产                                                36 000
借：银行存款                                            30 000
    贷：固定资产清理                                            30 000
借：固定资产清理                                         4 000
    贷：其他收入——非限定性收入——固定资产处置净收入           4 000
```

【例 19-31】 某民间非营利组织以前购入商品所欠货款为 13 000 元，由于债权人破产，无法支付。该组织编制的会计分录如下。

借：应付账款　　　　　　　　　　　　　　　　　　　　13 000
　　贷：其他收入——非限定性收入　　　　　　　　　　　　13 000

【例19-32】期末，某民间非营利组织将其他收入科目的贷方余额45 000元转入净资产。该民间非营利组织编制的会计分录如下。

借：其他收入——非限定性收入　　　　　　　　　　　　45 000
　　贷：非限定性净资产　　　　　　　　　　　　　　　　45 000

第二节　民间非营利组织费用的核算

一、民间非营利组织费用的内容与分类

（一）民间非营利组织费用的内容

民间非营利组织费用是指民间非营利组织为开展业务活动所发生的、导致本期净资产减少的经济利益或者服务潜力的流出。民间非营利组织会计应当严格按照费用的定义确认各项费用，费用具有以下两项主要特征：一是费用是民间非营利组织经济利益或者服务潜力的流出；二是费用会导致民间非营利组织本期净资产的减少。

民间非营利组织的费用包括业务活动成本、管理费用、筹资费用和其他费用。

（二）民间非营利组织费用的分类

按照归属的对象不同，民间非营利组织的费用分为成本费用和期间费用。

1. 成本费用

成本费用是指民间非营利组织开展项目活动所发生的费用，主要包括业务活动成本。成本费用应当按照所开展的业务活动项目进行归集，以便进行成本核算与管理。民间非营利组织的某些费用如果属于多项业务活动或者属于业务活动、管理活动和筹资活动等共同发生的，而且不能直接归属于某一类活动，应当按照合理的方法在各项活动中进行分配。

2. 期间费用

期间费用是指民间非营利组织本期发生的、不能直接或间接归入业务活动成本的各项费用，包括管理费用、筹资费用和其他费用。期间费用应当按照会计期间进行归集，不计入所开展的项目活动成本。

二、民间非营利组织费用的确认与计量

民间非营利组织费用应当在同时满足以下条件时予以确认：①含有经济利益或服务

潜力的经济资源流出民间非营利组织，或者组织承担了相关的负债；②能够引起当期净资产的减少；③费用的金额可以可靠地计量。

民间非营利组织在业务活动中发生的各项费用，包括业务活动成本、管理费用、筹资费用和其他费用，应当在实际发生时按照其实际发生额计入当期费用。

民间非营利组织的费用一般不需要区分"限定性费用"和"非限定性费用"。民间非营利组织如果存在限定性收入，需要在"捐赠收入""政府补助收入"等科目中设置明细科目进行核算，但发生的各项费用并不需要按限定性明细科目与其对应。期末，民间非营利组织应当将本期发生的各项费用结转至净资产项下的非限定性净资产，作为非限定性净资产的减项，再将限定条件已经解除的净资产从限定性净资产转入非限定性净资产，作为非限定性净资产的增项。

三、民间非营利组织费用的核算

（一）业务活动成本

1. 业务活动成本的内容

业务活动成本是指民间非营利组织为了实现其业务活动目标、开展其项目活动或者提供服务所发生的费用，它是按照项目、服务或业务种类等进行归集的费用，可以分为提供服务成本和商品销售成本。教学成本、医疗成本等为提供服务成本，刊物发行成本、药品成本为商品销售成本。业务活动成本的构成内容，主要包括业务活动中发生的人工费用、材料费用和其他费用。

业务活动成本是民间非营利组织的一个成本核算类科目，民间非营利组织主要业务活动发生的各项耗费均需要计入业务活动成本，以便考核各活动项目的耗费情况。民间非营利组织应当按照本组织业务活动开展的实际情况，在"业务活动成本"项目下设置明细项目，通常在"业务活动成本"科目下设置"商品销售成本""提供服务成本""会员服务成本""捐赠项目成本""业务活动税金及附加""业务活动费"等明细科目。如果民间非营利组织从事的项目、提供的服务或者开展的业务比较单一，可以将相关费用全部归集在"业务活动成本"项目下进行核算和列报。

2. 业务活动成本的核算

为了核算业务活动发生的相关费用，民间非营利组织应设置"业务活动成本"科目，借方登记当期业务活动成本的实际发生额，贷方登记期末转入净资产的金额。期末结转后，该科目应无余额。民间非营利组织应当根据单位的业务实际情况和管理的要求，设置业务活动成本项目。

业务活动成本的主要账务处理如下：发生业务活动成本时，借记"业务活动成本"科目，贷记"现金""银行存款""存货""应付账款"等科目；期末，将本科目的借方余额转入非限定性净资产时，借记"非限定性净资产"科目，贷记"业务活动成本"科目。

【例 19-33】某社会团体对外售出废旧杂志 2 万份,每万份售价 6 500 元,款项已存入银行,每万份杂志的成本为 3 500 元。该社会团体的会计处理如下。

借:业务活动成本——商品销售成本　　　　　　　　　　　　7 000
　　贷:存货　　　　　　　　　　　　　　　　　　　　　　　　7 000
同时,
借:银行存款　　　　　　　　　　　　　　　　　　　　　　13 000
　　贷:商品销售收入　　　　　　　　　　　　　　　　　　　　13 000

【例 19-34】某社会团体按照捐赠人的意愿,将捐赠物资捐给一所山区希望小学,该批物资的公允价值为 168 000 元。该社会团体的会计处理如下。

借:业务活动成本——捐赠项目成本　　　　　　　　　　　168 000
　　贷:存货　　　　　　　　　　　　　　　　　　　　　　　168 000
同时,
借:捐赠收入——限定性收入　　　　　　　　　　　　　　168 000
　　贷:捐赠收入——非限定性收入　　　　　　　　　　　　　168 000

【例 19-35】某民间非营利组织为行业协会,为会员提供服务发生费用 5 000 元,款项尚未支付。

借:业务活动成本——提供服务成本　　　　　　　　　　　　5 000
　　贷:应付账款　　　　　　　　　　　　　　　　　　　　　　5 000

【例 19-36】月末,某民间非营利组织计提乙项目活动使用的固定资产折旧 2 200 元。该组织的会计处理如下。

借:业务活动成本　　　　　　　　　　　　　　　　　　　　2 200
　　贷:累计折旧　　　　　　　　　　　　　　　　　　　　　　2 200

【例 19-37】某民间非营利组织年终结账,将"业务活动成本"账户的借方余额 490 000 元结转至非限定性净资产。该民间非营利组织的会计处理如下。

借:非限定性净资产　　　　　　　　　　　　　　　　　　490 000
　　贷:业务活动成本　　　　　　　　　　　　　　　　　　　490 000

(二) 管理费用

1. 管理费用的内容

管理费用是指民间非营利组织为组织和管理其业务活动所发生的各项费用。管理费用是主要业务活动以外的耗费,主要发生在民间非营利组织的管理活动中,在发生时作为期间费用计入当期费用,不需要进行成本核算。

管理费用的内容包括民间非营利组织董事会(或者理事会及类似权力机构)经费和行政管理人员的工资、奖金、津贴、福利费、住房公积金、住房补贴、社会保障费、离退休人员工资与补助,以及办公费、水电费、邮电费、物业管理费、差旅费、折旧费、修理费、租赁费、无形资产摊销费、资产盘亏损失、资产减值损失、因预计负债所产生的损失、聘请中介机构费和应偿还的受赠资产等。

2. 管理费用的核算

民间非营利组织为了对管理费用进行核算，应设置"管理费用"科目，借方登记当期管理费用的实际发生额，贷方登记期末转入净资产的金额。期末结转后，该科目应无余额。该科目应当按照管理费用种类设置明细账，进行明细核算。民间非营利组织可以根据具体情况编制管理费用明细表，以满足内部管理等有关方面的信息需要。

【例 19-38】某社会团体盘亏管理用设备一台，原价值 5 000 元，已提折旧 1 800 元，按规定程序报批后，其损失的金额列入管理费用。该社会团体的会计处理如下。

  借：管理费用   3 200
    累计折旧   1 800
    贷：固定资产   5 000

【例 19-39】月末，某民间非营利组织计算管理人员工资 5 300 元。该组织的会计处理如下。

  借：管理费用   5 300
    贷：应付工资   5 300

【例 19-40】某民间非营利组织月末根据应收账款的余额，按规定计提坏账准备 4 500 元。

  借：管理费用——坏账准备   4 500
    贷：坏账准备   4 500

【例 19-41】某民间非营利组织年终结账，将"管理费用"账户的借方余额 40 000 元结转至非限定性净资产。该民间非营利组织的会计处理如下。

  借：非限定性净资产   40 000
    贷：管理费用   40 000

（三）筹资费用

1. 筹资费用的内容

筹资费用是指民间非营利组织为筹集业务活动所需资金而发生的费用。民间非营利组织从事公益服务活动，需要通过一定方式筹集资金，在筹集资金的过程中会发生一定的费用支出。筹资费用是民间非营利组织的一项重要的费用，特别是慈善机构、基金会、扶贫组织等一些社会公益组织，其筹资费用所占的比例较大。它是民间非营利组织的一项期间费用，在发生时计入当期费用。

筹资费用包括在筹资过程中发生的各种耗费，主要内容包括以下几个方面。

（1）为了获得捐赠资产而发生的费用，包括：举办募款活动费，准备、印刷和发放募款宣传资料费，以及其他与募款或者争取捐赠资产有关的费用。民间非营利组织取得代理资产所发生的费用不计入筹资费用。

（2）应当计入当期费用的借款费用。借款费用是民间非营利组织因借款而发生的利息费用、手续费等。筹资费用仅包括计入当期费用的借款费用。与构建固定资产有关的借款费用,在办理竣工决算之前发生的应当计入资产价值,不计入筹资费用。银行存款产生的利息收入,冲减筹资费用。

(3)汇兑损失(减汇兑收益)。如果民间非营利组织有外币业务,购入或出售外汇因汇率不同所产生的价差,以及期末按规定汇率折算外币账户余额所产生的价差,为汇兑损失或汇兑收益。若为汇兑收益,冲减筹资费用。

2. 筹资费用的核算

为了对筹集业务活动所需资金而发生的费用进行核算,民间非营利组织应设置"筹资费用"科目,借方登记当期筹资费用的实际发生额,贷方登记期末转入净资产的金额。期末结转后,该科目应无余额。该账户应当按照筹资费用种类设置明细账,进行明细核算。

筹资费用的主要账务处理如下:发生筹资费用时,借记"筹资费用",贷记"预提费用""银行存款""长期借款"等科目;发生应冲减筹资费用的利息收入、汇兑收益时,借记"银行存款""长期借款"等科目,贷记"筹资费用"。期末,将本科目的余额转入非限定性净资产,借记"非限定性净资产"科目,贷记"筹资费用"。

【例19-42】某基金会举办义演募款活动,转账支付印刷宣传资料费4 500元,现金支付劳务费1 800元。该基金会的会计处理如下。

借:筹资费用　　　　　　　　　　　　　　　　　　　　　6 300
　　贷:银行存款　　　　　　　　　　　　　　　　　　　　4 500
　　　　现金　　　　　　　　　　　　　　　　　　　　　　1 800

【例19-43】月末,某民间非营利医疗机构支付短期借款利息2 000元。该机构的会计处理如下。

借:筹资费用　　　　　　　　　　　　　　　　　　　　　2 000
　　贷:银行存款　　　　　　　　　　　　　　　　　　　　2 000

【例19-44】某民间非营利组织月末按银行公布的外币汇率调整外币存货账户余额,产生汇兑收益6 500元。

借:银行存款——外币　　　　　　　　　　　　　　　　　6 500
　　贷:筹资费用——汇兑收益　　　　　　　　　　　　　　6 500

【例19-45】某民间非营利组织年终结账,将"筹资费用"账户的借方余额8 000元结转至非限定性净资产。该民间非营利组织的会计处理如下。

借:非限定性净资产　　　　　　　　　　　　　　　　　　8 000
　　贷:筹资费用　　　　　　　　　　　　　　　　　　　　8 000

(四)其他费用

其他费用是指民间非营利组织发生的,无法归属到上述业务活动成本、管理费用或者筹资费用中的费用,包括固定资产处置净损失、无形资产处置净损失等。

为了对发生的、无法确定归属的费用进行核算，民间非营利组织应设置"其他费用"科目，借方登记发生的其他费用，贷方登记期末转入净资产的金额。期末结转后无余额。该账户应当按照其他费用种类设置明细账，进行明细核算。

其他费用的主要账务处理如下：发生的固定资产处置净损失，借记"其他费用"，贷记"固定资产清理"科目。发生的无形资产处置净损失，按照实际取得的价款，借记"银行存款"等科目，按照该项无形资产的账面余额，贷记"无形资产"科目，按照其差额，借记"其他费用"。期末，将本科目的余额转入非限定性净资产，借记"非限定性净资产"科目，贷记"其他费用"。

【例19-46】某民间非营利组织的一台设备因意外事件报废而转入清理。设备原值150 000元，已提折旧30 000元，以银行存款支付清理费用3 000元；经与保险公司协商，获得意外保险赔偿80 000元，款项已存入银行。该组织的会计处理如下。

固定资产处置净损失=150 000-30 000+3 000-80 000=43 000（元）

借：其他费用——固定资产处置净损失　　　　　　　　43 000
　　贷：固定资产清理　　　　　　　　　　　　　　　　　　43 000

【例19-47】某民间非营利组织年终结账，将"其他费用"账户的借方余额50 000元结转至非限定性净资产。该民间非营利组织的会计处理如下。

借：非限定性净资产　　　　　　　　　　　　　　　　　50 000
　　贷：其他费用　　　　　　　　　　　　　　　　　　　　　50 000

第三节　民间非营利组织净资产的核算

一、净资产的内容与分类

（一）净资产的内容

民间非营利组织的净资产是指资产减去负债后的余额，是民间非营利组织拥有的资产净值。由于民间非营利组织的开办人不具有投资回报的要求权，即民间非营利组织没有明确的所有者，也没有针对出资者的分配。其净资产主要来源于社会捐赠、会费收入、政府补助和组织运转结余等不需要返还的资金。

净资产的确认依赖于资产、负债的确认，净资产的数额取决于资产和负债的计量结果。

净资产 = 资产 − 负债

本期净资产变动额 = 本期收入 − 本期费用 ± 调整本期净资产

期末净资产 = 期初净资产 + 本期净资产变动额

（二）净资产的分类

为了恰当核算民间非营利组织来自不同资金来源的净资产，一般按其使用是否受到限制，分为限定性净资产和非限定性净资产。

1. 限定性净资产

如果资产或者资产所产生的经济利益的使用受到资产提供者或者国家有关法律、行政法规所设置的时间限制或（和）用途限制，则由此形成的净资产即为限定性净资产。国家有关法律和行政法规对资产的使用直接设置限制的，该受限制的净资产亦为限定性净资产。

（1）限定主体。

限定性净资产的限定主体包括资产提供者和国家的法律、法规两个方面。第一，资产提供者限定，资产提供者向民间非营利组织提供资产时，可能会提出一定的限制条件，规定资产的用途或使用时间。第二，国家法律、法规的限定，国家可以通过制定一些法律、行政法规对净资产进行限制。

（2）限定条件。

限定性净资产的限定条件包括时间限定、用途限定和时间与用途双重限定三种情况。第一，时间限定，是指资产提供者或者国家有关法律、行政法规要求民间非营利组织在收到资产的特定日期之后使用该项资产，或者对该项资产的使用设置了永久限制。第二，用途限定，是指资产提供者或者国家有关法律、行政法规要求民间非营利组织将收到的资产用于某一特定的用途。第三，时间与用途双重限定，是指一项净资产同时存在用途和时间两项限定条件，要求该项资产在规定的时间内用于特定的用途。

2. 非限定性净资产

如果资产提供者对所提供的资产或者资产所产生的经济利益（如资产的投资收益和利息等）的使用、处置等未设置任何限制条件，国家有关法律、行政法规也未对此设置任何限制，由此形成的净资产即为非限定性净资产。民间非营利组织的净资产中，除限定性净资产之外的即为非限定性净资产。

如果限定性净资产的限制已经解除，则应当对净资产进行重新分类，将限定性净资产转为非限定性净资产。当存在下列情况之一时，可以认为限定性净资产的限制已经解除，需要将限定性净资产转为非限定性净资产：①所限定净资产的限制时间已经到期；②所限定净资产规定的用途已经实现（或者目的已经达到）；③资产提供者或者国家有关法律、行政法规撤销了所设置的限制。如果限定性净资产受到两项或两项以上的限制，应当在最后一项限制解除时，才能认为该项限定性净资产的限制已经解除。

二、限定性净资产

（一）限定性净资产的内容

限定性净资产是存在一定限制条件的净资产。其主要来源于资产提供者的提供和对净资产的使用进行设置两个方面。第一，资产提供者的提供，如果资产提供者提供了限定性的资产，或者提供的资产受国家法律、法规限制，形成的净资产为限定性净资产。

第二,对净资产的使用进行了设置。民间非营利组织根据国家的规定,从净资产中按一定比例提取发展基金,也会形成限定性净资产。

关于限定性净资产,需要注意的是:一是净资产的限制性一般不会产生负债;二是限定性净资产是资产提供者或者国家有关法律对某项资产规定的使用限制,民间非营利组织的董事会、理事会或类似机构对净资产的使用所做的内部限制,不属于限定性净资产。

(二)限定性净资产的核算

为了反映和监督限定性净资产的增减变动情况,民间非营利组织应设置"限定性净资产"账户。该账户为净资产类账户,其贷方登记期末从各项收入类账户所属的"限定性收入"明细账户转入的当期实际发生额;借方登记限制解除时转为非限定性净资产的金额。期末余额在贷方,反映民间非营利组织历年积存的限定性净资产。民间非营利组织应当在期末进行限定性净资产结转,反映最终形成的限定性净资产。

限定性净资产的主要账务处理如下。

(1)期末,将各收入类科目所属"限定性收入"明细科目的余额转入本科目,借记"捐赠收入——限定性收入""政府补助收入——限定性收入"等科目,贷记"限定性净资产"科目。

(2)如果限定性净资产的限制已经解除,则应当对净资产进行重新分类,将限定性净资产转为非限定性净资产,借记"限定性净资产"科目,贷记"非限定性净资产"科目。

如果资产提供者或者国家有关法律、行政法规要求民间非营利组织在特定时期之内或特定日期之后将限定性净资产或者相关资产用于特定用途,该限定性净资产应当在相应期间之内或相应日期之后将实际使用的相关资产金额或者实际发生的相关费用金额转为非限定性净资产。

(3)如果因调整以前期间收入、费用项目而涉及调整限定性净资产的,应当就需要调整的金额,借记或贷记有关科目,贷记或借记"限定性净资产"科目。

【例19-48】某民间非营利组织年终结转限定性收入科目的贷方余额,其中捐赠收入——限定性收入 78 000 元,政府补助收入——限定性收入 32 000 元。该民间非营利组织编制的会计分录如下。

借:捐赠收入——限定性收入 78 000
    政府补助收入——限定性收入 32 000
    贷:限定性净资产 110 000

【例19-49】某民间非营利组织按照政府提出的使用时间限制条件,已经达到限制可以使用政府补助收入 150 000 元的时间。该民间非营利组织编制的会计分录如下。

借:限定性净资产 150 000
    贷:非限定性净资产 150 000

三、非限定性净资产

（一）非限定性净资产的内容

非限定性净资产是不存在任何限制条件的净资产，民间非营利组织可以自主使用非限定性净资产。非限定性净资产主要来源于资产提供者的提供和从事交换交易产生的结余两个方面。第一，民间非营利组织的部分收入是资产提供者提供的，主要包括捐赠收入和政府补助收入，如果资产提供者没有对提供的资产设定限制条件，所形成的非限定的捐赠收入和非限定的政府补助收入将增加非限定性净资产。第二，民间非营利组织在交换交易中取得的各项收入一般为非限定性收入，主要包括提供服务收入、销售商品收入、向会员收取的会费收入及对外投资收到的股利和利息等，在业务活动中会有资金耗费，主要包括业务活动成本、管理费用、筹资费用等。一定时期非交换交易收入和费用之间的差额所形成的结余，会增加非限定性净资产。从数量上看，非限定性净资产等于民间非营利组织报告期内净资产总额减去该报告期内限定性净资产后的差额。

（二）非限定性净资产的核算

为了反映和监督非限定性净资产的增减变动情况，民间非营利组织应设置"非限定性净资产"账户。该账户为净资产类账户，其贷方登记期末从各项收入类账户所属的"非限定性收入"明细账户转入的当期实际发生额，以及当限制解除时从"限定性净资产"账户借方转入额；借方登记从各费用类账户转入的当期实际发生额。期末余额在贷方，反映民间非营利组织历年积存的非限定性净资产。

民间非营利组织应当在期末将当期非限定性收入的实际发生额、当期费用的实际发生额和当期由限定性净资产转为非限定性净资产的金额转入非限定性净资产。

非限定性净资产的主要账务处理如下。

（1）期末，将各收入类科目所属"非限定性收入"明细科目的余额转入本科目，借记"捐赠收入——非限定性收入""会费收入——非限定性收入""提供服务收入——非限定性收入""政府补助收入——非限定性收入""商品销售收入——非限定性收入""投资收益——非限定性收入""其他收入——非限定性收入"科目，贷记"非限定性净资产"科目。同时，将各费用类科目的余额转入本科目，借记"非限定性净资产"科目，贷记"业务活动成本""管理费用""筹资费用""其他费用"科目。

（2）如果限定性净资产的限制已经解除，则应当对净资产进行重新分类，将限定性净资产转为非限定性净资产，借记"限定性净资产"科目，贷记"非限定性净资产"科目。

（3）如果因调整以前期间收入、费用项目而涉及调整非限定性净资产的，应当就需要调整的金额，借记或贷记有关科目，贷记或借记"非限定性净资产"科目。

【例 19-50】某民间非营利组织在确认捐赠收入的次年按照捐赠人的限制条件将捐赠款项用于购买办公设备一台，共计 8 600 元，款项已用银行存款支付。该民间非营利组织编制的会计分录如下。

借：固定资产　　　　　　　　　　　　　　　　　　　　　　8 600
　　贷：银行存款　　　　　　　　　　　　　　　　　　　　　8 600
借：限定性净资产　　　　　　　　　　　　　　　　　　　　　8 600
　　贷：非限定性净资产　　　　　　　　　　　　　　　　　　8 600

【例 19-51】某民间非营利组织年终结转费用类科目借方余额。其中，业务活动成本为76 000元，管理费用为43 000元，筹资费用为9 800元，其他费用为800元。该民间非营利组织编制的会计分录如下。

借：非限定性净资产　　　　　　　　　　　　　　　　　　　129 600
　　贷：业务活动成本　　　　　　　　　　　　　　　　　　76 000
　　　　管理费用　　　　　　　　　　　　　　　　　　　　43 000
　　　　筹资费用　　　　　　　　　　　　　　　　　　　　9 800
　　　　其他费用　　　　　　　　　　　　　　　　　　　　800

【例 19-52】某民间非营利组织年终结转非限定性收入贷方余额。其中，捐赠收入——非限定性收入90 000元，会费收入——非限定性收入20 000元，提供服务收入——非限定性收入50 000元，政府补助收入——非限定性收入30 000元，商品销售收入——非限定性收入28 000元，投资收益——非限定性收入17 000元，其他收入——非限定性收入1 000元。该民间非营利组织编制的会计分录如下。

借：捐赠收入——非限定性收入　　　　　　　　　　　　　　90 000
　　会费收入——非限定性收入　　　　　　　　　　　　　　20 000
　　提供服务收入——非限定性收入　　　　　　　　　　　　50 000
　　政府补助收入——限定性收入　　　　　　　　　　　　　30 000
　　商品销售收入——非限定性收入　　　　　　　　　　　　28 000
　　投资收益——非限定性收入　　　　　　　　　　　　　　17 000
　　其他收入——非限定性收入　　　　　　　　　　　　　　1 000
　　贷：限定性净资产　　　　　　　　　　　　　　　　　　236 000

【例 19-53】某民间非营利组织经审查后发现，因发生计算错误，上一会计期间少计提固定资产折旧10 000元，应予以调整所涉及的非限定性净资产。

借：非限定性净资产　　　　　　　　　　　　　　　　　　　10 000
　　贷：累计折旧　　　　　　　　　　　　　　　　　　　　10 000

本 章 小 结

民间非营利组织的收入是指开展业务活动取得的、导致本期净资产增加的经济利益或者服务潜力的流入。按照收入的来源不同，民间非营利组织收入可以分为捐赠收入、会费收入、提供服务收入、政府补助收入、商品销售收入、投资收益和其他收入。按照收入使用是否受到限制，民间非营利组织收入可以分为限定性收入和非限定性收入两种。民间非营利组织在确认收入时，应当区分交换交易所形成的收入和非交换交易所形成的收入。非交换交易收入主要包括捐赠收入和政府补助收入。会费收入通常也属于非交换交易收入。捐赠收入是民间非营利组织接受其他单位或个人捐赠所取得的收入，是民间非营利组织最重要的收入来源。政府补助收入是指民间非营利组织接受政府拨款或者政府机构给予的补助而取得的收入。会费收入是民间非营利组织根据章程等规定向会员收取的会费。交换交易收入包括商品销售收入、提供服务收入和投资收益。其他收入是民间非营利组织的其他杂项收入，如确实无法支付的应付款项、存货盘盈、固定资产盘盈、固定资产处置净收入、无形资产处置净收入等。

民间非营利组织费用是指民间非营利组织为开展业务活动所发生的、导致本期净资产减少的经济利益或者服务潜力的流出。民间非营利组织的费用包括业务活动成本、管理费用、筹资费用和其他费用。业务活动成本是指民间非营利组织为了实现其业务活动目标、开展项目活动或者提供服务所发生的费用。管理费用是指民间非营利组织为组织和管理其业务活动所发生的各项费用。筹资费用是指民间非营利组织为筹集业务活动所需资金而发生的费用。其他费用是指民间非营利组织发生的，无法归属到上述业务活动成本、管理费用或者筹资费用中的费用，包括固定资产处置净损失、无形资产处置净损失等。

民间非营利组织的净资产是指资产减去负债后的余额，是民间非营利组织拥有的资产净值。民间非营利组织净资产一般按其使用是否受到限制，分为限定性净资产和非限定性净资产。如果资产或者资产所产生的经济利益的使用受到资产提供者或者国家有关法律、行政法规所设置的时间限制或（和）用途限制，则由此形成的净资产即为限定性净资产。如果资产提供者对所提供的资产或者资产所产生的经济利益（如资产的投资收益和利息等）的使用、处置等未设置任何限制条件，国家有关法律、行政法规也未对此设置任何限制，由此形成的净资产即为非限定性净资产。非限定性净资产主要来源于资产提供者的提供和从事交换交易产生的结余两个方面。

【复习思考题】

1. 什么是民间非营利组织的收入？收入的主要构成内容有哪些？
2. 民间非营利组织收入按照不同的标准可以分为哪些种类的收入？
3. 如何理解民间非营利组织的交换交易收入？哪些收入属于交换交易收入？
4. 如何理解民间非营利组织的非交换交易收入？哪些收入属于非交换交易收入？
5. 交换交易收入与非交换交易收入的确认原则分别是什么？
6. 什么是捐赠收入？如何进行会计核算？
7. 商品服务收入与提供服务收入分别如何进行会计核算？
8. 什么是民间非营利组织的费用？费用的主要构成内容有哪些？
9. 民间非营利组织如何区分和核算业务活动成本、管理费用和筹资费用？
10. 什么是民间非营利组织的净资产？可以分为哪两类？

11. 民间非营利组织的限定性净资产是如何界定的?
12. 民间非营利组织的限定性净资产在什么情况下可以认为限制已经解除?
13. 民间非营利组织期末结账时,收入和费用类账户的余额如何结账?

第二十章 民间非营利组织的财务报告

【学习目标】
1. 了解民间非营利组织财务报告的含义与内容。
2. 掌握民间非营利组织资产负债表的编制方法。
3. 掌握民间非营利组织业务活动表的编制方法。
4. 掌握民间非营利组织现金流量表的编制方法。
5. 熟悉民间非营利组织会计报表附注及财务情况说明书的内容。

第一节 民间非营利组织财务报告概述

一、民间非营利组织财务报告的含义

财务会计报告是反映民间非营利组织财务状况、业务活动情况和现金流量等的书面文件。民间非营利组织会计需要以日常的会计资料为依据，编制财务报告，以书面形式反映民间非营利组织的总体情况。

民间非营利组织编制财务报告的目的，是为财务报告使用者提供有用的会计信息。民间非营利组织财务报告的使用者包括内部使用者和外部使用者。外部使用者是民间非营利组织财务报告的主要使用者，主要包括资源提供者、服务对象、债权人、政府和社会监督部门。它们关心民间非营利组织财务资源的运用情况，要求披露反映受托责任履行情况的会计信息。所以，民间非营利组织财务报告是对外披露的报告，是为外部信息使用者提供的总结性书面文件。《民间非营利组织会计制度》规定，民间非营利组织的

年度财务报告至少应当于年度终了后4个月内对外提供。如果民间非营利组织被要求提供中期财务报告，则应当在规定的时间内对外提供。

根据财政部、民政部发布的《关于加强和完善基金会注册会计师审计制度的通知》的要求，基金会应当于每年3月31日前向登记机关报送上一年度经注册会计师审计的年度财务会计报告和会计师事务所出具的审计报告，接受年度检查；同时，将年度财务报告在登记管理机关指定的统一信息公开平台上公布，接受社会公众的查询和监督。

二、民间非营利组织财务报告的内容

民间非营利组织的财务报告由会计报表、会计报表附注和财务情况说明书三部分组成。

（1）会计报表，是指以表格形式概括反映民间非营利组织财务状况、业务活动情况和现金流量的书面文件，主要包括资产负债表、业务活动表和现金流量表三种主表及各种附表。

（2）会计报表附注，是指对会计报表内容所做的补充说明与详细解释，目的是便于会计报表使用者理解会计报表的内容。

（3）财务情况说明书，是指对一定会计期间民间非营利组织的财务状况和业务情况进行总结的书面报告。

民间非营利组织的财务会计报告按编制时间划分，分为年度财务会计报告和中期财务会计报告。年度财务报告是以整个会计年度为基础编制的财务报告。以短于一个完整的会计年度的期间（如半年度、季度和月度）编制的财务会计报告称为中期财务会计报告。民间非营利组织在编制中期财务会计报告时，应当采用与年度会计报表相一致的确认与计量原则。中期财务会计报告的内容相对于年度财务会计报告而言可以适当简化，但是，它仍然应当保证包括了与理解中期期末财务状况和中期业务活动情况及其现金流量相关的重要财务信息。

第二节 资产负债表

一、资产负债表及其结构

资产负债表是反映民间非营利组织某一特定日期（如月末、季末、年末）财务状况的报表。其根据"资产=负债+净资产"这一平衡公式，依照一定的分类标准和一定的次序，将某一特定日期的资产、负债、净资产的具体项目予以适当排列编制而成。它是民间非营利组织特定日期所拥有或控制的资产、承担的债务责任及净资产的静态反映。

资产负债表的结构由表头和基本内容两部分组成。其中，表头主要包括报表名称、编制单位、编制日期、货币种类和金额单位；基本内容是资产负债表的核心，包括各项资产、负债和净资产的年初数和期末数,并且以"账户式"形式设计,即报表分为左方和右方。左方资产项目合计等于负债和净资产项目的合计。

通过资产负债表,可以了解民间非营利组织的资产总额及构成情况,分析资产的变化趋势;也可以了解民间非营利组织的负债总额及构成情况,分析其偿债能力;还可以了解民间非营利组织的净资产总额及构成情况,分析净资产的来源渠道。

二、资产负债表的格式

资产负债表由表首标题、编报项目、栏目及金额组成。

1. 表首标题

资产负债表的表首标题包括报表名称、编号(会民非 01 表)、编制单位、编表时间和金额单位等内容。资产负债表反映民间非营利组织在某一时点的财务状况,属于静态报表,需要注明是××年×月×日的报表。按编报时间的不同,资产负债表分为月报资产负债表和年报资产负债表。

2. 编报项目

资产负债表的编报项目包括资产、负债和净资产三个会计要素,按资产、负债和净资产排列。资产项目按其流动性以流动资产、长期投资、固定资产、无形资产和受托代理资产排列;负债项目按其流动性以流动负债、长期负债和受托代理负债排列;净资产项目按其流动性以非限定性净资产、限定性净资产排列。

3. 栏目及金额

资产负债表包括"期末数"和"年初数"两栏数字。"期末数"栏的数额根据本期各账户的期末余额直接填列,或经过分析、计算后填列;"年初数"栏的数额根据上年末资产负债表"期末数"栏内的数字填列。

民间非营利组织资产负债表的基本格式如表 20-1 所示。

表 20-1 民间非营利组织资产负债表

编制单位:　　　　　　　　　　　年　月　日

会民非 01 表
单位:元

资产	行次	年初数	期末数	负债和净资产	行次	年初数	期末数
流动资产				流动负债			
货币资金	1			短期借款	61		
短期投资	2			应付款项	62		
应收款项	3			应付工资	63		
预付账款	4			应交税金	65		
存货	8			预收账款	66		
待摊费用	9			预提费用	71		
				预计负债	72		
一年内到期的长期债权投资	15			一年内到期的长期负债	74		

续表

资产	行次	年初数	期末数	负债和净资产	行次	年初数	期末数
其他流动资产	18			其他流动负债	78		
流动资产合计	20			流动负债合计	80		
长期投资				长期负债			
长期股权投资	21			长期借款	81		
长期债权投资	24			长期应付款	84		
长期投资合计	30			其他长期负债	88		
固定资产				长期负债合计	90		
固定资产原值	31						
减：累计折旧	32			受托代理负债			
固定资产净值	33			受托代理负债	91		
在建工程	34			负债合计	100		
文物文化资产	35						
固定资产清理	38						
固定资产合计	40						
				净资产			
无形资产				非限定性净资产	101		
无形资产	41			限定性净资产	105		
受托代理资产				净资产合计	110		
受托代理资产	51						
资产总计	60			负债和净资产总计	120		

三、资产负债表的编制方法

资产负债表"年初数"栏内各项数字，应当根据上年末资产负债表"期末数"栏内数字填列。如果本年度资产负债表规定的各个项目的名称和内容同上年度不相一致，应对上年末资产负债表各项目的名称和数字按照本年度的规定进行调整，填入表20-1"年初数"栏内。

资产负债表"期末数"各项目的内容和填列方法如下。

（1）"货币资金"项目，反映民间非营利组织期末库存现金、存放银行的各类款项及其他货币资金的合计数。本项目应当根据"现金""银行存款""其他货币资金"科目的期末余额合计填列。如果民间非营利组织的受托代理资产为现金、银行存款或其他货币资金且通过"现金""银行存款""其他货币资金"科目核算，还应当扣减"现金""银行存款""其他货币资金"科目中"受托代理资产"明细科目的期末余额。

（2）"短期投资"项目，反映民间非营利组织持有的各种能够随时变现并且持有时间不准备超过1年（含1年）的投资，包括短期股票、债券投资和短期委托贷款、委托投资等。本项目应当根据"短期投资"科目的期末余额减去"短期投资跌价准备"科目的期末余额后的金额填列。

（3）"应收款项"项目，反映民间非营利组织期末应收票据、应收账款和其他应收款等应收未收款项。本项目应当根据"应收票据""应收账款""其他应收款"科目的期末余额合计，减去"坏账准备"科目的期末余额后的金额填列。

（4）"预付账款"项目，反映民间非营利组织预付给商品或者服务供应单位等的款项。本项目应当根据"预付账款"科目的期末余额填列。

（5）"存货"项目，反映民间非营利组织在日常业务活动中持有以备出售或捐赠的，或者为了出售或捐赠仍处在生产过程中的，或者将在生产、提供服务或日常管理过程中耗用的材料、物资、商品等。本项目应当根据"存货"科目的期末余额，减去"存货跌价准备"科目的期末余额后的金额填列。

（6）"待摊费用"项目，反映民间非营利组织已经支出，但应当由本期和以后各期分别负担的、分摊期在 1 年以内（含 1 年）的各项费用，如预付保险费、预付租金等。本项目应当根据"待摊费用"科目的期末余额填列。

（7）"一年内到期的长期债权投资"项目，反映民间非营利组织将在 1 年内（含 1 年）到期的长期债权投资。本项目应当根据"长期债权投资"科目的期末余额中将在 1 年内（含 1 年）到期的长期债权投资余额，减去"长期投资减值准备"科目的期末余额中 1 年内（含 1 年）到期的长期债权投资减值准备余额后的金额填列。

（8）"其他流动资产"项目，反映民间非营利组织除以上流动资产项目外的其他流动资产。本项目应当根据有关科目的期末余额分析填列。如果其他流动资产价值较大的，应当在会计报表附注中单独披露其内容和金额。

（9）"长期投资"项目，反映民间非营利组织持有长期股权投资和长期债权投资的可收回金额。

（10）"长期股权投资"项目，反映民间非营利组织不准备在 1 年内（含 1 年）变现的各种股权性质的投资的可收回金额。本项目应当根据"长期股权投资"科目的期末余额，减去"长期投资减值准备"科目的期末余额中长期股权投资减值准备余额后的金额填列。

（11）"长期债权投资"项目，反映民间非营利组织不准备在 1 年内（含 1 年）变现的各种债权性质的投资的可收回金额。本项目应当根据"长期债权投资"科目的期末余额，减去"长期投资减值准备"科目的期末余额中长期债权投资减值准备余额，再减去表 20-1 "一年内到期的长期债权投资"项目金额后的金额填列。

（12）"固定资产"项目，反映民间非营利组织的各项固定资产的账面价值。本项目应当根据"固定资产"科目的期末余额，减去"累计折旧"科目的期末余额后的金额填列。

（13）"在建工程"项目，反映民间非营利组织期末各项未完工程的实际支出，包括交付安装的设备价值、已耗用的材料、工资和费用支出、预付出包工程的价款等。本项目应当根据"在建工程"科目的期末余额填列。

（14）"文物文化资产"项目，反映民间非营利组织用于展览、教育或研究等目的的历史文物、艺术品及其他具有文化或者历史价值并做长期或者永久保存的典藏等。本项目应当根据"文物文化资产"科目的期末借方余额填列。

（15）"固定资产清理"项目，反映民间非营利组织因出售、毁损、报废等原因转入清理但尚未清理完毕的固定资产的账面价值,以及固定资产清理过程中发生的清理费用和变价收入等各项金额的差额。本项目应当根据"固定资产清理"科目的期末借方余额填列;如果"固定资产清理"科目期末为贷方余额,则以"-"号填列。

(16)"无形资产"项目,反映民间非营利组织拥有的为开展业务活动,出租给他人或为管理目的而持有的没有实物形态的非货币性长期资产,包括专利权、非专利技术、商标权、著作权、土地使用权等。本项目应当根据"无形资产"科目的期末余额填列。

(17)"受托代理资产"项目,反映民间非营利组织接受委托方委托从事受托代理业务而收到的资产。本项目应当根据"受托代理资产"科目的期末余额填列。如果民间非营利组织的受托代理资产为现金、银行存款或其他货币资金且通过"现金""银行存款""其他货币资金"科目核算,还应当加上"现金""银行存款"和"其他货币资金"科目中"受托代理资产"明细科目的期末余额。

(18)"短期借款"项目,反映民间非营利组织向银行或其他金融机构等借入的、尚未偿还的期限在1年以下(含1年)的各种借款。本项目应当根据"短期借款"科目的期末余额填列。

(19)"应付款项"项目,反映民间非营利组织期末应付票据、应付账款和其他应付款等应付未付款项。本项目应当根据"应付票据""应付账款""其他应付款"科目的期末余额合计填列。

(20)"应付工资"项目,反映民间非营利组织应付未付的员工工资。本项目应当根据"应付工资"科目的期末贷方余额填列;如果"应付工资"科目期末为借方余额,以"-"号填列。

(21)"应交税金"项目,反映民间非营利组织应交未交的各种税费。本项目应当根据"应交税金"科目的期末贷方余额填列;如果"应交税金"科目期末为借方余额,则以"-"号填列。

(22)"预收账款"项目,反映民间非营利组织向服务和商品购买单位等预收的各种款项。本项目应当根据"预收账款"科目的期末余额填列。

(23)"预提费用"项目,反映民间非营利组织预先提取的已经发生但尚未实际支付的各项费用。本项目应当根据"预提费用"科目的期末贷方余额填列。

(24)"预计负债"项目,反映民间非营利组织对因或有事项所产生的现时义务而确认的负债。本项目应当根据"预计负债"科目的期末贷方金额填列。

(25)"一年内到期的长期负债"项目,反映民间非营利组织承担的将于1年内(含1年)偿还的长期负债。本项目应当根据有关长期负债科目的期末余额中将在1年内(含1年)到期的金额分析填列。

(26)"其他流动负债"项目,反映民间非营利组织除以上流动负债之外的其他流动负债。本项目应当根据有关科目的期末余额填列。如果其他流动负债金额较大,应当在会计报表附注中单独披露其内容和金额。

(27)"长期借款"项目,反映民间非营利组织向银行或其他金融机构等借入的期限在1年以上(不含1年)的各种借款本息。本项目应当根据"长期借款"科目的期末余额减去其中将于 1 年内（含 1 年）到期的长期借款余额后的金额填列。

（28）"长期应付款"项目，反映民间非营利组织承担的各种长期应付款，如融资租入固定资产发生的应付租赁款。本项目应当根据"长期应付款"科目的期末余额减去其中将于 1 年内（含 1 年）到期的长期应付款余额后的金额填列。

（29）"其他长期负债"项目，反映民间非营利组织除以上长期负债项目之外的其他长期负债。本项目应当根据有关科目的期末余额减去其中将于 1 年内（含 1 年）到期的其他长期负债余额后的金额分析填列。如果其他长期负债金额较大的，应当在会计报表附注中单独披露其内容和金额。

（30）"受托代理负债"项目，反映民间非营利组织因从事受托代理业务、接受受托代理资产而产生的负债。本项目应当根据"受托代理负债"科目的期末余额填列。

（31）"非限定性净资产"项目，反映民间非营利组织拥有的非限定性净资产期末余额。本项目应当根据"非限定性净资产"科目的期末余额填列。

（32）"限定性净资产"项目，反映民间非营利组织拥有的限定性净资产期末余额。本项目应当根据"限定性净资产"科目的期末余额填列。

第三节 业务活动表

一、业务活动表及其格式

业务活动表反映民间非营利组织在某一会计期间内开展业务活动的实际情况，是指在某一会计期间内开展业务活动取得的收入、发生的费用及净资产增减变动情况的会计报表。业务活动表可以全面反映业务活动收入、费用的总额及构成，以及限定性净资产和非限定性净资产的增减变动数额，是评价民间非营利组织运营业绩的重要依据。其由表首标题、编报项目、栏目及金额组成。

1. 表首标题

业务活动表的表首标题包括报表名称、编号（会民非 02 表）、编制单位、编表时间和金额单位等内容。因为业务活动表反映民间非营利组织在某一时期的业务活动情况，属于动态报表，所以需要注明报表所属的期间，如××年×月、××年度。按编报时间的不同，业务活动表分为月报业务活动表和年报业务活动表。

2. 编报项目

业务活动表采用上下分步列示结构，按照"收入"、"费用"、"限定性净资产转为非限定性净资产"、"调整净资产"和"净资产变动额"顺序上下排列，分为"限定性"、"非限定性"和"合计"三列。基本关系式为

$$净资产变动额合计 = 收入总额 - 费用总额 \pm 调整净资产$$
$$= 限定性净资产变动额 + 非限定性净资产变动额$$

限定性净资产变动额＝限定性收入总额－限定性净资产转为非限定性净资产数额
　　　　　　　　　±调整限定性净资产

非限定性净资产变动额＝非限定性收入总额－费用总额＋限定性净资产转为非限定性
　　　　　　　　　　净资产数额±调整非限定性净资产

3. 栏目及金额

业务活动表包括"本年累计数"和"本月数"两列数字。"本年累计数"反映各项目自年初开始到报告期的累计数额，根据"本月数"和上期"本年累计数"计算填列。本月数反映各项目本月实际发生的数额，根据各收入和费用项目的本月发生额填列。

民间非营利组织业务活动表的格式如表20-2所示。

表20-2 民间非营利组织业务活动表

编制单位：　　　　　　　　　　　年　月　　　　　　　　　　　会民非02表
单位：元

项目	本月数			本年累计数		
	非限定性	限定性	合计	非限定性	限定性	合计
一、收入						
（一）捐赠收入						
（二）会费收入						
（三）提供服务收入						
（四）商品销售收入						
（五）政府补助收入						
（六）投资收益						
（七）其他收入						
收入合计						
二、费用						
（一）业务活动成本						
其中：A项目						
B项目						
C项目						
D项目						
（二）管理费用						
（三）筹资费用						
（四）其他费用						
费用合计						
三、限定性净资产转为非限定性净资产						
四、调整净资产						
五、净资产变动（若为净资产减少额，以"－"号填列）						

二、业务活动表的编制方法

业务活动表"本月数"栏反映各项目的本月实际发生数;在编制季度、半年度等中期财务会计报告时,应当将本栏改为"本季度数""本半年度数"等本中期数栏,反映各项目本中期的实际发生数。在提供上年度比较报表时,应当增设可比期间栏目,反映可比期间各项目的实际发生数。如果本年度业务活动表规定的各个项目的名称和内容同上年度不相一致,应对上年度业务活动表各项目的名称和数字按照本年度的规定进行调整,填入表20-2上年度可比期间栏目内。

业务活动表"本年累计数"栏反映各项目自年初起至报告期末止的累计实际发生数。

业务活动表"非限定性"栏反映本期非限定性收入的实际发生数、本期费用的实际发生数和本期由限定性净资产转为非限定性净资产的金额;表20-2"限定性"栏反映本期限定性收入的实际发生数和本期由限定性净资产转为非限定性净资产的金额(以"-"号填列)。在提供上年度比较报表项目金额时,限定性和非限定性栏目的金额可以合并填列。

表20-2各项目的内容和填列方法如下。

(1)"捐赠收入"项目,反映民间非营利组织接受其他单位或者个人捐赠所取得的收入总额。本项目应当根据"捐赠收入"科目的发生额填列。

(2)"会费收入"项目,反映民间非营利组织根据章程等的规定向会员收取的会费总额。本项目应当根据"会费收入"科目的发生额填列。

(3)"提供服务收入"项目,反映民间非营利组织根据章程等的规定向其服务对象提供服务取得的收入总额。本项目应当根据"提供服务收入"科目的发生额填列。

(4)"商品销售收入"项目,反映民间非营利组织销售商品等所形成的收入总额。本项目应当根据"商品销售收入"科目的发生额填列。

(5)"政府补助收入"项目,反映民间非营利组织接受政府拨款或者政府机构给予的补助而取得的收入总额。本项目应当根据"政府补助收入"科目的发生额填列。

(6)"投资收益"项目,反映民间非营利组织以各种方式对外投资所取得的投资净损益。本项目应当根据"投资收益"科目的贷方发生额填列;如果为借方发生额,则以"-"号填列。

(7)"其他收入"项目,反映民间非营利组织除上述收入项目之外所取得的其他收入总额。本项目应当根据"其他收入"科目的发生额填列。

上述各项收入项目应当区分"限定性"和"非限定性"分别填列。

(8)"业务活动成本"项目,反映民间非营利组织为了实现其业务活动目标、开展其项目活动或者提供服务所发生的费用。本项目应当根据"业务活动成本"科目的发生额填列。

民间非营利组织应当根据其所从事的项目、提供的服务或者开展的业务等具体情况,按照"业务活动成本"科目中各明细科目的发生额,在表20-2第12~21行填列业务活动成本的各组成部分。

（9）"管理费用"项目，反映民间非营利组织为组织和管理其业务活动所发生的各项费用总额。本项目应当根据"管理费用"科目的发生额填列。

（10）"筹资费用"项目，反映民间非营利组织为筹集业务活动所需资金而发生的各项费用总额，包括利息支出（减利息收入）、汇兑损失（减汇兑收益）及相关手续费等。本项目应当根据"筹资费用"科目的发生额填列。

（11）"其他费用"项目，反映民间非营利组织除以上费用项目之外发生的其他费用总额。本项目应当根据有关科目的发生额填列。

（12）"限定性净资产转为非限定性净资产"项目，反映民间非营利组织当期从限定性净资产转入非限定性净资产的金额。本项目应当根据"限定性净资产""非限定性净资产"科目的发生额分析填列。

（13）"净资产变动额"项目，反映民间非营利组织当期净资产变动的金额。本项目应当根据表 20-2 "收入合计"项目的金额，减去"费用合计"项目的金额，再加上"限定性净资产转为非限定性净资产"项目的金额后填列。

第四节　现金流量表

一、现金流量表及其结构

现金流量表是反映民间非营利组织在某一会计期间内现金及现金等价物流入和流出信息的会计报表。民间非营利组织会计以权责发生制为确认基础，需要编制现金流量表反映一定时期的现金流量情况。现金流量表由表首标题、编报项目、栏目及金额组成。

1. 表首标题

现金流量表的表首标题包括报表名称、编号（会民非 03 表）、编制单位、编表时间和金额单位等内容。现金流量表按年编制，月末不需要编报，报表中需要注明报表所属的年份，如××年度。

2. 编报项目

现金流量表包括"业务活动产生的现金流量""投资活动产生的现金流量""筹资活动产生的现金流量""汇率变动对现金的影响额""现金及现金等价物净增加额"等项目，每项内容按现金流入量、现金流出量和现金流量净额填列。

$$现金流量净额 = 现金流入量 - 现金流出量$$

$$\begin{aligned}现金及现金等价物净增加额 = &\ 业务活动产生的现金流量净额 \\ &+ 投资活动产生的现金流量净额 \\ &+ 筹资活动产生的现金流量净额 \\ &+ 汇率变动对现金的影响额\end{aligned}$$

3. 栏目及金额

项目流量表设置"金额"一栏数据。民间非营利组织会计应当采用直接法编制业务活动产生的现金流量。直接法是通过现金收入和现金支出的主要类别,直接反映业务活动产生的现金流量。民间非营利组织采用直接法编制业务活动产生现金流量时,有关现金流量的信息可以从会计记录中直接获得,也可以在业务活动表中收入和费用数据基础上,通过调整存货和与业务活动有关的应收应付款项的变动、投资及固定资产折旧、无形资产摊销等项目获得。

民间非营利组织现金流量表的格式如表20-3所示。

表20-3 民间非营利组织现金流量表

编制单位：　　　　　　　　　　　年度　　　　　　　　　　　　会民非03表
　　　　　　　　　　　　　　　　　　　　　　　　　　　　　　单位：元

项目	行次	金额
一、业务活动产生的现金流量		
接受捐赠收到的现金	1	
收取会费收到的现金	2	
提供服务收到的现金	3	
销售商品收到的现金	4	
政府补助收到的现金	5	
收到的其他与业务活动有关的现金	8	
现金流入小计	13	
提供捐赠或者资助支付的现金	14	
支付给员工以及为员工支付的现金	15	
购买商品、接受服务支付的现金	16	
支付的其他与业务活动有关的现金	19	
现金流出小计	23	
业务活动产生的现金流量净额	24	
二、投资活动产生的现金流量		
收回投资所收到的现金	25	
取得投资收益所收到的现金	26	
处置固定资产和无形资产所收到的现金	27	
收到的其他与投资活动有关的现金	30	
现金流入小计	34	
构建固定资产和无形资产所支付的现金	35	
对外投资所支付的现金	36	
支付的其他与投资活动有关的现金	39	
现金流出小计	43	
投资活动产生的现金流量净额	44	
三、筹资活动产生的现金流量		
借款所收到的现金	45	

续表

项目	行次	金额
收到的其他与筹资活动有关的现金	48	
现金流入小计	50	
偿还借款所支付的现金	51	
偿还利息所支付的现金	52	
支付的其他与筹资活动有关的现金	55	
现金流出小计	58	
筹资活动产生的现金流量净额	59	
四、汇率变动对现金的影响额	60	
五、现金及现金等价物净增加额	61	

二、现金流量表编制说明

现金流量表的编制说明主要有以下几个方面。

（1）本表反映民间非营利组织在某一会计期间内现金和现金等价物流入和流出的信息。

（2）本表所指的现金，是指民间非营利组织的库存现金以及可以随时用于支付的存款，包括现金、可以随时用于支付的银行存款和其他货币资金；现金等价物，是指民间非营利组织持有的期限短、流动性强、易于转换为已知金额现金、价值变动风险很小的投资（除特别指明外，以下所指的现金均包含现金等价物）。

民间非营利组织应当根据实际情况确定现金等价物的范围，并且一贯性地保持其划分标准，如果改变划分标准，应当视为会计政策变更。民间非营利组织确定现金等价物的原则及其变更，应当在会计报表附注中披露。

（3）现金流量表应当按照业务活动产生的现金流量、投资活动产生的现金流量和筹资活动产生的现金流量分别反映。本表所指的现金流量，是指现金的流入和流出。

（4）民间非营利组织应当采用直接法编制业务活动产生的现金流量。采用直接法编制业务活动现金流量时，有关现金流量的信息可以从会计记录中直接获得，也可以在业务活动表收入和费用数据基础上，通过调整存货和与业务活动有关的应收应付款项的变动、投资及固定资产折旧、无形资产摊销等项目后获得。

三、现金流量表项目的编制方法

现金流量表各项目的内容和填列方法如下。

（1）"接受捐赠收到的现金"项目，反映民间非营利组织接受其他单位或者个人捐赠取得的现金。本项目可以根据"现金""银行存款""捐赠收入"等科目的记录分析填列。

（2）"收取会费收到的现金"项目，反映民间非营利组织根据章程等的规定向会员收取会费取得的现金。本项目可以根据"现金""银行存款""应收账款""会费收入"等科目的记录分析填列。

（3）"提供服务收到的现金"项目，反映民间非营利组织根据章程等的规定向其服务对象提供服务取得的现金。本项目可以根据"现金""银行存款""应收账款""应收票据""预收账款""提供服务收入"等科目的记录分析填列。

（4）"销售商品收到的现金"项目，反映民间非营利组织销售商品取得的现金。本项目可以根据"现金""银行存款""应收账款""应收票据""预收账款""商品销售收入"等科目的记录分析填列。

（5）"政府补助收到的现金"项目，反映民间非营利组织接受政府拨款或者政府机构给予的补助而取得的现金。本项目可以根据"现金""银行存款""政府补助收入"等科目的记录分析填列。

（6）"收到的其他与业务活动有关的现金"项目，反映民间非营利组织收到的除以上业务之外的现金。本项目可以根据"现金""银行存款""其他应收款""其他收入"等科目的记录分析填列。

（7）"提供捐赠或者资助支付的现金"项目，反映民间非营利组织向其他单位和个人提供捐赠或者资助支出的现金。本项目可以根据"现金""银行存款""业务活动成本"等科目的记录分析填列。

（8）"支付给员工以及为员工支付的现金"项目，反映民间非营利组织开展业务活动支付给员工以及为员工支付的现金。本项目可以根据"现金""银行存款""应付工资"等科目的记录分析填列。

民间非营利组织支付的在建工程人员的工资等，在表20-2"购建固定资产、无形资产所支付的现金"项目中反映。

（9）"购买商品、接受服务支付的现金"项目，反映民间非营利组织购买商品、接受服务而支付的现金。本项目可以根据"现金""银行存款""应付账款""应付票据""预付账款""业务活动成本"等科目的记录分析填列。

（10）"支付的其他与业务活动有关的现金"项目，反映民间非营利组织除上述项目之外支付的其他与业务活动有关的现金。本项目可以根据"现金""银行存款""其他应付款""管理费用""其他费用"等科目的记录分析填列。

（11）"收回投资所收到的现金"项目，反映民间非营利组织出售、转让或者到期收回除现金等价物之外的短期投资、长期投资而收到的现金，不包括长期投资收回的股利、利息，以及收回的非现金资产。本项目可以根据"现金""银行存款""短期投资""长期股权投资""长期债权投资"等科目的记录分析填列。

（12）"取得投资收益所收到的现金"项目，反映民间非营利组织因对外投资而取得的现金股利、利息，以及从被投资单位分回利润收到的现金，不包括股票股利。本项目可以根据"现金""银行存款""投资收益"等科目的记录分析填列。

（13）"处置固定资产和无形资产所收回的现金"项目，反映民间非营利组织处置固定资产和无形资产所取得的现金，减去为处置这些资产而支付的有关费用之后的净额。由于自然灾害所造成的固定资产等长期资产损失而收到的保险赔款收入，也在本项目反映。

本项目可以根据"现金""银行存款""固定资产清理"等科目的记录分析填列。

（14）"收到的其他与投资活动有关的现金"项目，反映民间非营利组织除上述各项之外收到的其他与投资活动有关的现金。其他现金流入如果金额较大，应当单列项目反映。本项目可以根据"现金""银行存款"等有关科目的记录分析填列。

（15）"购建固定资产和无形资产所支付的现金"项目，反映民间非营利组织购买和建造固定资产，取得无形资产和其他长期资产所支付的现金。它不包括为购建固定资产而发生的借款利息资本化的部分，以及融资租入固定资产支付的租赁费。借款利息和融资租入固定资产支付的租赁费，在筹资活动产生的现金流量中反映。本项目可以根据"现金""银行存款""固定资产""无形资产""在建工程"等科目的记录分析填列。

（16）"对外投资所支付的现金"项目，反映民间非营利组织进行对外投资所支付的现金，包括取得除现金等价物之外的短期投资、长期投资所支付的现金，以及支付的佣金、手续费等附加费用。本项目可以根据"现金""银行存款""短期投资""长期股权投资""长期债权投资"等科目的记录分析填列。

（17）"支付的其他与投资活动有关的现金"项目，反映民间非营利组织除上述各项之外，支付的其他与投资活动有关的现金。如果其他现金流出金额较大，应当单列项目反映。本项目可以根据"现金""银行存款"等有关科目的记录分析填列。

（18）"借款所收到的现金"项目，反映民间非营利组织举借各种短期、长期借款所收到的现金。本项目可以根据"现金""银行存款""短期借款""长期借款"等科目的记录分析填列。

（19）"收到的其他与筹资活动有关的现金"项目，反映民间非营利组织除上述项目之外，收到的其他与筹资活动有关的现金。如果其他现金流入金额较大，应当单列项目反映。本项目可以根据"现金""银行存款"等有关科目的记录分析填列。

（20）"偿还借款所支付的现金"项目，反映民间非营利组织以现金偿还债务本金所支付的现金。本项目可以根据"现金""银行存款""短期借款""长期借款""筹资费用"等科目的记录分析填列。

（21）"偿付利息所支付的现金"项目，反映民间非营利组织实际支付的借款利息、债券利息等。本项目可以根据"现金""银行存款""长期借款""筹资费用"等科目的记录分析填列。

（22）"支付的其他与筹资活动有关的现金"项目，反映民间非营利组织除上述项目之外，支付的其他与筹资活动有关的现金，如融资租入固定资产所支付的租赁费。本项目可以根据"现金""银行存款""长期应付款"等有关科目的记录分析填列。

（23）"汇率变动对现金的影响额"项目，反映民间非营利组织外币现金流量及境外所属分支机构的现金流量折算为人民币时，所采用的现金流量发生日的汇率或期初汇率折算的人民币金额与表 20-2"现金及现金等价物净增加额"中外币现金净增加额按期末汇率折算的人民币金额之间的差额。

（24）"现金及现金等价物净增加额"项目，反映民间非营利组织本年度现金及现金等价物变动的金额。本项目应当根据表 20-2"业务活动产生的现金流量净额""投资活动产生的现金流量净额""筹资活动产生的现金流量净额""汇率变动对现金的影响额"项目的金额合计填列。

第五节 会计报表附注和财务情况说明书

一、会计报表附注

会计报表附注是对会计报表中的重要内容所做的注释，是会计报表的有机组成部分。会计报表附注是为便于使用者理解其内容而对其编制基础、编制依据、编制原则和方法及主要项目所做的解释。

民间非营利组织的会计报表附注至少应当披露以下内容。

（1）重要会计政策及其变更情况的说明。

（2）董事会（或者理事会及类似权力机构）成员和员工的数量、变动情况及获得的薪金报酬等情况的说明。

（3）会计报表重要项目及其增减变动情况的说明。

（4）资产提供者设置了时间或用途限制的相关资产情况的说明。

（5）受托代理业务情况的说明，包括受托代理资产的构成、计价基础和依据、用途等。

（6）重大资产减值情况的说明。

（7）公允价值无法可靠取得的受赠资产和其他资产的名称、数量、来源和用途等情况的说明。

（8）对外承诺和或有事项情况的说明。

（9）接受劳务捐赠情况的说明。

（10）资产负债表日后非调整事项的说明。

（11）有助于理解和分析会计报表需要说明的其他事项。

二、财务情况说明书

财务情况说明书是对民间非营利组织一定会计期间内财务、成本等财务收支情况及其他重要财务情况所做的书面说明，也是财务会计报告的重要组成部分。其至少应当对下列情况做出说明。

（1）民间非营利组织的宗旨、组织结构及人员配备等情况。

（2）民间非营利组织业务活动基本情况、年度计划和预算完成情况、产生差异的原因分析，下一会计期间业务活动计划和预算等。

（3）对民间非营利组织业务活动有重大影响的其他事项。

民间非营利组织的年度财务会计报告至少应当于会计年度终了后 4 个月内对外提

供。民间非营利组织被要求对外提供中期财务会计报告的,应当在规定的时间内对外提供。

本 章 小 结

财务会计报告是反映民间非营利组织财务状况、业务活动情况和现金流量等的书面文件。民间非营利组织的财务报告由会计报表、会计报表附注和财务情况说明书三部分组成。会计报表,是指以表格形式概括反映民间非营利组织财务状况、业务活动情况和现金流量的书面文件,主要包括资产负债表、业务活动表和现金流量表三种主表及各种附表。会计报表附注,是指对会计报表内容所做的补充说明与详细解释,目的是便于会计报表使用者理解会计报表的内容。财务情况说明书,是指对一定会计期间民间非营利组织的财务状况和业务情况进行总结的书面报告。

资产负债表是反映民间非营利组织某一特定日期(如月末、季末、年末)财务状况的报表。业务活动表反映民间非营利组织在某一会计期间内开展业务活动的实际情况,即在某一会计期间内开展业务活动取得的收入、发生的费用及净资产增减变动情况的会计报表。业务活动表可以全面反映业务活动收入、费用的总额及构成,以及限定性净资产和非限定性净资产的增减变动数额,是评价民间非营利组织运营业绩的重要依据。现金流量表是反映民间非营利组织在某一会计期间内现金及现金等价物流入和流出信息的会计报表。

【复习思考题】

1. 什么是民间非营利组织财务会计报告?它包括哪些主要内容?
2. 资产负债表"期末数"栏的各个项目如何填列?
3. 什么是业务活动表?业务活动表如何进行编制?
4. 现金流量表主要包含哪些活动的现金流入和流出?
5. 民间非营利组织会计报表附注至少应当披露哪些内容?
6. 什么是财务情况说明书?应包括哪些主要内容?

参 考 文 献

财政部. 2015. 财政总预算会计制度.
财政部. 2017. 2018年政府收支分类科目. 北京：中国财政经济出版社.
常丽，何东平. 2016. 政府与非营利组织会计. 第四版. 大连：东北财经大学出版社.
丁晶晶，李勇，王名. 2013. 美国非营利组织及其法律规制的发展. 国外理论动态，（7）：95-102.
谷福云，王树玲，于明奎，等. 2017. 政府与非营利组织会计. 第二版. 北京：清华大学出版社.
国务院. 2014. 国务院关于批转财政部权责发生制政府综合财务报告制度改革方案的通知.
罗韩晖，牟涛. 2016. 政府与非营利组织会计. 成都：西南财经大学出版社.
民政部. 2016. 2015年社会服务发展统计公报.
曲远洋. 2016. 政府与非营利组织会计. 第二版. 上海：上海财经大学出版社.
杨洪，杨孙蕾. 2016. 政府与非营利组织会计. 第二版. 北京：机械工业出版社.
杨远震. 2017. 政府与非营利组织会计习题与实训. 第四版. 北京：中国财政经济出版社.
章新蓉. 2017. 政府与非营利组织会计. 北京：经济管理出版社.
赵建勇. 2017a. 政府与非营利组织会计. 第三版. 北京：中国人民大学出版社.
赵建勇. 2017b. 政府与非营利组织会计学习指导书. 第三版. 北京：中国人民大学出版社.